긍정적 행동지원 시리즈 3

도전행동을 보이는 아동과 가족을 위한

가정에서의 예방·교수·강화 모델

Glen Dunlap · Phillip S. Strain · Janice K. Lee
Jaclyn D. Joseph · Christopher Vatland · Lise Fox 공저

박지연 · 김나경 공역

학지사

Prevent-Teach-Reinforce for Families:
A Model of Individualized Positive Behavior Support for Home and Community
by Glen Dunlap, Phillip S. Strain, Janice K. Lee, Jaclyn D. Joseph, Christopher Vatland, and Lise Fox

역자 서문

"문제행동이 장애지, 장애가 장애가 아니죠. 왜? 문제행동만 없으면 사는 데 문제가 없으니까요. 문제행동을 하니까 쳐다보고, 문제행동을 하니까 엄마가 위축되고, 문제행동을 하니까 학교에서 이리 가라 저리 가라 이렇게 되는 겁니다."

문제행동이 장애아동 가족의 삶에 미치는 영향을 연구하던 중에 면담했던 한 어머니의 말씀과 한숨이 여러 해가 지난 지금도 마음에 깊이 남아 있습니다. 심각한 도전행동을 보이는 장애학생의 가족에게 실제적이고 효과적인 행동지원이 얼마나 절실한지가 이 말씀에 다 녹아 있습니다. 지난 2년간 코로나바이러스감염증-19(이하 '코로나19')는 우리의 삶을 송두리째 바꾸어 놓았는데, 이로 인해 가장 큰 타격을 받은 사람들 중 하나는 장애인 가족일 것입니다. 등교 중지와 복지관 프로그램의 중단, 다중이용시설 제한 등으로 장애학생들이 정기적으로 참여하던 교육 및 관련 서비스 프로그램이나 여가생활이 일시에 멈춰 버렸고, 이전보다 훨씬 긴 시간을 집에서 보내게 된 장애학생을 돌보느라 많은 가족이 힘든 시간을 보내야 했습니다. 왜 마스크를 계속 쓰고 있어야 하는지, 왜 학교를 안 가고 온종일 집에 있어야 하는지, 왜 친구들과 모여서 놀면 안 되는지 이해하기 어려운 장애학생들이 갑자기 변해 버린 주변 상황에서 오는 스트레스를 어디에서 누구에게 풀었을지 잠시만 생각해 보면, 장애학생의 가족들이 얼마나 힘든 시간을 보냈을지 조금은 짐작할 수 있을 것입니다. IT 강국의 장점을 발휘하여 신속하게 도입된 원격수업 체제나 메타버스를 활용한 프로그램도 장애학생에게는 유명무실한 경우가 많았고, 그 와중에 가족들은 장애학생의 교육과 돌봄과 여가를 모두 감당해야 했습니다. 끝날 것 같지 않은 이 초유의 팬데믹 앞에서 장애인 가정이 극단적 선택을 시도하는 충격적인 상황도 반복하여 발생했습니다.

이와 같이 두 해 이상 지속된 코로나19 상황은, 장애를 가진 학생 또는 심각한 도전행동을 가진 학생을 학교나 기관으로 오게 하여 행동지원을 제공하던 그간의 접근이 가정과 지역사회로 확장되어야 하며, 도전행동을 보이는 학생의 가족들이 증거기반의 행동지원 실제에 손쉽게 접근할 수 있어야 한다는 점을 명확히 깨닫게 해 주었습니다. 이러한 상황에서 우리나라에 비해 일찍부터 가정방문을 통한 행동지원이 활성화되어 있던 미국에서 가족과 함께 행동지원을 실행한 경험이 풍부한 저자들이 개발한 가정용 행동지원 매뉴얼을 번역하게 되어 감사한 마음과 동시에 좀 더 빨리 번역서를 펴내지 못한 것에 대해 죄송한 마음이 듭니다.

『가정에서의 예방·교수·강화 모델』은 2020년부터 펴내기 시작한 긍정적 행동지원 시리즈의 세 번째이자 마지막 책입니다. 지난 두 권의 책은 학교와 유아프로그램에서의 행동지원을 다루었고, 이번 책은 가정에서의 행동지원을 주제로 합니다. 예방·교수·강화 모델의 세 시리즈는 모두 동일한 원리에 기반을 두고 있기 때문에, 기능평가 절차를 간소화하고 자료 수집을 단순화하며 중재 메뉴를 참고하여 행동지원계획을 수립한다는 점에서는 이번 책에서 제시된 행동지원 절차도 크게 다르지 않습니다. 다만, '가정에서의 예방·교수·강화 모델'에만 해당되는 특징이 두 가지 있습니다. 하나는 단 2명만으로도 팀 구성이 가능하다는 점입니다. 학교나 유아프로그램은 많은 성인과 학생이 소속된 조직인 만큼 행동지원 팀의 구성원 수도 많고 각 팀원의 역할도 다양합니다. 그러나 '가정에서의 예방·교수·강화 모델'에서는 가족 구성원 중 1명(주로 주 양육자)과 가정을 방문하여 가족에게 예방·교수·강화 모델의 적용을 안내할 전문가[이 모델에서는 이 전문가를 '촉진자(facilitator)'라고 부릅니다.]만 있어도 행동지원을 시작할 수 있습니다. 따라서 촉진자의 역량과 헌신이 매우 중요하고, 팀에 참여하는 가족 구성원과 촉진자 간의 라포 형성도 매우 중요합니다. 이 점은 두 번째 특징과 연결됩니다. '가정에서의 예방·교수·강화 모델'에서는 행동지원계획의 수립 후 실행으로 이어지는 과정에서 '코칭'이 매우 중시됩니다. 학교나 유아프로그램에서도 교사나 교직원을 훈련하는 것이 중요하지만, 가족 구성원은 촉진자가 가정을 방문하는 짧은 시간 이외의 모든 시간 동안 직접 행동지원을 실시해야 하는 주체이므로 이 모델에서 수립한 행동지원계획을 자신 있게 실행할 수 있어야 하는데, 이를 위해 '코칭'이 필요합니다.

'가정에서의 예방·교수·강화 모델'이 가진 두 가지 특징을 설명하고 나면 중요한 질문이 남습니다. "우리나라에서는 '누가' 가족과 협력하면서 가정에서의 행동지원을 촉진할 것이며, 그와 관련된 재정은 어떻게 마련할 것인가?" 행동지원을 가정에서 실시하는 것과 관련하여 이미 교육청 및 학교 단위의 시범사업이나 사교육 형태의 행동치료사 방문이 실행되고 있습니다만, 가족이 더 이상의 경제적 부담 없이 이러한 행동지원을 받을 방법을 고안하는 것은 계속해서 고민해 나가야 할 과제입니다.

가정에서 발생하는 문제행동에 대해 가족들은 많은 질문과 요구를 가지고 있습니다. 가족들이 이해하고 실천하기 쉽게 행동의 원리를 설명하고 행동중재 전략을 전달하면서 가족을 지원하고자 하는 여러 전문가에게 이 책이 조금이나마 도움이 되기를 바랍니다. 마지막으로, 이 책의 출간을 위해 애써 주신 학지사 김진환 사장님과 편집부 이영민 과장님께 깊은 감사의 마음을 전합니다.

2022년 10월

박지연·김나경

추천사

1999년 Carr과 동료 연구자들은 1985년부터 1996년까지 출판된 발달장애인 중심의 긍정적 행동지원(Positive Behavior Support: PBS) 연구를 종합 분석한 결과를 발표하였는데, 주요 내용은 다음과 같다.

- 중재의 41%는 기능평가를 실시하지 않았다.
- 비전형적 중재자(즉, 평소에 중재 대상을 지원하던 사람이 아닌 사람)에 의해 수행된 연구가 전체의 반을 넘었다.
- 중재의 약 3분의 2가 비전형적 환경(즉, 분리된 학교, 치료실, 보호 작업장처럼 중재 대상의 나이를 고려할 때 일반적이지 않은 환경)에서 실행되었다.
- 연구의 약 3분의 1이 PBS 중재와 PBS가 아닌 중재(예: 강제적인 지시 따르기, 타임아웃, 짧은 신체적 제지)를 함께 적용하였다.
- 연구 참여자의 3.5%만이 생활 방식의 변화를 직접적인 목표로 하는 중재를 제공받았다.

PBS는 1980년대 초에 시작된 이래로 많은 발전을 이루었지만, 21세기에도 여전히 개선의 여지가 있다. Carr 등(1999, p. 86)은 자료의 경향성을 주의 깊게 고찰한 후 앞으로의 PBS는 다음 사항에 초점을 두어야 한다고 강력하게 권장하였다.

- 문제행동의 근본 원인인 환경 및 행동의 결함을 지속적으로 판별하는 기능평가의

반복적 실행

- 평가에서 수집된 정보와 중재 설계 간의 직접적 연계
- 관련된 모든 환경에서의 중재
- 생태학적으로 타당하고 적절한 맥락에서의 중재(즉, 전형적 중재자가 전형적인 환경에서 중재 실시)
- 중재 대상을 위한 장기적 관점: 생활 환경의 변화에 따른 중재의 재설계(즉, 위기 관리보다는 전생애적 관점을 지향하는 중재계획)
- 중재 대상의 개별 요구와 관심사에 맞는 중재(적합성이 높은 중재)를 구성하여 중재 대상이 지원 체계의 중심이 되게 함으로써 실용성과 관련성 확보
- 사회적 타당도: 문제행동의 감소뿐 아니라 생활 방식의 전반적 변화라는 측면에서 성과 목표를 정의

그러면 Carr 등(1999)의 분석은 '가정에서의 예방·교수·강화 모델'과 어떤 관련이 있을까? Mahatma Gandhi의 말을 빌리자면, 다음과 같다.

"당신이 세상에서 보기를 바라는 변화가 있다면,
몸소 그 변화가 되어야 한다."

Glen Dunlap과 그의 동료들은 Ted Carr의 가까운 친구들이다. Ted는 2009년 비극적인 교통사고로 우리 곁을 떠났지만, Glen과 동료들은 Ted가 남긴 업적과 자신들의 연구 유산을 지금까지 이어 오고 있다. 가정에서의 예방·교수·강화 모델은 이들이 세상에서 보기를 바라는 변화가 되는 기회를 몸소, 그리고 기꺼이 선택한 결과다. 이들은 이 책의 7개 장에 다음과 같은 핵심 사항을 빠짐없이 포함하여 앞서 언급한 권장 사항을 모두 반영하였다.

- 기능평가의 반복적 실행

- 평가와 중재 간의 직접적 연계
- 관련된 모든 환경에서의 중재
- 생태학적으로 타당하고 적절한 맥락에서의 중재
- 중재 대상을 위한 장기적 관점
- 중재 대상을 중재의 중심에 두기
- 전반적인 생활 방식의 변화 추구(사회적 타당도)

이 책의 저자들은 장애인이 관계를 맺는 첫 번째 대상이자 생애 전반에 걸쳐 가장 오래 함께하는 집단인 가족을 인정하고 존중한다. 저자들은 가족이 가정, 동네 그리고 지역사회의 최소제한적인 환경에서 PBS 중재를 성공적으로 수행할 능력을 개발할 수 있도록 가족의 역량을 강화하고 가족을 지원한다.

PTR-F 모델은 개인과 가족을 중심에 두는 팀 개념을 기반으로 한다. 팀은 시작, 평가, 중재, 코칭, 절차에 대한 점검을 할 때 핵심 원칙과 전략을 따른다. 팀의 목표는 도전행동의 감소뿐만 아니라 생활 방식의 변화로 이어지는 통합과 지역사회 참여의 확대다.

저자들은 PTR-F 중재를 실행하기 위한 자세한 절차를 담은 중재 가이드를 제공한다. 저자들은 또한 실용적이고 유용한 14개의 서식을 이 책에 수록하였고, 이는 무료로 내려받을 수 있다(역자 주: 번역된 서식은 hakjisa.co.kr의 도서 상세정보에서 내려받을 수 있다). 단행본의 출판사와 저자가 책에 제시된 서식을 무료로 제공하는 일은 흔치 않다. 즉, 이 책을 보는 독자들은 관련 내용에 대한 설명뿐만 아니라 실행 준비를 도울 도구 상자까지 덤으로 갖게 되는 것이다.

천국에 있는 Ted의 영혼은 분명히 이 책의 탄생을 축하하고 있을 것이다. Ted를 기억하는 우리 모두는 그가 우리의 작업을 흐뭇해하기를 바란다. Ted는 분명 PTR-F에 기여한 저자들을 자랑스러워하고 있을 것이다.

이 책의 공저자이며 나의 오랜 친구이자 동료인 Glen Dunlap, Phil Strain, Lise Fox를 언급하지 않고 추천사를 마칠 수는 없을 것 같다. 또 다른 저자인 Janice, Jaclyn,

Christopher는 아직 개인적으로 잘 알지 못하지만, 곧 만날 수 있기를 바란다. Glen, Phil, Lise는 이성과 감성을 조화시켜 개별화된 PBS를 빚는 데 으뜸 중에서도 으뜸인 분들이다. 나는 이들을 진심으로 사랑하고 존경한다. 이들이 가족을 위한 개별화된 PBS를 올바른 방향으로 이끌어 갈 것임을 조금도 의심하지 않는다. 젊은 동료 연구자 Janice, Jaclyn, Christopher는 이후의 수십 년간 개별화된 PBS를 통해 개인 및 가족 삶의 질을 향상시키는 중재를 계속하여 연마하고 발전시킬 것이라고 기대한다.

마지막으로 Mahatma Gandhi의 또 다른 원칙을 살펴보자.

"소명을 향한 불굴의 믿음으로 불타오르는 결연한 정신이 깃든 작은 육신은 역사의 흐름을 바꿀 수 있다."

도전행동을 보이는 아동과 함께하는 안전하고 편안한 가정과 행복한 가족생활을 갈망하는 모든 부모와 형제자매를 위해 이 책을 펴냄으로써 PBS 역사의 흐름을 바꾸는 결연한 정신이 되어 준 Glen, Phil, Janice, Jaclyn, Christopher, Lise에게 다시 한번 감사의 마음을 전한다.

Ann Turnbull, Ph.D.
비치 장애연구소(Beach Center on Disability) 공동설립자
미국 캔자스대학교 비치(Beach) 명예석좌교수

차례

제1장

가정에서의 예방·교수·강화 모델 소개

- 도전행동 이해하기
- 왜 이 책이 필요한가
- PTR-F는 누구를 위한 것인가
- PTR-F 모델의 기본 신념과 원칙
- PTR-F의 개념적·실증적 기반
- PTR-F의 절차
- 효과적인 PTR-F를 위한 중요한 요인
- PTR-F 실행 시 고려해야 할 제한점과 유의점

'가정에서의 예방·교수·강화(Prevent-Teach-Reinforce for Families: PTR-F)' 모델은 가족이 가정과 지역사회에서 자녀의 심각한 도전행동을 해결하는 과정을 지원하기 위해 개발된 세심한 연구기반 모델이다. 이 모델은 초등학교 및 중학교에서의 적용을 위해 개발된 '예방·교수·강화(Prevent-Teach-Reinforce: PTR)' 모델과 '유아프로그램에서의 예방·교수·강화(Prevent-Teach-Reinforce for Young Children: PTR-YC)' 모델을 확장한 것이다. 그러나 PTF-F는 앞서 개발된 두 모델과 구별되는 근본적인 두 가지 특징이 있다. 첫째, PTR-F는 교사나 행동전문가가 없는 일상적인 가정환경에서 효과를 거둘 수 있도록 개발되었다. 둘째, PTR-F는 아동의 도전행동 감소뿐 아니라 가족 전체의 전반적 삶의 질 향상을 목표로 한다. 아동의 도전행동은 가족 전체에 영향을 미치며, 한두 명의 가족 구성원(주로 부모)이 행동지원계획의 실행을 전담하더라도 도전행동을 줄이기 위한 중재는 모든 가족 구성원에게 영향을 미친다. 아동은 자신이 속한 가족과 분리될 수 없기 때문에 행동지원과 중재는 가족 전체를 염두에 두고 개발되어야 한다.

이 모델은 긍정적인 관계를 맺고 가족과 함께 일과에 참여하며 타인과 어울려 놀고 기대되는 기술을 배우는 데 방해가 될 정도로 심각한 도전행동을 가진 아동을 돕기 위한 것이다. 이 모델은 또한 아동의 도전행동이 가정생활의 즐거움이나 반드시 해야 할 일에 걸림돌이 되지 않도록 부모 및 형제자매와 상호작용하는 아동의 능력을 향상시키기 위한 것이다. 따라서 이 모델의 실행은 부모-자녀 간 갈등 패턴을 긍정적이고 상호 만족스러운 관계로 바꾸는 데 도움이 될 것이다.

'도전행동'이라는 용어는 식사 시간, 등교 준비, 취침 시간, 놀이 시간, 외출 등 가족들이 반드시 해야 하거나 하고 싶어 하는 일과를 방해하는 모든 종류의 행동이나 행동 패턴을 의미한다. 도전행동으로 분류되는 가장 대표적인 행동 유형은 과도하고 부적절한 울음, 폭력적인 탠트럼, 물건 던지기, 차기, 때리기, 밀기, 침 뱉기, 소리 지르기, 도망가기, 장시간 지속되는 반복행동이나 집착행동 등이다. 도전행동 패턴에는 과도한 비협조적 태도(또는 불순응), 거부, 타인에 대한 반응이나 상호작용 능력의 뚜렷한 결핍도 포함된다. 도전행동을 '문제행동'이나 '행동문제'라고 부를 때도 있다. 이 용어들은 호환 가능하지만, 이 책에서는 '도전행동'이라는 용어를 사용할 것이다(이 책을 읽는 동안 마주치게 될 그 외의 용어를 보려면 이 장 마지막에 제시된 '이 책에 등장하는 주요 용어'를 참조하라).

도전행동 이해하기

지속적이고 과도한 도전행동에도 효과적인 개입이 가능하다. 이는 행동이 언제 어디서 발생하는지를 결정하는 특정 자연법칙이 존재하기 때문이다. 이 법칙 또는 원리는 환경이 행동에 어떻게 영향을 미치는지 설명해 준다. 효과적인 중재는 이러한 원칙을 기반으로 하며, 이러한 원칙이 작동하는 방식에 대한 지식은 행동지원 전략을 설계하고 실행하는 데 매우 유용하다. 사실 PTR-F는 다른 모든 효과적 중재와 마찬가지로 이러한 자연법칙에 기반을 두고 있다. 이 절은 도전행동이 언제, 어떻게, 왜 발생하는지를 이해하게 해 줄 핵심 원칙에 대한 간단한 설명이다. 도전행동이 언제, 어떻게, 왜 일어나는지를 이해하면 도전행동의 해결방안에 대한 통찰력을 얻을 수 있다.

원칙 1: 도전행동은 의사표현이다

이 기본원칙은 대부분의 도전행동이 구어, 비구어적 몸짓, 다양한 표정 등의 다른 의사표현 방식과 동일한 목적으로 발생함을 의미한다. 이 점에서 도전행동은 무언가를 해 달라는 의미일 때가 많다. 예를 들면, 4세 남자아이가 큰 소리로 떼를 쓰며 운다면 이는 먹을 것을 달라는 뜻일 가능성이 크다. 또한 3세 여자아이가 울음을 터뜨리는 것은 저녁 식사를 하는 대신 동영상을 더 보게 해 달라는 요구일 수 있다. 동네 놀이터에서 어떤 남자아이가 친구를 때리고 발길질을 했다면 이는 친구의 장난감 트럭을 빼앗아 혼자 가지고 놀고 싶다는 의미일 것이다. 종종 도전행동은 관심을 받고 싶거나 활동에서 벗어나고 싶거나 음식이나 장난감을 갖고 싶다는 의사표현이다. 여기서 요점은 여러 형태의 의사소통 행동이 환경에 영향을 미치는 것과 유사한 방식으로 도전행동이 사회적 환경에 영향을 미치며, 그 결과 아동은 원하는 결과를 얻게 되기 때문에 도전행동이 지속된다는 것이다. 이러한 이유로 구어(또는 다른 형태의 의사소통) 발달이 지체된 아동이나 구어를 효과적으로 구사하지 못하는 아동이 더 많은 도전행동을 보이는 것이다.

이 원칙과 관련하여 몇 가지 유의할 점이 있다. 첫째, 도전행동이 본질적으로 의사소통의 기능을 가지더라도 의식적으로 하는 행동이거나 고의로 하는 행동은 아니라는 점이다. 도전행동을 의사소통적 속성의 관점에서 이해해야 한다는 말은 아동이 인지적으로 결정하여 도전행동을 실행한다거나 미리 계획해서 도전행동을 한다는 뜻이 아니다. 둘째, 행동의 형태(행동이 어떻게 보이는가 또는 들리는가)는 특정 의사소통 의도와 무관하다. 예를 들어, 아동이 자신을 씻기려는 부모에게 침을 뱉었다면 행동의 형태는 '침 뱉기'지만 행동의 의도(또는 기능)는 '목욕을 피하거나 지연시키는 것'이다. 아동이 행동을 통해 표현하려는 특정 의미를 이해하려면 행동의 형태 파악을 넘어서는 별도의 평가가 필요하다. 아동의 도전행동이 갖는 의사소통적 목적(또는 기능)을 알아내는 과정은 PTR-F의 주요 요소이며, 제4장에서 자세히 설명할 것이다. 서로 다른 상황에서 발생한 아동의 도전행동이 비슷해 보이더라도 아동이 표현하려는 바(의사소통의 목적)는 다를 수 있다. 예를 들면, 서로 다른 일과나 환경에서 유아가 보이는 탠트럼은 그 의미가 다를 수 있다.

원칙 2: 도전행동은 후속결과에 의해 유지된다

이 원칙은 강화(reinforcement)의 법칙으로, 행동 과학에서 가장 기본적인 것이다. 이 원칙에서 말하려는 바는 어떤 행동을 한 후 정적 강화제가 주어지면 그 행동은 유지된다는 것이다. 여기서 정적 강화제는 우리가 흔히 말하는 보상(reward)이라고 생각하면 된다. 의사소통적 성격을 가진 도전행동의 경우, 아동이 요구했던 사물이나 활동이 보상으로 작용할 것이다. 아동이 관심을 받고 싶어서 탠트럼을 보였을 때 부모가 실제로 관심을 주었다면 그것이 아동에게는 보상인 셈이다. 만약 아동이 동생의 장난감 트럭을 갖고 싶어서 동생을 때렸다면, 아동이 트럭을 실제로 갖는 순간 보상이 발생한 것이다. 아동이 TV를 더 보고 싶어서 울었다면 저녁 식사를 하자는 부모의 요구가 철회되거나 지연되는 것이 보상일 것이다. 후속결과에는 매우 다양한 종류가 있다. 쉽게 말해서 후속결과는 무언가(관심, 음식, 또는 장난감 등)를 얻거나 무언가(요구, 하기 싫은 활동, 또는 싫어하는 친구)가 제거되는 것이다. 핵심은 후속결과가 매우 중요하다는 점이다. 보상으로 작용하는 후속결과가 뒤따르지 않으면 도전행동이 계속되지 않는다. 같은 원리로, 바람직한 행동에 보상으로 작용할 후속결과가 뒤따르지 않는다면 아동은 그 행동을 하지 않을 것이다.

원칙 3: 도전행동은 맥락 안에서 발생한다

맥락이나 환경이 다르면 도전행동의 발생 비율이나 강도도 달라진다. 예를 들어, 소근육 활동에 참여하게 하면 계속 소리를 지르는 아동이 간식 시간이나 운동장 놀이에서는 전혀 소리를 지르지 않을 수도 있다. 반면, 소근육 활동에서는 탠트럼을 보인 적이 없던 아동이 간식 시간에는 심하게 울고 보챌 수도 있다. 또 다른 아동은 아빠와 함께 있어야 하는 상황에서는 마구 돌아다녀서 통제가 안 되지만, 언니와 함께 있을 때는 침착하게 할 일을 잘 할 수도 있다. 도전행동이 무작위로 발생하는 것이 아니라 특정 상황이나 일과에서 예측 가능하게 발생하는 경향이 있다는 데 주목하는 이 원칙은 아동의 도전행동을 해결하려는 노력에 매우 유용하다.

앞서 언급한 세 가지 기본원칙은 아동이 속한 환경에서 발생하는 사건들이 아동의 도전행동에 어떤 방식으로 영향을 주는지 이해하는 데 도움이 된다. 이러한 이해는 효과적이고 효율적이며 각 아동의 개별성을 존중하는 중재 전략을 개발하는 데 필수적인데, 이에 대해서는 이후의 각 장에서 자세히 설명할 것이다. 우리는 **기능평가**(functional assessment)라고 불리는 직접적 과정을 통해 각 아동의 도전행동을 이해하는 방법을 제4장에서 다룰 것이다.

기능평가를 통해 통찰력을 갖게 되어야만 도전행동을 **예방**(prevent)하고 좀 더 바람직한 행동을 **교수**(teach)하며 이러한 긍정적 대체행동을 **강화**(reinforce)할 수 있다. 맥락에 따른 아동의 행동 발생을 이해하고 나면, 환경을 조성하거나 행동을 촉발하는 선행사건(antecedents)을 조정하기 위한 전략을 좀 더 잘 개발할 수 있다. 이러한 전략들은 도전행동이 발생하기 전에 그 발생을 억제하고 바람직한 행동을 장려한다는 점에서 '예방' 전략으로 분류된다. 아동의 도전행동이 어떤 의사소통 기능을 갖는지 알면, 우리는 아동에게 좀 더 바람직한 방식으로 의사소통할 방법을 가르칠 전략을 고안할 수 있다. 이러한 전략은 '교수' 범주에 속한다. 마지막으로, 도전행동이 후속결과에 의해 유지되는 방식을 이해하면 후속결과(특히 정적 강화)의 수정을 포함하는 전략을 개발할 수 있다. 이를 '강화' 전략이라고 한다. 이 세 가지 전략을 합한 것이 바로 **예방·교수·강화 모델**이다.

왜 이 책이 필요한가

이 책은 가정환경에서 발생하는 지속적이고 까다로운 도전행동의 해결을 위해 유용한 자료와 지침을 제공하고자 집필되었다. PTR-F 절차와 이 책은 다음과 같은 효과적인 연구기반의 모델이 필요하다는 요구에 부응하고자 개발되었다.

① **아동의 특성이 어떠하든지 관계없이 아동의 심각한 도전행동으로 인해 삶이 붕괴된 모든 아동과 가족을 위한 모델**

이 절차는 중도의 지적장애, 자폐성장애, 발달지체, 정서행동장애, 학습장애를 가진 아동, 비교적 가벼운 장애를 가진 아동, 또는 특정 장애로 진단받은 적이 없는 아동 모두에게 효과를 기대할 수 있다.

② **전 과정과 평가 및 중재 전략이 충실하게 실행될 수 있도록 정확하고 조작적이며 상세하게 설계되고 설명되어 있는 모델**

이 모델은 실행충실도가 높을수록 중재 절차가 효과적일 가능성이 커진다. PTR-F 모델은 실행충실도를 높이고 모든 절차가 늘 명료하게 이해되도록 중재 단계를 매우 구체적이고 정확하게 설명한다. PTR-F에서는 각 단계 마지막에 다음 단계로 이행할 준비가 되었는지를 확인하기 위한 자기 평가 질문지를 제시한다.

③ **모든 과정에서 가족이 편안함을 느끼는 가족 친화적 모델**

이 모델의 모든 과정은 최대한 정확하고 명료하게 서술되어 있지만, 중재의 핵심 요소들은 가족의 선택권을 염두에 두고 실행된다. PTR-F 모델에서는 가족이 중재 및 지원 전략의 온전한 주도권을 가질 수 있도록 반드시 가족이 선택권을 갖는다. 일례로 이 책은 구체적인 중재 전략의 메뉴를 제공하여 가족이 그중에서 선택을 하게 하는데, 이는 선택된 전략이 각 가족의 선호도, 일과, 전통 및 가치와 잘 조화되게 하기 위함이다.

저자들은 가족 상황에서 도전행동을 다루는 효과적인 방법을 설명하는 많은 책과 매뉴얼이 존재하고, 이 중 상당수가 건실한 연구에 기반을 두고 있다는 점에 감사한다. 우리는 이 책에서 긍정적 양육(positive parenting, Durand, 2011; Latham, 2000), 부모를 위한 긍정적 행동지원(Hieneman, Childs, & Sergay, 2006), 멋진 나날(Incredible Years, 예: Webster-Stratton, 1992)처럼 도전행동을 줄이고 적절한 사회적 행동을 격려하는 전문적 프로그램의 실제적 응용 그리고 Alan Kazdin(2009), Rex Forehand와 Nicholas Long(2011) 등과 같은 선구적 연구자가 개발한 프로그램을 다룬 책을 언급하였다. 그 외에도 귀중한 자료와 프로그램이 많으며, 이러한 자료에 제시된 지침은 여러 까다로운 행동을 해결하는 데 효과적일 수 있다. 우리는 PTR-F가 이러한 기존의 자료를 보충할 뿐 아니라, 행동과 환경이 매우 다루기 어려울 때나 행동중재가 충실하게 실행되는 것이 특별히 중요할 때 우선적으로 고려할 대안이 될 것이라고 믿는다.

PTR-F는 누구를 위한 것인가

이 책은 아동의 도전행동으로 고전 중인 가족을 지원하려는 전문가를 위한 지침서로 집필되었다. 이 책을 활용할 사람은 가정과 지역사회에서 도전행동을 다루어야 하는 가족을 도울 조기개입 전문가, 교사, 사회복지사, 임상가와 치료사, 행동전문가와 행동분석가, 심리학자 그리고 기타 전문가들일 것이다. 이 전문가들은 가족이 단계별 절차를 잘 따르고 중재를 충실하게 실행하도록 안내하고 촉진하기 때문에 우리는 이들을 '촉진자(facilitator)'라고 부른다. 이 모델을 효과적으로 적용하려는 전문가는 도전행동이 자주 발생하는 가정과 지역사회 환경에 머물면서 도전행동과 가족 상호작용에 영향을 미치는 환경적 조건을 관찰하고 이해해야 한다. 즉, 촉진자 역할을 할 전문가는 가족이 행동지원계획을 실행하기 전과 실행하는 동안 가정과 지역사회 환경을 여러 번 방문할 수 있어야 한다. PTR-F 모델은 사무실이나 치료실에서 온종일 근무해야 하는 전문가가 실행하기는 어렵다.

이 모델을 사용할 전문가는 교육학, 심리학, 응용행동분석, 사회복지학, 또는 상담학 등과 같은 인적 서비스(human service) 분야의 전공자여야 한다. 대부분의 경우 이러한 전문가들은 석사학위를 가지고 있지만 학위가 필수는 아니다. 더 중요한 것은 이 매뉴얼(책)의 사용자가 가정과 지역사회 환경에서 가족을 지원할 지식과 경험을 가지고 있는지, 가족 기능에 영향을 미칠 수 있는 가족 체계 및 사회문화적 영향력을 파악했는지의 여부다. 이 매뉴얼의 사용자는 학습 원리에 대한 지식과 기능평가를 바탕으로 효과적이면서도 가족을 존중하는 중재를 개발하는 방법도 알고 있어야 한다. 마지막으로 촉진자는 일반적인 가정과 가족 일과의 맥락에서 교수 절차를 효과적으로 실행할 방법이 무엇인지를 비롯하여 교수 전략에 대한 깊은 이해를 가진 사람이어야 한다.

가족이 전문가의 직접적 도움이나 안내 없이 이 매뉴얼을 활용하는 경우도 있겠지만 흔한 일은 아니다. 전문가의 코칭과 촉진 없이 이 모델을 효과적으로 활용하는 가족의 경우, 가족 중 최소한 한 명(주로 부모 중 한 명)이 도전행동의 평가와 중재에 관련된 일정 정도의 성공 경험을 가지고 있어야 한다. 그런 경우라 해도 가족이 이 모델에 제시된 단계에 따라 중재를 진행하면서 필요할 때마다 전문가의 자문을 받을 수 있어야 한다.

이 책이 목표로 하는 아동에 대해서도 명료하게 설명할 필요가 있다. PTR-F 모델은 앞서 설명한 도전행동의 패턴을 보이는 아동의 필요를 다루기 위한 것이다. 아동은 발달장애, 지적장애, 자폐성장애, 학습장애, 사회 및 정서장애, 발달지체, 기타 다른 장애로 진단을 받았을 수도 있고, 장애로 진단되거나 분류되지 않은 상태일 수도 있다. 어떤 아동은 발달에 문제가 없는데도 심각하고 지속적인 도전행동을 보인다. PTR-F는 이러한 아동 모두에게 적절하다. 그러나 PTR-F 모델은 간단한 절차로는 바로잡기 어려운 만성적 행동을 위해 특별히 개발된 것이라는 점도 기억해야 한다. PTR-F가 소기의 성과를 거두려면 모든 단계를 순서대로 따르는 것을 포함하여 이 매뉴얼에 설명된 대로 충실하게 실행되어야 하는데, 이를 위해서는 전문가나 가족들이 예상한 것 이상의 시간과 노력이 필요할 수도 있다. 이 모델을 시작하기 전에 모든 참여자가 각 단계를 실행하는 데 필요한 노력을 이해하는 것은 매우 중요하다. 이 매뉴얼에 설명된 초기 PTR-F 절차에만 2~3개월이 소요되며(그보다 더 걸리기도 한다), 변화된 행동이 실행 초기를 지나서도 잘 유지되게 하려면 점검과 다음 단계 이행을 위한 지원이 필요하다.

PTR-F 모델의 기본 신념과 원칙

PTR-F는 광범위한 연구, 정립된 행동지원 모델 그리고 아동과 가족이 도전행동 문제를 해결하도록 지원해 온 저자들의 오랜 경험을 바탕으로 한다. 저자들이 가정 및 지역사회 환경에서 가족을 지원한 경력을 모두 합하면 100년이 훨씬 넘는다. 이러한 경험을 통해 저자들은 도전행동 해결을 위한 전략 실행이나 가족지원이 효과를 거두려면 특정 원칙이 반드시 전제되어야 함을 알게 되었다. 다음은 그 신념과 원칙들이다.

가족중심주의

아동에게 가장 중요하고 지속적인 지지는 가정에서 시작되며, 가정환경은 아동발달과 아동의 행동 및 상호작용패턴의 형성에 가장 많은 영향을 미친다. 물론 생리학적으로나 유전적으로 미리 정해진 것을 포함하여 다양한 요인이 아동발달에 영향을 주지만, 출생부터 아동기 그리고 그 이후의 학습과 행동을 형성하는 데 압도적인 영향을 미치는 것은 가족이다. 이에 더하여, 수백 편의 연구에서 가족 구성원이 아동의 도전행동을 해결하고 건전한 사회정서발달을 하도록 돕는 중재자의 역할을 담당할 수 있음이 명확하게 입증되어 왔다(Fettig & Barton, 2014; Lucyshyn, Dunlap, & Albin, 2002). 그러므로 가족은 모든 조언과 지원 노력의 중심이 되어야 하며, 개별 학생을 지원하는 노력은 가족의 의견, 가족의 목표에 따라 진행되어야 한다. 가족중심주의 그리고 가족의 관점에 대한 민감성과 존중이란 각 가족과 아동이 중재 프로그램에 가져오는 문화적·언어적 특성에 잘 반응하는 것을 말한다. 즉, 가족의 다양성은 반드시 존중되어야 한다. 가족이 담당하는 핵심적 역할을 인정하고 가족 다양성을 존중한다는 것은 행동지원계획을 개발할 때 가족의 선택을 중요하게 고려하고 지원계획이 가족의 일상, 가치, 선호도와 조화될 수 있도록 모든 노력을 기울인다는 의미다.

통합과 지역사회 참여

사회적 행동은 사회적 맥락에서 학습된다. 따라서 심각한 도전행동을 보이는 아동을 포함한 모든 아동은 가정에서의 일상적 상호작용과 지역사회 활동에의 참여 기회를 도전행동에 관련된 문제가 없을 때와 다름없이 충분히 가져야 한다. 파괴적인 도전행동이 예상될 때, 가족은 지역사회로의 외출이나 심지어 가정 내의 활동조차 주저할 수 있으며, 안전과 통제를 보장할 전략이 마련되지 않는 한 이러한 활동이 가능하다고 기대하기는 어렵다. 그러나 PTR-F 모델의 실행에서 아동이 선호하고 아동에게 필요한 활동과 환경을 광범위하게 고려하는 것은 매우 중요하다. 그러한 고려가 없다면, 아동의 사회성 발달과 행동 발달이 저해될 뿐 아니라 전 가족의 삶도 위태로워질 것이다.

포괄성(comprehensiveness)

행동지원 서비스를 설계하고 실행할 때는 아동과 가족 기능의 모든 측면을 이해하고 반영해야 한다. 이 책은 가족 안에서 그리고 가정과 지역사회 환경에서 발생하는 도전행동의 해결 절차에 초점을 두고 있지만, 그러한 절차는 광범위한 지원의 연속체 중 한 영역일 뿐이다. 이 외에도 각 가족은 휴식 지원(respite care), 상담, 재무 계획, 의료적 처치를 포함한 다양한 지원을 통해 도움을 받을 수 있다. 이러한 서비스와 지원은 이 매뉴얼의 범위를 벗어나는 것이지만, 가족들은 개별적 필요에 따라 적절한 지원을 받을 수 있어야 한다.

다층적 체계를 통한 도전행동 예방

행동 개선을 위한 노력을 통해 바람직한 사회성 기술을 증진시키고, 사회정서적 스트레스와 도전행동을 사후에 교정하기보다 사전에 **예방**할 수 있다면 더욱 유익하고 비용효율적인 일이다. 회복탄력성(resilience)을 증진시키고 사회정서적 어려움을 예방하기 위해 할 수 있는 일이 많이 있다. 아동의 사회정서 능력을 함양하기 위해서는 따뜻하고 반응적인 양육자와의 관계, 아동의 신체적 건강과 영양가 있는 음식 섭취, 아동이 배워야 할 기술 발달의 촉진, 사회정서 기술을 배울 수 있는 양방향 상호작용 경험 등이 필요하다. 이러한 요소들은 보편적인 양육 실제이며, 이것이 지속적으로 실천된다면 PTR-F 같은 개별화된 전략이 불필요할 정도로 도전행동의 발생을 예방할 수 있을 것이다. 도전행동이 발생하여 개별화된 중재 전략이 필요한 경우라 해도 보편적 양육 실제의 적용은 중재의 효과를 높이고 실행을 용이하게 한다. 따라서 저자들은 이 책에 설명된 PTR-F 모델을 적용하기 전 또는 적용하는 동안 보편적 실제가 함께 실천되기를 강력히 권한다. 그렇게 된다면 PTR-F가 행동지원의 다층적 체계를 기반으로 실행될 수 있다.

행동지원의 다층적 체계는 초등학교와 중등학교, 유아교육기관과 조기개입 프로그램에 이미 널리 적용되고 있으며, 행동문제를 다루는 데 효과적이라는 점도 입증되었다. 다층적 체계의 기본 원리는 증거기반 전략이 일련의 연속체(continuum)로 구조화될 수 있다는 것인데, 이 연속체는 기본적이고 보편적 수준에서 사용되는 저비용, 저강도의 전략에서부터 연속체의 좀 더 높은 수준에서 요구되는 고비용, 고강도의 전략을 포함한다. 도전행동을 다루는 다층적 체계는 주로 다음 세 가지 수준으로 구성된다. 첫째, 대상 집단의 모든 구성원(예: 전교생)이 바람직한 행동을 하도록 설계된 보편적 전략, 둘째, 대상 집단의 모든 구성원 중 약간의 위험을 가진 소집단을 위한 2차 전략, 셋째, 가장 강도 높고 개별화된 실제로서 이미 심각한 수준의 도전행동을 보이는 학생을 위한 3차 전략이다.

학교차원의 긍정적 행동지원(Schoolwide Positive Behavior Support: SWPBS)은 2016년 1월 기준으로 미국 내 25,000개 초·중등 학교에서 채택한 다층적 체계다. SWPBS에서 보편적 지원(1차 예방)은 명확한 기대행동 수립, 모든 학생에게 기대행동을 준수하는 방법 교수, 기대행동 이행에 대한 보상 체계와 불이행에 대한 교정 체계를 포함한다. 2차 예방과 3차 예방을 위해서는 좀 더 복잡하고 강도 높은 전략이 추가된다. SWPBS의 실행 절차와 실행에 따른 사회성, 행동, 학업 성과에 대한 광범위한 연구들은 꾸준히 SWPBS를 지지하고 있다(Sailor, Dunlap, Sugai, & Horner, 2009; Sugai & Horner, 2006; www.pbis.org 참조). 피라미드 모델(Pyramid Model)은 도전행동을 다루는 또 하나의 다층적 체계인데, 이 체계는 어린이집, 유아교육기관 및 가정과 지역사회 환경에 있는 나이가 아주 어린 아동들의 사회정서 능력을 다룬다(Dunlap & Fox, 2011; Fox, Dunlap, Hemmeter, Joseph, & Strain, 2003; Johnson & Monn, 2015). 피라미드 모델도 SWPBS처럼 미국 전역의 많은 프로그램에서 실행되었으며, 이를 지지하는 연구 자료도 점점 늘어나고 있다(예: Branson & Demchak, 2011; Fox & Hemmeter, 2014; Snyder, Crowe, Miller, Hemmeter, & Fox, 2011). 피라미드 모델은 보편적 수준, 2차 수준, 3차 수준에서 증거기반 실제를 실행하기 위한 구체적 사항을 포함하며 집단 환경에서 도전행동을 보이는 어린 아동을 위해 PTR-YC를 권장한다.

다층적 체계의 고려를 강조하는 이유는 저비용, 저강도의 전략이 학교나 어린이집 같은 집단 환경뿐 아니라 가정과 지역사회 환경에 있는 아동들에게도 매우 유익하기 때문이다. 저자들은 PTR-F 접근을 시작하기 전 또는 PTR-F를 실행하는 동안 보편적 양육 전략도 함께 실천하기를 강력히 권한다. 보편적 양육 전략은 제2장에서 더 자세히 설명할 것이다. 여기에는 성인의 관심을 높은 비율로 제공하기, 기대행동을 명확하게 알리기, 규칙적이고 예측 가능한 가족 일정을 수립하고 유지하기 등이 포함된다. 그 외에도 바람직한 상호작용을 증진하고 도전행동을 예방하기 위한 여러 가족 전략이 있다. 우리는 이 장의 앞부분에서 일부 자료를 인용했고 그 외에도 가정과 지역사회 환경에서의 양육 실제에 적용 가능한 제언을 담고 있는 여러 책과 웹사이트를 인용하였다. 실증적 연구를 통해 입증되고 가족의 가치, 일과, 선호도와 조화를 이루는 실제가 여러 가지라면, 강도가 낮은 실제를 먼저 시도해 보는 것이 좋다.

PTR-F의 개념적·실증적 기반

PTR-F 모델은 개념적 기반이 잘 확립되어 있을 뿐 아니라 긍정적 행동지원의 절차와 방법에 관한 광범위한 연구에 바탕을 두고 있다. 이 절에서는 이 모델의 기저에 있는 과학적 개념을 설명하고, PTR 접근에 대한 연구, 그리고 가정과 지역사회에서의 PTR 적용을 직접적으로 다룬 응용 연구를 요약할 것이다.

개념적 기반

먼저, PTR-F 절차가 이 장 앞부분의 '도전행동 이해하기'에 제시된 행동의 기본 원칙과 도전행동 중재 전략에 관한 방대한 현장 연구에서 비롯되었음을 인식해야 한다.

PTR-F의 중재 전략은 응용행동분석과 긍정적 행동지원이라는 밀접하게 관련된 두 접근을 주요 기반으로 한다.

응용행동분석(Applied Behavior Analysis: ABA)은 개인의 행동을 사회적으로 의미 있게 변화시키기 위해 학습의 원리를 적용하는 광범위한 학문 분야 중 하나다. ABA는 교육학, 사회복지학, 심리학, 아동발달학, 경영학을 포함한 수많은 분야에 영향을 미쳤다. ABA의 타당성과 폭넓은 기여는 50년이 넘는 기간 동안 실행된 여러 연구를 통해 명확하게 입증되어 왔다. ABA 원칙은 겉으로 보기에 상당히 달라 보이는 여러 방식으로 구현될 수 있음을 이해해야 한다. 이러한 이유로 ABA라는 용어가 잘못 이해될 수 있다. 예를 들면, 어떤 사람들은 자폐성장애 아동을 치료하는 고도로 구조화된 단일 교육과정을 ABA라고 부른다. 그러나 ABA는 특정 프로그램으로 표현되기에는 너무나 광범위한 접근이며, 사실상 모든 환경에서 모든 사람에게 적용할 수 있는 것이다. ABA를 주요 근간으로 하는 여러 프로그램은 개념적·철학적 기반이 실제로 동일한데도 상당히 달라 보일 수 있다(Cooper, Heron, & Heward, 2007).

긍정적 행동지원(Positive Behavior Support: PBS) 역시 상당 부분 ABA에 근거한 광범위한 접근이다(Dunlap, 2006). 1980년대 중반부터 시작된 PBS는 까다로운 행동을 다루고 삶의 질을 높이는 전략으로 널리 알려져 왔다(Bambara & Kern, 2005; Carr et al., 2002; Dunlap, Carr, Horner, Zarcone, & Schwartz, 2008; Sailor et al., 2009). PBS는 행동 개선을 위한 접근으로, 사회적이고 기능적인 역량 구축과 문제행동 예방에 중점을 두며, 연구기반의 평가와 중재, 자료기반의 의사결정이라는 연속적인 절차를 포함한다(Kincaid et al., 2016). PBS가 추구하는 것은, 학습을 방해하고 선호하는 생활 방식을 누릴 수 없게 하며 성인이나 또래와 긍정적인 관계를 맺지 못하게 하는 행동문제의 감소다. PBS는 가혹하거나 낙인이 될 수 있는 처벌을 지양하고, 교수 방법의 변화와 아동이 더욱 바람직한 행동을 배우고 선택하도록 지지하는 환경 조성을 강조한다는 점에서 '긍정적(positive)'이다. 이 책과 PTR-F 모델은 개별차원의 PBS 적용과 관련되어 있지만, 독자들은 PBS가 교실, 유아프로그램, 학교 전체 등과 같은 더 큰 환경에도 적용 가능함을 깨닫게 될 것이다. PBS는 긍정적 행동중재 및 지원(Positive Behavior Interventions and Supports: PBIS), 학교차원의 긍정적 행동지원(Schoolwide Positive Behavior Support: SWPBS), 프로그램 차원의 긍정적 행동지원(Program-wide Positive Behavior Support: PWPBS) 등의 명칭으로도 불린다(Dunlap, Kincaid, Horner, Knoster, & Bradshaw, 2014 참조).

평가기반 행동중재에 관한 연구

지난 50여 년간, 행동분석적 개념과 방법에 의존해 온 연구자들은 문제행동 감소를 위한 행동기법의 효과를 보여 주는 무수한 과학적 연구를 수행해 왔다. 세심한 연구 설계를 활용하여 특정 전략에 대한 평가가 이루어졌으며, 그 결과는 여러 학술지에 게재되었는데 그중 가장 대표적인 것은 『Journal of Applied Behavior Analysis』다.

1980년대 초 진단기법, 기능분석, 기능평가의 등장에 따라 이 분야의 중요한 발전이 이루어졌다(Iwata, Dorsey, Slifer, Bauman, & Richman, 1994; O'Neill et al., 1997; Repp & Horner, 1999). 이러한 평가 전략을 통해 중재자들은 환경 사건이 도전행동의 발생에 어떤 방식으로 영향을 미치는지 파악할 수 있었다. 기능분석이라는 용어가 환경이 행동에 미치는 영향을 실험적으로 관찰하기 위해 환경 사건을 체계적으로 조작하는 전략만을 지칭한다면, 기능평가(또는 행동기능평가)는 행동에 미치는 환경의 영향을 알아내기 위한 다양한 전략을 지칭하는 광범위한 용어다. 이러한 평가 방법들이 중요한 이유는 문제행동이 좀 더 많이 또는 좀 더 적게 발생하는 후속 조건을 찾아내어 도전행동의 '기능(function)', 즉 도전행동의 의사소통적 목적을 밝혀 주기 때문이다. 예를 들어, 어떤 도전행동은 그 행동 직후에 관심이 주어질 때 더 자주 발생할 수도 있고, 또 다른 도전행동은 그 행동 직후에 아동이 하기 싫어하는 활동(예: 매우 귀찮은 집안일)을 회피할 기회가 주어질 경우 더 자주 발생할 수도 있다. 기능평가 절차는 도전행동이 좀 더 많이 또는 좀 더 적게 발생하는 선행사건의 파악에도 유용하다(Dunlap, Kern-Dunlap, Clarke, & Robbins, 1991; Touchette, MacDonald, & Langer, 1985). 결국, 기능평가와 기능분석 절차가 중요한 이유는 이 절차를 통해 좀 더 효과적이고 효율적이며 개별화된 중재를 할 수 있기 때문이다.

수백 편의 연구를 통해 밝혀진 PTR-F의 실증적 기반은 다음 네 가지로 요약할 수 있다. 첫째, 기능평가는 도전행동에 대한 효과적이고 효율적인 (평가기반의) 중재를 이끌어 낼 정보를 제공할 수 있다. 둘째, 평가기반의 선행사건 조작(manipulation)을 여러 번 실시하면 도전행동의 정도를 단기간에 상당히 감소시킬 수 있다(**예방**). 셋째, 평가기반의 교수적 중재를 통해 기능적으로 동등한 의사소통 기술을 지도하면 도전행동이 안정적으로 감소하고 적절한 의사소통이 상당히 향상된다(**교수**). 넷째, 적절한 반응에 대한 정적 강화는 긍정적 행동의 증가와 함께 도전행동의 감소를 가능하게 한다(**강화**).

예방 · 교수 · 강화 모델에 대한 연구

PTR-F는 '학교에서의 예방·교수·강화 모델(PTR)'과 '유아프로그램에서의 예방·교수·강화 모델(PTR-YC)'에 기반을 둔다. 이 세 모델은 계획, 목표 설정, 자료 수집, 기능평가, 중재 개발, 실행, 평가로 구성되는 개별화된 PBS의 기본 절차를 공유한다. 이 세 모델은 기능평가에 접근하는 방식도 동일하며, 예방·교수·강화 전략을 반드시 포함하는 개별화된 중재를 사용한다는 공통점도 갖는다.

PTR 모델이 도전행동의 감소와 바람직한 대체행동의 증가에 효과적이라는 것은 여러 연구를 통해 입증되었다. 예를 들면, 245명의 학령기 학생을 연구 참여자로 하는 무작위 통제 실험에서 PTR 모델의 효과를 평가한 결과, 평소와 같은 학교 교육을 받은 집단에 비해 PTR을 실행한 집단이 도전행동, 사회성 기술, 학업 참여 면에서 통계적으로 유의하게 긍정적인 성과를 보이는 것으로 나타났다(Iovannone et al., 2009). 단일대상설계를 적용한 Strain, Wilson과 Dunlap(2011)의 연구는 PTR 모델을 적용한 자폐성장애 학생 3명 모두에게서 동일한 긍정적 성과가 나타났음을 보고하였다.

좀 더 최근 연구로는 네바다주와 콜로라도주의 연구자들이 실시한 집단비교실험이 있는데, 이 실험에서 연구자들은 만성적인 도전행동을 보이는 유아와 관련하여 PTR-YC를 실시한 집단과 평소와 같은 서비스만 받은 집단 간의 차이를 조사하였다. 4년에 걸친 이 연구는 이 책이 집필되는 동안에도 진행 중이었는데, 초기 연구 결과에서는 도전행동, 참여, 사회성 기술 수준에서 통계적으로 유의한 차이가 발견되었다(Dunlap, Lee, Strain, & Joseph, 2016). 이는 Iovannone과 동료들(2009)이 학령기 연구 참여자를 대상으로 한 이전 연구에서 보고한 것과 유사한 결과다.

마지막으로 가족 맥락에서 개별화된 평가기반의 중재를 실행한 중요한 연구들도 수행되어 왔다. 이 연구들은 부모와 기타 가족 구성원들이 가정과 지역사회 환경에서 평가기반의 전략을 충실하고 효과적으로 아동에게 실행할 수 있음을 입증하였다(Dunlap & Fox, 1999; Fettig & Barton, 2014; Fettig, Schultz, & Sreckovic, 2015; Lucyshyn et al., 2002). 또한 가족 맥락에서 PTR 모델을 적용한 초기 연구들도 긍정적인 효과를 보고하고 있다(Bailey, 2013; Sears, Blair, Iovannone, & Crosland, 2013).

PTR-F의 절차

PTR-F는 수백 편의 논문, 단행본, 웹사이트(예: www.apbs.org; Bambara & Kern, 2005; Brown, Anderson, & DePry, 2015)에 소개된 연구기반의 개별화된 PBS와 유사한 절차로 진행된다. PTR-F 절차는 앞서 개발된 PTR(Dunlap et al., 2010)과 PTR-YC(Dunlap, Wilson, Strain, & Lee, 2013)와도 유사하다. PTR 접근의 특징으로는 정확한 제시 방식, 모델 실행을 위한 단계별 지침, 실행충실도 향상을 위한 전략 등을 들 수 있다. 이에 더하여 PTR-F는 가정이나 지역사회 그리고 기타 자연스러운 환경에서 부모와 기타 가족 구성원들이 실행하는 중재에 초점을 둔다는 특징이 있다. 이 책의 주요 목적은 PTR-F 절차의 각 단계를 자세히 설명하는 것이며, 이 책의 제3장부터 제7장이 바로 그 내용이다. 다음은 각 단계에 대한 간단한 설명이다.

1단계: PTR-F 시작하기

PTR-F의 실행은 이 절차에 참여할 팀을 구성하는 것으로 시작된다. 이 팀에는 촉진자 역할을 할 전문가와 주요 가족 구성원들만 참여할 수도 있고, 실행 과정과 성과에 관여할 사람들까지 참여할 수도 있다. 이러한 추가의 팀원으로는 확대가족 구성원, 가까운 친구, 또는 아동이나 가족과 함께 일하는 기타 전문가 등을 들 수 있다. 팀 구성 단계에서는 팀원들이 PTR-F의 목적과 단계를 검토하고 가족중심주의와 팀 접근의 중요성을 논의하며 이 접근을 실행하는 과정 내내 각 팀원이 어떤 역할을 맡을지에 대한 협의가 이루어진다.

모든 팀원이 아동과 가족의 기능 향상이라는 공동의 비전을 세우고, 바람직하면서도 현실적인 성과가 무엇인지 이해하는 것은 매우 중요하다. 이를 위해 팀은 부모-자녀 상호작용에 대한 장기 목표와 구체적인 단기 목표, 아동의 사회정서발달, 가장 먼저 중재를 실시해야 할 환경에 관해 논의할 것이다. 또한 팀은 우선적으로 감소되어야 할 목표인 특정 도전행동을 주의 깊게 정의하고 새로 가르치거나 좀 더 강화해야 할 바람직한 행동을 선택해야 한다. 마지막으로 팀은 도전행동을 비롯하여 목표로 삼은 여러 행동을 측정할 현실적인 전략을 마련하여 모든 팀 구성원이 행동의 진보가 일어나고 있는지를 점검할 수 있게 해야 한다.

2단계: PTR-F 기능평가

두 번째 단계는 문제라고 생각되는 일과에서 행동을 평가하는 것이다(제4장 참조). 이 평가는 환경이 행동에 어떻게 영향을 미치는지 이해하기 위한 것이다. 이러한 평가를 기능평가(functional assessment) 또는 행동기능평가라고 부른다. 기능평가는 먼저 간단한 질문지를 작성한 후(주로 부모가 작성) 그 응답을 요약하여 아동이 속한 환경에서 발생한 사건이 도전행동 및 바람직한 행동의 발생과 어떤 관련이 있는지를 관련인들이 함께 알아가는 방식으로 이루어진다. 기능평가를 위한 질문지와 서식들은 제4장에 수록되어 있다.

3단계: PTR-F 중재

이 단계에서는 기능평가를 바탕으로 행동지원계획을 수립하고 중재를 실행한다(제5장 참조). 모든 행동지원계획은 최소한 세 가지의 전략을 포함한다. 다시 말해서 모든 행동지원계획은 예방, 교수, 강화 전략을 각각 한 가지 이상 반드시 포함해야 한다. 연구에 기반을 두고 있으며 쉽게 적용할 수 있는 이 전략들에 대해서는 이 책에 자세히 설명되어 있다. 중재 전략은 팀이 선택하되, 핵심적인 결정자는 가족이어야 한다. 이 단계에서는 행동지원계획을 개발할 뿐 아니라 가족 구성원들이 선택된 전략을 실행할 수 있도록 자세한 조언을 제공해야 한다. 중재 요소의 실행을 위한 세부 절차에 대한 조언은 전략의 성공 가능성을 최대화할 뿐 아니라 전략이 아동과 가족 맥락에 최대한 잘 조화되도록 전략을 개별화해 준다.

4단계: 코칭

코칭은 3단계(PTR-F 중재)의 일부지만, 그 중요성 때문에 별도의 장에서 다룬다. 제6장에서는 가족과 기타 양육자들이 중재 전략을 충실하게 실행하도록 돕는 코치로서의 촉진자 역할을 설명한다. 이 단계에서는 중재 실행자들(즉, 가족이나 기타 양육자들)이 선택된 중재 전략을 유능하고 자신감 있게 적용하도록 돕기 위해 코칭 관계의 중요성, 문화적 다양성의 의미, 지원의 점진적 소거 과정에 주의를 기울인다.

5단계: 실행과 진보 점검

5단계에서는 진보를 점검하고 PTR-F의 효과를 측정하는 실제적이고 가족 친화적인 전략에 중점을 둔다(제7장 참조). 이 단계의 강조점은 가정이라는 맥락에서 진보 점검 전략을 적용하는 것이다. 제7장에서는 자료를 바탕으로 중재 실행을 개선하는 방법, 가족과 관련 전문가 및 기관들과 자료를 공유하는 방법을 설명할 것이다.

효과적인 PTR-F를 위한 중요한 요인

PTR-F의 효과에 영향을 미치는 요인에는 여러 가지가 있으며, 이러한 요인의 존재 여부는 가족에 따라, 지원을 제공하는 전문가에 따라 다를 것이다. PTR-F의 성공에 가장 큰 영향을 미치는 요인은 다음과 같다.

성공적 성과에 대한 헌신

도전행동을 줄이고 성인-아동 간 상호작용 패턴을 개선하기 위해 함께 노력하겠다는 가족의 헌신은 성과를 결정하는 주요 요인 중 하나다. PTR-F에 참여하는 가족 구성원들은 팀이 같은 목표를 마음에 두고 정해진 PTR-F 절차를 잘 따르려고 노력할 때 행동 개선 가능성이 커진다는 점을 이해해야 한다. 아동의 행동 개선, 그리고 아동을 포함한 온 가족의 삶의 질 향상을 위한 지속적이고 단합된 헌신은 시간이 지나도 계속 유지되어야 한다.

어떤 가족들은 아동의 도전행동에 반응하는 방식이나 가족 일과 중 아동과 상호작용하는 방식을 바꾸고 싶어 하지 않거나 바꿀 여력이 없을 수도 있다. 어떤 가족들은 협력적인 노력에 참여하기보다는 외부 전문가가 와서 아동의 행동을 '고쳐' 주기만 바랄 수도 있다. 그러나 PTR-F 모델을 효과적으로 실행하려면 가족의 의지와 헌신이 필수적이다.

실행충실도

다음은 앞에서 이미 강조한 내용이지만, 아무리 반복해도 지나치지 않다. PTR-F는 이 매뉴얼에 설명한 대로 실행해야 효과를 거둘 수 있도록 설계되었다. 이 책에 제시된 기본 단계를 정해진 순서대로 따라가야 한다. 기능평가를 마치기도 전에 중재를 계획하고 실행하는 식으로 일부 단계를 건너뛰고 싶은 유혹에 빠질 수도 있다. 그러나 이는 좋은 생각이 아니다. 이 책에서 강조된 순서와 방식으로 절차를 실행하지 않으면 이 모델의 효과는 줄어든다.

대부분의 가족은 매우 바쁘게 살고 있으며 많은 책임을 감당하면서 복잡한 일정을 소화해 내고 있으므로 실행충실도까지 고려할 여력이 없다. 가족들은 촉진자와의 만남조차 어렵게 느낄 수 있다. 촉진자와의 만남이나 코칭 회기는 아동이 문제를 보이는 특정 일과 동안 이루어져야 하는데, 그 일과가 하루 중 누군가를 만나기에 매우 불편한 시간이라면 가족의 어려움은 가중된다. 이러한 회기를 위해서는 가족과 촉진자 양쪽의 협력이 필요하다. 최선은 아니지만, 면대면 만남이 불가능할 때는 영상으로 의사소통을 시도해 볼 수 있다.

지원하는 전문가와 가족 간의 관계

가족 구성원들이 서로 긍정적인 관계를 맺는 것에 더하여 PTR-F 모델 실행 시 지원을 제공하는 전문가와 주요 가족 구성원이 긍정적이고 건설적인 관계를 맺는 것은 매우 중요하다. 여기서 전문가란, PTR-F 절차를 촉진하고 가족이 행동지원계획을 세우도록 도우며 중재 실행에 대한 코칭을 제공하는 사람을 말한다. 바람직한 관계를 맺는다는 것은 개방적인 의사소통이 가능하고 상호 신뢰가 수립되어 있다는 의미다. 전문가와 가족 구성원 간의 라포가 잘 형성될수록 지원의 효과가 커지고, 그에 따라 PTR-F의 전 과정도 순조롭게 진행된다. 신뢰를 기반으로 한 건설적인 관계를 맺는 데는 상당한 시간이 걸릴 때도 많지만, 이러한 시간은 충분히 투자할 가치가 있다.

PTR-F 실행 시 고려해야 할 제한점과 유의점

가족에게 기능평가와 중재 전략을 실행할 시간과 역량이 충분하고, 개별화된 촉진과 지원을 제공할 전문가의 도움도 받을 수 있는 상황에서 PTR-F 모델이 신중하게 적용된다면 이 모델은 분명히 긍정적인 성과를 거둘 것이다.

그러나 이 모델이 모든 상황에서 효과적인 것은 아니다. 첫째, PTR-F로 다룰 수 있는 범위를 넘어서는 행동 유발요인들이 있다. 예를 들면, 어떤 아동은 PTR-F를 구성하는 교육 및 행동 전략 이외의 중재가 필요한 의료적 또는 신경학적 조건을 가지고 있다. 아동에게 만성적 질병, 통제하기 어려운 뇌전증, 또는 기타 생리학적 문제가 있을 때, 그러한 문제를 교육적·행동적 방법만으로 해결하려는 시도는 적절하지 않다. 신경학적 문제나 의료적 문제가 관련되어 있다면 PTR-F뿐 아니라 적절한 의료적·신경학적·생리학적 서비스를 포함하는 여러 분야 전문가들의 조언이 필요하다.

어떤 아동의 도전행동은 정신질환, 알코올과 약물 남용, 부부 간 불화, 실업으로 인한 경제적 스트레스, 고통스럽고 비기능적인 상호작용과 방임으로 가득한 가정 분위기를 야기하는 여러 급박한 상황 등이 초래하는 심각한 가족 체계의 문제에서 비롯된다. PTR-F는 극도로 심각한 가족 체계 문제를 다루는 모델이 아니다. 가족의 상황이 이러하다면, 사회 서비스, 사회복지, 정신건강 상담 등의 체계를 통해 지원과 자원이 마련되어야 한다.

가족과 이들을 지원하는 전문가가 최선을 다해 노력했음에도 불구하고 PTR-F 접근이 적절한 행동 변화를 성취하지 못할 때도 있다. 예를 들면, 아동의 행동을 보고만 있기가 매우 어려울 때(예: 동물을 해하는 행동, 불 지르는 행동, 타인에게 상해를 입히는 행동)도 있고, 아동의 행동이 너무 드물게 발생하거나 관찰하기 어려워서 가족의 관찰을 기반으로 기능평가를 완료하는 것이 불가능할 때가 있다. 이런 경우 팀원들은 도전행동의 기능을 제대로 파악하지 못하여 개별화된 중재를 실행할 수 없다. 심각한 도전행동이 매우 드물게 발생하거나 주로 성인이 없을 때만 발생할 경우 외부의 도움을 요청하여 거의 주 7일 하루 24시간 체제로 아동을 관찰해야 한다. 그렇게 해야만 믿을 만한 기능평가를 완료할 수 있다. 또한 성인이 없을 때만 몰래 하는 도전행동이 고의에 의한 것인지는 공인된 심리학자나 정신과 의사에게 진단적 평가를 받아 볼 필요가 있다. 이러한 지원을 고려하는 것은 아동의 삶에 PTR-F 이외의 지원과 전문가들이 개입해야 할지를 결정하기 위해서다.

한편, 팀이 개별화된 행동지원계획을 수립하고 충실하게 실행하였으나 몇 주가 지나도 아동의 행동이 개선되지 않을 때도 있다. 이럴 때는 먼저 강화제가 충분히 강력한지를 점검해 보아야 하며, 그다음으로는 도전행동의 '의사소통적 메시지'를 확인하기 위해 PTR-F 기능평가를 다시 해 보는 것이 좋다. 한 가지 기능을 가졌던 행동이 이후에 서로 다른 여러 기능을 가진 것으로 판명되는 일은 자주 발생한다. PTR-F 기능평가를 다시 했는데도 만족스러운 결과를 얻지 못했다면, 기능평가를 해 본 경험이 풍부한 외부 자문가를 초빙하는 것이 적절하다. 이 자문가는 행동분석을 위해 대안적인 관찰 절차를 활용할지, 행동 발생 환경이 아닌 외부적 사건이 미치는 영향을 좀 더 자세히 살펴볼지, 또는 팀원들에게 서로 다른 여러 기능별로 고안된 중재를 단기간 시도해 보게 할지를 결정할 것이다. 이렇게 자문가를 활용할 때는 팀원들이 자문가가 사용한 중재방법을 똑같이 실행할 수 있도록 훈련받는 것이 중요하다. 이러한 상황에 대해서는 제7장에서 좀 더 자세히 살펴볼 것이다.

■ 이 책에 대한 안내

PTR-F는 가정과 지역사회 환경에서 심각한 도전행동을 보이는 아동을 위해 중재를 계획하고 실행하는 구체적인 모델로, 이 모델에서는 가족이 아동을 감독하고 안내한다. 이 모델은 30개월 유아부터 초등학생까지의 아동에게 적용 가능하며, 다양한 발달 및 인지적 특성을 가진 아동들에게 적용할 수 있다. 수많은 연구가 PTR-F의 전체 과정뿐 아니라 각각의 단계와 구성요소의 효과를 지지한다.

이 책은 심각하고 만성적인 도전행동을 가진 아동의 가족을 적극적으로 지원할 전문가들에게 매뉴얼을 제공하고자 집필되었다. 이 책의 목적은 PTR-F 모델을 자세히 설명하여 가정을 방문하는 전문가들이 아동의 도전행동을 효과적으로 해결하려 노력하는 가족을 잘 지원하도록 돕는 것이다. 도입에 해당하는 이 장에서는 PTR-F 모델의 배경과 이론적 근거를 설명하였다. 제2장은 가족과 관련된 중요한 쟁점을 다루는데, 특히 가족 체계의 맥락에서 도전행동을 이해하고 해결하는 방안을 논의할 것이다. 그 이후의 장들은 이 모델의 각 단계를 실행하는 자세한 지침과 안내를 담고 있다. 이 책은 기능평가와 중재 전략에 대한 자세한 설명을 제공하며, PTR-F를 다양한 가족과 아동, 도전행동에 적용한 사례를 제시한다.

각 장에는 상세하게 기술된 두 가지 사례가 수록되어 있다. 이 사례들은 이 모델의 전체 절차가 진행되는 동안 각 단계가 어떤 방식으로 실현되는지를 보여 준다. 이 사례들은 기능평가와 중재 단계에서 작성된 서식의 예시도 포함하고 있으며, 사례에 대한 서술 부분에는 PTR-F 과정을 촉진하거나 방해하는 다양한 상황도 설명되어 있다. 각 장의 내용은 팀이 PTR-F 절차를 어려움 없이 따를 수 있도록 매우 구체적으로 집필되어 있다. 이 절차를 주의 깊고 정확하게 따르기만 하면 아동의 행동이 의미 있게 개선될 가능성이 크다는 것을 보여 주는 많은 연구가 존재한다.

■ 이 책에 등장하는 주요 용어

다음의 용어가 낯설다고 느끼는 독자도 있을 것이다. 다음에서는 이 책에서 각 용어가 어떤 의미로 사용되었는지와 각 용어가 PTR-F와 어떤 관련이 있는지를 중심으로 주요 용어를 설명하였다.

가설(가설문장) hypothesis(hypothesis statement) 환경이 도전행동에 어떻게 영향을 미치는지에 대한 팀의 이해를 요약한 간단한 문장. 가설을 구성하는 세 가지 요소는 '행동에 앞서 일어난 조건' '행동에 대한 묘사' '행동의 유지에 기여하는 것으로 보이는 후속결과'다. 가설을 하나 이상 작성해야 하는 아동도 있다.

강화 reinforce PTR-F 접근의 세 번째 구성요소. 후속결과(특히 정적 강화제)를 전달하는 방식의 변화와 관련된 중재 전략을 말한다.

강화제(정적 강화제) reinforcer(positive reinforcer) 아동이 행동을 한 직후에 주어져 그 행동을 증가시키거나 강화하는 후속결과. 바람직한 행동이 증가하도록 강화제를 사용하는 것과 의도하지 않게 도전행동을 유지하는 강화제를 제거하는 것은 PTR-F 접근에서 사용하는 주요 전략 중 하나다.

교수 teach PTR-F 접근의 두 번째 구성요소. 바람직한 행동을 교수하는 중재 전략을 말한다.

긍정적 행동지원 positive behavior support(PBS) 개인(아동 포함)이 바람직한 행동을 더 많이 하고 도전행동을 더 적게 하도록 돕는 접근. 긍정적 행동지원은 기능평가의 결과로 얻게 되는 정보(자료)와 다요소 행동지원계획에 근거를 둔 개별화된 접근이다. PTR-F는 PBS 모델 중 하나로, 실용성을 최대화하는 방향으로 설계되었다. PBS는 교실, 프로그램 전체, 학교와 같은 대규모 집단에 적용할 수 있다. 그러나 PTR-F는 개별차원의 PBS 모델 중 하나라 할 수 있으며, 이 책은 도전행동을 지속적으로 보이는 개별 아동의 필요에 초점을 둔다.

기능 function 아동이 보이는 도전행동의 목적이나 동기. 행동에는 매우 많은 기능이 있지만, 크게 무언가(예: 장난감, 타인의 관심)를 얻기 위한 행동과 무언가(예: 과제 요구, 싫어하는 또래의 존재)를 피하기 위한 행동으로 분류할 수 있다. 이 장에서 이미 논의했듯이, 거의 모든 경우에 도전행동의 기능은 의사소통의 시도로 이해될 수 있다.

기능평가 functional assessment(functional behavioral assessment: FBA) 환경에서 일어난 사건이 어떻게 도전행동에 영향을 미치고 도전행동을 통제하는지 이해하기 위해 정보(자료)를 수집하는 절차. 기능평가를 실시하는 방법은 매우 다양하다. PTR-F에서는 팀원들이 세 가지(예방, 교수, 강화)의 체크리스트를 독립적으로 작성한 후 PTR-F 기능평가 요약표를 이용하여 그 정보를 종합하는 방식으로 기능평가를 실시한다(제4장 참조).

기초선 baseline PTR-F 중재가 실행되기 이전의 기간. 이 기간에도 자료를 수집해야 하며(제3장 참조), 이때는 가족들이 평소와 같은 방식으로 도전행동을 다룬다.

도전행동 challenging behavior 최상의 학습이나 또래 및 성인과의 친사회적 상호작용을 방해하는 반복적인 행동패턴. 이 책에서 도전행동이란 일반적인 통제 전략에 반응하지 않는 지속적인 문제행동을 말하며, 대표적인 도전행동으로는 오래 지속되는 탠트럼, 신체적·언어적 공격행동, 타인에게 방해가 되는 말과 움직임(예: 소리 지르기, 상동행동), 기물 파손, 자해, 불순응, 위축 등이 있다(Smith & Fox, 2003).

맥락적 적합성 contextual fit 행동지원계획과 가족의 선호도, 문화, 습관, 역량, 가치 간의 조화. 맥락적 적합성이 클수록 행동지원계획이 충실하게 실행될 가능성이 커진다.

목표행동 target behavior 팀에 의해 변화가 필요하다고 판별된 행동. 목표행동은 도전행동일 수도 있고 바람직한 행동일 수도 있다.

바람직한 행동 desirable behavior 팀이 새롭게 형성하거나 증가시키려는 아동의 행동. 바람직한 행동은 PTR-F에서 광범위하게 사용되는 용어로, 긍정적인 사회적·의사소통적 행동, 협동 놀이나 평행 놀이, 주의 집중하기, 독립적으로 반응하기, 자조 기술, 자기 조절 등을 포함한다.

선행사건 antecedents(antecedent variables) 아동의 행동 발생에 영향을 미치는 환경 내의 사건, 행위, 물건, 상황. 선행사건은 도전행동이나 바람직한 행동의 유발요인이 되기도 하고 발생 가능성을 높이는 사건으로 작용하기도 한다. 거의 모든 것이 선행사건으로 작용할 수 있지만, 도전행동의 선행사건 중 가장 흔한 것은 아동이 하기 싫어하는 것을 하라는 요구다.

예방 prevent PTR-F의 첫 번째 구성요소. 선행사건에 관련된 중재 전략을 말한다.

응용행동분석 applied behavior analysis(ABA) 행동을 평가하고 개선하기 위한 실용적 접근을 포함하는 과학적 학문 분야. ABA에서는 중재 전략을 개발하기 위해 학습이론에 포함된 원칙을 이용한다. ABA는 광범위한 접근으로, 다양한 아동과 성인들의 행동 향상에 유용하다는 것이 입증되어 왔다.

자료 data 사실 또는 정보. PTR-F에서 자료란 아동 행동에 대한 관찰 기록을 말한다. PTR-F 모델에서 기능평가(제4장 참조), 진보 점검(제7장 참조), 실행충실도 측정(제6장과 제7장 참조)을 위해 수집된 자료는 특히 중요하다.

조작적 정의 operational definition 관찰 및 측정이 가능한 용어로 제시된 행동의 정의나 묘사. 잘 작성된 조작적 정의는 모든 팀원이 행동 발생 여부를 동일하게 판단하게 해 준다.

충실도 fidelity PTR-F의 중재 전략이 계획한 대로 정확하게 실행된 정도. 이

용어는 실행충실도(fidelity of implementation) 또는 실행성실도(integrity of implementation)라고도 부른다.

코칭 coaching 다른 사람이 특정 실제, 전략, 또는 행동을 실행할 역량을 갖게 해 주는 것. PTR-F에서 코칭이란 가족 구성원들에게 PTR-F 전략의 실행을 위한 훈련과 지원을 제공하는 것을 말한다. 코칭을 할 때는 구체적인 전략을 사용하여 가족을 관찰하고 가족의 성찰(reflection)을 안내하며 PTR-F 전략을 실행하는 가족 구성원에게 피드백을 제공한다.

제2장

가족과 함께 일하기

- PTR-F 과정에서 가족을 지원하기 위한 지침
- 보편적 양육 실제
- 가정에서 발생하는 도전행동을 위한 개별화된 중재 개발
- 사례

가족은 PTR-F 모델의 효과적인 실행을 위해 모든 국면에서 중요한 역할을 담당한다. PTR-F는 가정과 가족 일과에만 중점을 두는 것이 아니라 그 이상을 다룬다. 가족중심주의(제1장 참조)는 PTR-F를 이끄는 원칙이며, PTR-F 절차에서 지원계획의 주요 실행자는 가족이다. 개별 가족의 목표, 의견, 고유한 특성은 PTR-F 절차에 중요한 정보이며 아동의 도전행동을 위한 중재와 지원을 결정하는 데 도움을 준다. 그러므로 가족에 대한 이해는 기능평가, 행동지원계획, 실행에 이르는 PTR-F의 모든 과정에 필수적이다. 이 장에서는 도전행동이 어떻게 가족 체계에 영향을 미치는지 살펴보고, 이러한 도전행동을 해결하기 위해 가족을 지원하는 것과 관련된 쟁점을 논의할 것이다. 이 장에서는 또한 가족과 함께 PTR-F 절차를 실행할 때 지침이 되는 원칙을 논의하고, 가족이 PTR-F 모델 실행의 협력적인 파트너로 참여하게 할 전략을 제시할 것이다.

가족을 지원하는 방법을 논하기 전에 '가족'의 개념을 정의하고 누가 가족에 포함되는지를 살펴볼 필요가 있다. 이 책에서는 가족을 광범위하게 정의한다. Poston과 그 동료들(Poston et al., 2003)이 정의한 것처럼 가족은 "혈연이나 결혼으로 맺어졌든 아니든 스스로 가족에 속한다고 생각하는 사람들, 정기적으로 서로를 지지하고 돌보는 사람들"(p. 319)을 모두 포함한다. 대부분의 경우 가족은 부부 또는 부부 중 한 명이 가장의 역할을 한다. 그러나 문화적·대인관계적·역사적 요인이나 그 외 요인에 따라 육아의 부담을 다른 사람들과 분담하기도 한다. 이러한 광범위한 정의에 의하면 위탁 부모, 부모가 아닌 돌봄제공자들(조부모, 삼촌, 이모나 고모, 사촌 등 아동과 친척 관계에 있는 사람들 또는 이웃, 친구, 베이비시터 등 아동의 친척이 아닌 사람들)이 모두 가족이다. 중재를 계획하고 실행하는 과정에서는 아동을 돌볼 가능성이 있는 모든 사람에게 지원이 제공되어야 한다(이 장 마지막에 제시된 루시의 사례는 조부모와 교사를 포함한 다양한 사람들이 PTR-F 절차에 초대되는 상황을 보여 준다).

PTR-F 과정에서 가족을 지원하기 위한 지침

가족이 PTR-F에 잘 참여하도록 지원하기 위해 지켜야 할 몇 가지 주요 원칙이 있다. 이 기본 원칙들은 촉진자가 가족을 가장 효과적으로 지원하기 위한 지침이다. 이 지침은 기능평가의 실시, 행동지원계획의 수립과 실행 과정 중에 어떻게 가족과의 유대감을 발전시켜 나갈지를 설명한다. 이러한 지침들은 행동중재의 개발과 실행 과정에서 가족의 강점을 강조하고 가족의 의견을 필수적인 요소로 인식하는 접근과도 일맥상통한다.

협력적 관계를 수립하고 유지하기

가족은 PTR-F 과정의 핵심이며, 행동지원계획의 궁극적인 주체다. 실제로 PTR-F를 실행할 때 전문성을 가진 촉진자가 중요한 역할을 담당하기는 하지만, 촉진자는 도전행동을 해결하려는 가족의 노력을 돕는 안내자, 코치, 지지자, 격려자로 자리매김해야 한다. 촉진자는 가족과의 협력을 시작할 때부터 가족과 그 외 양육자들에게 그들이 팀의 핵심 구성원이라는 점, 그들이 제공하는 정보는 팀에게 매우 소중하며 그들이 낸 의견은 중요하게 반영될 것이라는 점을 전달해야 한다. 선행연구에 따르면, 가족들은 기능평가를 위한 타당하고 신뢰할 만한 정보를 제공하고 도전행동에 대한 정확한 가설을 개발하며 도전행동 감소를 위한 효과적인 중재를 실행할 수 있는 것으로 나타났다(Arndorfer, Miltenburger, Woster, Rortvedt, & Gaffaney, 1994; Frea & Hepburn, 1999; Lucyshyn et al., 2007; Vaughn & Fox, 2015). 우리가 PTR-F 과정에서 부모와 가족 구성원을 동등한 팀원으로 대할 뿐 아니라 도전행동을 감소시키고 자녀에게 유용하고 바람직한 기술을 효과적으로 지도할 전략을 제공하여 가족의 역량을 강화하면, 아동과 가족 모두에게 긍정적으로 작용할 변화가 발생하고 유지될 가능성이 커진다.

이 장 마지막에 제시된 티미(Timmy)의 사례는 촉진자 카시(Kaci)가 초기 회의를 하면서 자녀에게 PTR-F를 실행하려는 가족과의 라포를 초반부터 잘 형성한 예를 보여 준다.

PTR-F의 모든 상황에서 가족을 중심에 두기

가족중심주의는 PTR-F 실행의 핵심이다. 가족중심 접근에서는 지원이 필요한 아동을 위해 계획을 수립할 때, 가족에게 중요한 사람들(예: 친척, 친구, 지원 제공자)이 한 팀으로 협력하게 하기 위한 체계적인 절차를 사용한다. 팀은 함께 모여 가족의 가치관에 맞는 가족의 비전과 목표를 정하게 된다(Epley, Summers, & Turnbull, 2010; Keen, 2007; O'Brien & O'Brien, 2002). 가족중심 절차는 원래 발달장애 아동의 가족을 지원하기 위해 개발된 것이지만, 일반아동의 가족에게도 유익한 성과를 거두게 해 주기 때문에 모든 가족에게 유용한 도구라 할 수 있다. 가족중심 접근에 기반을 둔 계획은 삶의 질에 큰 영향을 미치는 광범위한 환경과 요인(예: 가족과 기관이 중시하는 가치, 재정적 지원, 장애, 지역사회의 지지)을 고려하는 폭넓은 시각으로 가족을 바라보게 해 준다(Fleisher, Ballard-Krishnan, & Benito, 2015; Kincaid, Knab, & Clark, 2005).

PTR-F 모델은 모든 가족이 각자의 가치와 필요에 맞는 지원에 접근할 수 있어야 한다는 가족중심 실제를 강조한다. 이 모델은 모든 문제를 한 가지 방식으로 해결하는 일률적 접근이 아니라, 가족지원이 오랜 시간 효과적으로 계속될 수 있도록 지원 제공자들이 실행 방식을 수정하는 것이 허용되는 역동적인 모델이다. 가족지원에 대한 PTR-F 접근은 "가족들은 의지할 수 있고 믿을 만하며 편견 없이 가족의 필요에 맞는 지원을 제공해 줄 동지를 필요로 한다."라는 Turnbull과 Ruef(1996)의 조언을 충실하게 반영하고 있다.

행동지원계획이 맥락에 맞는지 확인하기

맥락적 적합성(contextual fit)이란 중재 요소와 그 중재를 실행하는 사람들이 가진 가치관, 요구, 기술, 자원들 사이의 조화를 말한다(Albin, Lucyshyn, Horner, & Flannery, 1996; Singer & Wang, 2009). PTR-F에서 '맥락'은 가족을 말하며 가족 내 모든 구성원을 포함한다. 가족의 활동 또는 가족의 비전과 가치에 맞지 않는 중재를 가족이 실행하고 있다면 그 중재가 오랫동안 실행될 가능성은 거의 없다. 가족의 문화, 개별 구성원과 가족 전체의 희망과 선호도에 대한 이해를 바탕으로 가족의 맥락적 요소를 고려하여 수립된 행동지원계획은 충실하게 실행될 가능성이 크고 가족에게 잘 수용될 것이다.

가정 내에서 진행되는 모든 행동지원은 가족의 일상과 기능에 최대한 방해가 되지 않아야 한다. 행동중재를 설계할 때, 중재가 가족에게 방해가 되는 정도는 가족마다 다르다는 점과 도전행동의 발생률, 가족의 문화적 규준, 필요한 중재의 수준 등과 같은 수많은 요인에 따라서도 다르다는 점을 기억해야 한다. 중재가 가정에서 효과적일지에 대해 그리고 어떻게 하면 코칭이나 기타 지원이 가족에게 방해가 되지 않게 전달될 수 있는지에 대해 가족은 다양한 의견을 제시할 수 있다. 또한 부모들은 중재의 스크립트 작성, 모델링, 역할극 측면에 대해서도 구체적인 아이디어를 가지고 있다. 이러한 가족의 시각은 아동, 중재 실행자, 중재가 적용되는 환경 등에 잘 맞는 중재를 고안하는 데 매우 소중한 것이다.

강점기반의 접근을 적용하기

PTR-F 기능평가와 행동지원계획이 아동의 도전행동에 주목하는 것이기는 하지만, 이와 동시에 아동의 강점도 포착해야 한다. 아동의 강점은 전략 선택에 도움을 줄 뿐 아니라 미래에 아동이 성공할 수 있는 바탕이 되어 준다. 도전행동을 보이는 아동의 가족을 지원하는 노력에서도 아동과 가족의 성공, 강점, 실력을 제대로 파악하지 못한 채 도전행동 및 도전행동 발생 시 주변 상황 중심으로 대화가 흘러가는 일이 너무나 자주 일어난다. 강점과 성공에 좀 더 집중하면 모두의 사기를 높일 수 있을 뿐 아니라 팀원들이 제대로 된 지원과 그렇지 않은 지원에 대해 중요한 교훈을 배울 수 있다. 수집된 자료는 도전행동의 감소도 보여 주지만 동시에 친사회적 행동의 증가도 보여 준다. 유능한 촉진자는 이러한 정보를 파악한 후, 화제를 바람직한 행동이나 친사회적 행동의 긍정적인 경향성으로 이끌 것이다.

아동이 긍정적 행동을 하게 만든 가족에게는 격려가 필요하다. 연구들은 자녀의 도전행동을 변화시킬 자신의 능력에 대한 부모의 낙관성과 자신감이 중요한 영향을 미친다는 점을 강조한다(Durand, 2001; Hastings & Brown, 2002; Jones & Prinz, 2005). 현장 전문가로서 우리는 부모가 자신의 능력에 대해 가지고 있는 견해와 아동 행동의 변화 가능성에 대한 신념에 긍정적인 영향을 미칠 수 있다(Durand, Hieneman, Clarke, Wang, & Rinaldi, 2012). PTR-F에서 가족은 행동중재를 계획하고 실행하는 과정의 기반이다. 이 과정에서 촉진자는 가족이 자신의 강점을 깨닫게 하고, 역량을 갖추고 준비가 되었다고 느끼게 하며, 성공을 기대하게 하는 등과 같은 응원자의 역할을 해야 한다.

코칭과 지원의 중요성 인식하기

코칭과 지원은 유아프로그램에서 오랫동안 효과적이고 지속적인 행동중재의 필수적 측면으로 여겨져 왔다(Conroy, Sutherland, Vo, Carr, & Ogston, 2014; Fox, Hemmeter, Snyder, Binder, & Clarke, 2011). 코칭은 가족 상황에서도 효과적인 것으로 알려져 있다(Fettig & Barton, 2014; Sandall, Hemmeter, Smith, & McLean, 2005). 그러므로 코칭이 PTR-F 절차의 핵심 요소가 된 것은 그리 놀라운 일이 아니다.

행동지원계획은 가족 일과 중 성인의 행동 변화를 통해서도 아동 행동을 변화시킨다. 코칭은 가족이 지원계획에 제시된 새로운 기술을 배운 후 이 기술을 자연스러운 환경에서 자신의 자녀에게 편안하고 능숙하게 적용하도록 안내해 준다. 지원계획 개발 후 이 계획에 대한 부모의 긍정적 전망을 유지해 주고, 아동과 가족의 요구에 부응하는 맞춤형 중재가 되게 하며, 필요한 경우 계획을 수정하거나 변경하게 해 주는 것이 바로 코칭이다. 아동과 가족에게 가장 잘 맞는 계획을 개발하려면, 이러한 초기 지원이 필수적이다. PTR-F는 궁극적으로 가족 구성원의 독립적인 계획 실행을 지향하지만, 안내 과정 없이 지원계획만 제공한다면 장기적인 성공을 기대할 수 없다.

가족의 요구와 선호도에 맞는 지원을 제공하기

가족중심의 긍정적 행동지원에서는 자녀의 행동을 가장 잘 아는 사람을 부모라고 본다(Turnbull & Turnbull, 2001; Vaughn & Fox, 2015). 긍정적 행동중재 및 지원에 대한 교육을 받으면 부모도 자녀의 행동에 대한 지식과 통찰력을 활용하여 자신의 가정에서 효과를 거둘 수 있는 긍정적 행동지원계획을 개발할 역량을 갖출 수 있다. 가족과 협력적으로 지원계획을 개발하는 과정도 가족들이 이 계획에 동의하고 공감하는 데 도움이 된다.

가정을 방문하여 가족을 지원할 때는 모두가 이해할 수 있는 용어를 사용하는 것이 중요하다. 이는 단순히 다른 언어를 사용하는 가족을 위해 통역을 한다는 의미를 넘어선다. 촉진자는 의사소통 과정에서 모든 이야기가 환영받도록 하고, 전문용어를 사용하지 않도록 유의하여 대화 중에 누구도 소외되지 않게 해야 한다. 가족이 발언 기회를 가지고 자신의 견해를 표현하도록 지원하기 위해 초기 만남에서 촉진자의 경청은 매우 중요하다. 촉진자는 아동과 가족 구성원들의 바람직한 행동이 거론되고 강점이 강조되는 대화 분위기를 조성하고 강화하여 대화가 긍정적이고 생산적으로 이어지게 할 수 있다(Lucyshyn, Dunlap, & Albin, 2002).

보편적 양육 실제

지난 20년간 심각한 도전행동을 예방하기 위한 방법 중 하나로 바람직한 사회정서 행동의 증진이 강조되어 왔다. 제1장에서 우리는 바람직한 행동 증진과 행동문제 예방을 위한 전략을 구조화하고, 필요할 경우 개별화된 중재 절차를 실행하는 체계인 피라미드 모델(Fox et al., 2003)을 살펴보았다. 다음에서는 도전행동의 예방에 효과적이며 이미 많은 가정에서 사용 중인 일반적인 양육 전략 몇 가지를 간단히 소개하고자 한다. 이 전략들은 '보편적 실제'라고도 알려져 있으며 유아원, 유치원, 초등학교 교실에서 사회적 행동을 촉진하는 긍정적 접근을 정착시키기 위해 사용되는 전략과도 유사하다. 이 실제들은 일관성 있게 실행되기만 하면 문제 발생을 줄여 주고 아동들이 유익한 상호작용 패턴을 배우게 해 준다. 가족이 선택할 수 있는 여러 보편적 전략이 있지만, 여기서는 네 가지 전략을 추천한다. 첫째, 높은 비율의 긍정적 관심 제공하기와 아동의 적절한 행동 인정해 주기, 둘째, 규칙적이고 예측 가능한 일정을 수립하고 유지하기, 셋째, 일과 내에 일관성 있는 활동 패턴 포함하기, 넷째, 기대행동을 정의하고 바람직한 행동과 도전행동 간의 차이를 명확히 규정하기다.

높은 비율의 긍정적 관심 제공하기와 아동의 적절한 행동 인정해 주기

부모들은 자녀가 도전행동을 보일 때는 시간과 관심을 쏟고, 적절하게 행동할 때는 별다른 반응을 보이지 않는 패턴에 빠지곤 한다. 이를 통해 아동은 문제를 일으키는 것이 부모의 관심을 끌 수 있는 좋은 방법임을 알게 된다. 마찬가지로, 바람직한 행동을 했는데도 별 관심을 받지 못한 아동은 그 행동이 내적인 강화(intrinsic reinforcement) 이상의 가치와 유익이 있다는 점을 깨닫지 못한다. 따라서 가족은 아동이 바르게 행동할 때 최대한 진실하고 빈번한 긍정적 피드백을 제공하면서 아동과 상호작용하는 데 많은 시간을 할애해야 한다. 가족들은 도전행동에 대한 교정적 피드백을 하기 위해 아동에게 쏟는 관심의 최소 5배 정도의 관심을 아동의 긍정적 행동에 쏟아야 한다.

자녀와의 긍정적 상호작용은 모든 순간에 중요하지만, 그중에서도 아동의 바람직한 사회적 상호작용에 대한 부모의 진심 어린 칭찬은 아동에게 매우 중요하다. 아동에게 특별한 관심을 표현할 기회의 예로는 아동이 부모의 요구에 잘 반응했을 때, 장난감을 형제자매와 사이좋게 나누어 쓸 때, 이전에는 도전행동을 보였던 일과(저녁 식사, 목욕, 또는 등교 준비 등)에 즐겁게 참여할 때 등이 있다. '바른 행동을 하는 장면 포착하기'라는 보편적 실제는 모든 연령의 아동에게 오랫동안 그 효과가 입증된 유익한 전략이다.

규칙적이고 예측 가능한 일정을 수립하고 유지하기

일반적으로 아동이 매일 예측할 수 있는 규칙적인 가족 내 일과가 있을 때 아동은 도전행동을 적게 보이고 바른 행동을 더 많이 보인다. 예측 가능한 일정은 문제를 예방하는 데 매우 유익하다. 모든 가정에는 활동 일정이 있다(예: 옷 입기, 식사, 목욕, 취침). 그러나 아동이 일정을 잘 이해하고 다가오는 활동을 편안하게 맞이할 수 있을 만큼의 예측성이나 확실성이 확보되지 못한 채 일정이 흘러갈 때도 있다. 어떤 이유에서든 일정이 중단되거나 변경될 경우, 부모는 자녀에게 이를 알리기 위해 최선을 다해야 하며 자녀가 이 변화에 성공적으로 적응했는지 잘 살펴야 한다. 자녀가 일과를 익히고 따르도록 지도하고, 정기적으로 일정과 일과를 살펴보게 하는 것도 도움이 될 것이다.

일과 내에 일관성 있는 활동 패턴 포함하기

예측 가능한 일정을 수립하고 유지하는 것이 중요하듯이 각 일과 내에 규칙적으로 발생하는 활동을 마련하는 것도 중요하다. 예를 들면, 이른 오전 일과(잠자리에서 일어나기, 화장실 다녀오기, 옷 입기) 후 가족이 아침 식사를 하는 것은 정기적으로 일어나는 보편적 활동이다. 그러나 아침 식사를 하나의 일과로만 여긴다면 도전행동의 예방에 도움이 되는 예측 가능성을 충분히 갖출 수 없다. 아침 식사 메뉴를 정하고, 가족 구성원 중 한 명은 수저를 놓고, 다른 한 명은 주스를 따르는 식으로 규칙적인 순서를 정해두면 더욱 유익할 것이다. 일과를 구성하는 일련의 활동에서 아동이 적극적 역할을 가능한 한 많이 담당하게 하는 것이 좋다.

기대행동을 정의하고 바람직한 행동과 도전행동 간의 차이를 명확히 규정하기

아동이 적절한 행동을 배우도록 돕기 위해서는 가족이 아동에게 가족의 각 일과에 대한 기대행동을 명백하게 지도하는 것이 매우 중요하다. 많은 가족이 최소한의 기본 규칙을 이미 가지고 있으며(예: 집 안에서는 뛰지 않기, 장난감과 물건을 사이좋게 나눠 쓰기, 실내에서는 조용히 말하기, 장난감을 안전하게 다루기), 이러한 규칙은 꼭 필요하다. 그러나 이러한 일반적인 규칙이 특정 일과에 어떻게 적용되어야 할지가 명확하게 정해져 있지 않을 때가 많다. 때때로 부모들은 자녀가 적절하게 행동하는 방법을 이미 알고 있다고 가정하고, 부적절한 행동을 반항으로 간주하는 실수를 범하기도 한다. '다른 사람 존중하기'라는 기대행동에 관련된 예를 들어 보면 '(다른 사람에게 방해가 되지 않도록) 두 손을 얌전하게 두기'라는 규칙은 저녁 식사 시간인지 바깥 놀이 시간인지에 따라 매우 다른 행동을 뜻한다. 바른 행동과 도전행동 간의 차이를 직접 지도하여 아동이 두 행동을 확실히 구분하고 그중 바른 행동을 할 수 있음이 확인될 때까지 아동의 행동을 반항으로 해석하지 않아야 한다.

아동에게 놀이 시간, 식사 시간, 목욕, 취침을 포함하는 모든 일과에서 바람직한 행동의 범위를 지도하고 이것이 일과마다 다를 수 있음을 가르치는 것도 매우 중요하다. 아동은 또한 도전행동을 하면 교정적 피드백이 뒤따른다는 것을 배워야 한다. 이러한 피드백에는 아동이 지금 한 행동은 허용되지 않는다는 명확한 메시지가 포함되어야 하며, 그 행동 대신 어떤 행동을 해야 할지 아동이 알 수 있도록 교수적인 안내도 제시되어야 한다. 당연한 일이지만 아동이 바람직한 행동을 보일 때는 열정적으로 인정하고 칭찬해야 한다. 아동의 긍정적인 사회적 행동은 학습되는 것이며, 소중한 인생 수업(즉, 가족과 잘 지내기)을 배운 아동에게는 칭찬과 축하가 주어져야 함을 명심해야 한다.

가정에서 발생하는 도전행동을 위한 개별화된 중재 개발

도전행동은 가정의 모든 기능에 영향을 미치고 생활 환경의 역동을 극적으로 바꿔 버린다. 위기의 순간을 맞은 가족은 현재의 가족 기능으로는 아동을 지원할 수 없을 뿐 아니라 심각한 도전행동을 효과적으로 해결할 수 없다는 호소를 하게 되고, 이러한 가족은 지원이 필요한 가족으로 분류된다. 아동이 이런 수준의 도전행동을 보일 때는 아동뿐 아니라 아동과 상호작용하는 모든 사람의 삶이 뿌리째 흔들린다. 예를 들면, 도전행동은 가족이 쇼핑이나 외식을 하거나 가족 모임과 지역사회 활동에 참여하거나 돌봄 인력을 구하고 유지하는 일에 지장을 줄 수 있다. PTR-F의 주요 팀원으로 가족을 포함할 때는 아동의 도전행동이 가족 전체에 미치는 영향을 이해해야 한다. 아동에게 사회정서적 어려움이 있다면 가족에게도 그러한 어려움이 존재할 수 있으므로, 이러한 요구는 개별화된 행동지원을 계획할 때 반드시 고려되어야 한다.

개별화된 중재가 필요할 정도로 아동의 도전행동이 심각하다면, 가족은 아동이 사회적으로 좀 더 적절한 기술을 배우도록 돕는 데 핵심적인 역할을 할 수 있도록 지원과 격려를 받아야 한다. 가족은 아동의 삶을 항상 함께하는 거의 유일한 존재로서 아동의 발달에 핵심적인 역할을 하는 매우 귀중한 자원이다. 가족은 아동의 도전행동을 유발하는 다양한 상황을 알고 있기 때문에 가족의 의미 있는 참여는 모든 행동중재 절차의 효과를 높일 수 있다. 또한 도전행동의 예방과 중재를 위해 가족이 개발한 전략은 효과적인 행동지원계획 수립에 유용한 정보를 제공한다. 이는 가족이 개발한 전략들이 도전행동의 기능(또는 목적) 그리고 부모가 중요시하는 성과에 대한 통찰력을 제공하고, 이전에 긍정적인 효과를 보여 주었거나 실패했던 접근이 무엇인지도 알려 주기 때문이다. 예를 들면, 어떤 가족은 마트에 가기만 하면 도전행동을 보이는 아동을 위해 탠트럼을 일으킬 수 있는 물건(예: 사탕)이 있는 특정 진열대 쪽으로 가지 않는 방식으로 도전행동을 예방한다. 또 다른 가족은 아동이 무언가를 요구할 때 정해진 시간 동안 아동이 해야 하는 과제를 하고 있으면 요구한 것을 주겠다고 협상한다. 즉, 부모는 1분 동안 과제를 하라고 말하고 그 시간이 지나면 아동이 원하는 것을 들어주면서 그 시간을 계속 늘려 가는 것이다. 여기서는 두 가지 예시만 살펴보았지만, 대부분의 경우 가족들은 하루 중 여러 시간과 여러 환경에서 도전행동을 다룰 수 있는 중재와 예방 전략을 이미 알고 있다.

요약

가족은 PTR-F 절차의 기반이다. 가족들은 가족의 일원인 아동, 가족의 문화, 환경, 그리고 가족 자체에 대해 그 누구보다 잘 알고 있으며, 중요한 정보를 제공해 줄 수 있다. 가족을 존중하고 인정하는 분위기에서는 가족을 PTR-F의 모든 단계에 참여시키는 것이 너무나 쉽고도 자연스러운 일이다. 촉진자들의 책임은 가족이 최선을 다해 이 과정에 참여하게 하고 모든 참여자가 같은 목표와 미래 비전을 공유하게 하는 것이다. 그렇게만 된다면 아동의 행동 변화가 오래도록 지속되어 아동뿐 아니라 전반적인 가족 기능과 가족의 삶의 질에 긍정적인 영향을 미칠 것이다.

사례

티미(Timmy)와 루시(Lucy)의 사례를 통해 가정에서의 예방·교수·강화 모델을 어떻게 실행하는지 제시하고자 한다. 이 두 사례에서는 먼저 도전행동을 보이는 각 아동에 대해 설명한 후, 도전행동을 감소시키고 사회정서적 능력을 향상시키는 전략의 개발과 실행을 위해 가족 구성원들과 함께 PTR-F를 진행하는 과정을 자세히 제시할 것이다. 이 사례들은 가상으로 작성된 것이지만 실제 경험에 근거하고 있다.

이 장에서는 두 가족의 사례를 소개하되, 사례별로 아동과 가족의 배경 정보를 제시할 것이다. 제3장부터는 그 장에서 다룬 PTR-F 절차를 각 가족이 어떻게 적용했는지 보여 주는 예시를 그 장 마지막 부분에 제시할 것이다. 각 예시에서는 절차 진행의 세부 사항을 보여 줄 뿐 아니라 완성된 PTR-F 서식과 체크리스트 등이 어떤 모습인지도 제시될 것이다.

가정기반 서비스의 범위는 매우 다양하므로 이 예시들은 PTR-F 절차가 이러한 방식으로 진행될 수도 있음을 보여 주려는 시도로 이해되어야 한다. 개별지원을 할 때 가정과 지역사회 환경에서 제공되는 서비스는 매우 융통성 있고 구체적으로 이루어져야 하며, 바람직한 성과를 위해서는 맥락적 적합성이 매우 중요하다. 필요할 때마다 이 사례를 참고하면 PTR-F 절차를 효과적으로 촉진하는 방법을 배우는 데 도움이 될 것이다.

티미(Timmy)와 티미의 가족 소개

■ 가족 배경

티미는 엄마 조디(Jodie)와 아빠 필(Phil) 그리고 한 살짜리 남동생 다코타(Dakota)와 함께 사는 27개월 남아다. 가족은 도시에 있는 방 3개짜리 아파트에 살고 있으며 친척들도 가까이에 살고 있다. 티미의 친할머니와 외할머니도 가까이에 살고 있어서 한 달에 한 번은 티미 가족을 방문한다. 티미의 부모는 주중에는 정규직으로 일하고 있는데, 조디는 그 지역에 위치한 초등학교에서 3학년을 맡고 있는 교사이고 필은 그 지역 건설사에서 트럭 기사로 일한다. 티미와 다코타는 월요일부터 금요일까지 동네 어린이집에 다니는데, 그곳은 티미가 아기 때부터 다니던 곳이다. 조디와 필은 사이가 좋고 육아도 함께 하지만, 티미의 행동 때문에 점점 더 많은 스트레스에 시달리고 있다.

■ 아동 소개

티미는 쉴 새 없이 움직이고 놀기를 좋아하는 남자아이로, 아직 정식으로 장애진단을 받은 적은 없으며 어린이집 이외에 추가로 받고 있는 서비스도 없다. 티미는 20개 정도의 단어를 말할 수 있는데 티미를 잘 아는 부모와 교사조차도 그 말을 제대로 알아듣지는 못한다. 말을 잘 하지 못하는 점을 빼면 발달 영역 전반적으로는 연령에 맞는 기술을 보여 주는 편이다. 새로운 상황에 처하거나 낯선 사람이 있으면 티미는 수줍어하면서 친숙한 사람 뒤로 숨거나 그 장소를 떠나려 한다. 때로 티미는 성인의 요구를 못 들은 체하기도 하고, 친숙한 성인을 낯선 상황에서 끌어내려고 손을 잡아당기기도 한다.

■ 행동에 대한 설명

티미는 어린이집에서 꾸준히 도전행동을 보이지만, 추가의 지원을 받을 수 있는 대상자로는 판별되지 못한 상태다. 관리자와 교사가 티미의 행동 문제를 눈치챘지만, 티미의 행동은 현재 티미가 속한 반의 몇몇 아이들이 보이는 문제행동과 크게 다르지 않았다. 어린이집에서 티미는 탠트럼을 보이고 장난감을 던지며 또래의 장난감을 빼앗고 목청껏 소리를 지르며 때로는 교사를 피해 좁은 공간(예: 작은 탁자 아래, 누군가의 사물함 안)에 숨기도 한다. 티미의 반에는 이와 비슷한 행동을 보이는 아이들이 몇 명 더 있는데, 이 아이들은 하루 중 일부만 어린이집에 다닌다. 두 살짜리 아이들 몇 명이 서로 싸우거나 동시에 여러 명이 울기 시작하면 교실은 혼란에 빠진다. 이런 상황이 발생하면 교사들은 문제를 일으킨 아이들을 멀리 떼어 놓는데, 대부분의 경우 이러한 혼란은 잠시 후면 진정된다.

가정에서는 심한 탠트럼과 부모를 향한 신체적인 공격행동 등 티미의 심각한 도전행동이 여러 일과에서 나타난다. 이러한 행동은 지난 몇 달간 계속되었고 최근에 더 심해지고 있다. 티미의 부모는 어린이집 교사와 관리자를 만나 어린이집에서는 티미의 행동에 어떻게 대처하는지 물었고, 어린이집에서는 문제를 일으킨 아이들을 최대한 떨어뜨려 놓는다는 답을 들었다. 기저귀를 가는 시간에 일어나는 문제행동의 경우, 티미가 기저귀 교환대에서 발버둥을 치기는 하지만, 어린이집 교사는 최대한 빨리 기저귀를 가는 식으로 대처하고 있다고 하였다. 티미의 부모는 티미의 탠트럼으로 인한 비명소리와 그 외의 큰 소음 때문에 이웃들의 민원이 제기되고 있어서 가정에서의 문제행동을 도와줄 누군가를 찾고 있었다. 조디는 어린이집 관리자에게 티미의 가정 내 문제행동과 관련하여 도움을 줄 수 있는 사람이 있는지 물었다. 관리자는 가정에서의 행동문제 관리와 관련하여 부모를 지원하는 지역사회 프로그램을 소개해 주었다. 조디는 그 프로그램에 전화하여 초기 회의를 예약하였다.

■ 초기 회의

초기 회의에서는 동의서와 신청서 등의 필수 서류를 작성하였다. 프로그램에서 요구하는 서류 작업이 끝난 후 촉진자는 티미의 부모와 함께 행동지원 절차를 시작하였다. 촉진자 카시(Kaci)는 도전행동을 보이는 아동을 지원했던 경험을 간단히 설명하면서 자신을 소개하는 것으로 첫 만남을 시작하였고, 이 프로그램에서 어떤 절차로 가족을 지원하는지 자세히 안내하였다. 카시는 행동지원계획의 수립과 실행 절차를 자신이 어떻게 촉진할 것인지 설명하는 동시에, 궁극적으로는 조디와 필이 절차를 개발하고 중재 전략을 선택하며 선택된 전략의 실행 방식을 결정해야 한다는 점도 강조하였다. 카시는 PTR-F의 5단계 절차를 간단히 설명하였고 코칭 절차에 대해서도 안내하였다.

초기 회의를 마칠 즈음에는 그다음에 있을 세 번의 회의 일정을 정하고 그중 첫 번째 회의에서 완수해야 할 사항을 계획하였다. 평일에는 조디와 필 모두 온종일 근무를 해야 하므로 다음 세 번의 회의는 모두 목요일 저녁에 하기로 하였다. 목요일에는 조디와 필이 평소보다 조금 일찍 퇴근하여 두 아들과 조금 놀아 주고 약간 이른 저녁을 먹인 후 재우기로 하였다. 카시는 조디와 필에게 티미의 도전행동에 대해 고민하는 사람들 중 이 회의에 초대하고 싶은 사람이 있는지 생각해 보라고 하였다. 티미의 부모는 당장은 생각나는 사람이 없지만 좀 더 의논해 보겠다고 답했다. 카시는 조디와 필에게 다음 회의에서는 구체적인 목표를 정하고 간단한 자료 수집 계획을 세울 것이라고 알렸다. 카시는 조디와 필에게 다음 회의에 올 때 티미가 새로 배우기를 원하거나 지금보다 좀 더 자주 하기를 바라는 적절한 행동을 생각해 오라고 요청했다.

조디와 필은 카시가 시간을 내준 것이 고마웠고 하루빨리 행동지원계획이 실행되기를 바라게 되었다. 조디와 필은 카시가 권하는 것은 무엇이든지 하겠다고 말했고, 카시는 티미와 티미의 가족에 관한 한 부모가 최고의 전문가라는 점과 티미에게 가장 적절하고 유익한 중재를 찾아낼 사람도 부모임을 상기시켰다. 카시는 티미의 부모에게 행동지원계획은 신속하게 실행될 것이고 가족의 일과는 평화로워질 거라고 안심시켰다. 카시는 몇 달 안에 조디와 필이 이 시기를 돌아보며 어떻게 그런 시기를 견디고 살았는지 기가 막혀 할 거라는 농담까지 하였다. 필은 자신들이 우왕좌왕하고 있는 이 시기를 웃으며 돌아보게 될 수만 있다면 더 바랄 것이 없다고 하면서 어서 그런 날이 왔으면 좋겠다고 하였다.

루시(Lucy)와 루시의 가족 소개

■ 가족 배경

개비(Gabby)는 다운 증후군이 있는 5세 여자아이 루시(Lucy)를 혼자 키우는 엄마다.

개비 모녀는 개비가 남편(루시의 아버지)과 한 달 전부터 별거에 들어가면서 개비의 부모님 댁으로 이사하였다. 개비의 부모인 마르그리트(Marguerite)과 헥토(Hector)는 스페인어가 모국어지만 영어도 상당히 유창한 편이다. 개비도 스페인어와 영어를 모두 할 수 있으며 루시와도 두 언어를 모두 사용하여 대화한다. 루시는 유치원에서 영어로만 소통하는데, 개비가 보기에는 영어와 스페인어를 비슷한 수준으로 이해하는 것 같다. 개비는 같은 동네에 사는 언니 두 명과 오빠 한 명이 있는데 이들은 모두 결혼하여 각자의 가족과 살고 있다.

개비는 현재 전업주부지만 생활이 좀 안정되면 다시 일을 시작해서 돈을 모으고 자신과 루시 둘이서 살 곳도 마련하고 싶어 한다. 개비는 부모님과 함께 살고 싶지 않지만, 현재로서는 선택의 여지가 없다. 개비와 개비의 부모는 현재 도시의 작은 집에 살고 있으며, 개비와 루시는 한 방에서 같이 지낸다. 헥토는 건강이 좋지 않으며, 몇 달 전 암 진단을 받고 항암제를 복용 중이다. 마르그리트는 남편을 돌보기 위해 직장을 그만둔 상태다. 헥토는 몸이 좋지 않아서 낮에도 자야 하는데 루시가 집에 있는 날은 너무 시끄럽기 때문에 개비와 헥토 사이에 갈등이 일어난다. 루시가 집에 있을 때면 집 안을 뛰어다니고 소파 위에서 계속 뛰거나 소파에서 바닥으로 뛰어내린다. 루시는 이렇게 한참 장난을 친 후 깔깔 웃고 흥분한 채 소리를 지른다. 개비는 루시를 집 밖으로 데리고 나가려고 시도해 보았는데, 한번 나가면 집으로 돌아오지 않으려고 떼를 쓰기 때문에 또 다른 문제에 부딪히게 되었다. 루시가 집에 안 가겠다고 버티면, 개비는 탠트럼을 보이는 루시를 들쳐 안고 집으로 돌아와야 한다. 개비는 '대혼란'이라고 부르는 이 상황이 루시에게도 부정적으로 작용하고 있음을 알고 있다. 이 상황에서 앞으로 나아가 삶을 통제하고, 자신과 루시가 새로운 삶에 잘 적응하려면 어디서부터 시작해야 할지 감조차 잡을 수 없는 상태다.

■ 아동 소개

루시는 제멋대로지만 귀여운 여자아이로, 잠시도 가만히 있지 못하고 바쁘게 움직인다. 루시는 지역교육청을 통해 특수교육 서비스를 받고 있으며, 주 5일 유치원 오전반에 다닌다. 루시는 다른 사람들과 어울리기를 좋아하고 만나는 모든 사람에게 애정을 표현한다. 루시가 중독성 있는 미소를 보내면 성인들은 친절과 사랑으로 반응하곤 한다. 루시는 매우 최근에 말하기를 시작했는데, 몇 개의 단어는 알아들을 수 있게 말하지만 대부분은 알아듣기 어렵다. 루시는 자신에게 하는 타인의 말은 거의 다 이해하며 간단한 두 단계 지시를 따를 수 있다. 루시는 여러 발달 영역에 걸쳐 많은 새로운 기술을 습득하는 중이다.

■ 행동에 대한 설명

루시는 신체적으로 그리 큰 편은 아니지만 매우 힘이 세고, 자기 뜻대로 되지 않을 때는 다른 사람을 때리거나 차기도 한다. 루시는 소리를 지르거나 비명소리를 내고, 옷을 벗어 버리며, 물건을 던지거나 부수기도 하고(일부러 그렇게 하는 것으로 보인다.) 때로는 성인에게서 도망쳐서 어딘가에 숨어 버리기도 한다. 개비 역시 루시의 행동에 대한 고민이 큰데, 집에서 루시는 식사 시간에 자리에 앉으려 하지 않고 옷 입기를 거부하며 잠을 자지 않겠다고 버티거나 자신이 관심 없는 활동을 거부하곤 한다. 루시는 자기가 좋아하는 일일 때는 개비가 하는 말을 이해하는 것으로 보이지만, 엄마에게 얻어 낼 것이 없을 때는 말을 못 알아들은 척한다. 유치원에서도 루시가 이런 행동을 보이기는 하지만, 개비가 보기에 교사는 루시의 행동을 잘 통제하고 있는 것 같았다. 교사는 가정에서 보이는 루시의 도전행동 대처에 대한 제안을 해 주기도 하였다. 개비는 루시에게 하루의 일과가 어떻게 진행되는지 알려 줄 수 있는 그림 일정표 사용을 포함하여 교사가 알려 준 제안을 시도해 보았는데, 루시는 일정표의 그림을 찢거나 던져 버렸다. 이 방법이 효과가 없고 사태를 더 심각하게 만들었기 때문에 개비는 일정표 사용을 중단하였다.

■ 초기 회의

루시는 지역 센터에서 서비스를 받고 있었는데, 가정에서 나타나는 루시의 행동이 점점 심해질 뿐 아니라 루시가 점차 몸이 커지고 힘도 세지고 있어서 개비는 사례관리자에게 도움받을 곳을 알아봐 달라고 부탁하였다. 여러 주의 기다림 끝에 개비는 가정에서 보이는 루시의 도전행동을 해결할 수 있는 서비스를 받게 되었다. 개비는 영어와 스페인어로 말할 수 있는 촉진자인 로베르타(Roberta)와의 첫 만남을 자신의 집에서 갖기로 하였다.

로베르타가 집에 도착하니 문이 열리면서 옷을 반쯤 걸친 루시가 밖으로 뛰쳐나왔고 개비가 그 뒤를 쫓고 있었다. 개비는 루시를 재빨리 들쳐 안고 로베르타를 집 안으로 맞아들였다. 개비는 로베르타에게 미안해하면서 루시에게 옷을 마저 입히느라 애쓰고 있었는데 이를 위해 루시에게 휴대전화를 주면서 사진을 찍게 하였다. 루시는 개비의 휴대전화로 이것저것 사진 찍기를 매우 좋아하기 때문에 개비는 로베르타와 이야기를 나눌 동안 루시가 휴대전화에 정신이 팔려 있기를 바랐다.

로베르타는 자신을 소개하면서 다양한 환경에서 20년 가까이 도전행동을 보이는 아이들과 일해 왔으며 다운 증후군을 가진 아이들과도 여러 해 일했었다고 말했다. 로베르타는 개비에게 자신이 루시의 가족을 잘 파악할 수 있도록 루시에 대해서 그리고 루시와 관련하여 걱정되는 바를 말해 달라고 하였다. 로베르타는 가정에서 보이는 루시의 도전행동을 다루기 위해 개비가 실행하게 될 계획을 세우는 동안 자신이 개비(그리고 개비가 원하는 모든 사람)와 함께할 것이라고 설명했다. 개비의 자세한 설명을 들은 후 로베르타는 학교에서도 루시를 관찰할 수 있으면 좋겠다고 하였다. 개비는 로베르타가 루시의 교사에게 연락하여 관찰 일정을 정하고 가정에서도 사용 가능한 성공적인 전략에 대해 교사와 이야기를 나눌 수 있도록 동의서에 서명하였다.

로베르타는 행동지원계획의 수립과 실행, 코칭 절차를 할 때 밟아 가야 할 PTR-F 단계를 개비와 함께 살펴보았다. 로베르타는 개비에게 개비의 부모 중 이 과정에 기꺼이 참여할 사람이 있는지 물었다. 개비는 이 일에 부모가 관여하기를 원하지는 않지만, 자신의 어머니와 이야기해 보겠다고 하였다. 로베르타는 개비의 부모가 중재 단계에 참여할 가능성이 크다면 처음부터 참여하는 것이 좋으니 잘 생각해 보라고 권하였고 개비는 조금만 더 시간을 더 달라고 하였다. 로베르타는 또한 루시의 학교 교사들도 포함하면 어떨지를 물었고 개비는 교사들에게 물어볼 수는 있지만, 이미 너무 많은 업무를 하고 있는 교사들에게 이런 부탁을 하기가 미안하다고 하였다. 로베르타는 관찰을 위해 학교에 가면 교사들에게 어떤 방식으로든 참여 의사가 있는지를 물어보겠다고 하였다. 또한 로베르타는 루시의 아버지를 포함하여 이 과정에 참여할 사람이 더 있는지 물었는데, 개비는 이런 일로 전남편과 엮이고 싶지 않다고 하였다. 또 루시를 자신이 양육하고 있기 때문에 자신만 도움을 받으면 된다고 하였다. 로베르타는 추후에라도 더 포함할 사람이 있으면 언제라도 참여가 가능하며 그 사람이 원하는 방식으로 참여할 수 있다고 개비에게 말해 주었다.

로베르타는 다음 회의에서 목표를 수립하고 간단한 자료 수집 체계를 개발할 것이라고 알려 주었고, 로베르타와 개비는 다음 주 방과 후 시간에 만나기로 하였다. 루시의 행동과 관련하여 중점을 두고 싶은 것이 무엇인지 물었을 때 개비가 '모든 것'이라고 답했기 때문에 로베르타는 다음 회의 때까지 좀 더 구체적인 목표를 생각해 보라고 요청하였다. 로베르타는 지시 따르기, 식사 시간에 자리에 앉아 있기, 옷 입기 등과 같은 예시를 들면서 루시 가족의 하루가 좀 더 편안해지는 데 가장 도움이 되는 행동이 무엇인지 생각해 보면 된다고 알려 주었다. 로베르타는 개비에게 새로운 일과를 수립하기 위한 계획을 함께 개발하게 될 것이라고 말했다.

제3장

PTR-F 시작하기

- 라포를 형성하고 팀 결성하기
- 목표 설정
- 자료 수집
- 사례

이 장에서는 PTR-F 평가와 중재를 실행하기 위한 준비 절차를 설명할 것이다. 이 장은 먼저 가족과 촉진자의 첫 만남과 이 둘 간의 관계가 갖는 중요성 그리고 건설적인 라포 형성에 대해 다룬다. 다음으로 가족과 촉진자로 구성된 팀에 다른 사람을 추가하는 경우와 그 유익을 살펴보고, 이 팀이 가족의 행동지원 절차 실행에 어떤 도움을 주는지 논의할 것이다. 그다음에는 장단기 목표에 대해 의논하면서 동의를 이루어 가는 과정과 감소되어야 할 도전행동을 주의 깊게 정의하는 단계를 살펴볼 것이다. 도전행동뿐 아니라 바람직한 행동 중에서도 목표행동을 정하고 조작적 정의를 서술해야 하겠지만, 행동지원계획에 포함되어야 할 바람직한 행동 중 가장 효율적인 행동을 결정하려면 기능평가에서 수집하게 될 정보가 매우 중요하므로 이 작업은 PTR-F 기능평가(제4장 참조)를 마친 후에 이루어질 것이다. 이 장의 마지막에는 아동의 진보를 잘 판단하게 해 줄 자료 수집 방법을 제시하였다.

라포를 형성하고 팀 결성하기

PTR-F는 심각한 도전행동을 보이는 아동의 가족이 한 명의 전문가(우리가 촉진자라고 명명하는 사람)와 만나고, 이 두 주체(가족과 촉진자)가 아동의 도전행동 해결과 가족 상호작용의 맥락에서 아동의 전반적 행동 개선을 위해 PTR-F 모델을 적용해 보자고 뜻을 같이함으로써 시작된다. 가족과 촉진자의 연결은 다양한 방식으로 시작될 수 있지만, 대부분의 경우 아동의 도전행동을 다루기 위해 외부의 지원이 필요하다는 것을 부모가 자각할 때 시작된다. 그러한 자각은 부모가 자녀의 도전행동을 통제할 수 없을 때, 폭력적인 탠트럼으로 자녀나 형제자매, 또래, 심지어 부모가 다칠 위험이 있을 때, 또는 아동이 가족 일과에 참여하기를 심각하게 거부할 때 시작된다. 때로는 친구나 교사의 말 한마디가 부모의 걱정을 유발하기도 한다. 어떤 지점에 이르면(문제가 너무 심각해지기 전이기를 바란다.) 부모는 어떻게 해야 할지에 대한 조언이나 전문가의 도움을 받을 방법을 적극적으로 찾는다.

제1장에서 설명했듯이 지역사회의 상황, 아동과 가족을 위한 서비스와 재정이 제공

되는 방식에 따라 가족은 다양한 경로로 도움을 받을 수 있다. 조기개입 서비스와 유아교육 및 보육 서비스가 그중 하나일 것이다. 아동과 가족의 정신건강기관도 그 예가 될 수 있다. 일부 사회복지사들도 관련된 도움을 줄 수 있다. 행동전문가, 심리학자, 특별히 응용행동분석가는 PTR-F 촉진자 역할을 하기에 가장 적절한 훈련과 경험을 가진 사람들이다. 이들은 공적 기금으로 운영되는 기관에서 일할 수도 있고 사립 기관에서 일하기도 한다. 앞서 말했듯이 전문가(촉진자)를 선택할 때 가장 중요한 것은 가정에서 자문과 촉진 서비스를 제공하는 그 전문가의 능력이다.

촉진자의 역할은 다양한 전공의 전문가가 담당할 수 있지만, 촉진자는 일정 정도의 주요 기술, 경험, 능력을 갖추어야 한다. 촉진자는 학습 원리, 행동지원계획을 개발하고 실행하는 과정, 활동기반 교수(activity-based instruction)에 도움이 되는 촉진(prompting)과 형성(shaping) 방법을 잘 알고 있어야 한다. 또한 가족과의 협력 경험이 풍부한 사람이어야 하고, 도전행동이 가족에게 야기하는 스트레스와 행동중재를 실행하는 가족이 경험하는 어려움에 민감해야 한다(Dunlap, Newton, Fox, Benito, & Vaughn, 2001; Fox, Vaughn, Dunlap, & Bucy, 1997; Turnbull & Turnbull, 2001). PTR-F 모델이 성공하려면 가족이 평가와 중재의 초점이 되어야 하고, 가족 스스로 PTR-F 절차를 실행하는 데 필요한 능력과 자신감을 갖추어야 한다. 촉진자의 역할은 전 과정을 진행하는 동안 주요 가족 구성원을 안내하고 격려하며 코칭하는 것, 즉 '촉진'하는 것이다. 효과적인 촉진을 위해 촉진자는 가족의 개별성을 인식하고 존중해야 하며, 가족중심 참여(family-centered participation)를 위한 분위기를 조성해야 한다. 또한 평가와 중재 전략이 가족 체계 전반에 미치는 영향을 고려하는 포괄적 관점에서 행동지원 절차를 진행해야 한다(Dunlap et al., 2001).

가족과 촉진자의 첫 만남은 다음과 같은 목표를 포함해야 한다. 첫째는 촉진자의 배경과 관점, 가족의 상황과 가족구조 및 우선순위 등에 대한 정보를 교환하여 가족과 촉진자가 서로를 잘 알게 되는 것이다. 둘째는 아동의 행동과 그 행동이 발생하는 환경 및 일과와 관련하여 가장 우선적으로 해결할 문제를 토론하는 것이다. 셋째는 아동의 강점과 관심사, 형제자매에 대한 정보를 공유하고, 형제자매 간 상호작용 방식을 알아보는 것이다. 넷째는 중재 절차와 관련하여 가족이 가지고 있는 일반적인 주요 목표가 무엇인지 논의하는 것이다. 첫 만남에서 해야 할 핵심적 과제는 가족과 촉진자가 이 절차에 대한 공동의 이해를 가질 수 있도록 PTR-F 매뉴얼(즉, 이 책)을 함께 살펴보고 각 단계를 논의하면서 PTR-F 모델을 익히는 것이다. 각 단계의 충실한 실행을 위해 모든 노력을 기울여야 한다는 점에 대해 모든 참여자의 명확한 동의가 이루어져야 한다.

TIP 첫 번째 만남에서 명확한 의사소통 방식을 정하고, PTR-F의 전 과정 동안 모든 팀원이 원활한 의사소통을 유지해야 한다.

PTR-F 팀

PTR-F 팀은 가족이 평가와 중재 절차를 실행할 때 도움을 줄 수 있는 사람들로 구성된다. 가족을 위한 도움은 여러 가지 형태로 제공될 수 있다. 먼저, 평가를 진행하고 중재를 실행할 때 실제로 참여해야 하는 사람들이 있다. PTR-F에서는 가족들이 주로 이 절차를 담당하는데, 이는 이 모델이 가정과 지역사회에서의 가족 일과 중 발생하는 도전행동을 다루기 위해 고안된 것이기 때문이다. 행동지원계획을 실행해야 하는 사람은 대부분의 경우 부모지만, 때로는 부모 중 어느 한 편이 전담하기도 하며 그 외의 사람이 행동지원계획을 실행하게 될 수도 있다. 예를 들면, 조부모와 같은 확대 가족 구성원이 정기적으로 가족 일과에 함께하면서 계획실행에 적극적으로 관여할 수도 있다. 돌봄제공자들도 아동의 일상생활에서 이루어지는 중재에 핵심적인 참여자가 될 수 있다. 이 경우 이들도 팀의 일원으로 참여해야 한다.

그 외에도 팀에서 중요한 지원자 역할을 담당할 수 있는 사람들이 있다. 예를 들면, 부모의 친구들은 가족에게 꼭 필요한 사회정서적 지원을 제공할 수 있다. 아동이 심각한 도전행동을 보이면 가족은 사회적인 모임에서 소외되기 쉬운데, 행동문제를 해결하기 위해 안간힘을 쓰고 있는 가족에게 이러한 고립은 매우 힘들 수 있다. 도전행동으로 인한 스트레스와 이를 다루기 위한 방법의 복잡함에 대해 터놓고 이야기할 누군가의 존재는 가족에게 매우 중요한데, 그 친구가 중재 절차까지 구체적으로 이해하고 있다면 이러한 대화를 더 깊게 나눌 수 있다. 이 경우 가까운 친구들은 매우 중요한 팀원이다.

마지막으로, 아동의 행동과 PTR-F 지원계획을 개발하는 데 도움이 될 전략에 대한 정보를 줄 수 있는 서비스 제공자들도 팀을 강화할 수 있다. 아동의 교사나 치료사는 소중한 의견을 제안할 수 있으며, 이들이 PTR-F 절차의 개발과 진행 과정을 알고 있는 것 자체가 매우 유익한 일이다. 특히 이들은 PTR-F 절차와 PTR-F 행동지원계획이 다른 지원계획(예: 개별화교육계획이나 개별화가족서비스계획 및 절차)과 잘 조화되는지를 확인하는 데 매우 중요한 역할을 한다.

그러나 팀의 절대적인 핵심은 가족과 촉진자다. 그 외의 팀원이 전혀 없더라도 가족과 촉진자의 협력이라는 기본 토대만 있으면 PTR-F를 실행할 수 있다. 다른 팀원들도 이 절차에 중요한 역할을 할 수 있지만, 가족-촉진자 간 협력은 필수적인 핵심 요소다.

> **TIP** PTR-F 절차의 핵심 요소는 존중과 공감을 주고받는 가족과 촉진자 간의 관계다.

팀 절차와 회의

가족과 촉진자가 팀에 포함될 사람들을 정하고 난 다음에는 이들에게 참여를 부탁하고 각자의 역할을 구체화해야 한다. 가족과 촉진자의 역할은 처음부터 명확하다. 즉, 가족은 평가와 중재의 모든 과정을 실행하는 역할을 담당하고 촉진자는 가족이 이 역할을 잘 해내도록 돕는 역할을 담당한다. 다른 팀원들의 역할은 그들이 얼마나 시간을 낼 수 있는지와 가족의 선택에 따라 달라진다.

절차를 진행하는 모든 과정에서 가족과 촉진자가 원활하게 의사소통하는 것은 매우 유익하다. 또한 다음과 같은 회의를 면대면으로 가져야 한다.

① 첫 번째 회의에서는 앞서 설명했듯이 가족과 촉진자가 관계를 형성하고 절차를 시작한다.

② 두 번째 회의는 첫 번째 회의 후 곧 하게 되며, 가족과 촉진자, 평가와 중재 활동에 직접 관여할 추가 팀원들이 참석한다. 그 외의 팀원들도 참석하는 것이 좋다. 이 회의의 목적은 초기 목표행동을 정의하고 자료 수집 및 공유를 위한 시스템을 수립하며 기능평가를 시작하는 것이다.

③ 세 번째 회의는 두 번째 회의를 마치고 1~2주가 지난 다음에 하게 되는데, 이 회의의 목적은 기능평가 정보를 검토하고 가설문장을 작성하며 행동지원계획을 개발하는 것이다(행동지원계획의 개발을 위해서는 별도의 회의를 한 번 더 하게 된다). 중재 실행에 참여할 모든 팀원은 이 회의에 참석해야 한다.

④ 네 번째 회의의 목적은 행동지원계획을 마무리하고 필요한 자료와 훈련, 코칭 등 중재의 모든 측면이 잘 준비되어 있는지 확인하는 것이다. 이 회의 직후에는 중재계획의 실행을 시작한다. 이 회의에도 행동지원계획 실행에 적극적인 역할을 담당할 모든 팀원이 참석해야 하며 다른 팀원들도 참석하는 것이 좋다.

⑤ 네 번째 회의가 끝난 후 최대한 신속하게 코칭 회기와 진보 점검을 위한 자료 검토가 시작된다. 이 회의에서는 지속적으로 수집된 자료를 살펴보고 만족스러운 진보가 나타나고 있는지 또는 계획을 수정해야 하는지를 결정하고 가족에게 행동지원계획 실행을 위한 코칭을 제공한다(제6장 참조). 이러한 회의의 빈도는 가족과 촉진자가 정하기 나름이지만, 행동지원계획이 아동과 가족에게 적절한 효과를 내고 있는지에 대한 세부 사항을 주요 팀원들이 신속하게 파악할 수 있을 만큼은 자주 해야 한다.

목표 설정

PTR-F 절차를 시작할 때 또 하나의 중요한 단계는 아동에 대해 가족이 가진 목표를 논의하고 결정하는 것이다. 목표 설정이란 중재의 목표로 삼을 특정 행동의 우선순위를 정하는 과정으로, 이러한 목표에는 장기 목표와 단기 목표가 있다. 이 논의에 여러 명의 팀원이 참여하는 것이 유익할 수는 있지만, 궁극적으로는 가족이 결정한 것을 모두가 이해하고 따라야 한다. 촉진자는 가족이 아동과 가족 전체에 대해 가지고 있는 소망과 꿈을 자세히 말할 수 있게 도우면서 논의를 진행해야 한다. 다른 팀원들도 이 단계에 기여할 수 있지만, 최종 결정은 가족에게 달려 있다.

목표 설정의 첫 번째 순서는 가족이 향후 2~5년 안에 아동이 이루기를 바라는 목표를 논의하는 것이다. 이 목표는 상당히 광범위한 것으로 학교 진학, 학업성취, 사회적 능력과 의사소통 능력, 우정, 독립적 기능, 가족 역동성 등의 영역을 포함한다. 촉진자는 다음과 같은 질문으로 논의를 촉진할 수 있다. "브래드가 3년 안에 학교에서 어떤 것을 할 수 있게 되기를 바라시나요?" "찰리가 1학년이 되기 전에 어떤 기술을 배우기를 바라시나요?" "래리가 아홉 살이 될 때까지 스스로 할 수 있게 되면 정말 좋겠다고 생각하시는 기술은 무엇인가요?" 여기서 핵심은 아동의 발달에 대한 비전을 세워서 가족, 촉진자 그리고 기타 팀원들이 이후 몇 년간 아동이 성취해야 할 광범위한 목표를 동일하게 이해하는 것이다. 이 목표들은 구체적일 필요는 없지만, 효과적인 지원이 제공된다면 성취 가능한 아동의 발달 경로에 대해 낙관적 예측을 하게 해 주는 것이어야 한다.

그러나 PTR-F에서의 목표 설정은 이러한 광범위하고 장기적인 비전 수립에 그치지 않는다. 그다음으로는 두세 달 안에 성취할 수 있는 구체적인 목표로 초점이 옮겨가게 된다. 이 단기 목표는 가족과 팀이 감소시키고 싶어 하는 도전행동과 증가시키고 싶어 하는 바람직한 행동에 초점을 둔다. 이러한 목표의 예로는 긍정적으로 형제자매와 상호작용하기, 협력하기, 가족 일과에 참여하기, 의사소통, 감정을 표현하고 조절하기, 다른 아이들과 사이좋게 놀기 등이 있다. 다음 문단에 설명할 PTR-F 목표 기록지(〈표 3-1〉 참조)를 이용하면 팀이 PTR-F 절차의 시작점이 될 목표행동을 정하는 데 도움이 될 것이다. 이 기록지는 감소되어야 할 도전행동과 증가되어야 할 바람직한 행동에 집중한다. 촉진자는 가족에게 다음 질문을 생각해 보도록 요청한다. 첫째, 가장 심각한 도전행동이 무엇이고 그 행동이 나타나는 환경이나 일과는 무엇인가? 둘째, 팀원들이 아동에게서 나타나기를 바라는 바람직한 행동은 무엇인가? 셋째, 행동지원계획을 수립할 때 집중해야 할 최우선적인 도전행동과 바람직한 행동은 무엇인가? 다음으로는 이 목표행동이 관찰 가능하고(보거나 들을 수 있음) 측정 가능하며(횟수를 세거나 시간을 잴 수 있음) 이 절차에 관여하는 모든 사람이 완벽하게 이해할 수 있도록 그 행동을 조작적으로 정의해야 한다.

〈표 3-1〉은 가족과 촉진자가 팀원들의 의견을 반영하여 작성하게 될 PTR-F 목표 기록지다. 가족과 촉진자는 한집에 살고 있는 팀원 또는 함께 살지는 않지만 가정과 지역사회에서의 가족 활동에 활발하게 참여하고 있는 팀원들의 의견을 반영해야 한다. 이 서식에는 도전행동뿐 아니라 그 행동이 발생하는 맥락과 일과를 적는 칸이 있다. 팀은 이 칸에 적힌 행동 중 우선적으로 집중할 중요한 가족 일과나 활동에서의 목

표 3-1 PTR-F 목표 기록지

PTR-F 목표 기록지

안내문

1. 감소되어야 할 아동의 도전행동과 그 행동이 개선되어야 하는 맥락이나 일과를 판별하여 적어 보세요.
2. 가족 맥락이나 일과에서 목표로 삼을 도전행동 **한 가지**를 선택하세요.
3. 관찰 가능하고(보거나 들을 수 있음) 측정 가능하게(빈도나 지속시간을 잴 수 있음) 목표행동을 조작적으로 정의하세요.
4. 증가되어야 할 아동의 바람직한 행동을 판별하여 적어 보세요.
5. (PTR-F 기능평가 후에 작성) 목표로 삼을 바람직한 행동 한 가지를 선택하세요.
6. (PTR-F 기능평가 후에 작성) 목표행동을 조작적으로 정의하세요.

아동명: ______________________ 날짜: ______________________

목표: 도전행동		
	행동	맥락/일과
감소되어야 할 도전행동		
목표행동		
조작적 정의		
목표: 바람직한 행동		
증가되어야 할 바람직한 행동		
목표행동	(PTR-F 기능평가 후에 작성)	
조작적 정의	(PTR-F 기능평가 후에 작성)	

표행동 한 가지를 정한 다음 그 행동에 대한 조작적 정의를 작성한다(즉, 행동을 관찰이나 측정이 가능한 용어로 서술한다). 바람직한 행동도 같은 방식으로 판별하고 우선순위도 고려하되, 목표행동 선택과 조작적 정의 작성은 기능평가를 마친 후에 하게 된다. 이는 도전행동을 대신하여 지도할 새로운 기술이나 바람직한 행동을 결정하려면, 그 전에 기능평가를 통해 아동의 도전행동이 갖는 기능을 알아내야 하기 때문이다. 행동의 기능(그 행동을 하는 이유)을 이해해야 도전행동을 대신하여 그 기능을 달성하게 해 줄 바람직한 행동을 판별할 수 있다(제4장 참조). 초기 단계의 PTR-F 목표 기록지 작성 예시는 뒤에 나오는 〈표 3-5〉와 〈표 3-7〉에 제시되어 있는데, 이 기록지는 이 책 전체의 사례 아동인 티미와 루시를 위해 작성된 것이다. 다음 절에서는 목표 기록지를 이용하여 목표를 설정하는 전반적 절차를 설명할 것이다.

1단계: 감소되어야 할 도전행동 정하기

먼저 가족은 아동이 가정과 지역사회에서 보이는 도전행동을 모두 나열한다. 다른 팀원도 이 과정에 참여할 수 있으나, 가족 기능과 규칙적 일과 수행에 문제를 야기하는 행동을 가장 잘 아는 사람은 가족일 것이다. 다음으로는 행동의 강도와 가족 삶에 미치는 영향을 고려하여 도전행동의 우선순위를 정한다. 주로 폭력적이거나 아동 자신이나 타인에게 신체적 위험을 초래할 수 있는 행동이 우선순위를 차지한다. 이때, 행동 자체에 대한 서술뿐 아니라 그 행동이 발생하는 맥락이나 일과도 기록해야 한다. 예를 들어, '형제자매나 부모를 때리기'라는 도전행동이 발생하는 맥락은 '컴퓨터 게임을 멈추라고 할 때'일 수 있다. 도전행동이 나타나는 맥락이 여러 가지일 수도 있다. 이 단계에서는 행동을 특정 용어로 서술하는 것이 그리 중요하지 않으며, 발생한 도전행동을 빠짐없이 찾아내야 하는 것도 아니다. 이 단계의 핵심은 가장 중요하고 문제가 되는 행동과 그 행동이 나타날 가능성이 가장 큰 상황을 나열하는 것이다.

2단계: 목표로 삼을 도전행동 한 가지 선택하기

이 단계에서는 팀(주로는 가족과 촉진자)이 PTR-F의 초기 목표로 선택할 도전행동을 결정한다. 가족이 여러 행동을 당장 감소시키고 싶다고 말하는 경우도 있으며, 이는 충분히 이해할 수 있는 일이다. 그러나 저자들의 경험에 의하면 아동 및 행동지원계획을 실행할 성인의 성공 가능성을 높이려면 한 번에 한 가지 행동을 목표로 하는 것이 훨씬 좋다. 계획이 복잡하고 다루어야 할 행동이 너무 많으면 난관이 발생하거나 기울인 노력이 헛수고가 될 수 있다. 아동이나 타인의 안전에 위협이 되는 행동(예: 자해, 다인에 대한 신체적인 공격행동, 물건 던지기, 갑자기 뛰쳐나가기)이 있다면 이러한 유형의 행동부터 시작하는 것이 좋으며, 일반적으로 가족을 포함한 팀원들도 이러한 행동을 가장 우선시한다. 한 가지 도전행동을 목표로 삼아 시작함으로써 팀은 그 도전행동을 효과적으로 감소시키거나 없애고 좀 더 바람직한 행동을 지도하는 데 총력을 기울일 수 있다. 첫 번째 목표행동에서의 성공이 확실해지면 또 다른 문제를 위한 노력을 시작할 수 있다. 제7장에서는 도전행동이 관리 가능한 수준으로 감소했거나 더 이상 나타나지 않을 때, 다음 단계가 무엇인지 살펴볼 것이다.

도전행동을 한 가지만 선택하는 것이 중요하다는 점을 강조할 때, 동시에 강조되어야 하는 사실은 이 한 가지 행동이 한 가지 수도 있다는 점이다. '행동군(cluster of behaviors)'이란 형태는 다르지만 동시에 발생하거나 아동에게 동일한 기능으로 작용하는 여러 행동을 말한다. 몇 가지 공격행동은 함께 발생하며 기능도 동일하다. 하기 싫어하는 일을 하라고 하면 폭력적으로 반응하는 6세 소녀 에린(Erin)의 예를 살펴보자. 에린은 소리를 지르며 누군가를 때리거나 차고 머리채를 잡아당기는데, 이 행동들은 형태가 다르지만 동일한 상황에서 발생하고 기능도 같기 때문에 본질적으로는 하나의 행동이다. 이때, 폭력적인 여러 행동은 하나의 행동으로 간주할 수 있다. 에린의 경우 서로 다른 형태의 행동들(예: 때리기, 차기)은 호환 가능하며 기능평가와 중재 과정에서 동일한 것으로 취급한다.

TIP

여러 가지 도전행동이 점차 심해지는 형태로 나타날 수도 있다. 예를 들어, 마리오(Mario)는 처음에 몸을 앞뒤로 힘차게 흔들다가 소리를 지르며 타인을 때린다. 행동이 점점 심해지거나 동시에 발생하는 패턴이 명확하다면 팀은 그 연쇄 고리의 첫 번째 행동(마리오의 경우 몸을 앞뒤로 힘차게 흔들기)을 목표로 선택하면 된다.

3단계: 목표행동을 조작적으로 정의하기

다음 단계는 목표행동을 관찰 가능하고(보거나 들을 수 있음) 측정 가능하게(횟수를 세거나 시간을 잴 수 있음) 서술하는 것이다. 조작적 정의가 중요한 이유는 누가 행동을 관찰하든 그 행동의 실제 발생 여부를 동일하게 판단하게 해 주고, 적절한 상황과 맥락에서 중재를 적용하게 해 주며, 타당도(측정하고자 하는 것을 측정했는가)와 신뢰도(누가 측정해도 같은 결과인가)를 갖춘 자료를 수집하게 해 주기 때문이다. 일반적으로, 두 명 이상이 관찰하여 같은 결과를 얻도록 행동이 정의되었다면 그 행동의 측정은 신뢰도를 갖출 수 있다고 본다. 정의가 명확한지를 확인하는 한 가지 방법은 실제 상황을 볼 수 없는 상대방에게 전화로 행동을 묘사한다고 가정하고 그 행동을 큰 소리로 말해 보는 것이다. 이전에 아동의 도전행동을 본 적이 없는 사람이 행동에 대한 묘사를 듣고 머릿속에 상황을 그릴 수 있다면 당신의 정의가 충분히 조작적으로 서술되었다고 볼 수 있다. 〈표 3-2〉는 조작적 정의의 적절한 예와 부적절한 예를 보여 준다.

표 3-2 도전행동의 조작적 정의

도전행동	조작적 정의의 부적절한 예	조작적 정의의 적절한 예
타인에 대한 공격	다른 사람에게 상해를 입힌다.	또래나 성인을 차거나 깨문다. 꼬집거나 할퀸다. 바닥에 쓰러뜨린다. 물건을 들어 또래나 성인을 향해 던진다.
불순응/ 지시 불이행	자기 고집대로 한다(상황을 자기가 통제하려고 한다).	하기 싫은 것을 하라고 하면 성인에게서 도망가거나 지시가 주어지던 순간에 하고 있던 활동을 계속 하려 한다.
탠트럼과 기물 파손	자기 뜻대로 되지 않을 때 몹시 흥분한다.	바닥에 몸을 던진 채 허공에 발길질을 하고 팔을 버둥거리며 “싫어!” 또는 “불공평해!”라고 소리 지른다. 교실을 뛰어다니며(소리를 지를 때도 있고 아닐 때도 있음) 사람들을 밀고 물건을 던진다. 벽에 붙여 둔 것들을 떼어 내 찢을 때도 있다.

4단계: 증가되어야 할 바람직한 행동 정하기

초기 목표로 삼을 도전행동이 이미 결정되었다면, 이제 바람직한 행동을 논의할 차례다. 이 시점에는 1단계와 마찬가지로 가족, 촉진자, 기타 팀원들이 상황 적응 능력, 학습 능력, 가족 구성원들과 상호작용하는 능력의 향상을 위해 아동에게서 나타나기를 바라는 모든 바람직한 행동을 나열하게 된다. 흔히 포함되는 바람직한 행동으로는 말이나 그 외의 방식으로 원하는 것 표현하기, 만족이 지연되는 것 참기, 차례 지키기, 자기 돌봄(self-care) 활동을 스스로 하기, 거절 받아들이기 등이 있다. 이때, 중요한 것은 아동이 매일의 일과와 일상적인 활동에 적극적으로 참여하는 데 도움이 되는 행동을 찾는 것이다. 촉진자는 가족이 가족 활동의 사회적 맥락에서 아동의 전반적 기능 향상에 주축이 될 수 있는 바람직한 행동을 판별하도록 도울 수 있다.

팀이 나열한 바람직한 행동 중 한 가지가 행동지원계획을 위한 목표행동으로 선택될 가능성이 크다. 그러나 앞에서 설명했듯이 그러한 선택은 제4장에서 설명할 PTR-F 평가가 완료된 후에 이루어진다.

자료 수집

목표를 정한 다음에는 PTR-F 시작하기의 마지막 절차인 명백하고 간단하며 타당한 자료 수집 체계를 고안하고 실행한다. PTR-F를 실행하려면 반드시 자료를 수집해야 한다. 가정과 지역사회에서 살아가는 가족의 맥락에서 발생하는 행동을 다루는 것이므로 아동의 행동에 대한 자료 수집의 책임은 아동과 함께 지내는 가족 구성원들에게 있다. 가족이 여러 중요한 책임을 담당하는 동시에 자료 수집까지 하기는 쉽지 않다. 그러나 PTR-F 모델에서는 진보가 나타나고 있는지와 어느 정도의 수정이 필요한지를 평가하기 위해 믿을 만한 정보가 지속적으로 확보되어야 한다. 자료 수집과 자료 기반의 의사결정은 이 절차의 핵심 요소라 할 수 있는데, 이는 이 자료들이 심각한 문제를 해결하려는 노력의 일환으로 실행되는 중재와 관련하여 수집되는 것이기 때문이다. PTR-F는 아동의 건강한 발달을 방해하는 행동을 다루며, 이 행동이 방치되면 아동의 미래에 심각하고 부정적인 결과를 초래할 수 있다. 도전행동이 매우 심각하고 오랜 시간 계속된다면 우리는 이 문제를 최대한 효과적이고 효율적으로 해결하기 위해 최선을 다해야 하며 그러기 위해서는 자료를 수집해야 한다. 반가운 소식은 자료 수집이 꼭 복잡하거나 어려워야 하는 것은 아니라는 점이며 PTR-F 모델에서는 상당히 간단하다는 사실이다.

많은 사람이 종종 힘들고 성가시며 결국은 별로 유용하지도 않은 자료를 수집해 달라는 요청을 받는다. PTR-F에서의 자료 수집은 다음 두 가지 이유에서 이런 요청과 차별화된다. 첫째, 자료 수집이 간단하다. 둘째, 절차를 진행하는 내내 자료가 유용하게 사용된다. 이 장의 나머지 부분에서는 단순화된 자료 수집 절차와 PTR-F에서 자료 수집이 어떻게 진행되는지에 대한 구체적 사항을 설명할 것이다.

자료의 중요성

추천할 만한 자료 수집 방법을 설명하기 전에, 쓸모 있는 자료의 수집을 위해 반드시 고려해야 할 사항을 살펴볼 필요가 있다.

첫째, 자료는 합리적인 수준의 정확성을 가져야 한다. 즉, 수집된 자료는 실제 발생한 상황과 거의 일치해야 한다. 예를 들어, 수집된 자료에서 빌리(Billy)가 오후에 하교하여 집에 도착한 때부터 잠들기까지 여섯 번의 돌발적이고 폭력적인 탠트럼을 보인 것으로 표시되어 있다면, 우리는 실제로 빌리가 탠트럼을 보인 횟수가 이와 같거나 거의 같을 거라고 믿을 수 있어야 한다. 빌리가 실제로는 15번 이상의 탠트럼을 보였다면 이 자료는 쓸모가 없다. 오류가 이 정도라면 이 자료를 믿을 수 없기 때문이다.

둘째, 자료는 신뢰도를 가져야 한다. 신뢰도란 두 명 이상이 동일한 자료 수집 절차를 사용하여 같은 기간에 같은 행동을 관찰했을 때 동일하거나 거의 같은 결과를 얻는 것을 말한다. 빌리 엄마가 탠트럼이 여섯 번 발생했다고 기록하고 당시 집에 함께 머물렀던 빌리의 할아버지도 탠트럼이 여섯 번 발생한 것으로 기록했다면 이 자료는 신뢰할 만하다. 만약 할아버지가 탠트럼이 일곱 번 발생했다고 기록했더라도 그 정도의 차이가 나는 자료는 그런대로 믿을 만하다고 본다. 그러나 할아버지가 단 두 번 발생한 것으로 기록했다면 신뢰도가 매우 낮은 자료라고 할 수 있으며 이 자료는 믿을 수 없다. 이렇게 낮은 신뢰도가 발생한 이유는 탠트럼의 정의가 적절하지 않았거나(빌리의 할아버지가 대수롭지 않게 여겨서 횟수에 포함하지 않았던 낮은 강도의 탠트럼을 빌리의 엄마는 포함함), 빌리가 매우 불안정했던 결정적인 시점에 할아버지가 주의를 기울이지 못해서일 수도 있다. 둘 중 어느 편이든 믿을 수 있는 자료가 되려면 문제를 찾아내어 바로잡아야 한다. 믿을 수 없는 자료는 수집할 필요가 없기 때문에 이 부분은 매우 중요하다.

셋째, 자료는 안면 타당도(face validity)를 가져야 한다. 안면 타당도란 수집된 자료가 실제로 팀이 가장 관심을 두는 행동을 대표하는가에 대한 것이다. 빌리의 예로 설명하자면, 낮은 강도의 문제행동이 실제 탠트럼으로 이어지는지, 중재가 필요할 만큼 걱정스러운지, 진정한 우선순위인지 등을 확인하는 것이 중요하다. 안면 타당도란 팀이 사용하는 행동의 정의가 가족과 다른 팀원들이 개선하고 측정하고 싶어 하는 바로 그 행동을 정확히 포착하는지를 말한다.

행동 평정 척도

행동 평정 척도(Behavior Rating Scale: BRS)는 PTR-F를 실시할 때 권장되는 자료 수집 절차다. BRS는 앞서 출판된 PTR 매뉴얼에 이미 설명한 바 있다(Dunlap et al., 2010). BRS는 인식 척도다. 즉, BRS는 정해진 관찰 기간에 발생한 행동의 정도에 대한 관찰자의 인식과 판단에 의존한다. BRS는 장점이 많다. 가장 중요한 장점은 자료 수집을 관찰 기간의 마지막 순간에 단 한 번만 하기 때문에 계속 자료를 기록해야 하는 다른 자료 수집 방법에 비해 수고를 많이 덜 수 있다는 것이다. BRS가 통상적인 진보 점검을 하기에 충분히 정확하고 믿을 만함을 입증한 여러 연구도 있다. 저자들이 BRS를 추천하는 가장 중요한 이유는 일반적인 가족들이 사용하기에 가장 현실적이기 때문이다.

TIP 바르게만 사용된다면, BRS는 PTR-F 중재를 하는 동안 진보 점검과 자료기반의 의사 결정을 하는 데 필요한 모든 자료를 제공할 수 있다.

BRS는 아동의 도전행동과 바람직한 행동 모두에 사용할 수 있다(바람직한 행동의 측정을 위해 BRS를 사용하는 것에 대해서는 제4장에서 설명할 것이다). 각 행동마다 별도의 평정 척도를 사용한다. 효과적인 BRS 활용의 핵심은 초기 단계에서 개별화된 척도를 만드는 데 약간의 시간을 투자하는 것과 자료 수집 담당자들이 타당하고 믿을 만하게 BRS를 사용하는 것이다. 특정 아동을 위해 BRS를 개발하는 절차는 다음과 같다.

■ 1단계

목표행동을 관찰 가능한 용어로 정의하되, 가족과 팀이 수립한 목표에 맞게 기술한다. 첫 번째로 정의해야 하는 목표행동은 도전행동이다. 이 행동의 정의는 팀이 이미 작성해 둔 것을 써야 한다. 두 번째로 정의해야 하는 목표행동은 바람직한 행동이다(제4장 참조). 설명을 단순화하기 위해 이후의 설명은 도전행동에 대해서만 제시하였다. 바람직한 행동을 위한 BRS 자료체계를 개발할 때도 이와 동일한 과정을 거치면 된다.

■ 2단계

측정해야 할 행동에서 가장 중요한 차원(dimension)이 무엇인지 결정한다. 차원에는 다음과 같은 것들이 포함된다.

- **빈도**: 관찰 기간에 행동이 발생한 횟수를 말한다. 예를 들면, 오전 수업에서 알베르토(Alberto)가 소리를 지른 횟수(또는 소리 지르기 에피소드를 시작한 횟수)를 측정할 경우, 가장 적절한 차원은 빈도다.
- **지속시간**: 행동이 지속된 총 시간을 뜻한다. 지속시간은 탠트럼이나 우는 행동처럼 오래 지속되는 행동을 측정할 때 적절한 차원이다.
- **강도**: 행동이 얼마나 센지 또는 시끄러운지를 뜻한다. 예를 들면, 누군가를 때려서 큰 고통이나 상처를 남겼다면 때리기 행동의 강도가 높다고 할 수 있고, 알아채기 어려울 정도의 작은 상처만 남겼다면 강도가 낮다고 할 수 있다. 이와 비슷하게 귀청이 떨어질 정도의 비명은 높은 강도로 기록될 것이고, 그리 거슬리지 않는 비명은 낮은 강도로 기록될 것이다.
- **시간의 비율**: 전체 관찰 시간 중 행동이 실제로 발생한 시간이 차지하는 비율을 말한다. 시간의 비율로 측정하기에 좋은 행동으로는 '참여행동'을 들 수 있다. 참여행동의 측정에서는 아동이 적절한 활동에 활발하게 참여하고 있는지가 관심사이기 때문이다.

- **기회에 따른 비율**: 주어진 기회에 대해 행동이 얼마나 자주 발생했는지를 말한다. 예를 들어, 성인이 말로 요구한 것에 대한 아동의 반응이 현재 팀의 관심사일 때 이를 측정하기 위해서는 말로 요구하거나 질문한 것에 대해 아동이 반응을 보인 비율을 계산할 것이다.

각 차원은 행동이 발생하는 크기나 정도를 측정하는 다양한 방식을 대표하는데, 행동이 다르면 행동 측정의 차원도 달라야 제대로 측정할 수 있다. 차원은 BRS에 사용할 척도의 구성 방식을 결정하기 때문에 매우 중요하며, 따라서 어떤 차원이 가장 중요한지는 팀이 결정해야 한다.

■ 3단계

행동을 언제 관찰할지 결정한다. 이 단계에서 팀은 행동을 측정할 기간을 결정해야 한다. 이 기간은 온종일일 수도 있고, 오전 내내 또는 특정 목표 일과 동안일 수도 있다. 관찰 시간은 가장 중요한 시간대여야 하는데, 주로 문제가 가장 명확하게 드러나는 시간으로 정한다.

■ 4단계

평정 척도의 점수 체계를 정한다. BRS는 5점 척도다. 이 평정 척도의 각 숫자를 등급이라고 하며, 이 숫자로 행동을 측정한다. 도전행동의 경우 가장 심하게 행동이 나타난 날을 5점으로 평정하고 가장 좋은 날을 1점으로 평정한다. 가족들을 때리는 심각한 문제를 가진 42개월 남아 래리(Larry)의 예를 들어 보자. 팀원들은 래리의 행동이 가장 심한 날은 10회 이상 때린 날이라는 데 동의하였다. 그러므로 10회 이상 때린 행동이 발생한 날에는 BRS의 5점에 표시를 할 것이다. 때리는 행동이 한 번도 발생하지 않은 환상적인 날에는 1점에 표시를 할 것이다. 다음으로 팀은 그 사이의 점수에 해당하는 등급을 구체화해야 한다. 래리의 팀은 4~9회의 때리기 행동 발생을 4점으로, 3~5회의 발생을 3점, 1~2회의 발생을 2점으로 정하였다. 이렇게 등급을 정한 후에는 BRS 자료 기록지에 적어 넣는다.

■ 5단계

매일 관찰 기간의 마지막 시점에 BRS 점수를 기입할 사람을 정한다. 이 사람은 정확한 판단을 할 수 있는 팀원이면 된다. 즉, 이 사람은 래리의 행동을 쉽게 관찰할 수 있는 사람일 것이다. 이 사람은 래리의 엄마일 수도 있고, 고용된 돌봄제공자일 수도 있으며, 확대가족 구성원 중 하나일 수도 있다. 때로는 두 명 이상이 각자 BRS를 작성하여 그 점수가 일치되는지 확인하는 것이 좋다. 이것은 BRS 점수 체계가 잘 정해졌는지 확인하는 중요하고도 좋은 전략이다. 두 사람의 점수 차가 클 경우 팀은 그 이유를 파악하여 문제를 바로잡아야 한다. 행동의 정의가 잘못되어서 그럴 수도 있고 관찰자 중 한 명이 관찰의 주요 부분을 놓쳤을 수도 있다. 팀은 자료의 정확성과 관련하여 발생 가능한 문제에 대해 긴장을 늦추지 않아야 한다.

■ 6단계

기록을 영구적으로 보관할 장소를 정하고 PTR-F 행동 평정 척도(〈표 3-3〉)의 자료를 도표화할 시스템을 수립한다. 자료를 보관할 장소는 부엌의 서랍장처럼 집의 중앙부에 있는 접근이 편리한 곳이어야 한다. 관찰 시간이 끝나는 즉시 BRS 점수를 PTR-F 행동 평정 척도에 직접 기입해야 한다. 이 서식은 시간에 따른 진보의 추이 그래프를 생성하게 해 주는 편리한 도표다. 이 그래프는 BRS의 자료점을 연결하여 단순 선 그래프를 만들기만 하면 된다(제7장 참조).

BRS 개발이 완료되면, 이제 팀은 자료 수집을 시작할 준비를 마친 셈이다.

표 3-3 PTR-F 행동 평정 척도

PTR-F 행동 평정 척도

아동명: ____________ 평정자: ____________ 일과: ____________ 월: __________

날짜/시간: ____________

바람직한 행동	5	5	5	5	5	5	5	5	5	5	5	5	5	5	5	5	5	5	5	5
	4	4	4	4	4	4	4	4	4	4	4	4	4	4	4	4	4	4	4	4
	3	3	3	3	3	3	3	3	3	3	3	3	3	3	3	3	3	3	3	3
	2	2	2	2	2	2	2	2	2	2	2	2	2	2	2	2	2	2	2	2
	1	1	1	1	1	1	1	1	1	1	1	1	1	1	1	1	1	1	1	1
도전행동	5	5	5	5	5	5	5	5	5	5	5	5	5	5	5	5	5	5	5	5
	4	4	4	4	4	4	4	4	4	4	4	4	4	4	4	4	4	4	4	4
	3	3	3	3	3	3	3	3	3	3	3	3	3	3	3	3	3	3	3	3
	2	2	2	2	2	2	2	2	2	3	2	2	2	2	2	2	2	2	2	2
	1	1	1	1	1	1	1	1	1	1	1	1	1	1	1	1	1	1	1	1

바람직한 행동: ________________

5 =

4 =

3 =

2 =

1 =

도전행동: ____________________

5 =

4 =

3 =

2 =

1 =

Prevent-Teach-Reinforce for Families: A Model of Individualized Positive Behavior Support for Home and Community
by Glen Dunlap, Phillip S. Strain, Janice K. Lee, Jaclyn D. Joseph, Christopher Vatland, and Lise Fox.

요약

PTR-F를 시작하려면 먼저 가족과 협력적 팀을 구성하고, 라포를 형성하며, 연대를 구축하여 가족이 스스로 PTR-F를 실행하는 데 필요한 자신감과 기술을 발전시키도록 지원해야 한다. PTR-F 절차에서 핵심 팀원은 촉진자와 가족이지만, 가족을 다양한 방식으로 지원할 수 있는 다른 가족 구성원, 친척, 친구, 교사, 기타 서비스 제공자도 팀원이 될 수 있다. 이들의 역할에는 정서적인 지지, 의견 및 조언 제공 등이 있으며, 특히 아동의 돌봄에 직접 관여하는 사람일 경우에는 기능평가와 중재 활동의 실행을 도울 수도 있다. 팀이 구성되고 난 후 해야 할 일은 아동의 미래에 대한 장기 비전과 단시간에 개선해야 하는 단기 목표를 개발하는 것이다. 장단기 목표를 정하는 과정은 감소되어야 할 도전행동을 정의하고 그 우선순위를 정하며 증가되어야 할 긍정적 행동을 생각해 내는 작업을 포함한다. PTR-F 시작하기 단계에서 장단기 목표 설정을 마친 팀이 해야 할 일은 시간의 흐름에 따른 아동의 진보를 점검하는 데 사용할 자료 수집 체계를 수립하는 것으로, 자료 수집은 PTR-F의 필수적인 요소이자 의무사항이다. PTR-F에는 BRS를 사용하는 것이 좋다.

〈표 3-4〉는 PTR-F 시작하기를 위한 자기 평가 체크리스트다. 모든 항목에 '예'라고 답할 수 있을 때 다음 단계로 진행해야 한다.

이 체크리스트의 모든 항목이 완료되었다면 이제 팀이 주의 깊은 기능평가를 실시하고 이를 바탕으로 행동지원계획을 수립할 준비가 되었다고 할 수 있다. 다음 장(제4장)에서는 아동과 가족을 위한 개별화된 행동지원계획 작성에 필요한 정보 수집 절차인 기능평가의 실시 방법을 자세히 안내할 것이다.

표 3-4 PTR-F 시작하기를 위한 자기 평가 체크리스트

PTR-F 시작하기를 위한 자기 평가 체크리스트

	예	아니요
1. 가족과 촉진자는 원활하게 의사소통하면서 PTR-F 모델을 적용하는 데 동의하였는가?	☐	☐
2. 가족과 촉진자는 추가의 팀원을 누구로 할지 합의하고 그 사람을 초대하였는가?	☐	☐
3. 아동과 가족의 비전이라 할 수 있는 장기 목표를 논의하였는가?	☐	☐
4. 도전행동의 단기 목표와 바람직한 행동을 PTR-F 목표 기록지에 기재하였는가?	☐	☐
5. 특정 도전행동을 목표행동으로 선택하고 조작적으로 정의하였는가?	☐	☐
6. 자료 수집이 행동 변화에 민감하고 믿을 수 있게 진행될 수 있도록 도전행동의 BRS 점수 체계를 주의 깊게 정하였는가?	☐	☐
7. BRS 자료 수집 방법(예: 누가, 언제 자료를 수집할 것인가)과 자료 요약 방식에 모든 팀원이 동의하였는가?	☐	☐
8. 모든 사람이 자신의 역할과 자료 공유 방식에 익숙해진 상태에서 자료 수집 절차를 실행하고 있는가?	☐	☐

Prevent-Teach-Reinforce for Families: A Model of Individualized Positive Behavior Support for Home and Community
by Glen Dunlap, Phillip S. Strain, Janice K. Lee, Jaclyn D. Joseph, Christopher Vatland, and Lise Fox.

사례

티미를 위한 첫 번째 회의

■ 절차 시작하기

PTR-F 촉진자인 카시는 예정된 만남을 위해 티미의 집에 도착하였다. 카시는 티미의 부모에게 지난 한 주를 어떻게 보냈는지 물었고, 부모는 정말 힘든 시간을 보냈다고 답했다. 티미의 부모는 티미의 탠트럼이 좀 나아지는 것 같다고 생각하고 있었는데 최근 며칠간 최악의 탠트럼이 나타났다고 하였다. 부부는 최대한 빨리 중재 전략을 시

작하고 싶어 했는데, 이는 소음에 대한 이웃의 민원이 또 한 번 제기되어 당장 티미의 탠트럼을 해결하지 않으면 아파트 단지에서 쫓겨날 것이라는 걱정에 사로잡혔기 때문이다.

카시는 티미의 탠트럼이 지난 며칠간 더 심해진 이유를 생각해 보게 했는데 티미의 부모는 아무리 생각해도 그 이유를 모르겠다고 하였다. 그 날도 티미의 아버지 필은 어찌할 바를 모른 채 티미를 어떻게 재울지 걱정하고 있었다. 카시는 필이 티미의 탠트럼에 대해 느끼는 좌절감과 분노를 주의 깊게 듣고 공감해 주었다. 카시는 티미 부모의 걱정을 충분히 이해한다고 말하며 자신과 함께 행동지원계획 개발 절차를 곧 시작하게 될 것이니 밤마다 반복되는 이 문제가 나아질 거라고 하였다.

카시는 지난 며칠간 일어난 것과 같은 심각한 탠트럼이 계속될 경우 오늘부터 다음 주까지 티미의 탠트럼을 어떻게 다룰지 계획하기 위해 티미의 부모와 이야기를 나누었다. 조디는 행동지원계획이 개발되고 실행할 준비가 될 때까지 남편과 자신이 두 아이를 한꺼번에 재우는 대신 자신이 티미를 전담하겠다고 제안하였다. 그녀는 남편보다 탠트럼을 좀 더 잘 참고 티미를 좀 더 쉽게 진정시킬 수 있다고 하였다. 필은 그동안 다코타를 전담하기로 하고, 부부는 당분간 두 아이의 취침 준비를 따로 하기로 하였다. 이러한 문제해결 절차가 제안되고 티미의 부모가 당면한 문제를 해결할 계획을 세운 후 카시는 PTR-F 절차를 시작하였다. 카시는 이 절차를 함께하고 싶은 사람을 찾았는지 부부에게 물었다.

조디는 티미의 교사인 론다(Ronda)와 이야기를 해 보았는데, 론다는 도움이 될 수 있다면 기꺼이 이 절차에 참여하거나 정보를 공유하겠다고 하였다. 잠깐의 논의 후 카시는 학교에서 보이는 티미의 행동에 대한 의견을 제시하는 방식으로 론다가 참여하면 좋겠다고 권하였고, 가정에서의 실행을 위해 개발할 지원계획을 론다와도 공유하자고 하였다. 카시는 이 절차에 참여해야 할 사람으로 생각해 둔 사람이 더 있는지 물었고, 티미의 부모는 친할머니와 외할머니가 티미와 다코타를 정기적으로 봐 주시는데, 티미가 두 할머니와 있을 때는 탠트럼을 그리 자주 보이지 않는다고 말하였다. 티미의 부모는 두 할머니가 티미와 관련하여 어려움이 있다면 이 절차를 통해 실행하는 모든 전략을 할머니들에게도 알려 드리기로 하였다. 두 할머니는 또한 티미의 부모와 카시가 회의를 해야 할 때 두 아이를 봐 주기로 하였다.

■ PTR-F 목표 기록지

PTR-F를 시작하기 위해 카시는 티미의 부모에게 목표를 세울 때 사용할 PTR-F 목표 기록지를 주었다. 카시는 처음 이 부부와 만났을 때 부부가 걱정하는 바를 메모해 두었으며, 오늘의 목표 중 하나는 PTR-F의 목표로 삼을 도전행동을 정하는 것임을 상기시켰다. 카시는 다시 한번 절차를 간단하게 요약하여 설명하면서 목표로 삼을 도전행동을 정하는 것이 행동지원계획 수립을 시작하는 첫걸음이라고 하였다.

티미의 부모가 티미의 도전행동에 대해 이야기하는 동안, 카시는 이를 PTR-F 목표 기록지에 적어 넣었다. 카시가 가장 문제가 되는 행동들을 기록하고 난 후 티미의 부모는 그 외의 도전행동에 대해서도 이야기하기 시작했다. 카시는 모든 도전행동을 다 적어야 하는 것은 아니고 가장 문제가 되는 것만 적으면 된다는 사실을 상기시켰다. 카시는 티미의 부모가 티미의 탠트럼, 특히 취침 준비를 할 때의 탠트럼을 행동지원계획의 목표로 정하기를 바라는 것이 맞는지 한 번 더 물었고, 부부는 그렇다고 하였다. 카시는 이 행동의 조작적 정의를 작성하기 위해 티미의 탠트럼을 묘사해 보라고 부탁하였고 이를 PTR-F 목표 기록지에 기록하였다.

티미의 부모가 이미 취침 준비 시간을 가장 문제가 되는 일과라고 말했기 때문에 카시는 이 시간 이외에도 혹 문제가 되는 일과나 시간이 있는지 물었다. 티미의 부모는 기저귀 가는 시간과 목욕 시간이 늘 문제이긴 하나 이때의 탠트럼은 취침 준비 시간만큼 심하지는 않다고 하였다. 이웃들의 항의를 받는 것은 주로 늦은 밤에 발생하는 탠트럼과 관련된 것으로 보였다. 티미의 부모는 취침 시간 문제에 대해 고민을 해 보았는데 아무래도 두 달쯤 전에 티미를 아기 침대로 옮겨 재우기 시작한 것과 관련이 있는 것 같다고 카시에게 말했다. 처음 한 달 정도는 티미가 아기 침대에 잘 적응했기 때문에 부부는 문제를 깨닫지 못했지만, 지금 와서 생각해 보니 티미 스스로 침대에서 빠져나올 수 있다는 점이 이 탠트럼과 관련이 있는 것으로 보였다. 카시는 티미가 혼자 침대에서 빠져나올 수 있게 된 것이 탠트럼의 유발요인일 수 있으니, 그 가능성에 대해서는 다음 회의에서 의논하자고 하였다(완성된 티미의 PTR-F 목표 기록지는 〈표 3-5〉 참조).

목표를 명확히 하기 위한 몇 가지 질문을 받은 후, 티미의 부모는 티미가 스스로 잠을 자는 것(최소한 자기 방에 머물러 있는 것), 평화롭게 일과를 완수하는 것, 말을 좀 더 명료하게 하는 것, 자신을 적절하고 침착하게 표현하는 것, 원하는 것을 가질 수 없을

표 3-5 티미의 PTR-F 목표 기록지

PTR-F 목표 기록지

안내문
1. 감소되어야 할 아동의 도전행동과 그 행동이 개선되어야 하는 맥락이나 일과를 판별하여 적어 보세요.
2. 가족의 맥락이나 일과 내에서 목표로 삼을 도전행동 **한 가지**를 선택하세요.
3. 관찰 가능하고(보거나 들을 수 있음) 측정 가능하게(빈도나 지속시간을 잴 수 있음) 목표행동을 조작적으로 정의하세요.
4. 증가되어야 할 아동의 바람직한 행동을 판별하여 적어 보세요.
5. (PTR-F 기능평가 후에 작성) 목표로 삼을 바람직한 행동 한 가지를 선택하세요.
6. (PTR-F 기능평가 후에 작성) 목표행동을 조작적으로 정의하세요.

아동명: 티미 날짜: 2015. 6. 25.

목표: 도전행동		
	행동	맥락/일과
감소되어야 할 도전행동	심한 탠트럼: 특히 고음의 비명 지르기, 바닥에서 구르기, 발버둥 치기 엄마와 아빠를 때리기 장난감 던지기 "싫어!"라고 소리치기 도망가기/숨기	기저귀 갈 때 목욕 시간 취침 시간
목표행동	심한 탠트럼	취침 시간
조작적 정의	티미는 고음의 비명을 지르고(종종 수 초간 계속 지름) 바닥을 구르며 발길질을 한다. 누군가가 곁에 있으면 그가 누구든 간에 때리거나 찬다. 이러한 행동을 하면서 "싫어!"라고 소리지를 때도 있다.	
목표: 바람직한 행동		
증가되어야 할 바람직한 행동	스스로 잠자리에 들기(최소한 방에 머무르기) 일과를 침착하고 순조롭게 완료하기 명료하게 말하기 원하는 것을 적절하고 침착하게 표현하기 원하는 것을 가질 수 없을 때 이를 받아들이기 동생이나 친구들과 사이좋게 지내고 함께 놀기 부모님 말씀 잘 듣기 나이에 맞게 행동하기: 연령에 맞는 발달	
목표행동	(PTR-F 기능평가 후에 작성)	
조작적 정의	(PTR-F 기능평가 후에 작성)	

때 이를 받아들이거나 이 상황에 대처하는 것, 동생이나 친구와 잘 지내는 것, 부모의 지시를 따르는 것, 그리고 전반적으로 적절한 발달을 하는 것을 원한다고 말하였다. 카시는 PTR-F에서 이 모든 것을 직접적으로 다룰 수는 없지만, 장기 목표를 인식하고 장기 목표를 바탕으로 단기 목표를 정하는 것이 이 절차에서 매우 중요하다고 말해 주었다. PTR-F 행동지원계획의 목표는 티미의 부모가 정한 장기 목표에 도달하기 위한 작은 한 걸음이라 할 수 있다.

■ PTR-F 행동 평정 척도

다음으로 카시는 행동 평정 척도(BRS)를 소개하면서 이 서식으로 자료를 수집할 것이라고 설명하였다. 카시는 행동 측정의 다양한 차원을 설명한 다음, 티미가 보이는 행동의 추이를 고려할 때 어떤 차원이 좋을지 티미의 부모와 상의하였다. 이들은 먼저 탠트럼의 강도를 평정하는 방법을 고려해 보았으나 탠트럼이 날마다, 그리고 하루 안에서도 매우 다양한 모습으로 나타난다는 문제가 있었다. 결국 이들은 티미가 하루 중 탠트럼을 보이는 시간이 어느 정도 되는지를 측정하기로 했다. 티미의 부모는 이 방법이 탠트럼이 하루에 얼마나 많이 일어나는지를 측정하는 데 매우 도움이 될 것 같다고 생각하였다.

카시는 티미의 탠트럼 발생 시간이 하루 평균 몇 분 정도인지를 물었다. 티미의 부모는 일반적인 날이라면 탠트럼의 발생 시간이 총 20~30분 정도 될 거라고 하였다. 가끔 탠트럼 발생 시간의 합이 1시간에 가까운 날도 있지만, 대부분은 하루 30분을 넘지 않는다고 하였다. 팀은 30분 이상 지속되는 탠트럼을 BRS의 5점으로 정하는 데 동의하였고, 하루에 탠트럼이 얼마나 오래 지속되는지에 비례하여 나머지 점수를 정하였다(〈표 3-6〉 참조). 티미의 부모는 BRS를 냉장고에 붙여 두고, 매일 두 아이를 재운 후 다음 날 먹을 음식을 준비한 다음 BRS를 작성하기로 했다.

표 3-6 티미의 PTR-F 행동 평정 척도

PTR-F 행동 평정 척도

아동명: 티미 평정자: 티미의 부모 일과: 취침 시간 월: 7월
날짜/시간: ______

바람직한 행동	5	5	5	5	5	5	5	5	5	5	5	5	5	5	5	5	5	5	5	5
	4	4	4	4	4	4	4	4	4	4	4	4	4	4	4	4	4	4	4	4
	3	3	3	3	3	3	3	3	3	3	3	3	3	3	3	3	3	3	3	3
	2	2	2	2	2	2	2	2	2	2	2	2	2	2	2	2	2	2	2	2
	1	1	1	1	1	1	1	1	1	1	1	1	1	1	1	1	1	1	1	1
도전행동	5	5	5	5	5	5	5	5	5	5	5	5	5	5	5	5	5	5	5	5
	4	4	4	4	4	4	4	4	4	4	4	4	4	4	4	4	4	4	4	4
탠트럼	3	3	3	3	3	3	3	3	3	3	3	3	3	3	3	3	3	3	3	3
	2	2	2	2	2	2	2	2	2	3	2	2	2	2	2	2	2	2	2	2
	1	1	1	1	1	1	1	1	1	1	1	1	1	1	1	1	1	1	1	1

바람직한 행동: ______

5 =
4 =
3 =
2 =
1 =

도전행동: 탠트럼(총 발생 시간)

5 = 30분 이상
4 = 20~30분
3 = 10~20분
2 = 5~10분
1 = 5분 미만

다음으로 팀은 티미에게 실행할 수 있는 보편적 양육 실제 몇 가지를 간단하게 논의하였는데, 구체적으로 '일과 수립하기'와 '긍정적인 진술과 부정적/중립적 진술을 5:1의 비율로 유지하기'에 대해 논의하였다. 취침 시간의 일과 수립에 대해 잠시 의논해 보니 아주 최근까지도 취침 일과가 적절하게 수립되었고 잘 실행되어 왔다는 것이 명백하였다. 티미의 부모는 티미의 탠트럼 때문에 취침 일과가 흐트러지기 시작했지만, 티미의 동생인 다코타가 태어난 직후부터 잘 지켜 왔던 일과를 계속 지켜 나가고 싶다고 하였다.

5:1 비율에 대한 논의를 시작하자, 티미의 부모는 두 아들의 기저귀를 갈 때와 취침을 준비할 때 좀 더 많은 긍정적 피드백을 주어야 한다는 것을 알지만, 한바탕의 전투 없이 그 두 일과를 마치는 데 신경을 집중하다 보면 긍정적 피드백을 하기가 어렵다고 하였다. 카시는 부부의 마음을 이해한다고 하면서 이러한 보편적 양육 실제를 실행하는 것이 처음에는 어려운 일이라고 공감해 주었다. 그러나 카시는 티미의 부모에게 더 많은 칭찬을 할수록 이 실제의 실행이 쉬워질 것이고 부부가 서로를 깎아내리거나 판단하지 않고 서로에게 긍정적 피드백을 상기시키면 이 실제를 잘 실행하게 될 것이라고 말하였다. 티미의 부모는 다음 한 주간 이 실제를 시도해 보겠다고 하였고 두 자녀와의 상호작용에 이 새로운 방식을 적용하기 위해 서로를 지지하겠다고 하였다. 카시는 부부가 두 자녀에게 긍정적인 피드백을 제공하는 연습을 할 수 있도록 일상적인 예시 몇 가지를 찾아보게 하였다.

■ **자기 평가 체크리스트**

회의를 마무리하면서 카시는 다음 단계를 설명하고 PTR-F 평가(즉, 기능평가) 시 작성할 세 가지 체크리스트인 예방 체크리스트, 교수 체크리스트, 강화 체크리스트(제4장 참조)를 소개하였다. 카시는 티미의 부모에게 취침 시간에 발생하는 티미의 탠트럼이 어떤 기능과 목적을 갖는지 함께 알아볼 다음 회의의 준비로 부부가 각자 이 체크리스트를 작성하여 다음 주 회의에 가져와 달라고 하였다. 카시는 티미의 탠트럼에 대한 부부의 인식을 비교하기 위해 이 체크리스트를 각자 작성하는 것이 좋다고 설명하였다. 카시는 또한 이 체크리스트를 작성할 때 취침 시간에 발생하는 티미의 탠트럼만 생각하며 답을 해야 한다고 상기시켰다. 다음으로 카시는 'PTR-F 시작하기 단계를 위한 자기 평가 체크리스트'를 부부와 함께 살펴보며 자신들이 시작하기 단계의 모든 절차를 완성했는지 점검하였다.

카시는 티미의 탠트럼을 최대한 신속하고 효과적으로 다룰 수 있는 계획을 개발하려면 이 과정이 매우 중요하다는 점을 강조하는 동시에 티미의 부모가 PTR-F 절차를 지속해 나가도록 격려하면서 회의를 마쳤다. 카시는 티미의 탠트럼 때문에 조디가 겪고 있는 좌절감에 공감하면서 다음 주에는 티미를 위해 실행할 전략을 찾기 시작할 것이라고 말했다. 필은 그 말에 조금은 안도감을 느꼈지만, 그 전까지 취침 시간을 어떻게 버텨 낼지가 여전히 걱정이었다.

루시를 위한 첫 번째 회의

■ 절차 시작하기

로베르타는 목표를 설정하고 BRS를 개발하기 위해 약속된 시간에 루시의 집에 도착하였다. 개비는 로베르타에게 지난주를 너무나 정신없이 보내느라 루시를 위한 구체적인 목표를 생각하는 데 많은 시간을 들이지 못했다고 말하였다. 로베르타는 개비에게 루시의 교사인 윌리엄스(Williams) 선생님에게 연락이 잘 닿았다는 것과 이번 주 중에 학교에서 루시를 관찰할 시간을 정했다고 알려 주었다. 윌리엄스 선생님이 기꺼이 이 과정에 참여하여 필요한 정보를 제공하기로 했다는 점도 전해 주었다. 윌리엄스 선생님의 참여는 개비의 동의가 필요한 일이므로, 로베르타는 윌리엄스 선생님의 참여 의사를 개비에게 알리고 개비가 어떻게 진행하기 원하는지 알아보겠다고 하였다.

로베르타는 지난주를 정신없이 보냈다고 한 개비의 말을 떠올리며 지난 한 주간 루시가 어떻게 지냈는지 물어보았다. 개비는 전남편에 관련된 개인적인 일로 지난 한 주가 매우 바빴고 루시가 학교에 가 있는 짧은 시간 동안 처리해야 할 일이 정말 많았다고 하였다. 루시는 그 이전에 비해 크게 달라진 것이 없는 상태여서 도무지 어디서부터 시작해야 할지를 모르겠다고 하였다. 개비는 지난 한 주 동안 루시가 무엇을 하든 엄마가 곁에 있거나 자기를 지켜보고 있기를 원해서 루시에게 더 많은 시간을 쏟아야 했고, 그러다 보니 루시가 집에 있는 시간에는 집안일을 하기가 매우 어려웠다고 토로하였다.

로베르타는 개비에게 루시가 지금부터 3~5년이 지난 다음에는 어떤 모습이면 좋겠는지와 가까운 미래에 루시와 관련하여 이루어지기를 바라는 목표를 생각해 보라고 하였다. 개비는 지금 당장은 잘 모르겠다고 하면서 이런 혼란의 시기에 앞일을 생각하는 게 어렵다고 하였다. 그러나 루시가 뭔가 진보를 보였으면 좋겠다고 하였다. 로베르타는 루시가 어떤 면에서 진보를 보이면 좋을지를 물었고 몇 가지 추가 질문을 하였다. 이 질문에 대해 개비는 루시가 행복하게 지내고, 친구를 사귀며, 학교에 잘 적응하고, 자신을 잘 표현하며, 어른의 말을 잘 듣고, 열심히 공부하며, 문제를 일으키지 않고, 사촌 및 가족들과 사이좋게 지내기를 바란다고 하였다. 로베르타는 개비가 말한 미래 목표들을 받아 적은 후 이렇게 장기적인 비전을 가지고 있으면 이를 성취하는 데 도움이 될 단기 목표를 정하는 데 도움이 된다고 설명해 주었다. 로베르타는 개비에게 다음 몇 달간을 생각하면서 루시를 위한 좀 더 즉각적인 목표를 의논하는 것부터 시작할 것이라고 말하였다.

■ PTR-F 목표 기록지

로베르타는 개비가 참고할 수 있도록 PTR-F 목표 기록지 서식을 한 장 주면서 지난 회의에서 이미 이야기를 나누었지만, 루시의 행동과 관련하여 염려되는 것들을 말해 달라고 하였다. 로베르타는 개비가 볼 수 있도록 지난주 회의에서 개비가 언급했던 루시의 행동 목록을 꺼내 두었지만, 그중 어떤 행동이 가장 문제인지를 개비가 판별할 수 있기를 바랐다. 개비는 문제가 되는 행동을 하나씩 언급하였고 로베르타는 그것을 목표 기록지에 기입하였다. 로베르타는 개비에게 그 행동 중에서 행동의 감소나 소거가 루시에게 갖는 중요성이나 유익이 가장 큰 것이 무엇인지 물었다. 개비는 모든 행동이 다 중요하다고 느끼긴 했지만, 특히 때리기 행동에 도움을 받고 싶다고 하였다. 이는 루시가 종종 개비의 얼굴을 때리는데, 그때마다 매우 화가 나기 때문이었다. 로베르타는 이 상황을 명확히 파악하기 위해 추가로 몇 가지 질문을 하였는데, 그 결과 루시는 화가 날 때 신체적인 공격행동을 하는 일이 많았고 이때가 루시에 대한 개비의 울분이 극대화되는 시점인 것으로 나타났다. 로베르타가 보기에 루시가 보이는 몇 가지 공격행동은 유사한 상황에서 주로 발생하는 것이 분명했기 때문에 로베르타는 개비에게 그 행동들을 하나로 묶어서 목표로 삼는 방안을 논의하였다. 그 공격행동을 모두 감소시키는 것이 개비에게 매우 중요한 일이었기 때문에 개비는 로베르타의 제안에 안도하였다.

다음으로 로베르타는 개비에게 공격행동이 발생할 가능성이 가장 큰 시간대나 일과가 언제인지 물어보았다. 개비는 사실상 어떤 일과에서도 문제가 발생할 수 있으며, 그날그날 루시의 상태에 달린 일이라 좀 더 힘든 날과 그렇지 않은 날이 있을 뿐이라고 하였다. 로베르타는 다른 일과보다 특히 더 힘든 일과 또는 총력을 기울여야 할 일과 한두 가지가 무엇인지 물었다. 개비는 루시가 종종 학교에 지각하거나 늘 시간에 쫓긴다는 점에서 등교를 준비하는 시간이 가장 중요하다고 하였고, 그 외에는 다른 일과보다 좀 더 중요한 일과가 잘 떠오르지 않는다고 하였다. 로베르타는 매일의 일과를 좀 더 명확하게 수립하고, 일과별로 루시에게 기대되는 행동을 가르치는 것에 대해 개비와 논의하였다. 이 논의는 증가되어야 할 바람직한 행동에 대한 토의도 시작하게 해 주었다.

표 3-7 루시의 PTR-F 목표 기록지

PTR-F 목표 기록지

안내문

1. 감소되어야 할 아동의 도전행동과 그 행동이 개선되어야 하는 맥락이나 일과를 판별하여 적어 보세요.
2. 가족의 맥락이나 일과 내에서 목표로 삼을 도전행동 **한 가지**를 선택하세요.
3. 관찰 가능하고(보거나 들을 수 있음) 측정 가능하게(빈도나 지속시간을 잴 수 있음) 목표행동을 조작적으로 정의하세요.
4. 증가되어야 할 아동의 바람직한 행동을 판별하여 적어 보세요.
5. (PTR-F 기능평가 후에 작성) 목표로 삼을 바람직한 행동 한 가지를 선택하세요.
6. (PTR-F 기능평가 후에 작성) 목표행동을 조작적으로 정의하세요.

아동명: 루시　　날짜: 2015. 7. 29.

목표: 도전행동		
	행동	맥락/일과
감소되어야 할 도전행동	때리기, 차기, 물기, 할퀴기, 옷 벗기, 도망가기/숨기, 소리 지르기/고함치기	옷 입는 시간, 간식 시간, 배변 시간, 등교, 선호하는 활동의 종료, 취침 시간
목표행동	신체적인 공격행동	등교 준비 식사 시간
조작적 정의	루시의 신체적인 공격행동은 때리기, 차기 물기, 할퀴기, 옷이나 머리카락 당기기, 소리 지르기와 고함치기 또는 옷을 벗으려는 시도를 포함한다.	
목표: 바람직한 행동		
증가되어야 할 바람직한 행동	저항 없이 조용하게 일과 수행하기 지시 따르기: 엄마 말 잘 듣기 식탁에 앉아서 먹기 차려진 음식 다 먹기 좀 더 많은 단어를 말하기: 좀 더 나은 의사소통 혼자 잘 놀기 장난감을 던지거나 망가뜨리지 않고 적절하게 가지고 놀기	
목표행동	(PTR-F 기능평가 후에 작성)	
조작적 정의	(PTR-F 기능평가 후에 작성)	

개비는 그간 일과가 상당히 잘 수립되어 있었으며, 루시가 일과에 따르는 것을 그리 즐거워하지는 않았지만 지금처럼 엄청나게 저항하지는 않았다고 하였다. 그러나 개비는 자신과 전남편(루시의 생부) 간에 일어난 모든 혼란 때문에 작년에는 일과를 급하게 진행하거나 루시에게 억지로 무언가를 하게 하는 등 일과가 일관성 있게 지켜지지는 않았다고 털어놓았다.

다음으로 로베르타는 향후 몇 달 안에 루시가 하게 되기를 바라는 것이 있는지 개비에게 질문하면서 루시의 목표가 될 바람직한 행동에 대한 브레인스토밍을 시작했다. 개비는 루시가 단기간에 할 수 있기를 바라는 긍정적 행동 몇 가지를 정했고, 로베르타는 이를 목표 기록지에 받아 적었다. 로베르타는 우선적으로 집중해야 할 특정 일과를 알아내고 싶었지만 정확히 찾아내기는 어려웠다. 개비는 평일의 경우 아침에 등교 준비하는 시간이 가장 힘들긴 하지만, 사실 모든 일과가 나름대로 힘들다고 하였다. 음식을 먹이는 일과는 하루에도 여러 번 반복되기 때문에 이 역시 매우 힘든 일과로 판명되었다. 개비는 온종일 일어나는 여러 일과에 모두 도움이 되는 전략을 원한다고 말하였다. 로베르타는 개비에게 그러한 바람에 맞는 계획을 세울 것이라고 말하면서 BRS 개발 단계로 넘어갔다(완성된 루시의 PTR-F 목표 기록지는 〈표 3-7〉 참조).

■ PTR-F 행동 평정 척도

로베르타는 개비에게 BRS 서식을 주면서 이 서식이 어떻게 사용되는지와 중요한 자료를 손쉽게 수집하기 위해 평정 척도의 점수 체계를 어떻게 정하는지 설명해 주었다. 행동을 측정하는 다양한 방법을 설명한 후 로베르타는 개비에게 루시의 공격행동을 측정하는 데 가장 간단하고 의미 있는 자료의 유형이 무엇일지 물었다. 루시의 행동을 어떻게 측정할지에 대한 고민과 토론 끝에 개비는 빈도를 측정하는 것이 현재로서는 가장 쉽고 유익할 것으로 판단했다.

다음으로 로베르타는 개비에게 평소와 크게 다를 바 없는 하루일 때 루시가 보이는 신체적인 공격행동의 빈도가 평균 몇 회인지를 대략 짐작해 보게 하였다. 개비가 평균 횟수의 짐작을 매우 어려워했기 때문에 로베르타는 하루 동안 일어나는 일과를 하나씩 짚어 가며 개비가 신체적인 공격행동의 발생 횟수를 세게 하였다. 하루 8회 정도 발생하는 것은 확실했으므로 로베르타와 개비는 8회 이상의 공격행동을 BRS의 5점으로 정하는 데 동의하였고, 이를 기준으로 나머지 점수에 해당하는 빈도를 정하였다(완성된 척도는 〈표 3-8〉 참조). 점수 체계가 정해지자 로베르타는 개비가 루시의 행동을 온종일 추적할 방안, 루시의 행동에 대한 평정 척도를 작성할 시간 등과 같은 자료 수집의 기타 세부 사항을 논의하였다. 개비는 루시가 잠들자마자 자료를 기록하면 될 것 같은데 이 자료를 놓아둘 좋은 장소가 어디인지는 좀 더 생각해 보겠다고 하였다. 약간의 고민 후 개비는 하루가 끝나는 시간에 바로 작성할 수 있도록 기록지를 자신의 침대 옆에 두겠다고 결정했다. 개비는 하루 동안 루시가 신체적인 공격행동을 보인 횟수를 정확하게 기억할 수 있을 거라고 자신했다.

표 3-8 루시의 PTR-F 행동 평정 척도

PTR-F 행동 평정 척도

아동명: 루시 평정자: 개비 일과: 하루 종일 월: 8월

날짜/시간: ____________

바람직한 행동	5	5	5	5	5	5	5	5	5	5	5	5	5	5	5	5	5	5	5	5
	4	4	4	4	4	4	4	4	4	4	4	4	4	4	4	4	4	4	4	4
	3	3	3	3	3	3	3	3	3	3	3	3	3	3	3	3	3	3	3	3
	2	2	2	2	2	2	2	2	2	2	2	2	2	2	2	2	2	2	2	2
	1	1	1	1	1	1	1	1	1	1	1	1	1	1	1	1	1	1	1	1
도전행동	5	5	5	5	5	5	5	5	5	5	5	5	5	5	5	5	5	5	5	5
	4	4	4	4	4	4	4	4	4	4	4	4	4	4	4	4	4	4	4	4
공격행동	3	3	3	3	3	3	3	3	3	3	3	3	3	3	3	3	3	3	3	3
	2	2	2	2	2	2	2	2	2	3	2	2	2	2	2	2	2	2	2	2
	1	1	1	1	1	1	1	1	1	1	1	1	1	1	1	1	1	1	1	1

바람직한 행동: ____________	도전행동: 공격행동
5 =	5 = 8회 이상
4 =	4 = 6~7회
3 =	3 = 3~5회
2 =	2 = 1~2회
1 =	1 = 0회

■ 자기 평가 체크리스트

자료 수집을 위한 계획을 마친 후 로베르타는 다음 회의에서는 루시의 신체적인 공격행동의 기능 또는 목적을 파악하기 위해 PTR-F 기능평가 체크리스트를 작성할 것이라고 설명하였다. 개비가 최대한 집중할 수 있고 회의가 방해받는 정도를 최소화하기 위해 다음 주에 있을 회의는 루시가 학교에 가 있는 시간에 하기로 했다. 회의가 끝나갈 무렵 루시의 할머니인 마르그리트가 방에 들어왔다. 개비는 마르그리트에게 자료 수집 서식을 보여 주면서 이 서식을 어떻게 작성하는지와 이러한 자료 수집이 어떻게 루시의 발전 상황을 추적하는 데 도움이 되는지를 설명해 주었다. 마르그리트는 개비의 설명에 흥미를 보이면서 지금은 헥토에게 음식을 가져다주는 중이라 곤란하지만, 다음에 개비에게 이 서식에 대해 좀 더 자세히 배우겠다고 하였다.

로베르타는 이번 회의에서 해야 할 일을 빠짐없이 잘 다루었는지 확인한 후 다음 단계로 진행하기 위해 'PTR-F 시작하기를 위한 자기 평가 체크리스트'를 개비와 함께 검토하였다. 로베르타는 개비에게 자신이 조만간 루시의 학교로 가서 루시를 관찰할 것이고, 루시의 담임인 윌리엄스 선생님을 만나 루시의 신체적인 공격행동에 대한 생각과 의견을 들어 볼 것이라고 한 번 더 알렸다. 로베르타는 루시의 집을 나오면서 개비에게 매일 자료 수집을 해야 한다고 상기시켰고, 개비는 이를 잊지 않기 위해 휴대전화 알람을 설정하겠다고 말하였다.

제4장

PTR-F 기능평가

- PTR-F 기능평가의 배경과 실행 절차
- 목표 설정 단계로 돌아가기: 바람직한 행동을 선택하고 정의하기
- 사례

제4장과 제5장은 개별화된 중재이자 평가기반의 중재인 PTR-F 행동지원계획의 준비 과정을 다룬다. 이 장에서는 그중 평가에 초점을 둔다. 평가의 일반적인 목적은 최대한 효과적이고 효율적이며 개별 아동과 부모의 특성 및 가정환경에 잘 맞는 중재를 개발하고 실행하기 위해 아동의 도전행동을 이해하는 것이다. 이 장의 대부분은 도전행동의 기능을 평가하기 위한 PTR-F 기능평가의 구체적인 실행 절차를 다룬다. PTR-F 기능평가 절차를 통해 수집된 정보는 아동이 보이는 도전행동의 목적 또는 기능을 팀이 이해하는 데 도움을 줄 것이다. 또한 PTR-F 기능평가는 팀이 도전행동 및 바람직한 행동 이전에 발생하는 선행 조건이나 환경 조건, 그리고 도전행동 및 바람직한 행동을 지속시키는 후속결과를 판별하고 이해하는 데도 도움을 줄 것이다. 행동에 대한 이러한 이해는 행동이 환경에 어떻게 영향을 받는지를 서술하는 간편한 방식인 '가설문장'의 형태로 요약된다. 가설문장은 아동을 위한 개별화된 행동지원계획으로 이어진다. 이 장에 제시된 평가와 중재에 대한 정보와 지침은 전체적인 PTR-F 모델과 마찬가지로 철저하게 과학적 지식에 기반을 둔 것이다(PTR-F의 개념적·실증적 기반에 대한 자세한 설명은 제1장 참조). 기능평가와 중재 절차의 기반이 되는 연구기반의 학습과 행동 원리에 관심이 있는 독자들은 학습이론, 응용행동분석, 긍정적 행동지원 분야의 문헌을 읽어 보기 바란다(예: Bambara & Kern, 2005; Cooper et al., 2007).

PTR-F 기능평가의 배경과 실행 절차

이 절에서는 PTR-F 기능평가의 배경을 제시하고 실행 절차를 설명한다. 여러 가지 이유로 PTR-F 기능평가는 PTR-F 절차의 핵심이라 할 수 있는데, 이는 이 절차를 통해 도전행동이 어떤 방식으로 환경의 영향을 받는지 이해하게 되고 행동지원계획의 개발 방향을 정할 수 있기 때문이다.

기능평가 실행 절차를 설명하고 서식을 제공하는 많은 매뉴얼, 논문, 단행본이 이미 출판되어 있다(예: Iwata, DeLeon, & Roscoe, 2013; O'Neill et al., 1997; Umbreit, Ferro, Liaupsin, & Lane, 2007). 이 대부분은 믿을 만한 전략을 제시하는 훌륭한 자료다. 그러나 이 자료 대부분은 복잡할 뿐 아니라 가정 방문자와 가족이 할 수 있는 정도를 넘어서는 집중적 관찰을 요구한다. PTR-F에서의 전략은 여러 환경에서 아동의 행동을 몇 주 또는 몇 달에 걸쳐 보아 온 팀원들의 전문성에 의존한다는 점에서 이미 출판된 자료들과 차이가 있다. 많은 노력을 기울여야 하는 절차에 비해 PTR-F 절차의 정확성이 다소 부족할 수는 있지만, 우리는 이 책에서 제시한 전략이 좀 더 실용적이며 도전행동을 보이는 대부분의 아동에게 꽤 만족스럽다고 믿는다(우리의 경험상으로도 그러했다).

PTR-F 기능평가를 실시할 때는 모든 팀원이 세 가지의 체크리스트를 작성하게 되는데, 이때는 아동과 관련된 외부 전문가도 참여할 수 있다. 이 체크리스트들은 PTR-F 모델의 세 요소인 예방, 교수, 강화에 대한 것이다. 각 체크리스트에 포함된 질문들은 다음과 같은 세 가지 목표를 달성하기 위해 고안된 것이다. 첫째, 도전행동과 관련된(도전행동을 유발하는) 선행사건과 환경 요인 판별하기(예방 체크리스트), 둘째, 도전행동 대신 아동에게 지도하여 도전행동의 발생 가능성을 줄일 수 있는 기술 판별하기(교수 체크리스트), 셋째, 도전행동의 기능이나 목적을 파악하고 아동의 도전행동(그리고 바람직한 행동)의 강화제로 작용하는 사건, 사물, 사람, 활동을 판별하기(강화 체크리스트)다.

다음에서는 PTR-F 기능평가의 세 가지 요소(즉, 예방, 교수, 강화)를 먼저 설명한 후 이 각각에 해당하는 세 가지 체크리스트를 살펴볼 것이다. 그런 다음 세 가지 체크리스트를 작성하는 방법과 요약하는 방법, 요약한 정보를 가설문장의 형태로 제시하는 방법을 살펴볼 것이다. 완성된 체크리스트 예시와 PTR-F 기능평가의 전 과정을 익힐 수 있도록 이 장 마지막에 제시된 티미와 루시의 사례를 반드시 살펴보기 바란다.

예방

PTR-F 기능평가의 첫 번째 요소는 예방이다. 예방은 도전행동 이전에 발생하는 선행사건 및 환경 조건과 관련된다. 선행사건과 환경 조건을 판별할 수 있다면 이를 변화시켜 도전행동이 더 이상 일어나지 않게 할 수 있다(예: Dunlap et al., 1991; Ervin et al., 2000; Luiselli, 2006). 선행사건은 학습과 행동 과학에 근거를 둔 개념으로, 행동 개선에 영향을 미친다는 것이 문헌과 실제를 통해 알려져 있다. 관심을 가져야 할 선행사건에는 두 가지 범주가 있는데, 하나는 도전행동을 더 많이 발생하게 하는 사건이고 나머지 하나는 바람직한 행동을 더 많이 발생하게 하는 사건(즉, 도전행동의 발생을 최소화하는 사건)이다. PTR-F에서의 예방은 특정 아동의 행동에 대한 선행사건을 찾아내고(이번 장의 주제임) 그 사건을 변화시켜 도전행동이 덜 일어나고 바람직한 행동은 더 많이 일어나도록 하는 것이다(PTR-F 절차 중에서는 PTR-F 중재 단계에서 신행사건 변화를 다루게 되며, 이는 제5장의 주제다).

앞서 말했듯이 관련성 있는 선행사건은 환경에서 발생하는 광범위한 사건과 아동이 특정 행동을 할 가능성에 영향을 미치는 여러 사건을 포함한다. 예를 들어, 어떤 사건은 유발요인(trigger)으로 작용한다. 유발요인은 주로 도전행동 직전에 발생한 개별 사건이나 자극을 말하는데, 이 요인들은 도전행동이 시작되게 하거나 발생하게 만든다. 일반적인 유발요인으로는 어떤 과제를 하라거나 선호활동을 멈추고 다른 활동을 하라는 부모의 요구가 있다. 형제자매가 놀이 활동을 방해하거나 누군가가 "안 돼."라고 말하는 것도 유발요인이 될 수 있다. 이와 같이 대부분의 아동에게 공통적인 유발요인도 있지만, 아동마다 다른 유발요인도 있으며, 도전행동마다 오랜 시간에 걸쳐 개별적으로 형성된 유발요인이 있을 가능성도 고려해야 한다. 또한 유발요인이 항상 같은 방식으로 작용하지는 않는다는 점도 기억해야 한다. 아동이 기분 좋은 상태이고 잠도 잘 잤으며 행복할 때는 이전에 도전행동을 유발했던 요인이 아무 영향을 미치지 않을 수 있다. 이 경우, 우리는 또 다른 범주의 선행사건(즉, 배경사건)에 주목하게 된다.

선행사건의 두 번째 범주를 배경사건이라고도 부른다. 배경사건은 즉각적인 유발요인은 아니지만 유발요인이 도전행동을 일으킬 가능성을 높인다. 배경사건은 시간과 장소 면에서 도전행동과 분리된 조건인데도 아동에게 영향을 미친다. 일반적인 배경사건인 질병, 고통, 피로, 배고픔 등의 생리적 조건을 예로 들어 보자. 아동이 이러한 상태에 있다면 이보다 훨씬 나은 생리적·정서적 상태일 때보다 유발요인이 문제행동으로 이어질 가능성이 크리라는 것을 쉽게 예상할 수 있다. 예를 들어, 4세인 미아(Mia)가 전날 잠을 잘 자지 못했다면 태블릿 PC로 보던 영상을 끄라는 지시를 받을 때 탠트럼을 일으킬 가능성이 클 것이다. 마찬가지로, 엄마와 형이 아침 식사 때 언쟁을 하여 로베르토(Roberto)가 예민한 상태라면, 이러한 스트레스는 로베르토의 도전행동 발생 가능성을 높일 것이다. 유발요인과 마찬가지로 배경사건도 개별화된 현상이지만, 유발요인과 같은 방식으로 도전행동을 초래하지는 않는다. 그러나 배경사건은 예방과 관련된 기능평가와 중재에서 고려해야 할 중요한 조건이다.

'PTR-F 기능평가 체크리스트: 예방'(〈표 4-1〉 참조)은 도전행동과 바람직한 행동에 영향을 미치는 선행 조건을 판별하기 위한 것이다. 예방 체크리스트(그리고 교수와 강화 체크리스트)는 각 팀원이 작성한 후 함께 모여서 요약해야 한다. 예방·교수·강화 체크리스트를 하나씩 완성한 후 PTR-F 기능평가 요약표를 작성하면서 이 세 가지 체크리스트에서 얻은 정보를 종합해야 한다. 이와 관련된 구체적인 절차는 이 장 후반부에 제시되어 있다.

교수

행동지원계획의 핵심 전략 중 하나는 아동이 도전행동을 할 필요가 없게 하는 한 가지 또는 그 이상의 기술을 가르침으로써 도전행동의 발생 가능성을 낮추는 것이다. 어떤 기술을 가르칠지 결정하려면 행동의 기능을 고려해야 한다. 행동의 기능 또는 행동을 하는 목적은 행동이 근접 환경에 미치는 영향이나 결과와 관련이 있다. 그러므로 도전행동이 환경에 미치는 영향과 동일한 영향을 미치는, 즉 동일한 기능을 가진 바람직한 행동을 가르치는 것이 중요하다. 예를 들어, 아동이 관심을 받거나 장난감을 얻게 해 줄 바람직한 행동을 아동에게 지도할 수 있다. 또한 비선호활동처럼 아동이 원하지 않는 무언가를 피하게 해 줄 바람직한 행동을 지도할 수도 있다.

제1장에서 행동은 일종의 의사표현이라는 점을 설명하였다. 즉, 의사소통 행동은 도전행동이 환경에 영향을 미치는 방식과 동일한 방식으로 환경에 영향을 미치는 바람직한 행동이다. 행동지원계획의 핵심적인 일부로 아동에게 가르쳐야 할 최선의 행동은 도전행동을 대신할 수 있는 구체적인 의사소통 행동(교체행동)이다. 구체적인 교체행동을 선택하고 행동지원계획을 수립하는 다음 단계로의 진행을 준비할 때, 바람직한 행동(교체행동)은 다음 두 기준을 충족해야 한다. 첫째, 그 행동을 통해 도전행동만큼 효율적으로 강화를 받을 수 있어야 한다. 둘째, 그 행동을 통해 도전행동만큼 일관성 있게 강화를 받을 수 있어야 한다. 즉, 선택된 바람직한 행동은 도전행동보다 시간이나 노력을 더 요구하지 않으면서도 도전행동과 동일한 목적을 달성하게 해 주어야 하며 쉽고 예측 가능하게 강화로 이어져야 한다. 이 행동은 또한 도전행동을 했을 때와 동일한 정도의 강화를 동일한 속도로 얻을 수 있는 것이어야 한다. 예를 들어, 아동이 탠트럼을 통해 20분 동안 활동을 회피할 수 있었다면 중재 시작 단계에서 아동에게

2분의 휴식을 부여하는 것으로는 새로운 기술을 가르칠 수 없다. 행동지원 절차가 어느 정도 진행된 후에는 좀 더 복잡한 기술을 지도하고 휴식 시간을 줄일 수 있겠지만, 팀원들이 PTR-F 행동지원계획을 처음으로 실행할 때는 아동이 그 정도의 강화로 적절한 행동을 할 것이라고 가정하면 안 된다. 같은 이유에서 중재 초기에는 아동의 기술 목록에 이미 존재하는 기술을 가르치는 것이 좋다. 그렇게 하면 선택된 바람직한 행동이 앞서 설명한 두 가지 기준을 확실히 충족할 것이다.

'PTR-F 기능평가: 교수'(〈표 4-2〉 참조)의 목표는 팀이 PTR-F 행동지원계획을 통해 아동에게 가르칠 기술, 즉 도전행동과 같은 기능을 가지며 도전행동을 대신할 기술을 판별하는 것이다. 팀은 아동에게 가장 도움이 될 것으로 보이는 의사소통 및 사회성 기술 그리고 문제해결 기술을 하나씩 살펴보고 그 외 다른 기술이나 선택 사항에 대해서도 브레인스토밍을 해 볼 수 있다. 그러나 무엇을 가르칠지 정확하게 파악하려면 도전행동의 기능을 먼저 이해해야 하므로 세 번째 체크리스트(즉, 강화 체크리스트)도 이 과정에서 매우 중요하다.

강화

PTR-F 기능평가의 세 번째 요소는 도전행동과 기타 행동에 뒤따르는 후속결과에 대한 것이다. PTR-F 기능평가 절차는 도전행동이 왜 발생하는지, 그리고 아동의 관점에서 도전행동이 갖는 기능 혹은 목적이 무엇인지를 최대한 잘 이해하기 위한 것이다. 도전행동은 어떤 방식으로 아동이 원하는 것을 갖게 하는가? 도전행동은 어떤 방식으로 환경에 작용하여 아동이 무언가(관심 또는 장난감 등)를 얻게 해 주는가? 도전행동은 어떤 방식으로 환경에 작용하여 아동이 무언가(예: 부모의 지시, 새로운 활동으로의 전이, 형제자매의 방해)를 피하게 해 주거나 없애 주는가?

후속결과가 행동의 빈도에 큰 영향을 미친다는 것은 주지의 사실이다. 행동 직후에 좋아하는 후속결과(강화제)가 뒤따르면 그 행동은 강화되고 더 자주, 더 많이 발생할 가능성이 크다. 강화제가 행동에 뒤따르지 않는다면 행동은 약화되고 발생 빈도도 줄어들 것이다. 이러한 정적 강화의 법칙은 가장 기본적이면서도 중요한 행동 법칙이다. 그러나 잘 알려진 원칙이라고 해서 그 실천이 쉽다거나 현장에서 효과적으로 적용되고 있다고 말하기는 곤란하다.

여러 가지 이유에서 강화는 까다로운 주제다. 그 첫 번째 이유는 도전행동을 유지하는 강화제의 판별이 쉽지 않을 때가 많기 때문이다. 대부분의 경우 의도하지 않았던 것이 강화제로 작용한다. 도전행동을 의도적으로 강화하는 사람은 없다. 그러나 도전행동이 지속적이고 심각한 정도에 이르렀다면 어떤 형태로든 그 행동이 강화를 받은 것이 분명하다. 그 행동을 강화한 것은 성인, 형제자매 또는 또래의 관심일 수도 있고, 원하는 물건(예: 장난감, 음식)의 획득일 수도 있으며, 선호하지 않는 활동으로부터의 회피일 수도 있다. 이 중 어디에 해당하든 특정 형태의 후속결과가 행동을 강화한 것이다.

강화가 까다로운 주제인 두 번째 이유는 강화가 효과적이려면 행동이 발생할 때마다 강화가 주어지면 안 되기 때문이다. 이 때문에 관찰을 통해 강화제를 알아내기가 매우 어렵다. 사실, 행동이 발생한 후 가끔 주어지는 강화제가 더 효과적일 때도 있다[이를 부분적 또는 간헐적(intermittent) 강화 일정이라고 부른다].

강화가 까다로운 주제인 세 번째 이유는 강화제의 개별성 때문인데, 이는 한 아동에게 강화제로 작용한 것이 반드시 다른 아동에게도 강화제로 작용한다고 보기는 어렵다는 의미다. 대부분의 아이는 긍정적 관심(칭찬이나 인정)을 좋아하지만, 그러한 관심이 아이들에게 미치는 영향은 다양하다. 어떤 아이들은 미소를 지으며 엄지를 들어 올리는 동작만 해도 잘 반응하지만, 어떤 아이들은 등을 두드려 주거나 가볍게 안아 줄 때 더 잘 반응한다. 상식적으로 이상하게 보일 수도 있겠지만, 많은 경우 아이들은 꾸중이나 잔소리 같은 부정적 관심에 의해서도 강화를 받는다. 어떤 아이들에게는 스티커 같은 구체물이 강력한 강화제로 작용하지만, 스티커가 아무 소용이 없는 아이들도 있다. 여기서 핵심은 행동지원계획에 강화제를 포함하려면 효과적인 강화제가 될 수 있는 후속결과나 사건을 각 아동별로 알아내야 한다는 것이다.

PTR-F 행동지원계획은 강화제가 전달되는 방식에 대한 조정을 반드시 포함해야 한다. 어떤 아동들에게는 강화제를 좀 더 많이 주는 동시에 도전행동에 대한 강화는 중단해야 할 것이다. 또 다른 아동들에게는 특정 유형의 바람직한 행동을 좀 더 강화해야 해서 그 외의 행동에 대한 강화제를 바꾸어야 할 수도 있을 것이다.

이 지점에서 타임아웃이나 여러 형태의 벌과 같은 부정적 후속결과에 대한 저자들의 입장을 설명해야 할 것 같다. 첫째, 우리 저자들은 타임아웃이나 여러 형태의 벌이 필수적이라고 생각하지 않는다. 우리의 경험을 돌아보면, 매우 심하고 오래 지속된 행

표 4-1 PTR-F 기능평가 체크리스트: 예방

PTR-F 기능평가 체크리스트: 예방

도전행동: ________________ 아동명: ________________ 작성자: ________________

1. 하루 중 도전행동이 발생할 가능성이 가장 큰 시간은 언제인가요?

____ 기상	____ 식사 전	____ 식사 중	____ 식사 후	____ 식사 준비
____ 아침	____ 오후	____ 낮잠	____ 저녁	____ 잘 시간

기타:

2. 하루 중 도전행동이 발생할 가능성이 가장 큰 활동/일과는 무엇인가요?

____ 집을 떠날 때	____ 낮잠	____ 형제나 또래와의 상호작용	____ 약 복용
____ 집에 도착할 때	____ 화장실/기저귀 갈기	____ 실내 놀이	____ 의료 절차
____ 가족 행사	____ 목욕	____ 바깥 놀이	____ 병원/치료실 가기
____ 종교 활동	____ 양치질	____ 식사	____ 치과 가기
____ 책 읽기	____ 놀이그룹	____ 차/버스 안	____ 어린이 관광지 (예: 동물원)
____ TV 등 시청	____ 외식	____ 가게(장 보기)	____ 전이(구체적으로 ____________)
____ 특별한 사건(구체적으로______)	____ 다른 집 방문	____ 공원/운동장	
	____ 간식		

기타:

3. 아동과 가까이 있을 때 도전행동이 발생할 가능성이 큰 사람은 누구인가요?

____ 형제자매(구체적으로 ____________)	____ 부모
____ 다른 가족 구성원(구체적으로 ________)	____ 다른 아이들(구체적으로 ________)
____ 돌봄제공자(구체적으로 ____________)	
____ 기타 성인(구체적으로 ____________)	

기타:

4. 하루 중 도전행동이 발생할 가능성이 가장 작은 시간은 언제인가요?

____ 기상	____ 식사 전	____ 식사 중	____ 식사 후	____ 식사 준비
____ 아침	____ 오후	____ 낮잠	____ 저녁	____ 잘 시간

기타:

5. 하루 중 도전행동이 발생할 가능성이 가장 작은 활동/일과는 무엇인가요?

____ 집을 떠날 때	____ 낮잠	____ 형제나 또래와의 상호작용	____ 약 복용
____ 집에 도착할 때	____ 화장실/기저귀 갈기	____ 실내 놀이	____ 의료 절차
____ 가족 행사	____ 목욕	____ 바깥 놀이	____ 병원/치료실 가기
____ 종교 활동	____ 양치질	____ 식사	____ 치과 가기
____ 책 읽기	____ 놀이그룹	____ 차/버스 안	____ 어린이 관광지 (예: 동물원)
____ TV 등 시청	____ 외식	____ 가게(장 보기)	____ 전이(구체적으로 ____________)
____ 특별한 사건(구체적으로______)	____ 다른 집 방문	____ 공원/운동장	
	____ 간식		

기타:

앞에서 언급되지 않은 추가 의견

표 4-2 PTR-F 기능평가 체크리스트: 교수

PTR-F 기능평가 체크리스트: 교수

도전행동: ________________ 아동명: ________________ 작성자: ________________

1. 이후에 이 도전행동이 발생할 가능성을 줄이기 위해 아동이 배워야 할 의사소통 기술(말, 그림, 수어, 보완시스템을 이용한 의사소통 기술)은 무엇인가요?

____ 휴식 요청하기
____ 도움 요청하기
____ 원하는 것 요구하기
____ 적절하게 감정 표현하기(예: 좌절, 분노, 속상함)
____ 거절하기(예: "싫어요." "그만할래요.")
____ 선택 기회가 주어졌을 때 선호도 표현하기(예: "이것이 좋아요." "나는 ~로 할래요.")

기타:

2. 이후에 이 도전행동이 발생할 가능성을 줄이기 위해 아동이 배워야 할 사회성 기술은 무엇인가요?

____ 적절한 방법으로 관심 얻기
____ 나눠 쓰기: 장난감 주기
____ 나눠 쓰기: 장난감 요구하기
____ 차례 지키기
____ 또래 및 성인과 상호작용 시작하기
____ 또래와 성인에게 반응하거나 대답하기
____ 또래 및 성인과 대화를 주고받을 때 주제에 맞게 말하기
____ 놀이 아이디어 제안하기("너는 엄마 해.")
____ 또래와 함께 장난감과 교구를 올바르게 갖고 놀기
____ 긍정적인 말과 칭찬 수용하기
____ 긍정적인 말하기
____ 또래 칭찬하기
____ 칭찬이나 강화 기다리기
____ 우정 형성 기술

기타:

3. 이후에 이 도전행동이 발생할 가능성을 줄이기 위해 아동이 배워야 할 문제해결 기술은 무엇인가요?

____ 분노 조절하기
____ 충동적 행동 조절하기
____ 진정 전략
____ 도움 요청하기
____ 독립적 놀이를 위한 시각적 자료 사용하기
____ 자기 관리
____ 독립적으로 놀이하기
____ 협동하여 놀이하기
____ 지시 따르기
____ 일정표와 일과 수행하기
____ "안 돼."를 받아들이기
____ 감정 조절하기
____ 활동에 참여하기
____ 활동 참여를 유지하기
____ 적절한 해결책 선택하기
____ 적절한 옵션들 중에서 선택하기
____ 선택한 것을 따르기

기타:

앞에서 언급되지 않은 추가 의견

표 4-3 PTR-F 기능평가 체크리스트: 강화

PTR-F 기능평가 체크리스트: 강화

도전행동: ____________ 아동명: ____________ 작성자: ____________

1. 평소 아동의 도전행동에 뒤따르는 후속결과는 무엇인가요?

___ 타임아웃/방으로 보내기	___ 진정시키기/달래기	___ 가정의 규칙 복습	___ 원하는 물건/장난감/음식 획득
___ 조용한 장소로 보내기	___ 지금 막 발생한 행동에 대한 대화	___ 신체적 안내	___ 원하는 활동을 하게 됨
___ 혼자 있게 하기	___ 엉덩이 때리기	___ 형제자매나 또래의 반응	
___ 활동 지연	___ 도움 제공	___ 신체적 제지	기타: ____________
___ 활동 변경	___ 말로 경고하기		
___ 활동 종료	___ 언어적 재지시		
___ 활동에서 배제	___ 말로 꾸중하기		

2. 아동이 도전행동을 하면 특권이나 선호하는 물건(활동)을 갖지(하지) 못하게 하나요?

___ 늘 그렇다 ___ 가끔 그렇다 ___ 별로 그렇지 않다 ___ 절대 그렇지 않다

3. 아동이 도전행동을 하면 성인과 아이들의 관심을 받게 되나요?(예: 꾸중, 교정, 가정 규칙 재진술)

___ 늘 그렇다 ___ 가끔 그렇다 ___ 별로 그렇지 않다 ___ 절대 그렇지 않다

4. 도전행동이 다른 아이들(예: 형제자매, 또래)의 관심을 얻기 위한 것으로 보이나요?

___ 예(누구? ____________________) ___ 아니요

5. 도전행동이 성인의 관심을 얻기 위한 것으로 보이나요?

___ 예(누구? ____________________) ___ 아니요

6. 도전행동이 아이들이나 성인에게서 특정 물건(예: 장난감, 게임, 자료, 음식)을 얻기 위한 것으로 보이나요?

___ 예(어떤 물건? ____________________) ___ 아니요

7. 도전행동이 선호 활동에서 비선호 활동으로의 전이를 지연시키기 위해 일어나는 것으로 보이나요?

___ 예(어떤 활동으로의 전이? ____________________) ___ 아니요

8. 도전행동이 비선호 활동(예: 어렵거나 지루하거나 반복적인 활동)을 피하려고 일어나는 것으로 보이나요?

___ 예(그 활동은? ____________________) ___ 아니요

9. 도전행동이 선호하지 않는 아동이나 성인에게서 벗어나기 위해 일어나는 것으로 보이나요?

___ 예(누구? ____________________) ___ 아니요

10. 아동이 적절한 행동(예: 적절하게 참여하기, 협동하기, 지시 따르기)을 하면 성인이나 아이들의 인정이나 칭찬을 받나요?

___ 늘 그렇다 ___ 가끔 그렇다 ___ 별로 그렇지 않다 ___ 절대 그렇지 않다

〈계속〉

11. 아동이 성인과 아이들의 칭찬을 즐기나요? 다른 사람보다 더 칭찬받고 싶어 하는 사람이 있나요?		
____ 예(누구? ______________________________)		____ 아니요
12. 아동이 가장 좋아하는 사물이나 활동은 무엇인가요? 특별한 보상이 될 수 있는 사물이나 활동은 무엇인가요?		
____ 성인과의 사회적 상호작용	____ 하이파이브	____ 작은 장난감이나 상(스티커, 도장)
____ 성인과의 신체적 상호작용(실내에서 하는 과격한 몸놀이, 간지럼, 포옹)	____ 성인의 칭찬	____ 기기 사용 시간(태블릿 PC, 게임기)
____ 형제자매와의 사회적 상호작용	____ 형제자매/다른 아이들의 칭찬	____ 미술활동
____ 게임 하기	____ 음악	____ 물건/장난감(구체적으로) ______________
____ 부모 보조하기	____ 퍼즐	____ 음식(구체적으로) ______________
____ 바깥 놀이 시간 연장	____ 책	
____ 성인의 추가적 칭찬과 관심	____ 특별 활동	
____ 선호하는 활동을 할 시간 연장	____ 특별 도우미	
	____ 컴퓨터 시간	
	____ TV 시청 시간	
기타:		
앞에서 언급하지 않은 추가 의견		

동도 부정적 후속결과에 의존하지 않고 효과적으로 변화되었다. 이 책에 설명된 절차가 충실하게 실행되면 긍정적 변화가 일어날 것이다. PTR-F 행동지원계획을 실행하는 과정에서 도전행동이 발생한다면, 그것은 실수나 오류로 보아야 한다. 실수는 벌이 아니라 교수(instruction)를 통해 효과적으로 바로잡을 수 있으며, 행동지원계획은 도전행동의 발생에 대비할 수 있도록 작성되어야 한다. 이에 대해서는 제5장에서 자세히 설명할 것이다.

'PTR-F 기능평가 체크리스트: 강화'는 〈표 4-3〉에 제시되어 있으며 이 체크리스트는 도전행동의 후속결과를 판별하여 팀이 행동의 기능을 생각해 보도록 촉진해 준다. 또한 팀이 아동에게 동기 부여가 되는 사물과 활동을 찾아내어 정적 강화제(positive reinforcers)로 사용하게 해 준다.

PTR-F 기능평가 자료 요약하기

PTR-F 기능평가를 실행하는 것과 관련된 팀원들의 첫 번째 임무는 세 가지의 체크리스트를 작성하는 것이다. 이전 장에서 말했듯이 팀은 주로 가족 구성원 중 한 명과 PTR-F 촉진자로 구성된다. 이 경우 이 두 팀원의 관찰이 기능평가에 포함되는 것이 중요하다. 그러나 전문가든 비전문가든 아동과 밀접하게 관련된 사람은 팀원이 아니더라도 이 체크리스트를 작성할 때 의견을 제시할 수 있다. 모든 관찰은 잠재적인 가치를 갖는다. 체크리스트 작성에는 그리 오랜 시간이 걸리지는 않는다. 아마도 15~30분을 넘지 않을 것이다.

체크리스트 작성이 끝나면 이 체크리스트들을 종합하여 요약해야 한다. 즉, 각 체크리스트를 검토한 후 PTR-F 기능평가 요약표(〈표 4-4〉 참조)에 요약 정보를 입력한다. 이 요약표에는 PTR-F의 세 가지 구성요소에 해당하는 칸이 포함되어 있어서 예방·교수·강화를 위한 정보를 해당 칸에 기입할 수 있다. 팀이 자료(즉, 체크리스트에 포함된 정보)를 검토하고 논의하는 동안, 팀원 중 한 사람은 PTR-F 기능평가 요약표에 간결한 요약문의 형태로 정보를 기입해야 한다. 여기서 중요한 것은 정보를 종합하여 자료에 나타난 패턴을 찾아내는 것이다. 모든 관찰은 나름의 타당성을 가질 수 있고 사람마다 관찰하고 인식하는 데 차이가 있을 수 있지만, 여러 체크리스트에 기록된 선행사건과 후속결과에 내포된 일관성을 찾아낼 수 있다면 매우 도움이 된다. 예를 들어, 팀이 작성한 강화 체크리스트를 통해 도전행동에 뒤따르는 여러 후속결과(예: 타임아웃, 혼자 있게 하기, 활동 종료)가 아동에게 특정 활동을 벗어나게 해 준 것을 발견했다면 이 행동의 기능은 회피일 가능성이 크다. 따라서 팀이 이러한 일관성을 발견하는 것은 매우 중요하다. 또 다른 예로, 아동이 하던 활동을 바꾸어야 할 때(예: 집에서 나가기, 저녁 식사를 위해 모이기, 바깥 놀이를 위해 실내 놀이 정리하기) 주로 도전행동이 발생한다면 이 행동은 전이와 관련되어 있을 가능성이 크다. 예방·교수·강화 체크리스트에 기록된 정보에서 이러한 일관성을 찾아내는 것이 PTR-F 기능평가 절차의 핵심이다.

PTR-F 기능평가 요약표는 1번부터 6번까지 순서대로 작성한다. 먼저 팀은 예방과 강화 자료를 요약하고, 도전행동의 기능으로 추정되는 것에 대해 가설문장을 개발한 후, 교수 체크리스트에 기입된 자료를 이용하여 도전행동과 같은 기능을 가지면서도 도전행동을 대체할 수 있는 행동, 즉 아동에게 가르쳐야 할 바람직한 행동을 결정한

표 4-4 PTR-F 기능평가 요약표

PTR-F 기능평가 요약표

아동명: ______________________ 날짜: ______________________

도전행동:	
1. 예방(PREVENT)	2. 강화(REINFORCE)

3. 가설문장

_______는 ______________________________________일 때(할 때)

______________________________________행동을 보이며

그 결과로 ______________________________________

바람직한 행동:	
4. 예방(PREVENT)	5. 강화(REINFORCE)

6. 교수(TEACH)

다. 이러한 요약 절차를 요약표 내의 번호순으로 자세히 살펴보면 다음과 같다.

① 도전행동: 예방

이 칸에 요약되어야 하는 자료는 도전행동이 발생할 가능성이 가장 큰 상황을 묻는 질문(예방 체크리스트의 1번부터 3번)에 대한 답이다. 앞에서 말했듯이 도전행동을 반복적으로 유발하는 선행사건이나 도전행동의 배경사건을 발견하는 것은 매우 중요하다.

② 도전행동: 강화

이 칸에는 강화 체크리스트 내용 중 도전행동에 뒤따르는 후속결과와 관련된 질문(강화 체크리스트의 1번부터 9번)의 답을 요약하여 기입한다.

TIP

강화 체크리스트의 첫 번째 질문에 대한 응답 옵션은 팀이 도전행동의 주요 기능을 결정하는 데 도움이 되도록 구조화되어 있다. 대부분의 팀원이 맨 왼편에 있는 항목에 표시를 했다면, 도전행동의 기능은 회피(즉, 무언가를 제거하거나 무언가에서 벗어나려고 함)일 가능성이 크다. 만약 팀원 대부분이 중간의 두 열 중 어딘가에 표시를 했다면, 행동의 기능은 관심(예: 성인의 관심, 형제자매의 관심)일 가능성이 크다. 팀원 대부분이 맨 오른편에 표시를 했다면 행동의 기능은 선호하는 물건(예: 음식, 장난감, 게임)이나 활동의 획득일 가능성이 크다.

③ 가설문장

PTR-F 기능평가 요약표의 첫 두 칸(1번과 2번)과 여기서 발견된 패턴을 바탕으로 팀은 가설문장을 개발한다. 가설문장은 도전행동 자체와 도전행동이 현재 어떤 식으로 환경의 영향을 받고 있는지에 대한 팀의 이해를 간결하고 유용하게 요약해 준다. 가설문장은 행동지원계획의 개발로 직결된다.

가설문장은 간단한 'A-B-C' 형식을 취한다. 여기서 A, B, C란 선행사건(Antecedent), 행동(Behavior), 후속결과(Consequence)를 뜻한다. 이 각 정보는 PTR-F 기능평가 요약표에서 바로 가져다 쓸 수 있다. 선행사건은 예방 칸에서, 행동은 팀이 조작적으로 정의해 둔 도전행동의 정의에서, 후속결과는 강화 칸에서 가져와서 쓰면 된다. 가설문장을 작성하는 또 하나의 유용한 방법은 다음과 같은 공식을 활용하는 것이다.

조건(선행사건 또는 환경에서 발생한 사건을 기술) → **행동**(행동을 기술)
→ **결과**(행동을 강화하는 일반적인 후속결과에 대한 기술)

이 공식을 활용하여 가설문장을 작성하기 위해 팀은 먼저 도전행동을 유발하는 것으로 관찰된 선행사건('조건')을 구체적으로 서술한다. 다음으로 도전행동(즉, '행동')을 기술한다. 마지막으로 '결과' 부분에는 아동에게 주어지는 행동의 후속결과를 기술한다. 다음은 가설문장의 몇 가지 예시다.

- 소근육 활동에 참여하라는 말을 들으면(**조건**) 질(Jill)은 소리를 지르거나 파괴적 행동을 보인다(**행동**). 그 결과로 소근육 과제를 하지 않게 된다(**결과**).
- 바깥 놀이를 할 때 여동생이 장난감을 함께 가지고 놀기 위해 3피트 이내로 가까이 오면(**조건**) 마흐무드(Mahmud)는 여동생을 때리거나 찬다(**행동**). 그 결과로 여동생은 떠나 버리고 마흐무드는 혼자 남겨진다(**결과**).
- 성인의 관심이 없는 상태가 10분 이상 경과하면(**조건**) 토머스(Thomas)는 자신의 머리를 반복적으로 때린다(**행동**). 그 결과로 토머스는 붙잡기, 달래기 등의 형태로 성인의 관심을 받게 된다(**결과**).

하나 이상의 가설문장을 개발해야 하는 경우도 있다. 예를 들어, 토머스(특정 소음에 대한 예민함을 가진 중도 지적장애 남아)의 PTR-F 기능평가에서 도전행동과 관련된 다양한 상황이 발견되었고 상황마다 도전행동의 기능(도전행동을 유지시키는 후속결과)이 달랐다고 가정해 보자. 바로 앞에 예시로 든 가설문장에서 토머스가 자신의 머리를 때리는 행동은 성인의 관심이 강화로 작용하였다. 다음 가설문장은 머리를 때리는 행동이 불쾌한 소음으로부터의 회피에 의해 강화되는 상황을 보여 준다.

- 너무 크거나 높은 톤의 음악이나 웃음소리가 들릴 때(**조건**) 토머스는 자신의 머리를 반복적으로 때린다(**행동**). 그 결과로 성인이 와서 토머스를 괴로운 소리로부터 분리시켜 준다(**결과**).

가설문장을 작성한 후에는 PTR-F 기능평가 요약표의 가설문장 칸(3번)에 이를 기입해야 한다. 요약표에서 보듯이 PTR-F 기능평가 요약표의 상단 부분은 가설문장의 개발과 관련된다. 이 표의 하단에는 팀이 도전행동의 기능에 대해 알게 된 바를 활용하여 지원계획의 개발에 사용될 추가 정보를 종합하여 기입한다.

④ 바람직한 행동: 예방

이 칸에는 예방 체크리스트 중 도전행동이 발생할 가능성이 가장 작은 상황을 묻는 질문(예방 체크리스트의 4번과 5번)에서 얻은 정보를 요약하여 적어 넣는다. 이 정보를 알아 두면 팀이 도전행동을 유발하는 환경 자극을 좀 더 잘 파악할 수 있다. 예를 들어, 도전행동이 발생했을 때는 특정 선행사건이 늘 존재했지만 도전행동이 발생하지 않을 때는 그 선행사건이 존재하지 않았다면, 이는 그 선행사건이 도전행동의 유발자극임을 확인해 줄 것이다. 또한 이 칸에 기입된 정보는 아동의 성공적인 상황에 대해 알려준다. 이러한 이해를 바탕으로 아동의 성공 경험을 높일 활동과 지원을 계획할 수 있다. 예를 들어, 애나(Anna)가 구조화된 일과(예: 목욕 시간, 취침 시간) 중에는 적절한 행동을 보이지만, 분주한 일과(예: 등교 준비) 시에는 도전행동을 보인다면, 팀은 행동지원계획의 개발을 위해 이 정보를 잘 기억해 두어야 할 것이다. 아마도 팀은 등교 준비 시간의 예측 가능성을 높이고 이 시간에 애나에게 기대되는 행동이 무엇인지 애나가 명확하게 이해하도록 돕는 등의 예방 전략을 고려할 것이다.

⑤ 바람직한 행동: 강화

이 칸에는 아동이 가장 좋아하는 것을 묻는 질문(강화 체크리스트의 11번과 12번)에 대한 팀원들의 응답에서 발견된 강화제 관련 정보를 요약하여 기입한다. 팀은 아동에게 가장 강화가 되는 사물과 활동을 골라야 한다. 스티커는 좋아할 때도 있고 아닐 때도 있지만 하이파이브는 항상 좋아하는 아동이라면 하이파이브가 스티커보다 강력한 강화제이므로 하이파이브가 강화제로 사용되어야 한다(최소한 행동지원계획 실행 초기에는 강력한 강화제가 필요하다).

⑥ 교수

이 칸에는 기능이 도전행동과 같으면서도 도전행동을 대체하여 아동에게 가르칠 수 있는 바람직한 행동을 알려 주는 자료를 요약한다. 이 칸을 작성하려면 교수 체크리스트에 기입된 응답을 활용해야 한다. 또한 팀은 어떤 대체행동(바람직한 행동)이 도전행동과 동일한 기능을 가지는지 결정할 때 앞서 작성한 가설문장을 고려해야 한다. 아동들은 종종 동일한 결과를 얻게 해 줄 바람직한 행동을 체계적으로 배우지 못해서 도전행동을 하기도 한다. 또한 바람직한 행동을 배웠다 하더라도 그 행동이 도전행동과 같은 방식으로 강화를 받지 못하면 아동은 그 이후에도 바람직한 행동을 하려고 하지 않을 것이다. PTR-F 기능평가 요약표에 포함된 이 칸은 팀이 도전행동과 기능적으로 동일한 바람직한 행동을 판별하여 행동지원계획의 교수 영역에 이를 반영하도록 도와준다.

TIP

도전행동을 대신하여 지도할 바람직한 행동과 기술을 고려할 때는 교수 체크리스트와 가설문장을 살펴보는 것이 좋다. 이 두 가지를 참조함으로써 팀은 도전행동과 동일한 기능을 가질 가능성이 큰 바람직한 행동과 기술을 떠올릴 수 있을 것이다.

목표 설정 단계로 돌아가기: 바람직한 행동을 선택하고 정의하기

지원계획을 수립하기 전에 PTR-F 절차의 이전 단계에서 세운 목표를 다시 한번 살펴보는 것이 중요하다. 제3장에서 우리는 팀이 두 번째 회의를 하면서 PTR-F 목표 기록지에 감소시켜야 할 도전행동을 기록하고, 그중 한 가지 목표행동을 선택한 후, 그 행동을 조작적으로 정의하고, 증가시켜야 할 바람직한 행동을 판별하는 과정을 살펴보았다(PTR-F 목표 기록지의 1단계부터 4단계). 팀이 PTR-F 목표 기록지를 활용하여 감소시켜야 할 한 가지 도전행동을 선택하고 이를 조작적으로 정의했던 것처럼, 이제 도전행동의 기능을 알게 된 팀은 도전행동을 교체하기 위해 지도하거나 증가시켜야 할 특정한 바람직한 행동을 판별하고 이를 조작적으로 정의해야 한다. 이를 위해서는 다음의 두 가지 절차가 필요하다.

- 목표로 삼을 바람직한 행동 한 가지를 선택한다. 아동이 더 많이 하기를 바라는

바람직한 행동에는 여러 가지가 있을 것이다. 그러나 여러 도전행동 중 하나만을 목표로 삼았던 것처럼, 한 번에 한 가지의 바람직한 행동이나 기술에 집중하는 것이 전략을 실행하는 사람들에게 도움이 된다. 목표로 삼을 바람직한 행동을 팀이 논의할 때는 아동이 가족과 상호작용하고 관계를 맺는 능력, 타인과 적절하게 의사소통하는 능력, 가족의 일과와 활동에 참여하는 능력을 증진시키는 행동을 중심으로 고려하는 것이 좋다. 또한 도전행동과 동일한 기능을 가진 바람직한 행동을 선택하는 것도 중요하다. 이 단계를 수행하기 위해 팀은 이전 단계에서 증가되어야 할 바람직한 행동으로 판별했던 행동(PTR-F 목표 기록지의 4번)을 고려해야 하며, 목표로 삼을 한 가지의 바람직한 행동을 선택하기 위해 가설문장과 PTR-F 기능평가 요약표의 교수 박스를 참고해야 한다.

- 목표로 삼은 바람직한 행동을 조작적으로 정의한다. 이 단계는 팀이 목표로 삼은 바람직한 행동을 관찰 가능하고(보거나 들을 수 있게) 측정 가능하게(빈도나 지속시간을 잴 수 있게) 서술할 기회다. 팀은 도전행동을 정의할 때와 마찬가지로 모든 팀원이 바람직한 행동의 발생 여부를 동일하게 판단할 수 있도록 정의를 작성해야 한다. 바람직한 행동을 조작적으로 정의하는 것은 아동이 새로운 기술을 잘 익히고 있는지 점검할 때도 중요하다. 아동이 하기를 바라는 행동을 팀이 정확히 판별하고 정의하는 것은 그리 쉬운 일이 아니기 때문에 어떤 팀은 이 단계에 좀 더 많은 시간을 할애해야 할 수도 있다. 〈표 4-5〉는 바람직한 행동의 조작적 정의에 대한 적절한 예와 부적절한 예를 보여 준다.

표 4-5 바람직한 행동의 조작적 정의

바람직한 행동	조작적 정의의 부적절한 예	조작적 정의의 적절한 예
적절하게 의사소통하기	말하기	동생이나 부모가 가지고 있는 물건을 갖고 싶을 때 손을 내밀며 "주세요."라고 말하기
지시 따르기	순종하기	어떤 일을 시켰을 때(해야 할 일의 그림과 함께 제시), 그 일을 하기
동생과 긍정적인 사회적 상호작용하기	동생에게 친절하게 대하기	협력이나 긍정적 감정을 전달하는 웃음과 말로 동생에게 반응하기

목표로 삼을 한 가지의 바람직한 행동을 판별한 후에는 도전행동을 위해 개발했던 자료 수집 체계(제3장 참조)에 이 행동을 포함시켜야 한다. 바람직한 행동에 대해서도 제3장에 설명한 행동 평정 척도(BRS)의 제작 과정을 반복하면 된다. 동일한 절차로 바람직한 행동의 점수 체계를 수립할 수 있으며, 그 이후에는 도전행동과 동일한 행동 평정 척도를 이용하여 바람직한 행동에 대한 자료를 지속적으로 기록할 수 있다.

요약

이 장에서는 PTR-F 기능평가를 실시하는 각 단계를 살펴보았다. PTR-F 기능평가는 아동에 대한 가족의 지식과 친숙함 그리고 여러 맥락에서 나타나는 아동의 행동을 자주 보게 되는 가족의 관찰에 의존하는 실용적이면서도 가족 친화적인 행동기능평가 절차다. 이 평가 절차의 목적은 행동을 유발하는 환경 내의 선행 조건(예: 배경사건과 유발자극)부터 행동이 가진 기능 그리고 행동을 강화하는 후속결과에 이르기까지 아동의 행동을 좀 더 종합적으로 이해하는 것이다. 가족은 아동의 도전행동과 바람직한 행동에 대해 관찰한 바를 예방·교수·강화 체크리스트에 기입한 후, PTR-F 기능평가 요약표에 그 정보를 요약하게 된다. 이 정보를 종합할 때의 핵심은 가설문장을 작성하는 것이다. 가설문장이란 행동이 아동의 행동에 어떻게 영향을 미치고 있는지에 대한 간결한 서술이다. 팀원들이 도전행동의 기능에 대한 가설을 세운 다음에는 도전행동과 동일한 기능을 가지고 있으며 도전행동을 대체할 수 있는 바람직한 행동을 선택해야 한다. 이때, 선택할 바람직한 행동은 도전행동보다 더 많은 수고를 필요로 하는 것이어서는 안 되며 도전행동과 동일한 정도로 강화를 받을 수 있는 것이어야 한다. 팀은 바람직한 행동에 대해서도 조작적 정의를 해야 하며 BRS를 이용하여 이 행동에 대한 자료 수집 체계도 수립해야 한다.

PTR-F 기능평가 절차의 주요 단계가 빠짐없이 완료되었는지 확인하기 위해 팀은 PTR-F 기능평가를 위한 자기 평가 체크리스트를 작성해야 한다(〈표 4-6〉 참조). 체크리스트의 각 질문에 대한 답이 모두 '예'일 때 팀은 제5장에서 다룰 지원계획 단계를 시작할 수 있다.

표 4-6 PTR-F 기능평가를 위한 자기 평가 체크리스트

PTR-F 기능평가를 위한 자기 평가 체크리스트

	예	아니요
1. 팀은 PTR-F 기능평가 체크리스트(즉, 예방·교수·강화 체크리스트)를 작성하였는가?	□	□
2. 팀은 완성된 체크리스트를 검토하면서 PTR-F 기능평가 요약표를 작성하였는가?	□	□
3. 도전행동의 기능과 환경 사건이 아동의 도전행동에 영향을 미치는 방식에 대한 팀의 이해를 집약하여 가설을 개발하였는가?	□	□
4. 목표로 삼을 구체적인 바람직한 행동을 판별하고 이를 조작적으로 정의하여 PTR-F 목표 기록지에 기입하였는가?	□	□
5. 행동 변화에 대한 자료를 믿을 만하고 민감하게 수집하기 위해 바람직한 행동에 대한 BRS 점수 체계를 주의 깊게 수립하였는가?	□	□

Prevent-Teach-Reinforce for Families: A Model of Individualized Positive Behavior Support for Home and Community by Glen Dunlap, Phillip S. Strain, Janice K. Lee, Jaclyn D. Joseph, Christopher Vatland, and Lise Fox.

사례

티미를 위한 두 번째 회의

■ 행동 평정 척도 검토하기

카시가 그다음 주에 티미의 가정을 방문했더니 모든 가족이 녹초가 되어 있었다. 지난 회의 이후 거의 매일 밤 티미의 강도 높은 탠트럼이 계속되었기 때문이다. 티미의 부모는 카시의 방문이 반가웠다. 카시는 부부의 어려움을 더 잘 이해하기 위해 지난 한 주간 상황이 어떠했는지를 묻는 것으로 두 번째 만남을 시작하였다. 조디와 필은 매일 밤의 상황이 첫 번째 회의를 했던 그 주와 크게 다를 바가 없었으며, 필이 티미의 취침 준비에 관여하지 않기로 한 것이 별 효과가 없었다고 하였다. 이는 집이 너무 작아서 집 밖으로 나가지 않는 한, 실내에서 발생하는 모든 소리를 들을 수 있기 때문이었다. 티미의 부모는 매우 좌절하고 있었으며 신속하게 해결책을 마련하고 싶어 하였다. 조디는 자신이 할 수 있는 최선의 노력을 기울이고 있지만 티미를 어떻게 해야 할

지 모르겠다고 하였다. 이번 주에는 소음과 관련된 민원을 직접 받지는 않았지만, 부부는 여전히 민원이 제기될까 봐 걱정하고 있었다.

카시는 필과 조디에게 5:1 방법을 실행했는지 물었는데, 부부가 이를 실행하지 못한 것이 분명하였다. 티미의 부모는 티미의 탠트럼에 대처하느라 정신적·육체적으로 완전히 소진되어 있었기 때문에 지난주에는 아무 것도 제대로 할 수 없었다. 카시는 조디와 필이 원한다면 5:1 방법을 행동지원계획에 포함하자고 하면서 오늘 회의를 통해 전략을 좀 더 찾아보자고 하였다.

카시는 부부에게 행동 평정 척도(BRS)를 함께 보자고 하였는데, 부부는 티미가 지난 주 내내 매일 밤 30분 이상 탠트럼을 보였기 때문에 BRS에 표시하는 게 매우 쉬웠다고 하였다. 카시는 작성이 쉬웠다 하더라도 행동이 날마다 오래 지속되었기 때문에 매일 BRS를 작성한 것은 정말 잘한 일이라고 말하면서 혹시 BRS 점수 체계를 수정하고 싶은지 물었다. 티미의 탠트럼은 매일 밤 30분 이상에 해당하는 칸에 체크가 되고 있지만, 부부는 이제 막 작성법을 익혔으니 당장 BRS를 바꾸고 싶지는 않다고 하였다. 또한 중재 전략을 실행하게 되면 탠트럼이 그리 오래 지속되지 않을 거라는 희망도 있었다. 카시는 이번 회의에서 바람직한 행동을 판별할 것이고 이에 대한 자료도 수집할 거라고 말했다.

■ PTR-F 기능평가와 요약을 위한 서식들

다음으로 카시는 PTR-F 기능평가 단계로 넘어가 티미의 부모에게 체크리스트 작성을 완료했는지 물었다. 조디와 필은 지난 회의 후 이 서식을 직장에 가져가서 점심시간에 작성했기 때문에 독립적으로 체크리스트를 완성할 수 있었다. 카시는 빈 서식에 부부가 각자 작성한 내용을 모아서 기록하였고(〈표 4-7〉 〈표 4-8〉 〈표 4-9〉 참조) 동시에 팀(카시, 조디, 필)은 체크리스트의 질문을 신속하게 훑어보면서 팀원 모두가 동의하는 행동 유발 요소를 찾아내고자 하였다. 조디와 필의 답변은 비슷했기 때문에 두 사람 모두 티미의 탠트럼을 유발하고 지속시키는 요소에 대한 의견 차이가 없다는 것이 명백하였다.

이들의 답변은 PTR-F 기능평가 요약표에 정리되었고(〈표 4-10〉 참조), 카시는 이 요약표의 내용이 조디와 필이 티미의 취침 시간 탠트럼을 티미의 관점에서 이해한 바와 일치하는지 확인하였다. 그들이 보았을 때 티미의 탠트럼은 잠자기 싫어서 발생하는 것이 분명했고, 이러한 이해는 가설문장을 개발하는 데 활용되었다. 그들은 또한 부모가 좀 더 곁에 머물러 주고 때로는 함께 침대에 눕거나 침대 옆에 앉아 주는 것, 자장가를 좀 더 불러 주거나 책을 읽어 주는 것 등이 티미의 행동을 강화하고 있다는 점에 대해서도 논의하였다. 티미의 탠트럼을 막으면서 둘째 아이를 깨우지 않으려고 한 시간 이상 자장가를 부르거나 책을 읽어 주는 날도 있었다. 사실 티미의 탠트럼을 막기 위해서라면 조디와 필은 무엇이든 다 해 주었다. 티미가 울도록 그냥 내버려 두는 것도 시도해 보았지만, 티미가 더 큰 소리로 울면서 소리 지르고 바닥을 구르며 발차기를 계속했기 때문에 상황은 더 나빠졌다. 조디와 필은 가족, 친구, 교사, 인터넷 등에서 매우 많은 조언을 구했으나, 그 방법들은 어쩌다 한 번 정도 도움이 되었을 뿐이고 제대로 효과를 거둔 방법은 하나도 없었다. 카시와의 추가 토론을 통해 티미가 부모에게 점점 더 많은 관심을 받고 있다는 점이 분명했으므로, 티미의 탠트럼이 자러 가기 싫어서라기보다는 부모의 관심과 관련이 있을 가능성도 고려해 보게 되었다. 팀은 티미의 탠트럼이 두 가지 기능을 모두 가질 수도 있으므로 이에 맞게 전략을 실행해야 한다는 데 동의하였다.

조디와 필은 티미가 잠자기를 싫어하며 부모를 좀 더 자신의 방에 머물게 만드는 데 능숙하다는 것을 알고 있지만, 탠트럼을 막기 위해 현재 쓰고 있는 방법 외의 다른 방법을 시도할 자신이 없었다. 티미로 인해 동생인 다코타가 잠에서 깬 후 늦게까지 잠들지 못하는 상황이 싫었고, 소음에 대한 민원도 받고 싶지 않았기 때문이다. 조디와 필은 지금까지 할 수 있는 모든 것을 다 해 보았지만 모두 허사였다고 느끼고 있었고, 실행 가능한 효과적인 전략을 찾을 수 있을지에 대해서도 회의적이었다. 그러나 여전히 부부는 효과적인 그 무엇을 갈망하고 있었다.

조디와 필이 간절하게 대책을 찾고 싶어 했고 카시가 조금 더 이 가정에 머물 수 있는 시간적 여유가 있었기 때문에 팀은 다음 주까지 기다리는 대신 오늘 밤 아이들을 재운 후 중재 전략을 찾고 행동지원계획을 수립하기로 했다. 조디와 필은 아이들이 잠들 때까지 기다리면 너무 늦을 것 같아서 간단한 저녁을 빨리 준비하여 아이들에게 먹이기로 했다. 두 아이가 먹는 동안 세 사람은 식탁에 둘러앉아 회의를 이어 갔다. 카시는 티미 앞에서 티미의 행동을 직접 언급하는 것은 좋지 않다고 말해 주었고, 세 사람은 티미에 대해 직접적으로 언급할 때는 암호를 사용하거나 단어를 낱글자로 말하거나 몸짓을 사용하였다. 조디와 필도 티미가 나쁜 아이라거나 티미에게 뭔가 문제가 있다는 메시지를 티미에게 주고 싶지 않았기 때문에 이러한 소통방식을 매우 좋아하였다. 팀은 이 점에 유념하면서 중재 전략을 판별하기 위한 토의를 진행하였다.

표 4-7 티미의 PTR-F 기능평가 체크리스트: 예방

PTR-F 기능평가 체크리스트: 예방

도전행동: 탠트럼　　아동명: 티미　　작성자: 부모

1. 하루 중 도전행동이 발생할 가능성이 가장 큰 시간은 언제인가요?

___	기상	___	식사 전	___	식사 중	___	식사 후	___	식사 준비
✓	아침	___	오후	___	낮잠	✓	저녁	✓	잘 시간

기타:

2. 하루 중 도전행동이 발생할 가능성이 가장 큰 활동/일과는 무엇인가요?

___	집을 떠날 때	___	낮잠	___	형제나 또래와의 상호작용	___	약 복용
___	집에 도착할 때	✓	화장실/기저귀 갈기	___	실내 놀이	___	의료 절차
___	가족 행사	✓	목욕	___	바깥 놀이	___	병원/치료실 가기
___	종교 활동	✓	양치질	___	식사	___	치과 가기
___	책 읽기	___	놀이그룹	___	차/버스 안	___	어린이 관광지(예: 동물원)
___	TV 등 시청	✓	외식	___	가게(장 보기)	___	전이(구체적으로 ______)
___	특별한 사건(구체적으로_____)	___	다른 집 방문	___	공원/운동장		
		___	간식				
		✓	취침				

기타:

3. 아동과 가까이 있을 때 도전행동이 발생할 가능성이 큰 사람은 누구인가요?

___ 형제자매(구체적으로 ___________)　✓ 부모
___ 다른 가족 구성원들(구체적으로 _______)　___ 다른 아이들(구체적으로 _______)
___ 돌봄제공자(구체적으로 ___________)
___ 기타 성인(구체적으로 ___________)

기타:

4. 하루 중 도전행동이 발생할 가능성이 가장 작은 시간은 언제인가요?

___	기상	___	식사 전	✓	식사 중	___	식사 후	___	식사 준비
___	아침	___	오후	___	낮잠	___	저녁	___	잘 시간

기타:

5. 하루 중 도전행동이 발생할 가능성이 가장 작은 활동/일과는 무엇인가요?

___	집을 떠날 때	___	낮잠	___	형제나 또래와의 상호작용	___	약 복용
___	집에 도착할 때	___	화장실/기저귀 갈기	___	실내 놀이	___	의료 절차
___	가족 행사	___	목욕	✓	바깥 놀이	___	병원/치료실 가기
___	종교 활동	___	양치질	___	식사	___	치과 가기
___	책 읽기	___	놀이그룹	___	차/버스 안	___	어린이 관광지(예: 동물원)
✓	TV 등 시청	___	외식	___	가게(장 보기)	___	전이(구체적으로 ______)
___	특별한 사건(구체적으로_____)	___	다른 집 방문	___	공원/운동장		
		___	간식				

기타:

앞에서 언급되지 않은 추가 의견

표 4-8 티미의 PTR-F 기능평가 체크리스트: 교수

PTR-F 기능평가 체크리스트: 교수

도전행동: 탠트럼 아동명: 티미 작성자: 부모

1. 이후에 이 도전행동이 발생할 가능성을 줄이기 위해 아동이 배워야 할 의사소통 기술(말, 그림, 수어, 보완시스템을 이용한 의사소통 기술)은 무엇인가요?

✓	휴식 요청하기	✓	적절하게 감정 표현하기(예: 좌절, 분노, 속상함)
✓	도움 요청하기		거절하기(예: "싫어요." "그만할래요.")
✓	원하는 것 요구하기	✓	선택 기회가 주어졌을 때 선호도 표현하기(예: "이것이 좋아요." "나는 ~로 할래요.")

기타:

2. 이후에 이 도전행동이 발생할 가능성을 줄이기 위해 아동이 배워야 할 사회성 기술은 무엇인가요?

✓	적절한 방법으로 관심 얻기		또래 및 성인과 대화를 주고 받을 때 주제에 맞게 말하기		긍정적인 말과 칭찬 수용하기
	나눠 쓰기: 장난감 주기		놀이 아이디어 제안하기 ("너는 엄마 해.")		긍정적인 말하기
	나눠 쓰기: 장난감 요구하기		또래와 함께 장난감과 교구를 올바르게 갖고 놀기		또래 칭찬하기
	차례 지키기			✓	칭찬이나 강화 기다리기
	또래 및 성인과 상호작용 시작하기				우정 형성 기술
✓	또래와 성인에게 반응하거나 대답하기				

기타:

3. 이후에 이 도전행동이 발생할 가능성을 줄이기 위해 아동이 배워야 할 문제해결 기술은 무엇인가요?

✓	분노 조절하기	✓	자기 관리		활동에 참여하기
✓	충동적 행동 조절하기	✓	독립적으로 놀이하기		활동 참여를 유지하기
✓	진정 전략		협동하여 놀이하기	✓	적절한 해결책 선택하기
✓	도움 요청하기	✓	지시 따르기	✓	적절한 옵션들 중에서 선택하기
	독립적 놀이를 위한 시각적 자료 사용하기	✓	일정표와 일과 수행하기		선택한 것을 따르기
		✓	"안 돼."를 받아들이기		
		✓	감정 조절하기		

기타:

앞에서 언급되지 않은 추가 의견

표 4-9 티미의 PTR-F 기능평가 체크리스트: 강화

PTR-F 기능평가 체크리스트: 강화

도전행동: 탠트럼 아동명: 티미 작성자: 부모

1. 평소 아동의 도전행동에 뒤따르는 후속결과는 무엇인가요?

___ 타임아웃 방으로 보내기	✓ 진정시키기/달래기	___ 가정의 규칙 복습	___ 원하는 물건/장난감/음식 획득
___ 조용한 장소로 보내기	✓ 지금 막 발생한 행동에 대한 대화	___ 신체적 안내	___ 원하는 활동을 하게 됨
___ 혼자 있게 하기	___ 엉덩이 때리기	___ 형제자매나 또래의 반응	
✓ 활동 지연	___ 도움 제공	___ 신체적 제지	기타: 티미의 침대에 함께 눕거나 앉기, 자장가 더 불러 주기, 책 더 읽어 주기
✓ 활동 변경	___ 말로 경고하기		
___ 활동 종료	✓ 언어적 재지시		
___ 활동에서 배제	✓ 말로 꾸중하기		

2. 아동이 도전행동을 하면 특권이나 선호하는 물건(활동)을 갖지(하지) 못하게 하나요?

✓ 늘 그렇다 ___ 가끔 그렇다 ___ 별로 그렇지 않다 ___ 절대 그렇지 않다

3. 아동이 도전행동을 하면 성인과 아이들의 관심을 받게 되나요?(예: 꾸중, 교정, 가정 규칙 재진술)

✓ 늘 그렇다 ___ 가끔 그렇다 ___ 별로 그렇지 않다 ___ 절대 그렇지 않다

4. 도전행동이 다른 아이들(예: 형제자매, 또래)의 관심을 얻기 위한 것으로 보이나요?

___ 예(누구? ______________________) ✓ 아니요

5. 도전행동이 성인의 관심을 얻기 위한 것으로 보이나요?

✓ 예(누구? 엄마와 아빠) ___ 아니요

6. 도전행동이 아이들이나 성인에게서 특정 물건(예: 장난감, 게임, 자료, 음식)을 얻기 위한 것으로 보이나요?

___ 예(어떤 물건? ______________________) ✓ 아니요

7. 도전행동이 선호 활동에서 비선호 활동으로의 전이를 지연시키기 위해 일어나는 것으로 보이나요?

✓ 예(어떤 활동으로의 전이? 취침 시간, 기저귀 갈기, 목욕하기) ___ 아니요

8. 도전행동이 비선호 활동(예: 어렵거나 지루하거나 반복적인 활동)을 피하려고 일어나는 것으로 보이나요?

___ 예(그 활동은? ______________________) ✓ 아니요

9. 도전행동이 선호하지 않는 아동이나 성인에게서 벗어나기 위해 일어나는 것으로 보이나요?

___ 예(누구? ______________________) ✓ 아니요

10. 아동이 적절한 행동(예: 적절하게 참여하기, 협동하기, 지시 따르기)을 하면 성인이나 아이들의 인정이나 칭찬을 받나요?

___ 늘 그렇다 ___ 가끔 그렇다 ✓ 별로 그렇지 않다 ___ 절대 그렇지 않다

〈계속〉

11. 아동이 성인과 아이들의 칭찬을 즐기나요? 다른 사람보다 더 칭찬받고 싶어 하는 사람이 있나요?

✓ 예(누구? 주로 엄마와 아빠) ___ 아니요

12. 아동이 가장 좋아하는 사물이나 활동은 무엇인가요? 특별한 보상이 될 수 있는 사물이나 활동은 무엇인가요?

- ✓ 성인과의 사회적 상호작용
- ✓ 성인과의 신체적 상호작용(실내에서 하는 과격한 몸놀이, 간지럼, 포옹)
- ___ 형제자매와의 사회적 상호작용
- ✓ 게임 하기
- ___ 부모 보조하기
- ___ 바깥 놀이 시간 연장
- ✓ 성인의 추가적 칭찬과 관심
- ✓ 선호하는 활동을 할 시간 연장
- ___ 하이파이브
- ✓ 성인의 칭찬
- ___ 형제자매/다른 아이들의 칭찬
- ___ 음악
- ___ 퍼즐
- ✓ 책
- ___ 특별 활동
- ___ 특별 도우미
- ___ 컴퓨터 시간
- ✓ TV 시청 시간
- ___ 작은 장난감이나 상(스티커, 도장)
- ✓ 기기 사용 시간(태블릿 PC, 게임기)
- ___ 미술활동
- ___ 물건/장난감(구체적으로) ___
- ✓ 음식(구체적으로) ___

기타:

앞에서 언급하지 않은 추가 의견

표 4-10 티미의 PTR-F 기능평가 요약표

PTR-F 기능평가 요약표

아동명: 티미 날짜: 2015. 6. 26.

도전행동:	
1. 예방(PREVENT) 오전, 오후, 취침 시간 기저귀 갈 때, 목욕, 양치질, 취침 시간, 부모와 외식할 때	2. 강화(REINFORCE) 활동의 지연/변화 발생한 일에 대해 이야기 나누기, 언어적 재지시, 말로 꾸중 티미와 함께 눕거나 침대에 앉기, 자장가를 더 불러 주거나 책을 더 읽어 주기
3. 가설문장 취침 준비가 끝나고 엄마와 아빠가 방을 나가려고 하면 티미는 탠트럼(탠트럼의 정의는 목표 기록지 참조)을 보인다. 그 결과로 취침 시간이 늦어지고 엄마나 아빠의 관심을 추가로 받는다.	
바람직한 행동:	
4. 예방(PREVENT) 식사 시간, TV 등 시청, 바깥 놀이	5. 강화(REINFORCE) 칭찬, 엄마 아빠와의 사회적 신체적 상호작용, TV 등 시청 시간, 책
6. 교수(TEACH) 의사소통: 원하는 것이 있거나 도움이 필요할 때 적절하게 요청하기, 감정 표현하기, 선호하는 것 표현하기 사회성 기술: 적절하게 관심 끌기, 성인에게 반응하거나 대답하기, 자기 조절, 혼자서도 잘 놀기, 지시 따르기, 일과 수행하기, 거절 수용하기	

■ 바람직한 행동 목표와 행동 평정 척도

토론을 시작하기 위해 카시는 PTR-F 목표 기록지로 돌아가 조디와 필에게 PTR-F 기능평가를 통해 수립한 가설문장을 고려할 때 행동지원계획에서 중점을 두고 싶은 바람직한 행동이 무엇인지 물었다. 궁극적으로 조디와 필은 티미가 취침 시간이 되면 조용하고 유순하게 혼자 잠들 수 있기를 원했다. 이를 목표로 정한 후 조작적 정의를 작성하였다(〈표 4-11〉은 티미를 위해 작성된 PTR-F 목표 기록지다). 다음 단계는 티미의 바람직한 행동을 어떻게 측정할지 결정하고 BRS의 점수 체계를 수립하는 것이다.

표 4-11 완성된 목표 기록지(티미)

PTR-F 목표 기록지

안내문

1. 감소되어야 할 아동의 도전행동과 그 행동이 개선되어야 하는 맥락이나 일과를 판별하여 적어 보세요.
2. 가족의 맥락이나 일과 내에서 목표로 삼을 도전행동 **한 가지**를 선택하세요.
3. 관찰 가능하고(보거나 들을 수 있음) 측정 가능하게(빈도나 지속시간을 잴 수 있음) 목표행동을 조작적으로 정의하세요.
4. 증가되어야 할 아동의 바람직한 행동을 판별하여 적어 보세요.
5. (PTR-F 기능평가 후에 작성) 목표로 삼을 바람직한 행동 한 가지를 선택하세요.
6. (PTR-F 기능평가 후에 작성) 목표행동을 조작적으로 정의하세요.

아동명: 티미 날짜: 2015. 6. 25.

목표: 도전행동		
	행동	맥락/일과
감소되어야 할 도전행동	심한 탠트럼: 특히 고음의 비명 지르기, 바닥에서 구르기, 발버둥 치기 엄마와 아빠를 때리기 장난감 던지기 "싫어!"라고 소리치기 도망가기/숨기	기저귀 갈 때 목욕 시간 취침 시간
목표행동	심한 탠트럼	취침 시간
조작적 정의	티미는 고음의 비명을 지르고(종종 몇 초간 지속됨) 바닥을 구르며 발길질을 한다. 누군가가 곁에 있으면 그가 누구든 간에 때리거나 찬다. 이러한 행동을 하면서 "싫어!"라고 소리 지를 때도 있다.	
목표: 바람직한 행동		
증가되어야 할 바람직한 행동	스스로 잠자리에 들기(최소한 방에 머무르기) 일과를 침착하고 순조롭게 완료하기 명료하게 말하기 원하는 것을 적절하고 침착하게 표현하기 원하는 것을 가질 수 없을 때 이를 받아들이기 동생이나 친구들과 사이좋게 지내고 함께 놀기 부모님 말씀 잘 듣기 나이에 맞게 행동하기: 연령에 맞는 발달	
목표행동	(PTR-F 기능평가 후에 작성) 혼자서 잠들기	
조작적 정의	(PTR-F 기능평가 후에 작성) 티미는 얌전하게 잠자리에 든다(예: 조용한 목소리로 말하기, 유순하게 말하고 행동하기, 조용히 걷기, 부모의 촉진에 30초 이내에 반응하기). 엄마나 아빠가 취침 준비 일과를 마치고 방을 가나면 자신의 방에 머물며 혼자 잠든다.	

행동을 어떻게 측정할지에 대한 논의에서 카시는 매일 밤 티미가 자신의 방에 머무르는 시간을 중심으로 측정하는 것이 어떨지 질문하였다. 조디와 필은 "좋아요!"라고 말하며 열렬히 동의하였고, 팀은 티미가 자신의 방에 머무는 시간을 분 단위의 점수 체계로 측정하기로 하였다. 조디와 필은 티미가 자신의 방에 혼자 머무르는 시간이 30분쯤 되면 잠에 빠질 거라고 예상했다. 현재 티미는 단 1분도 혼자 있지 못하는 상태였다. 바람직한 행동의 의미를 명확히 하기 위해 카시는 티미의 부모에게 티미가 탠트럼

표 4-12 완성된 행동 평정 척도(티미)

PTR-F 행동 평정 척도

아동명: 티미 평정자: 티미의 부모 일과: 취침 시간 월: 7월

날짜/시간:

	6/26	6/27	6/28	6/29	6/30	7/1														
바람직한 행동	5	5	5	5	5	5	5	5	5	5	5	5	5	5	5	5	5	5	5	5
	4	4	4	4	4	4	4	4	4	4	4	4	4	4	4	4	4	4	4	4
잠들 때까지	3	3	3	3	3	3	3	3	3	3	3	3	3	3	3	3	3	3	3	3
방에 머물기	2	2	2	2	2	2	2	2	2	2	2	2	2	2	2	2	2	2	2	2
	1	1	1	1	1	1	1	1	1	1	1	1	1	1	1	1	1	1	1	1
도전행동	⑤	⑤	⑤	⑤	⑤	⑤	5	5	5	5	5	5	5	5	5	5	5	5	5	5
	4	4	4	4	4	4	4	4	4	4	4	4	4	4	4	4	4	4	4	4
탠트럼	3	3	3	3	3	3	3	3	3	3	3	3	3	3	3	3	3	3	3	3
	2	2	2	2	2	2	2	2	2	3	2	2	2	2	2	2	2	2	2	2
	1	1	1	1	1	1	1	1	1	1	1	1	1	1	1	1	1	1	1	1

바람직한 행동: 잠들 때까지 방에 머무는 시간
(탠트럼 여부와 무관하게 방에 머물기만 하면 됨)

5 = 30분 이상 또는 잠들 때까지
4 = 10분 이상~30분 미만
3 = 3분 이상~10분 미만
2 = 1분 이상~3분 미만
1 = 1분 미만

도전행동: 탠트럼(총 발생 시간)

5 = 30분 이상
4 = 20~30분
3 = 10~20분
2 = 5~10분
1 = 5분 미만

을 보이는 중이더라도 방에 머물기만 하면 바람직한 행동으로 간주할 것인지, 탠트럼을 보이지 않고 방에 머물러야 바람직한 행동으로 간주할 것인지를 물었다. 조디와 필은 현재로서는 티미가 소란을 피우는 중이어도 자신의 방에 머물기만 한다면 바람직한 행동으로 간주하겠다고 하였다(〈표 4-12〉는 티미를 위해 완성된 BRS다).

■ 자기 평가 체크리스트

티미의 행동지원계획을 수립하기 위해 앞으로도 회의는 계속되겠지만, 다음 단계로 진행하기 전까지의 모든 절차가 잘 이행되었는지 확인하기 위해 카시는 티미의 부모와 함께 'PTR-F 기능평가를 위한 자기 평가 체크리스트'를 작성하였다. 팀은 모든 절차가 잘 이행되었음을 확인하고 티미의 지원계획 수립을 위한 다음 단계로 진행하기로 하였다.

루시를 위한 두 번째 회의

■ 행동 평정 척도 검토하기

로베르타는 두 번째 회의를 위해 루시의 집을 방문하였고 마르그리트가 문을 열어 주었다. 마르그리트는 로베르타를 안으로 맞아들이며 이번 회의에는 자신도 개비와 함께 참여하겠다고 하였다. 이들은 식탁에 앉았고, 로베르타는 개비에게 지난 방문 이후 루시의 행동이 어떠했는지 물었고 BRS를 보여 달라고 하였다. 개비는 하루를 제외한 모든 날에 BRS를 작성하였고 루시의 행동은 늘 4점 또는 5점으로 평정되어 있었다. 로베르타는 루시의 진보를 함께 검토하고 문서화할 수 있도록 개비가 자료를 잘 수집해 준 것에 대해 감사를 표하였다.

로베르타는 개비에게 BRS 평정이 개비가 루시의 신체적인 공격성에 대해 느끼는 바를 잘 반영하고 있는지 물었고, BRS 점수 체계나 자료 수집과 관련하여 고민이 있는지도 질문하였다. 개비는 현재의 점수 체계에 동의하며 BRS 평정이 지난 한 주 동안 루시의 행동을 정확하게 반영한 것 같다고 답하였다. 개비는 또한 자료 수집이 쉬울 뿐 아니라 작성에 걸리는 시간이 길지 않아서 좋지만, 평정해야 한다는 사실을 잊어버리는 것이 문제라고 하였다. 개비는 휴대전화 알람을 설정하지 않았다면 자료 수집을 하지 못한 날이 더 많았을 거라고 하였다. 자료 수집을 하지 못했던 그 하루는 자료 수집을 해야 한다는 것을 까맣게 잊은 채 초저녁에 잠이 들었던 날이라고 하였다. 개비는 그 날을 되돌아보니 공격행동이 나타난 횟수를 기억해 낼 수는 있을 것 같다고 하였다. 그러나 로베르타는 개비에게 하루 정도 지난 후에 전날 기록하지 못한 정보를 기입하는 것은 괜찮지만 지금은 이미 여러 날이 지났으므로 기억을 떠올리려 애쓰지 말고 해당 칸을 비워 두라고 하였다. 로베르타는 모든 칸을 빠짐없이 채우는 것보다 중요한 것은 신뢰할 수 있는 자료를 기록하는 것이라고 강조하였다.

개비는 로베르타에게 학교에서의 관찰에 대해 언급하면서 루시가 학교에서 잘 하고 있는지 물었다. 로베르타는 루시가 교실에서 적절한 지원을 받으며 매우 잘 하고 있다고 하였다. 교실에서 제공되는 적절한 지원이란 루시가 무엇을 해야 하는지 이해하게 해 주는 시각적 일정표와 적절한 행동을 했을 때 주어지는 많은 관심을 말한다. 로베르타는 루시의 학교생활을 녹화해도 좋다는 개비의 서면 동의를 받았기 때문에 교실에서 활동에 참여하고 있는 루시를 촬영한 짧은 동영상을 보여 주었다. 개비와 마르그리트는 루시가 책상에 바르게 앉아서 크레파스로 글씨를 쓰는 장면을 보고 깜짝 놀랐으며, 윌리엄스 선생님이 루시를 이렇게 잘 참여하게 만든 비결을 알고 싶어 하였다. 개비와 마르그리트는 집에서도 이러한 활동을 하게 하려고 애를 썼지만 루시는 얌전히 앉아서 뭔가를 쓰는 활동을 매번 거부하였다. 개비와 마르그리트는 이제 힘들게 루시와 전쟁을 치르지 않고도 숙제를 하게 할 수 있겠다는 생각에 정말 기뻤고, 루시와 지내는 시간을 좀 더 평화롭게 만들어 줄 뿐 아니라 루시의 진보를 위한 효과적인 전략을 배우게 해 줄 지원계획에 대한 희망을 품게 되었다.

■ PTR-F 기능평가와 요약을 위한 서식들

로베르타는 PTR-F 기능평가 체크리스트를 꺼내어 개비와 마르그리트에게 하나씩 나눠 주고 함께 체크리스트에 포함된 질문을 살펴보았다. 로베르타가 루시를 관찰하러 학교에 방문했을 때 루시의 담임인 윌리엄스 선생님도 기능평가 체크리스트를 작성하여 로베르타에게 제출하였다. 질문을 하나씩 검토하면서 로베르타는 개비와 마르그리트의 답을 기록하였는데, 이때 윌리엄스 선생님과 자신이 답한 내용도 종합하여 기록하였다(〈표 4-13〉 〈표 4-14〉 〈표 4-15〉는 이런 과정을 통해 완성된 루시의 기능평가 체크리스트다). 마르그리트는 루시의 신체적인 공격행동에 대해 몇 가지 다른 시각을 제시함으로써 이 과정에 기여하였다.

체크리스트의 모든 질문에 대한 답변이 작성된 후 로베르타는 수집된 정보를 요약하여 PTR-F 기능평가 요약표에 기입하고 그 내용을 보며 개비와 마르그리트와 논의하였다. 로베르타는 요약표에 적힌 내용을 바탕으로 도출할 수 있는 가설을 말하면서 개비와 마르그리트의 피드백을 구하였다. 세 사람은 루시의 신체적인 공격행동은 루시가 원하지 않는 그 무엇(비선호 활동)을 피하기 위해 발생한다는 데 동의하였으며, PTR-F 기능평가 요약표에 이러한 가설문장을 적어 넣었다(〈표 4-16〉은 완성된 기능평가 요약표다).

개비는 루시에게 시킨 대부분의 일을 루시가 하기 싫어한다는 것을 이미 알고 있다고 하면서 이미 알고 있는 가설이나 결론에 이르기 위해 이렇게 시간을 쏟는 이유를 잘 모르겠다고 하였다. 개비는 루시가 하기 싫어하는 일을 하게 만드는 방법을 배우고 싶을 뿐이었다. 로베르타는 루시가 보이는 행동의 기능을 아는 것(또는 가설을 세우는 것)이 앞으로 실행할 전략을 찾는 데 매우 중요하다는 점과 성공적인 지원계획을 세우려면 행동이 발생하는 이유를 파악하고 그 행동과 동일한 기능을 가진 적절한 행동을 판별해야 한다는 점을 설명하였다. 로베르타는 함께 계획을 세우기까지 이렇게 많은 시간이 걸리는 것에 대한 개비의 괴로움을 충분히 이해하지만, 종합적이고 효과적인 지원계획을 개발하려면 PTR-F 절차를 잘 따르는 것이 중요함을 상기시켰다. 개비는 당면한 많은 스트레스 때문에 여전히 힘든 상태였지만 이 절차를 이해하였고 전략을 찾기 시작하는 단계로 진행되기를 바란다고 하였다.

■ 바람직한 행동 목표와 행동 평정 척도

PTR-F 기능평가 결과를 바탕으로 바람직한 행동 목표를 정하기 위해 로베르타는 PTR-F 목표 기록지를 꺼냈다. 루시의 신체적인 공격행동이 비선호 과제를 회피하려고 발생한다는 점을 모두가 이해하고 있으므로, 이제 비선호 과제를 피하고 싶을 때 신체적인 공격행동을 대신하여 사용할 기술이 무엇인지를 판별할 순서였다. 팀이 목표 기록지를 살펴보며 개비가 증가시키기를 바란다고 말했던 행동 목록을 검토한 결과, 의사소통을 좀 더 잘 하는 것(또는 좀 더 많은 단어를 말하는 것)이 비선호 과제를 회피하려는 신체적인 공격행동을 대신할 수 있는 최선책인 것으로 생각되었다. 루시는 "싫어요."라는 말을 할 수 있고 지금도 뭔가를 하기 싫을 때 이 말을 자주 쓰는데, 개비는 루시가 반드시 해야 할 일이어서 "싫어요."라고 말하면 안 되는 상황일 때는 어떻게 대처할지를 배우고 싶었다. 등교를 위해 옷을 입어야 하는데 루시가 이를 싫다고 할 때는

표 4-13 루시의 PTR-F 기능평가 체크리스트: 예방

PTR-F 기능평가 체크리스트: 예방

도전행동: 신체적인 공격 아동명: 루시 작성자: 팀

1. 하루 중 도전행동이 발생할 가능성이 가장 큰 시간은 언제인가요?

___ 기상	___ 식사 전	✓ 식사 중	___ 식사 후	___ 식사 준비
✓ 아침	✓ 오후	___ 낮잠	✓ 저녁	✓ 잘 시간

기타:

2. 하루 중 도전행동이 발생할 가능성이 가장 큰 활동/일과는 무엇인가요?

✓ 집을 떠날 때	___ 낮잠	___ 형제나 또래와의 상호작용	___ 약 복용
✓ 집에 도착할 때	✓ 취침	___ 실내 놀이	___ 의료 절차
___ 가족 행사	✓ 화장실/기저귀 갈기	___ 바깥 놀이	___ 병원/치료실 가기
___ 종교 활동	___ 목욕	✓ 식사	___ 치과 가기
___ 책 읽기	✓ 양치질	___ 차/버스 안	___ 어린이 관광지(예: 동물원)
___ TV 등 시청	___ 놀이그룹	___ 가게(장 보기)	___ 전이(구체적으로 ________)
___ 특별한 사건(구체적으로_____)	___ 외식	___ 공원/운동장	
	✓ 다른 집 방문		
	___ 간식		

기타:

3. 아동과 가까이 있을 때 도전행동이 발생할 가능성이 큰 사람은 누구인가요?

___ 형제자매(구체적으로 __________)
___ 다른 가족 구성원들(구체적으로 _______)
___ 돌봄제공자(구체적으로 __________)
___ 기타 성인(구체적으로 __________)
✓ 부모
___ 다른 아이들(구체적으로 _______)

기타:

4. 하루 중 도전행동이 발생할 가능성이 가장 작은 시간은 언제인가요?

___ 기상	___ 식사 전	___ 식사 중	___ 식사 후	___ 식사 준비
___ 아침	___ 오후	___ 낮잠	___ 저녁	___ 잘 시간

기타:

5. 하루 중 도전행동이 발생할 가능성이 가장 작은 활동/일과는 무엇인가요?

___ 집을 떠날 때	___ 낮잠	___ 형제나 또래와의 상호작용	___ 약 복용
___ 집에 도착할 때	___ 화장실/기저귀 갈기	✓ 실내 놀이	___ 의료 절차
___ 가족 행사	___ 목욕	✓ 바깥 놀이	___ 병원/치료실 가기
___ 종교 활동	___ 양치질	___ 식사	___ 치과 가기
✓ 책 읽기	___ 놀이그룹	___ 차/버스 안	___ 어린이 관광지(예: 동물원)
✓ TV 등 시청	___ 외식	✓ 가게(장 보기)	___ 전이(구체적으로 ________)
___ 특별한 사건(구체적으로_____)	___ 다른 집 방문	___ 공원/운동장	
	___ 간식		

기타:

앞에서 언급되지 않은 추가 의견

표 4-14 루시의 PTR-F 기능평가 체크리스트: 교수

PTR-F 기능평가 체크리스트: 교수

도전행동: 신체적인 공격 아동명: 루시 작성자: 팀

1. 이후에 이 도전행동이 발생할 가능성을 줄이기 위해 아동이 배워야 할 의사소통 기술(말, 그림, 수어, 보완시스템을 이용한 의사소통 기술)은 무엇인가요?

- ✓ 휴식 요청하기
- ✓ 도움 요청하기
- ✓ 원하는 것 요구하기
- ✓ 적절하게 감정 표현하기(예: 좌절, 분노, 속상함)
- ✓ 거절하기(예: "싫어요." "그만할래요.")
- ✓ 선택 기회가 주어졌을 때 선호도 표현하기(예: "이것이 좋아요." "나는 ~로 할래요.")

기타:

2. 이후에 이 도전행동이 발생할 가능성을 줄이기 위해 아동이 배워야 할 사회성 기술은 무엇인가요?

- ✓ 적절한 방법으로 관심 얻기
- ___ 나눠 쓰기: 장난감 주기
- ___ 나눠 쓰기: 장난감 요구하기
- ___ 차례 지키기
- ___ 또래 및 성인과 상호작용 시작하기
- ✓ 또래와 성인에게 반응하거나 대답하기
- ___ 또래 및 성인과 대화를 주고받을 때 주제에 맞게 말하기
- ✓ 놀이 아이디어 제안하기("너는 엄마 해.")
- ___ 또래와 함께 장난감과 교구를 올바르게 갖고 놀기
- ___ 긍정적인 말과 칭찬 수용하기
- ___ 긍정적인 말하기
- ___ 또래 칭찬하기
- ✓ 칭찬이나 강화 기다리기
- ___ 우정 형성 기술

기타:

3. 이후에 이 도전행동이 발생할 가능성을 줄이기 위해 아동이 배워야 할 문제해결 기술은 무엇인가요?

- ___ 분노 조절하기
- ✓ 충동적 행동 조절하기
- ___ 진정 전략
- ✓ 도움 요청하기
- ___ 독립적 놀이를 위한 시각적 자료 사용하기
- ___ 자기 관리
- ✓ 독립적으로 놀이하기
- ___ 협동하여 놀이하기
- ✓ 지시 따르기
- ✓ 일정표와 일과 수행하기
- ✓ "안 돼."를 받아들이기
- ___ 감정 조절하기
- ✓ 활동에 참여하기
- ✓ 활동 참여를 유지하기
- ___ 적절한 해결책 선택하기
- ___ 적절한 옵션들 중에서 선택하기
- ___ 선택한 것을 따르기

기타:

앞에서 언급되지 않은 추가 의견

표 4-15 루시의 PTR-F 기능평가 체크리스트: 강화

PTR-F 기능평가 체크리스트: 강화

도전행동: 신체적인 공격 아동명: 루시 작성자: 팀

1. 평소 아동의 도전행동에 뒤따르는 후속결과는 무엇인가요?

✓ 타임아웃	___ 진정시키기/달래기	___ 가정의 규칙 복습	___ 원하는 물건/장난감/음식 획득
___ 방으로 보내기	___ 지금 막 발생한 행동에 대한 대화	✓ 신체적 안내	___ 원하는 활동을 하게 됨
___ 조용한 장소로 보내기	___ 엉덩이 때리기	___ 형제자매나 또래의 반응	기타: ___
✓ 혼자 있게 하기	___ 도움 제공	___ 신체적 제지	
✓ 활동 지연	___ 말로 경고하기		
✓ 활동 변경	✓ 언어적 재지시		
✓ 활동 종료	___ 말로 꾸중하기		
✓ 활동에서 배제			

2. 아동이 도전행동을 하면 특권이나 선호하는 물건(활동)을 갖지(하지) 못하게 하나요?

✓ 늘 그렇다 ___ 가끔 그렇다 ___ 별로 그렇지 않다 ___ 절대 그렇지 않다

3. 아동이 도전행동을 하면 성인과 아이들의 관심을 받게 되나요?(예: 꾸중, 교정, 가정 규칙 재진술)

✓ 늘 그렇다 ___ 가끔 그렇다 ___ 별로 그렇지 않다 ___ 절대 그렇지 않다

4. 도전행동이 다른 아이들(예: 형제자매, 또래)의 관심을 얻기 위한 것으로 보이나요?

___ 예(누구? ___) ✓ 아니요

5. 도전행동이 성인의 관심을 얻기 위한 것으로 보이나요?

✓ 예(누구? 주로 엄마) ___ 아니요

6. 도전행동이 아이들이나 성인에게서 특정 물건(예: 장난감, 게임, 자료, 음식)을 얻기 위한 것으로 보이나요?

___ 예(어떤 물건? ___) ✓ 아니요

7. 도전행동이 선호 활동에서 비선호 활동으로의 전이를 지연시키기 위해 일어나는 것으로 보이나요?

✓ 예(어떤 활동으로의 전이? 옷 입기, 식사하러 식탁에 앉기, 용변 보기, 등교하기, 취침하기) ___ 아니요

8. 도전행동이 비선호 활동(예: 어렵거나 지루하거나 반복적인 활동)을 피하려고 일어나는 것으로 보이나요?

___ 예(그 활동은? ___) ✓ 아니요

9. 도전행동이 선호하지 않는 아동이나 성인에게서 벗어나기 위해 일어나는 것으로 보이나요?

___ 예(누구? ___) ✓ 아니요

〈계속〉

10. 아동이 적절한 행동(예: 적절하게 참여하기, 협동하기, 지시 따르기)을 하면 성인이나 아이들의 인정이나 칭찬을 받나요?			
____ 늘 그렇다	____ 가끔 그렇다	✓ 별로 그렇지 않다	____ 절대 그렇지 않다

11. 아동이 성인과 아이들의 칭찬을 즐기나요? 다른 사람보다 더 칭찬받고 싶어 하는 사람이 있나요?	
✓ 예(누구? 거의 모든 사람의 칭찬을 즐김. 그중 엄마는 반드시 포함됨)	____ 아니요

12. 아동이 가장 좋아하는 사물이나 활동은 무엇인가요? 특별한 보상이 될 수 있는 사물이나 활동은 무엇인가요?		
✓ 성인과의 사회적 상호작용	____ 하이파이브	____ 작은 장난감이나 상(스티커, 도장)
✓ 성인과의 신체적 상호작용 (실내에서 하는 과격한 몸놀이, 간지럼, 포옹)	✓ 성인의 칭찬	
	____ 형제자매/다른 아이들의 칭찬	✓ 기기 사용 시간(태블릿 PC, 게임기)
____ 형제자매와의 사회적 상호작용	✓ 음악	____ 미술활동
	____ 퍼즐	____ 물건/장난감(구체적으로) ____
____ 게임 하기	____ 책	
____ 부모 보조하기	____ 특별 활동	✓ 음식(구체적으로) 젤리, 쥬스
____ 바깥 놀이 시간 연장	____ 특별 도우미	
✓ 성인의 추가적 칭찬과 관심	____ 컴퓨터 시간	
____ 선호하는 활동을 할 시간 연장	✓ TV 시청 시간	

기타:

앞에서 언급하지 않은 추가 의견

표 4-16 루시의 PTR-F 기능평가 요약표

PTR-F 기능평가 요약표

아동명: 루시 날짜: 2015. 8. 5.

도전행동:	
1. 예방(PREVENT)	2. 강화(REINFORCE)
바깥에 나갔다가 집에 들어오거나 집에 있다가 밖으로 나가기 취침 시간 화장실 양치질 식사 다른 집 방문 주로 엄마와 있을 때	타임아웃/혼자 있는 공간 활동 지연, 변경, 종료/활동 배제 언어적 재지시 신체적 안내 물건이나 활동 제거 타인의 주목, 성인의 관심 받기 비선호 활동으로의 전이 지연
3. 가설문장 루시는 원하지 않는 것을 하라는 말을 들으면 신체적인 공격행동을 보인다(조작적 정의는 목표 기록지 참조). 그 결과로 과제나 활동을 피하거나 지연시키고 언어적 재지시나 신체적 안내 등의 형태로 성인의 관심을 받는다.	
바람직한 행동:	
4. 예방(PREVENT)	5. 강화(REINFORCE)
좋아하는 일을 할 때(책 보기, tv 보기, 휴대전화 가지고 놀기, 좋아하는 장난감 가지고 놀기) 차에 타고 있을 때	적절한 행동에 대한 인정을 제대로 받지 못하고 있음 엄마가 해 주는 칭찬, 포옹, 달래기, 함께 놀아 주기, 간지럼 태우기 음악, tv 엄마의 휴대전화
6. 교수(TEACH) 의사소통: 휴식이나 도움 요청, 원하는 것 표현, 감정 표현, 싫어하는 것과 좋아하는 것 표현 사회성 기술: 적절하게 관심 끌기, 성인에게 반응하기, 놀이 제안하기, 강화 기다리기 문제해결: 충동적 행동 조절하기, 도움 요청하기, 혼자 놀기, 지시 따르기, 일과 수행하기, 거절을 받아들이기, 활동 참여 시작하기, 활동 참여 유지하기	

어떻게 하면 좋을까? 이 경우 일과를 수행하는 것은 선택하고 말고의 문제가 아니라 반드시 해야 하는 일이다.

개비는 루시에게 중요한 목표가 의사소통이라는 점에는 동의했으나 현재로서는 일과 수행하기가 더 좋은 시작점인 것 같다고 말했다. 루시가 일과를 잘 수행하는 것이 개비에게 매우 중요할 뿐 아니라 가족의 하루를 좀 더 순탄하고 평화롭게 만들기 때문이었다. 개비는 이 과정에서 루시의 구어를 향상시키기 위한 노력도 동시에 할 수 있다고 생각했다. 이에 팀은 루시가 좀 더 조용하고 협조적으로 일정을 따르고, 각 일과에 적극적으로 참여하게 지원할 계획을 개발하기로 하였다(〈표 4-17〉은 루시를 위해 완성된 PTR-F 목표 기록지다).

다음 단계는 BRS로 돌아가 새로 정한 바람직한 행동에 대한 점수 체계를 개발하는 것이다. 로베르타는 측정에 활용 가능한 행동 차원 몇 가지를 간단히 설명한 후 개비에게 루시의 진보를 추적할 최선의 방법을 생각해 보게 하였다. 개비는 마르그리트와 잠시 의논한 후 루시가 스스로 일과를 수행한 정도를 기록하는 것(즉, 주어진 촉진의 정도를 활용하는 것)이 가장 좋겠다고 하였다. 루시를 위한 지원계획이 여러 일과에 대해 수립될 것이었기 때문에 로베르타는 개비에게 루시의 공격행동을 기록할 때와 마찬가지로 하루 중 여러 일과에 대해 자료 수집을 하고 싶은지 아니면 루시의 진보를 기록할 또 다른 방법이 있을지 물었다. 개비는 주중에 루시의 등교 준비를 시키는 것이 가장 힘든 시간이므로 오전 일과 동안의 행동만 기록해도 괜찮은지 물었다. 개비는 다른 일과에서도 자료를 수집하고 싶지만 나중에 좀 더 좋은 방법을 생각해 보기로 했다. 로베르타도 현재로서는 오전 일과에 대해서만 자료를 수집하는 것이 좋겠다는 데 동의하였고, 개비가 다음 1~2주 동안 이렇게 자료 수집을 해 보고 혹 문제가 발견되면 언제라도 팀이 함께 BRS를 수정하면 될 것으로 생각하였다. 팀은 점수 체계를 수립하기 위해 촉진의 위계를 정하고 로베르타는 이를 BRS에 기록하였다(〈표 4-18〉 참조). 촉진이나 상기시키는 말이 거의 제공되지 않은 상태에서 루시가 조용하고 협조적으로 과제를 스스로 완성하는 것을 5점으로 정하였고, 일과의 모든 단계마다 엄마가 촉진을 제공해야 하는 것을 1점으로 정의하였다.

BRS를 완성한 후 개비는 이 회의를 계속하면서 전략을 판별하고 싶어 했다. 로베르타는 오늘 모든 과정을 마치기에는 시간이 부족하지만 자신이 떠나야 할 시간이 될 때까지는 최대한 진행해 보자고 하였다.

표 4-17 완성된 PTR-F 목표 기록지(루시)

PTR-F 목표 기록지

안내문

1. 감소되어야 할 아동의 도전행동과 그 행동이 개선되어야 하는 맥락이나 일과를 판별하여 적어 보세요.
2. 가족의 맥락이나 일과 내에서 목표로 삼을 도전행동 **한 가지**를 선택하세요.
3. 관찰 가능하고(보거나 들을 수 있음) 측정 가능하게(빈도나 지속시간을 잴 수 있음) 목표행동을 조작적으로 정의하세요.
4. 증가되어야 할 아동의 바람직한 행동을 판별하여 적어 보세요.
5. (PTR-F 기능평가 후에 작성) 목표로 삼을 바람직한 행동 한 가지를 선택하세요.
6. (PTR-F 기능평가 후에 작성) 목표행동을 조작적으로 정의하세요.

아동명: 루시 날짜: 2015. 7. 29.

목표: 도전행동		
	행동	맥락/일과
감소되어야 할 도전행동	때리기, 차기, 물기, 할퀴기, 옷 벗기, 도망가기/숨기, 소리 지르기/고함치기	옷 입는 시간, 간식 시간, 배변 시간, 등교, 선호하는 활동의 종료, 취침 시간
목표행동	신체적인 공격행동	등교 준비 식사 시간
조작적 정의	루시의 신체적인 공격행동은 때리기, 차기, 물기, 할퀴기, 옷이나 머리카락 당기기, 소리 지르기와 고함치기 또는 옷을 벗으려는 시도를 포함한다.	
목표: 바람직한 행동		
증가되어야 할 바람직한 행동	저항 없이 조용하게 일과 수행하기 지시 따르기: 엄마 말 잘 듣기 식탁에 앉아서 먹기 차려진 음식 다 먹기 좀 더 많은 단어를 말하기: 좀 더 나은 의사소통 혼자 잘 놀기 장난감을 던지거나 망가뜨리지 않고 적절하게 가지고 놀기	
목표행동	(PTR-F 기능평가 후에 작성) 조용하고 협조적으로 일과 수행하기	
조작적 정의	(PTR-F 기능평가 후에 작성) 특정 일과를 해야 할 시간임을 알리면, 그 일과에 대한 엄마의 지시를 따라 그 일과에 조용하고 적극적으로 참여한다(점차 엄마 없이 독립적으로 수행). 주어진 과제를 완성하거나 완성하려고 노력한다. 그 일과의 다음 단계까지 해 보려고 노력한다.	

표 4-18 완성된 행동 평정 척도(루시)

PTR-F 행동 평정 척도

아동명: 루시 평정자: 개비 일과: 하루 종일 월: 8월

날짜/시간:

	7/29	7/30	7/31	8/1	8/2	8/3	8/4	8/5	8/6	8/7	8/8	8/9	8/10	8/11	8/12	8/13	8/14	8/15	8/16	8/17
바람직한 행동	5	5	5	5	5	5	5	5	5	5	5	5	5	5	5	5	5	5	5	5
	4	4	4	4	4	4	4	4	4	4	4	4	4	4	4	4	4	4	4	4
아침 일과를 조용하고 협조적으로 수행하기	3	3	3	3	3	3	3	3	3	3	3	3	3	3	3	3	3	3	3	3
	2	2	2	2	2	2	2	2	2	2	2	2	2	2	2	2	2	2	2	2
	1	1	1	1	1	1	1	1	1	1	1	1	1	1	1	1	1	1	1	1
도전행동	(5)	(5)	5	(5)	5	5	5	5	5	5	5	5	5	5	5	5	5	5	5	5
	4	4	(4)	4	(4)	4	4	4	4	4	4	4	4	4	4	4	4	4	4	4
공격행동	3	3	3	3	3	3	3	3	3	3	3	3	3	3	3	3	3	3	3	3
	2	2	2	2	2	2	2	2	2	3	2	2	2	2	2	2	2	2	2	2
	1	1	1	1	1	1	1	1	1	1	1	1	1	1	1	1	1	1	1	1

바람직한 행동: 아침 일과를 조용하고 협조적으로 수행하기

5 = 한두 단계를 조용하고 협조적이며 독립적으로 수행
4 = 한두 단계에서 부분적 촉진을 받음
3 = 거의 모든 단계에서 부분적 촉진을 받음
2 = 한두 단계에서 전적인 촉진을 받음
1 = 거의 모든 단계에서 전적인 촉진을 받음

도전행동: 공격행동

5 = 8회 이상
4 = 6~7회
3 = 3~5회
2 = 1~2회
1 = 0회

■ 자기 평가 체크리스트

루시의 행동지원계획을 수립하기 위해 회의를 계속하기로 했지만, 다음 단계로 이행하기 전에 이번 회의에서 다루어야 하는 모든 단계가 잘 완료되었는지 확인하기 위해 로베르타는 'PTR-F 기능평가를 위한 자기 평가 체크리스트'를 개비와 함께 검토하였다. 개비와 로베르타는 모든 단계가 잘 완료되었음을 확인하였고 다음 단계로 진행해도 되겠다는 데 동의하였다.

제5장

PTR-F 중재

- 보편적 실제의 실행
- 개별화된 중재와 행동지원계획
- 사례

제4장에서는 행동지원계획의 개발을 위한 정보 수집과 기능평가의 과정을 살펴보았다. 이 장에서는 기능평가를 위한 정보 수집을 마치고 아동과 가족 모두에게 꼭 맞는 실현 가능하고 실제적인 행동지원계획을 개발하는 전반적인 과정을 살펴볼 것이다.

보편적 실제의 실행

행동지원계획의 수립을 위한 개별화된 전략을 판별하는 방법을 논의하기 전에 아동의 행동을 다루기 위한 가정에서의 보편적 실제를 한 번 더 짚어 볼 필요가 있는데 이 실제에 대해서는 이 책의 제2장에서 소개한 바 있다. 제2장에서 언급했듯이 보편적 실제는 행동의 기능이 무엇인지에 관계없이 행동을 개선시키는 것으로 알려져 있다. 따라서 보편적 실제가 잘 실행되는 환경은 행동지원계획의 성공적 적용을 위한 최상의 조건이다. 기억을 되살리는 의미로, 가정에서의 보편적 실제를 다시 한번 정리하면, 첫째는 높은 비율의 긍정적 관심 제공하기, 둘째는 예측 가능한 일과를 수립하고 유지하기, 셋째는 일과 내에 일관성 있는 활동 패턴을 포함하기, 넷째는 아동에게 기대되는 행동을 정의하고 바람직한 행동과 도전행동 간의 차이를 명확히 규정하기다.

많은 가족이 이러한 실제들을 어느 정도는 이미 사용하고 있을 것이다. 즉, 가족들은 거의 매일 반복되는 일정을 잘 따르고, 일과 내에서 일정한 활동 순서를 따르며, 아동을 긍정적 상호작용에 참여시키려 노력하고, 아동의 행동을 위한 규칙을 설명한다. 그러나 도전행동의 잦은 발생으로 가족의 삶이 혼란에 빠져 있을 때는 이러한 실제들을 정확하고 일관성 있게 적용하기가 매우 어렵다. 그러나 많은 연구가 이러한 실제들을 최대한 정기적으로 실행하려는 노력을 통해 행동이 개선됨을 보여 주었다(Fixsen, Blase, Naoom, & Wallace, 2009). 실제로 보편적 양육 실제의 실행만으로도 '가정에서의 예방·교수·강화 모델'과 같이 상당한 노력을 요하는 개별화된 중재를 하지 않아도 될 만큼 아동의 행동이 향상되는 경우도 많다. 그러므로 가족들은 최대한 빨리 보편적 양육 실제를 실행하기를 바란다. PTR-F 기능평가가 끝날 때까지 이 실제들의 실행을 미를 이유는 없다. 이 실제들은 개별화된 PTR-F 절차를 시작하기 전에도 실행할 수 있고, PTR-F 절차와 동시에 실행할 수도 있다. 때때로 가족들은 아동의 행동이 너무나 빨리 개선되어 개별화된 중재의 적용이 처음 생각했던 것만큼 급하지 않게 되거나 보편적인 실제를 실행하지 않던 때에 비해 개별화된 중재를 하기가 훨씬 쉽고 그 효과도 좋다는 것을 깨닫게 된다. 다음에서는 네 가지의 보편적 실제를 실행하는 방법을 자세히 살펴본다.

TIP

보편적 실제를 꾸준히 적용하면 개별화된 행동지원계획을 수립할 필요가 없어질 수도 있다. 그러나 보편적 실제 중 한 가지 이상이 제대로 실행되고 있지 않거나 행동의 빈도나 강도가 심각할 경우 팀은 행동지원계획 수립을 예정대로 진행하되, 제대로 실행되고 있지 않은 보편적 실제를 다룰 구체적 전략을 지원계획에 포함할 수 있다.

높은 비율의 긍정적 관심 제공하기와 아동의 적절한 행동을 인정해 주기

제2장에서 강조했듯이 가족은 긍정적 관심과 교정적 피드백의 비율을 최소한 5:1로 유지하도록 노력해야 한다. 5:1이라는 비율은 성인이 대부분의 시간을 바람직한 행동에 주목할 때 아동의 행동이 개선되었음을 보여 주는 여러 연구에 근거한 것이다(Kazdin, 2012; Kontos, 1999; Zanolli, Saudargas, & Twardosz, 1997). 긍정적 관심은 주로 가족 구성원들이 오랜 시간 아동과 함께 긍정적이고 재미있는 활동을 하면서 격려와 칭찬을 하는 데서 비롯된다. 또한 긍정적 관심은 '아동이 바른 행동을 하는 장면을 포착'하는 것, 그리고 바람직한 행동이 발생했을 때 칭찬이나 기타 형태로 인정해 주는 것도 포함한다. 이렇게 높은 비율로 긍정적 상호작용을 하는 것이 처음에는 어려울 뿐 아니라 작위적이라고 느껴질 수도 있지만, 대부분의 가족은 여러 번의 연습을 통해 이 비율에 근접하거나 심지어 이 비율을 초과하기도 한다. 긍정적 관심의 제공은 아동의 행동이 개선될수록 더 쉬워지는데, 특히 모든 가족 구성원이 아동을 인정하고 칭찬할 때 더욱 그러하다.

규칙적이고 예측 가능한 일정을 수립하고 유지하기

아동이 모든 환경에서 성공적이려면 일정이 어느 정도 규칙적이어서 아동이 하루 중 다음 일과가 무엇인지를 대략 알 수 있어야 한다. 이러한 예측 가능한 일정이 없다면, 아동은 다음에 무슨 일이 일어날지 몰라서 불안할 수도 있고 자신이 중요하게 여기는 활동을 할 수 없을까 봐 걱정할 수도 있다. 이런 것들이 도전행동의 발생 가능성을 높인다.

가정에는 날마다 반복하여 발생하거나 자주 발생할 가능성이 커서 매일의 일과에 기본적으로 포함 가능한 활동이 있다. 이러한 활동은 옷 입기, 아침 먹기, 프로그램이나 학교에 가기 위해 준비하기, 점심 먹기, 놀이 시간, 저녁 먹기, 목욕하기, 취침 준비하기 등이다. 구체적인 활동과 그 활동이 수행되는 방식은 가족마다 상당히 다를 수 있으나 모든 가족은 자신의 가정에서 일어나는 일련의 활동에 대해 대략의 예측을 할 수 있어야 한다. 가족 일과가 정해지면 이를 아동에게 다양한 방식으로 전달해야 한다. 의사소통장애나 발달장애를 가진 아동의 경우 일정에 대해 아동과 이야기를 나눌 때 시각적 일정표를 활용하면 도움이 될 것이다.

가족과 함께 시각적 일정표를 제작할 때 이 실제의 효과를 높일 수 있는 몇 가지 고려사항은 다음과 같다. 첫째, 글씨와 그림을 모두 사용한다(이때, 그림은 아동과 가족에게 무엇이 더 적절한지에 따라 직접 그린 그림일 수도 있고 사진일 수도 있다). 둘째, 시각적 일정표는 아동이 잘 볼 수 있고 접근할 수 있는 곳에 두어야 하며 아동의 눈높이에 맞아야 한다. 셋째, 하루 중 시각적 일정표를 꾸준히, 자주 보아야 한다(시각적 일정표 도입 초기에는 하루에도 여러 번 보아야 하고, 이후에도 하루에 최소한 한 번은 보아야 한다). 넷째, 일정의 변화가 발생할 가능성이 있다면 미리 충분히 설명하고, 시각적 일정표를 활용하여 이러한 변화에 대해 아동과 이야기를 나누어야 한다. 다섯째, 아동이 화가 났을 때뿐 아니라 모든 것이 순조롭게 진행되고 있을 때도 일정표를 보게 한다. 여섯째, 일정에 약간의 융통성이 허용되어야 한다. 여기에는 아동이 다소 싫어할 만한 활동뿐 아니라 평소보다 더 재미있는 활동도 포함된다.

일과 내에 일관성 있는 활동 패턴을 포함하기

일정표가 아동에게 약간의 일관성을 제공하기는 하지만, 온종일 발생하는 모든 일과를 아동이 잘 해내려면 이 정도의 구조화로는 충분하지 않다. 많은 일과(예: 목욕하기, 식사하기, 취침하기, 외출 준비하기)는 아동을 위해 좀 더 구체적으로 정의되어야 한다. 세 번째 보편적 실제는 바로 이러한 추가의 비계학습 또는 일과 내의 일과 수립에 대한 것이다. 매일의 일과 내에 규칙적인 활동 순서를 수립하면 아동이 그 일과를 수행하는 단계를 예측하고 잘 참여하게 되어 도전행동을 줄일 수 있다.

어떤 활동 일과는 매우 단순하다. 예를 들어, 어떤 가족은 아동에게 '거품 목욕을 할지 일반 목욕을 할지 고르기, 옷 벗기, 목욕할 동안 가지고 놀 장난감 두 개 고르기'의 순서로 목욕 시간을 진행할 것이다. 어떤 일과는 여러 활동이나 단계로 복잡하게 이루어져 있어서 그림으로 그 순서를 보여 주는 시각적 일정표가 필요할 수도 있다. 예를 들어, 양치질의 활동 순서 또는 과제분석은 다음의 일곱 단계를 포함한다. 첫째, 칫솔과 치약을 꺼낸다. 둘째, 치약을 칫솔에 짠다. 셋째, 칫솔에 물을 묻힌다. 넷째, 위아래로 이를 닦는다. 다섯째, 입을 헹군다. 여섯째, 칫솔을 헹군다. 일곱째, 칫솔과 치약을 제자리에 돌려놓는다. 이러한 과제 순서는 예측성을 높일 뿐 아니라 중요한 자조 기술을 가르치는 데도 도움이 된다.

기대행동을 정의하고 바람직한 행동과 도전행동 간의 차이를 명확히 규정하기

아이들은 수용 가능한 행동과 용납되지 않는 행동의 차이를 배워야 한다. 또한 환경과 일과에 따라 기대행동이 달라질 때가 있다는 점도 이해해야 한다. 가정 내 대부분의 일과에서 아동에게 기대되는 행동은 비슷하지만 가끔 다를 때가 있다. 예를 들면, 야외에서 놀 때는 큰 소리를 내고 뛰어도 되지만 집 안에서 블록 놀이를 할 때 이런 행동을 하면 곤란하다. 이러한 기대행동의 차이를 효과적으로 지도하려면, 먼저 가정 내 성인들이 다양한 일과와 상황에서 기대되는 행동의 차이를 알아야 하고 이러한 차이에 대해 의견의 일치에 이르러야 한다. 언뜻 보면 이것이 쉬울 것 같지만 늘 그렇지는 않다. 그러므로 부모와 그 외 주요 가족 구성원이 이러한 기대행동의 차이(예: 수용 가능한 정도로 가볍게 치는 행동과 용납할 수 없을 만큼 세게 치는 행동, 실내에서의 목소리와 실외에서의 목소리, 성인의 질문이나 지시에 반응하는 데 걸리는 시간)에 대한 논의를 통해 합의에 이르는 것은 매우 중요하다. 아동을 돌보는 성인들이 이러한 차이를 잘 이해하게 된 후라야 아동을 가르칠 수 있다.

아동에게 기대행동 간의 차이를 잘 설명해 주고 바람직한 행동과 바람직하지 않은 행동에 대한 후속결과를 일관성 있게 제공하면 아동은 기대행동 간의 차이점을 잘 배울 수 있다. 첫 번째 보편적 실제에서 말했듯이 바람직한 행동에 대한 인정(진심으로 하는 칭찬 등)을 바람직하지 않은 행동에 대한 교정보다 훨씬 더 자주 해야 한다. 때로는 활동 자체를 바람직한 행동이 자주 발생할 수 있게 계획해야 하는데, 특히 아동이 수용 가능한 행동과 용납되지 않는 행동 간의 차이를 배우는 중일 때 그러하다. 이를 위해서는 여러 방법이 있을 수 있는데, 예를 들면 아동이 선호하는 자료와 활동을 더 많이 포함하거나 선호하지 않는 일과의 시간을 평소보다 짧게 하는 것 등이다. 핵심은 도전행동을 단순한 실수로 간주하고 친절한 교정적 안내를 제공할 기회로 여기는 동시에 아동의 바람직한 행동을 강화하는 것이다.

개별화된 중재와 행동지원계획

보편적 전략을 제대로 실행했는데도 도전행동이 계속된다면 좀 더 강도 높은 개별화된 중재를 하는 것이 현명한 조치일 것이다. 보편적 양육 전략 중 일부는 가족이 잘 실행하기까지 시간이 걸리는데, 어떤 가족들은 좀 더 개별화된 지원을 받기 전에 보편적 전략들이 효과를 보일 때까지 기다리는 것을 어려워한다. 이럴 때는 가족이 보편적 양육 전략을 위해 애쓰는 동시에 개별화된 계획을 개발하고 실행하는 것이 좋다. 개별화된 행동지원계획의 개발은 보편적 양육 실제를 강화할 뿐 아니라 바람직한 행동을 증진하기 위해 보편적이고 개별화된 전략을 실행해야 하는 가족에게 좀 더 많은 비계(scaffolding)를 제공할 수 있다. 예를 들면, 가족이 가정에서의 활동을 일관성 있는 여러 일과로 분리하는 데 도움이 필요하다고 팀이 판단했다면, 이를 보편적 전략으로 가족에게 교육할 뿐 아니라 지원계획에서도 다룰 수 있다.

효과적인 행동지원계획을 개발하기 위해 촉진자가 갖추어야 할 특정 기술이 있다.

이 책이 지원계획을 수립하는 방법을 차근차근 알려 주고 행동지원계획 수립을 위한 여러 옵션을 제공하고는 있지만, 촉진자가 학습 원리와 응용행동분석을 잘 이해하고 있으면 PTR-F 기능평가에서 얻은 정보에 부합하는 방식으로 전략을 적용할 뿐 아니라(촉진자 자신뿐 아니라 가족도 그 전략을 적용하도록 더 잘 도울 수 있다.) 그 전략이 예측했던 행동의 기능에 잘 맞는지를 확인할 수 있다. 촉진자가 특수아동협회(Council for Excetional Children: CEC) 및 이 협회 산하의 유아특수교육분과(Division for Early Childhood: DEC)가 추천한 교수 전략(Division for Early Childhood, 2014)을 잘 알아 두는 것은 유용하고도 중요하다. 특히 촉진자는 강화와 선행사건 그리고 맥락의 영향을 포함한 일반적인 행동원칙(제1장에서 설명하였다.)을 잘 이해하고 있어야 한다.

TIP

모든 행동지원계획은 도전행동을 감소시키고 바람직한 행동을 증가시키기 위한 다양한 전략을 포함해야 하는데, 이러한 전략에는 한 가지 이상의 예방 전략, 한 가지 이상의 교수 전략, 그리고 모든 핵심적 강화 전략 등이 있다. 행동지원계획에 포함된 모든 전략이 PTR-F 기능평가에서 판별된 행동의 기능에 잘 맞는지 반드시 확인해야 한다.

PTR-F 모델을 바탕으로 개발된 계획은 여러 예방 전략 중 한 가지 이상, 교수 전략 중 한 가지 이상, 후속결과를 배치하는 구체적 전략(즉, 강화 전략) 등과 같은 다양한 전략을 포함한다. 세 범주 각각에서 선택된 전략을 포함하는 지원계획은 단일 요소만을 포함하는 지원계획보다 강력할 뿐 아니라 행동을 유발하는 요소(예방), 행동의 기능(교수), 행동을 강화시키거나 약화시키는 후속결과(강화)를 고루 다룰 수 있다. 다음 절에서는 먼저 행동지원계획의 수립과 실행을 위한 일반적 절차와 유의사항을 살펴보고 각각의 중재 요소(예방, 교수, 강화)를 설명할 것이다.

중재 절차

PTR-F 중재 메뉴(〈표 5-1〉 참조)는 가족이 행동지원계획을 개발할 때 고려해 볼 수 있는 전략 목록이다. 이 책 마지막에 나오는 중재 가이드에는 이 전략들이 자세히 설명되어 있는데, 촉진자는 가족이 행동지원계획에 포함할 요소를 결정하도록 돕기 전에 이 전략들을 숙지해야 한다. 이 중재 메뉴에 도전행동을 다루는 모든 증거기반의 실제가 포함되었다고 할 수는 없지만, 이 메뉴는 대부분의 상황에서 가장 보편적이고 가장 효과적인 전략으로 구성되어 있다. 팀은 행동지원계획을 고안할 때 유연하고 창의적이어야 하며, 지원계획에 포함할 만한 실제 중에는 가족이나 촉진자만이 제안 가능한 실제도 있음을 유념해야 한다. 그러나 지원계획에 포함될 모든 실제 및 전략과 관련하여서는 다음 사항에 유의해야 한다. 첫째, 예방·교수·강화의 세 범주 중 하나에 해당하는 전략이어야 하고, 그 전략이 세 범주 중 어디에 해당하는지에 대해 팀 구성원들이 동의해야 한다. 둘째, 전체적인 논리와 PTR-F 모델의 기능평가 자료에 맞는 전략이어야 한다. 셋째, 전략의 효과를 확인하기 위해 주의 깊고 객관적인 자료를 바탕으로 평가가 이루어져야 한다. 넷째, 맥락적 적합성과 가족의 선호도를 존중하는 전략이어야 한다.

표 5-1 PTR-F 중재 메뉴

예방 전략	교수 전략	강화 전략
• 선택 기회 제공하기 • 어려운 과제/비선호 과제에 쉬운 과제/선호 과제를 끼워 넣기 • 활동에 선호도 반영하기 • 달력과 일정표를 이용하여 일정 예측성을 높이기 • 타이머와 기타 시청각 지원을 활용하여 좀 더 구조화하기 • 환경/활동 영역의 물리적 배치 바꾸기 • 도전행동의 유발요인 제거하기 • 자녀에게 요구하는 바를 수정하기 • 자녀에게 지시하는 방식 바꾸기 • 주의 분산 요소 최소화하기 • 예고 신호를 사용하여 아동에게 다음 활동 알리기 • 문제상황과 그에 대한 해결책을 묘사한 스크립트를 포함하는 상황 이야기 사용하기	• 기능적 의사소통 훈련 또는 적절하게 의사소통하는 방법 지도하기 • 사회성 기술 지도하기 • 자기 점검 지도하기 • 강화 지연을 인내하도록 지도하기 • 시각적 일정표와 달력을 이용하여 독립성 증진하기 • 적극적으로 참여하도록 지도하기	• (모든 행동지원계획에 다음이 포함되어야 함) 1. 기능적 강화제 판별하기 2. 바람직한 행동 강화하기 3. 도전행동에 대한 강화 중단하기

행동지원계획이 PTR-F의 원칙에 부합하기 위해 지켜야 할 몇 가지 중요한 유의사항이 있다. 첫째, 이 계획은 예방 영역과 교수 영역에서 한 가지 이상의 전략을 포함해야 하고 강화 영역의 핵심 전략도 포함해야 한다. 둘째, 선택된 전략들은 기능평가의 결과에 맞는 것이어야 하고 가설문장에 서술된 기능을 다루어야 한다. 마지막으로 가정에서 행동지원계획을 실행하는 가족 구성원들은 도전행동이 발생하는 일과에서 모든 중재 전략을 꾸준히 실행할 능력과 의지가 있어야 한다. 중재 전략의 실행자가 부모 중 한 명이든, 부모 둘 다이든 또는 여러 명의 가족 구성원이든 간에 모든 관련자는 중재 절차를 편안하게 받아들일 수 있어야 하고, 정확하고 꾸준하게 전략을 활용할 수 있도록 지원을 받아야 한다.

TIP 지원계획에 포함될 전략은 증거기반인 동시에 가정과 지역사회 환경에서 사용하기에 효율적인 것이어야 한다. 행동지원계획은 이를 실행할 가족 구성원이 이해할 수 있는 용어로 작성되어야 하며, 복잡한 전략은 작은 단계로 나누어 쉽게 실행할 수 있게 해야 한다.

도전행동의 기능을 존중하는 전략 또는 도전행동의 기능을 잘 다루는 전략을 선택하는 일이 늘 쉽지만은 않다. 완벽한 행동지원계획을 개발하는 쉽고 명확한 방법이 있다면 이 절차는 진행하기도 쉽고 아동들도 점차 도전행동을 덜 보일 것이다. 그러나 중재 전략을 선택하는 과정은 상당히 까다롭다. 고려해야 할 것이 많기 때문이다. 선택된 전략은 유사한 도전행동에 효과적이었음을 보여 준 연구에 기반을 둔 것이어야 하고 기능평가에서 발견한 정보에 부합하는 것이어야 한다. 이 전략은 효과적일 뿐 아니라 효율적이어야 하는데, 여기서 효율적이라 함은 그 중재의 실행을 통해 기대할 수 있는 유익에 비해 너무 많은 시간이나 노력이 요구되지는 않는다는 의미다. 또한 그 전략은 가족의 가치관과 선호도에 맞아야 하고 지속적인 가정생활의 맥락에서 실행 가능한 것이어야 한다는 점도 중요하다. 이 중 후자를 맥락적 적합성이라고 부른다(Albin et al., 1996). 맥락적 적합성이 없는 계획은 결국 쓸모가 없어지는데 이는 이런 계획이 장기간 실행될 가능성이 별로 없기 때문이다.

다행하게도 행동지원계획이 완벽해야만 효과를 낼 수 있는 것은 아니다. 이는 선택의 여지가 있는 여러 중재 영역이 존재하기 때문이다. 그러므로 어떤 가족이 이상적으로 보이는 전략을 수용하지 못할 경우 대안적인 전략을 활용해도 효과를 거둘 수 있다. 이것이 PTR-F에서 여러 전략(예방·교수·강화 영역 중 하나 이상)을 지원계획에 포함하도록 요구하는 이유 중 하나다. 다음은 이 세 영역에서 중재 전략을 선택할 때 유의할 점이다. 각 전략에 대한 자세한 설명과 실행 방법은 이 책 마지막에 수록된 중재 가이드에 제시되어 있다.

■ 예방

예방 영역의 증거기반 전략은 PTR-F 중재 메뉴(〈표 5-1〉 참조)의 왼쪽 칸에 제시되어 있으며 이 책 마지막에 수록된 중재 가이드에 자세히 설명되어 있다. 예방 전략은 제4장에서 설명한 PTR-F 기능평가를 통해 수집된 정보를 바탕으로 선택해야 하며, 이는 다른 영역의 전략을 선택할 때도 마찬가지다. 기능평가를 통해 높은 비율의 도전행동 발생과 관련된 자극이나 사건 및 활동에 대한 정보를 파악하게 되었을 것이다. 또한 높은 비율의 바람직한 행동의 발생과 관련된 선행 자극이나 사건 및 활동에 대한 정보도 알게 되었을 것이다. 예방 중재의 이면에 있는 핵심적 아이디어는 도전행동과 관련된 자극을 제거하거나 수정하고, 바람직한 행동과 관련된 자극이나 사건 및 활동을 추가하거나 활성화하는 것이다. 중재 메뉴에 있는 여러 중재는 기본적으로 이러한 목표를 성취하기 위한 전략들이다.

예방 영역에 포함된 여러 전략은 도전행동의 발생과 관련되어 있거나 도전행동을 유발하는 선행사건의 조정을 포함한다. 도전행동을 유발하는 자극은 매우 다양하므로, 개발된 전략은 기능평가를 통해 발견된 바와 밀접하게 연결되어야 한다. 그러한 선행사건의 조정(예를 들어, 단서 추가하기 또는 제거하기)에는 아동의 도전행동에 영향을 미치는 부모나 형제자매, 또는 그 외의 사람들의 행동 변화가 종종 포함된다. 쉽게 제거할 수 없는 선행사건도 있다. 예를 들면, 엄마가 아이에게 곧 목욕 시간이라고 알리는 말을 아예 안 할 수는 없다. 그러나 엄마가 아이에게 거품 목욕을 하고 싶은지, 새로 산 물놀이 장난감을 가지고 놀고 싶은지 물어보는 방식으로 목욕 시간으로의 전이를 좀 더 순조롭게 만들 수는 있다.

행동지원계획에 한 가지 이상의 예방 전략이 포함되어야 한다고 강조했지만, 한 일과 내에서 발생하는 도전행동 한 가지에 대해 여러 가지의 예방 전략을 적용해도 무방하며, 여러 예방 전략을 적용하는 것이 오히려 더 좋을 때도 많다(이 장의 마지막에 제시된 티미의 사례를 보면 취침 일과 동안 발생하는 탠트럼을 다루기 위해 두 가지의 예방 전략이 제안된 것을 볼 수 있다). 선택된 전략은 가족 일과의 맥락에서 취할 수 있는 논리적인 조치여야 하고, 아동의 발달단계에 적합해야 하며, 가족에게 잘 맞는 것이어야 한다. 각 예방 전략이 아동과 가족의 필요에 맞게 수정될 수 있다는 점도 기억해야 한다. 예를 들면, 루카스(Lucas)의 가족이 "이제 놀이를 멈추고 저녁을 먹자."라는 말에 루카스가 바르게 반응하지 못하는 것이 문제라고 말했다면, 팀은 '지시하는 방식 바꾸기'를 선택해야 한다. 이 전략이 도전행동과 논리적으로 연결되기 때문이다. 이 예방 전략이 아동과 가족에게 잘 맞다고 판단했다면, 팀은 수정된 지시 방식을 언제 어디서 어떻게 누가 적용할지에 대한 세부 사항을 결정해야 한다. 이후의 장에서 설명하겠지만, 이러한 세부 사항들은 모두 지원계획에 명백하게 기술되어야 한다.

예방 전략은 강력하고 즉각적인 효과를 거둘 때가 많다(Dunlap & Kern, 1996; Kern & Clemens, 2007; Kern, Sokol, & Dunlap, 2006). 그러나 그 효과가 교수 전략만큼 오래 지속되리라고 기대할 수는 없다. 그러므로 교수 영역과 강화 영역에서 잘 선택된 실제를 예방 전략과 함께 실행하는 것이 중요하다.

■ 교수

PTR-F의 교수 전략은 〈표 5-1〉의 중간 칸에 제시되어 있다. 촉진자는 판별된 도전행동의 기능과 그 기능에 맞는 적절한 전략이 잘 연계되도록 팀원들을 도와야 한다. 대부분의 경우, 팀은 자신이 바라는 것에 대해 적절하게 의사소통할 수 있는 기술이 아동에게 필요하다는 결론을 내리게 된다. 이러한 결론을 내리는 일이 잦은 이유는 도전행동이 사실 의사소통의 한 형태이므로, 아동이 도전행동 대신 적절한 의사소통 방식을 사용하도록 돕는 것이 가장 시급하기 때문이다. 여기서 중요한 것은 특정 일과에서 발생하는 도전행동의 구체적인 기능을 먼저 파악해야 한다는 점이다(제4장에서 설명한 기능평가 절차를 통해). 이전 장에서 설명했듯이 행동의 기능은 무언가(예: 관심, 도움, 장난감, 신체 접촉, 음식이나 음료)를 얻는 것 또는 무언가(예: 지시나 요구, 원하지 않는 놀이 상대, 비선호 활동으로의 전이, 생리적인 불편함)를 제거하는 것일 수 있다. 기능이 명확하다면 다음 단계는 도전행동과 같은 기능(목적)을 가진 적절한 교체행동을 찾는 것이다. 교체행동은 주로 몇몇 단어를 포함하는데 비구어 아동의 경우 몸짓, 수어, 그림의 형식을 취하거나 아동이 부모나 다른 구성원에게서 원하는 반응을 끌어내는 데 효과적인 기타 방식을 취할 수도 있다. 교체행동이 선택된 후에는 도전행동을 무시하는 동시에 바람직한 행동을 촉진하고 강화하는 절차가 시작된다. 이러한 중재 전략을 기능적 의사소통 훈련(Carr & Durand, 1985; Durand & Moskowitz, 2015)이라고 부르는데, 이 전략은 행동지원의 전 영역에서 가장 많이 연구되어 온 필수적인 절차다(가장 많이 연구되어 온 또 하나의 필수적인 절차는 정적 강화의 일반적인 적용이다). 기능적 의사소통 훈련은 이 책의 중재 가이드에 자세히 설명되어 있으며, 중재 메뉴의 교수 칸에서 우선적으로 선택해야 할 중재다.

중재 메뉴에는 기능적 의사소통 훈련과 함께 적용하거나 그에 앞서 적용할 수 있는 다른 교수 전략도 포함되어 있다. 예를 들어, 아동이 형제자매와의 상호작용 중에 심각한 도전행동을 보인다면 교수 전략은 차례 지키기, 분노를 적절하게 표현하기, 장난감 함께 가지고 놀기와 같은 사회성 기술에 초점을 두어야 할 것이다. 어떤 아이들에게는 좀 더 독립적으로 활동에 참여하는 방법을 가르치는 것이 더 유익할 수 있고, 또 다른 아이들에게는 원하는 물건이나 활동을 얻을 수 있을 때까지 기다리는 방법, 즉 강화 지연을 인내하는 방법을 가르쳐야 할 수도 있다.

예방 전략과 교수 전략을 선택한 후 팀은 PTR-F의 강화 영역의 전략을 통해 행동을 강화할 효과적인 방법을 실행해야 하는데, 다음은 그에 대한 설명이다.

■ 강화

〈표 5-1〉에서 보듯이 강화 메뉴는 다음 세 가지를 모두 포함해야 한다는 점에서 예방 및 교수 영역의 메뉴와 다르다. 첫째는 가치 있고 기능적인 강화제 판별하기, 둘째는 바람직한 행동 강화하기, 셋째는 도전행동에 대한 강화 중단하기다.

▶ 가치 있고 기능적인 강화제 판별하기

교체행동이나 기타 바람직한 행동에 대한 강화제는 아동이 현재 도전행동을 통해 얻는 것 못지않게 가치 있는 것이어야 한다. 교체행동에 대한 강화를 제공했는데 아동이 이를 도전행동을 통해 얻는 보상에 미치지 못한다고 느낀다면 아동은 대체행동을 그리 중요하게 여기지 않을 것이고 도전행동을 통해 지금까지 얻었던 것을 획득할 다른 방법을 찾으려 할 것이다. 바람직한 행동에 대한 강화제가 충분히 강력하지 않으면 바람직한 행동은 증가하지 않을 것이고 중재는 효과를 거두지 못할 것이다. PTR-F나 기타 행동지원 접근의 효과는 상당 부분 강화제가 얼마나 강력한지 그리고 강화가 얼마나 시의적절하게 전달되는지에 달려 있다(Miltenberger, 2008).

> **TIP**
>
> 바람직한 행동에 대해 강화제를 제공하거나 강화제를 증가시키는 것만으로는 충분하지 않다. 행동지원이 효과적이려면 아동이 도전행동을 할 때는 강화제에 대한 접근이 최소화되어야 한다. 한 아이에게 강화제가 될 수 있는 것이 다른 아이에게는 강화제로 작용하지 않을 수 있다는 점도 명심해야 한다. 강화제는 특정 상황에서 주어진 물건이나 활동에 아동이 어떻게 반응하느냐에 따라 결정된다.

강화제는 최대한 자연스러운 것이 좋다. 칭찬, 안아 주기, 하이파이브, 손뼉치기 등은 가족 상호작용에서 자연스럽게 발생하는 강화제이므로 가정에서 적용하기 좋은 후속결과다. 바람직한 행동이 나타났을 때 이러한 강화제를 즉각적이고 일관성 있게 사용하기만 해도 까다로운 행동을 변화시키는 데 충분할 수 있다. 그러나 행동의 변화가 뚜렷해질 때까지의 며칠 또는 몇 주 동안 이러한 자연스러운 강화를 좀 더 강력한 그 무엇으로 보충해야 할 때도 있다. 좀 더 특별한 강화제로는 스티커, 특별한 간식, 특별한 신체적 접촉, 특정 장난감에 대한 접근 등이 있다. 예를 들어, 이 장 마지막에 제시된 루시의 사례에서 엄마의 칭찬과 관심뿐 아니라 특별한 강화제로 젤리를 준 것이 이에 해당한다. 모든 것이 강화제로서의 효과를 내는 것은 아님을 유념해야 한다. 확인을 위한 유일한 방법은 강화제가 주어졌을 때 발생하는 행동의 변화를 관찰하는 것이다. 또한 지원계획에 명시된 바람직한 행동을 했을 때 주어져야만 특별한 강화제가 될 수 있다는 점도 기억해야 한다. 특별한 강화제가 아무 때나 쉽게 얻을 수 있는 그 무엇이라면, 필요한 행동의 변화가 나타났을 때만 강화제를 얻을 수 있는 상황만큼 강력한 효과가 나타나기는 어려울 것이다.

▶ 바람직한 행동 강화하기

가치 있는 강화제가 판별되었다면 이제 촉진자는 아동이 바람직한 행동을 할 때마다 이 강화제를 얻을 수 있도록 가족의 일과가 조성되게 도와야 한다. 또한 바람직한 행동에 뒤따르는 이 강화제는 아동이 도전행동을 하여 얻었던 반응 못지않게 신속하고 일관성 있게 제공되어야 한다. 이것은 매우 중요하다. 강화제의 효과는 바람직한 행동과 강화제가 얼마나 긴밀하게 연관되어 있는지에 달려 있으며, 그러한 연관성이 수립되려면 일관성과 즉시성이 매우 중요하다.

▶ 도전행동에 대한 강화 중단하기

바람직한 행동에 대한 강화가 효과적이려면 도전행동에 대한 강화가 중단되거나 가능한 한 최소화되어야 한다. 도전행동은 우리가 의도했든 아니든 강화를 받았기 때문에 발생한다는 점을 명심해야 한다. 도전행동을 감소시키거나 없애는 가장 확실한 방법은 그 행동에 대한 강화제를 제거하는 것이지만, 이것은 쉽지만은 않다. 이는 심각한 도전행동은 무시하기가 불가능하거나 매우 어려우며, 약간의 관심도 강화제로 작용하기 때문이다. 심지어 교정적 피드백도 관심의 한 형태여서 강화제로 작용할 수 있다. 그러나 바람직한 행동을 할 때마다 동일한 강화제가 주어진다면 도전행동에 대한 강화를 중단하기가 훨씬 쉬워진다.

다시 한번 강조하지만, 강화 절차에서 반드시 기억해야 할 사항은 도전행동을 유지하게 만든 강화제를 바르게 판별하는 것이다. 이 사실은 PTR-F 기능평가를 통해 일과 내에서 발생하는 도전행동이 어떤 기능을 갖는지 판별하는 작업이 얼마나 중요한지를 보여 준다. 그 기능이 바로 강화제다. 강화를 중단한다는 것은 행동과 기능 간의 연결고리를 끊는다는 의미다. 행동이 더 이상 이전처럼 기능하지 못한다면 그 행동은 약화될 것이고 결국 사라질 것이다. 그러나 앞에서도 강조했듯이 대안적이고 바람직한 행동에 대한 효과적인 강화를 통해 동일한 기능을 성취하게 되지 않는 한 도전행동이 사라지기는 매우 어렵다.

행동지원계획 개발하기

행동지원계획은 팀 회의를 통해 개발되는데, 이 회의에서는 기능평가 자료와 가설을 검토하고 지원계획에 포함될 전략을 선택하기 위한 논의가 이루어진다. 앞에서 예방·교수·강화 전략의 개관을 살펴보았고, 각 전략의 세부 사항은 이 책 마지막에 수록된 중재 가이드에 제시하였다. 촉진자와 팀은 가능한 모든 전략을 검토해야 한다. 많은 경우 가족이 전략을 선택하는 과정을 돕기 위해 촉진자가 일반적인 지침을 제공하긴 하지만, 전략을 실행할 당사자는 가족 구성원들이므로 행동지원계획에 무엇을 포함할지에 대한 최종 결정은 가족이 해야 한다. 정보에 입각한 결정을 하기 위해 가족은 각 전략을 실행하는 데 요구되는 것에 대한 정확한 정보를 가지고 있어야 한다. 팀은 필요한 모든 지원, 제공 가능한 코칭 지원(제6장 참조), 필요한 모든 자료, 실행과 자료 수집을 위한 시간과 노력 등을 논의해야 한다.

전략에 대한 팀 차원의 동의가 이루어진 다음에는 지원계획에 중재 요소를 차례대로 적고 각 중재를 자세히 기술하여 중재 실행을 위한 지침을 제공해야 한다. 지원계획에는 자료에 대한 상세한 정보와 이 자료를 사용하는 방법(자료가 필요한 경우에 한함), 중재 전략을 처음 도입할 때의 구체적 절차, 중재 실행을 담당할 사람, 각 중재 요소를 실행하기 위한 구체적 방법에 관한 상세한 정보가 포함되어야 한다. 이러한 계획이 상세하게 기술되는 것이 중요하므로 어떤 지원계획은 분량이 매우 많을 수도 있다. 그러나 앞서 언급한 사항들을 자세히 기술하여야 가족이 지원계획의 실행을 준비할 수 있고, 실행 중 발생 가능한 문제를 미리 알고 대비할 수 있다. 이 장 마지막에는 티미와 루시를 위한 행동지원계획이 예시로 제시되어 있다.

TIP

계획 수립 절차 내내 가족 구성원과 기타 팀원들의 의견을 구하는 협력적 분위기를 조성하라. 이를 통해 가족들은 행동지원계획에 헌신하게 되며, 각 구성원이 자신의 역할을 이해하고 중재 전략을 거부감 없이 실행하게 된다.

행동지원계획의 복잡함 때문에 이 계획의 핵심 요소를 요약한 PTR-F 행동지원계획 요약표(〈표 5-2〉 참조)가 가족을 위한 간편 설명서로 쓰이는데, 이 요약표는 행동지원계획의 표지 또는 첫 페이지로 사용된다. 가족은 이 서식을 여러 장 복사하여 대부분의 활동이 일어나는 여러 방의 접근 용이한 장소에 부착할 수도 있다. 그러나 정기적으로 지원계획 전체를 살펴보지 않고 PTR-F 행동지원계획 요약표만 사용해서는 안 된다. 요약표는 간편 설명서이자 계획을 실행할 가족 구성원의 기억을 상기시키는 도구로만 사용되어야 한다.

PTR-F 행동지원계획 요약표의 상단에는 이 장 초두에 설명한 보편적 실제 목록이 있다. 이 목록은 부모가 보편적 전략을 사용하도록 상기시키기 위한 것으로, 현재의 상황이나 아동과 부모의 행동에 좀 더 관련성이 큰 실제를 강조하기 위해 해당 실제에 형광펜 표시를 하거나 동그라미 표시를 할 수도 있다. 요약표의 나머지 부분은 아동을 위한 예방·교수·강화 전략이다. 첫 번째 줄에는 전략을 세 영역으로 구분하여 기입하고 각 영역별로 지원계획에 포함된 여러 전략을 나열하고 설명하는 칸이 있다. 두 번째 줄에는 중재 전략에 대한 간단한 설명을 쓰는 칸이 있고 세 번째 줄에는 부모가 추

표 5-2 PTR-F 행동지원계획 요약표

PTR-F 행동지원계획 요약표

아동명: ______________________ 날짜: ______________________

보편적 양육 실제
- ☐ 높은 비율의 긍정적 관심 제공하기
- ☐ 예측 가능한 일과를 수립하고 유지하기
- ☐ 일과 내에 일관성 있는 활동 패턴을 포함하기
- ☐ 기대행동을 정의하고 바람직한 행동과 도전행동 간의 차이를 명확히 규정하기

가설문장: ____

____

중재 전략:

	예방	교수	강화
전략			(모든 행동지원계획에 다음이 포함되어야 함) 1. 기능적 강화제 판별하기 2. 바람직한 행동 강화하기 3. 도전행동에 대한 강화 중단하기
설명			
실행관련메모			

가의 메모를 기입하는 칸이 있다. 이 메모 칸은 부모가 전략과 관련하여 관찰한 것뿐만 아니라 약간의 수정이 필요한 사항, 조금 더 정교화해야 할 사항, 또는 특별히 유의해야 할 사항을 적기 위한 것이다. 이 칸에 적힌 내용은 촉진자와 함께 지원계획을 재검토할 때 부모에게 생각의 단서를 제공해 줄 것이다.

계획한 것을 실행하기

지원계획을 수립할 때 중요한 것은 어떻게 실행을 시작할 것인지와 가족이 정확하면서도 손쉽게 지원계획을 실행하는 데 필요한 지원이 무엇인지 고려하는 것이다. 실행의 절차는 가족이 얼마나 시간을 낼 수 있는지, 계획이 얼마나 복잡한지, 도전행동이 얼마나 심각한지, 계획 실행과 동시에 가족이 해야 하는 일이 얼마나 많은지 그리고 그 외의 여러 요소에 따라 가족마다 매우 다르다. 실행이 상당히 쉽고 행동 변화가 금방 일어나는 경우도 있다. 어떤 가족들에게는 실행의 초기 단계가 매우 어려울 수도 있다. 특히 특정 전략이 매우 까다롭고 주요 가족 구성원이 그 전략을 충실하게 실행할 수 있을지 확신하지 못한다면 다른 전략을 점진적으로 도입해야 할 수도 있다. 이 모든 것은 이해할 만한 일이다. 구체적인 중재 전략 대부분은 성인이 아동에게 반응하고 아동과 상호작용하는 것과 관련하여 평소에 하지 않던 행동과 방식을 하도록 요구한다. 이를 위해서는 훈련과 연습이 필요하다. 이 과정을 코칭이라 부르는데, 다음 장에서 코칭 단계를 자세히 설명할 것이다. 가족에게 코치가 되어 주는 일은 촉진자의 핵심 역할이다.

요약

이전 단계와 마찬가지로, 중재를 계획하고 행동지원계획을 수립하는 과정을 마친 팀원들은 'PTR-F 중재를 위한 자기 평가 체크리스트'를 작성하게 된다(〈표 5-3〉 참조).

행동의 변화는 협력적 노력을 필요로 한다. 이러한 노력은 중요하고 가치 있는 것이지만, 집중과 헌신을 요구한다. 궁극적인 목표는 아동의 행동 개선이지만, 먼저 변화되어야 하는 것은 가족의 행동이다. 행동지원계획에는 가족이 추구해야 하는 행동의 변화를 기술하게 되는데, 이러한 가족의 행동 변화는 아동이 새로운 사회 및 행동 발달의 여정을 수립하는 데 도움이 될 것이다.

표 5-3 PTR-F 중재를 위한 자기 평가 체크리스트

PTR-F 중재를 위한 자기 평가 체크리스트

	예	아니요
1. 팀은 보편적인 양육 전략의 현 상태를 주의 깊게 진단하고, 이 전략의 실행을 향상시킬 조치를 취하였는가?	☐	☐
2. 팀원들은 (PTR-F 중재 메뉴에 포함된) 강화를 위한 필수 중재 전략과 예방 및 교수를 위한 여러 중재 전략에 대한 설명을 살펴보았는가?	☐	☐
3. 팀은 아동의 행동지원계획에 포함될 중재 전략을 결정했는가?	☐	☐
4. 팀은 PTR-F 행동지원계획 요약표를 작성하였는가?	☐	☐
5. 팀은 행동지원계획 실행을 위한 다음 단계를 결정하고 훈련과 지원을 위한 일정을 수립했는가?	☐	☐

Prevent-Teach-Reinforce for Families: A Model of Individualized Positive Behavior Support for Home and Community
by Glen Dunlap, Phillip S. Strain, Janice K. Lee, Jaclyn D. Joseph, Christopher Vatland, and Lise Fox.

사례

티미를 위한 세 번째 회의

■ PTR-F 중재

PTR-F 기능평가를 마쳤고 목표로 삼을 바람직한 행동을 선택했으며 바람직한 행동에 대한 자료 수집 계획도 세웠으므로, 다음은 전략을 판별하고 행동지원계획을 작성할 차례다. 카시는 PTR-F 중재 메뉴를 꺼내고 그 사본을 조디와 필에게 주어 이를 보면서 함께 전략을 검토하였다. 카시는 이 모든 전략을 이미 잘 알고 있었기 때문에 각 예방 전략을 간단하게 소개하고 그 전략이 티미에게 어떤 모습으로 적용될 수 있는지 설명하였다. 모든 전략을 간단하게 살펴본 다음 카시는 PTR-F 기능평가 요약표와 가설문장으로 돌아가 조디와 필에게 티미의 취침 시간 탠트럼을 예방하기 위해 어떤 중재를 고려해 보고 싶은지 물었다. 카시는 조디와 필에게 티미의 탠트럼이 갖는 기능(즉, 취침 시간을 회피하고 관심을 얻는 것)에 맞는 중재 전략을 선택해야 함을 상기시켰

다. 조디와 필은 두 아들에게 저녁을 먹이면서 예방 전략 목록을 살펴보았고, 티미에게 효과적이지 않을 것 같거나 티미가 보이는 행동의 기능에 맞지 않다고 생각되는 전략 몇 가지를 제외하였다. 얼마간의 토의 끝에 조디와 필은 '달력과 일정표를 이용하여 일정 예측성 높이기'와 '타이머와 기타 시청각 지원을 활용하여 좀 더 구조화하기'라는 두 가지 예방 전략을 실행하기로 하였다.

팀은 이 두 전략의 실행 방법을 신속하게 확인하였고, 카시는 조디와 필이 두 전략을 여러 개의 구체적인 개별 단계로 나눌 수 있게 지원하였다. 이러한 세부 사항을 마무리한 후 팀은 교수 전략을 살펴보았다. 조디와 필은 실행하고 싶은 전략을 바로 선택할 수 있었는데, 그 전략은 '강화 지연을 인내하도록 지도하기'였다. 그러나 부부는 이 전략을 어떻게 실행할지에 대해 아무것도 모르는 상태였다. 카시는 몇 가지 아이디어를 언급하였는데, 예를 들면, 스티커 판을 이용하거나 토큰을 주는 방식 또는 정해진 수의 '통행권'을 티미에게 주어 하룻밤 안에 방에서 나갈 수 있는 횟수를 제한하는 방식을 통해 티미가 점점 더 오랜 시간 동안 방에 혼자 머물도록 지도하는 것 등이었다. 약간의 토론을 통해 조디와 필은 티미의 나이를 고려할 때 티미에게 점진적으로 좀 더 오래 방에 머물게 가르치는 것이 가장 효과적일 것이라는 결론을 내렸다. 게다가 티미는 스티커를 그리 좋아하는 것 같지 않았다.

다음으로 팀은 티미에게 강화(예: 취침 시간 회피, 엄마나 아빠의 관심)의 지연을 어떻게 가르칠 것인지 결정하였다. 조디와 필은 시각적 일정표를 도입하고 타이머를 이용하여 티미가 방에 머물게 하되 현재로서는 티미가 1분 이상 견디지 못하는 상태이므로 처음에는 1분 동안만 방에 머무르는 것으로 시작하고 점차 시간을 늘려 가기로 했다. 초기에 필은 티미가 잠들 때까지 밤새 방문 앞을 지켜야 하는 건 아닐까 하고 걱정했지만, 다음 단계를 향해 진행하면서 이 방법에 편안함을 느끼게 되었고 조만간 지금보다 훨씬 좋아질 거라고 확신하게 되었다.

다음 단계는 티미의 바람직한 행동을 강화하는 방법을 정하는 것으로, 카시는 조디와 필에게 강화 절차를 상세하게 알려 주었다. 먼저 조디와 필은 티미를 위한 기능적인 강화제(즉, 초능력 영웅에 대한 책, 티미가 좋아하는 노래 목록, 티미 옆에 누워 안아 주기, 간질이기와 장난치기)를 판별하였다. 그러나 이 강화제들은 모두 엄마나 아빠의 관심과 관련된 것이어서 카시는 부부에게 티미가 방에 머물게 하는 데 도움이 되고 취침 시간에만 허용될 수 있는 다른 장난감이나 활동을 생각해 보도록 요청하였다.

다음으로 팀은 티미가 자신의 방에 머물 때 어떻게 강화할지에 대한 계획을 세웠다. 카시는 조디와 필에게 처음 이틀 정도는 꽤 시간이 걸리겠지만, 팀이 함께 개발한 상세한 계획대로만 하면 며칠 이내에 행동의 개선이 나타날 거라고 자신 있게 말했다. 카시는 평소 같으면 가족이 지원계획을 처음으로 실행할 때 가족 곁에 머물지만, 조디와 필은 금요일 밤부터 실행을 시작하고 싶어 하고 자신은 그 주말에 선약이 있어서 부부가 실행을 시작하는 금요일이나 그다음 날인 토요일에 가족 곁에 머물면서 직접적인 코칭을 할 수가 없다고 말했다. 또한 지원계획의 실행에 필요한 자료를 준비해야 하기 때문에 지금 바로 전략 실행을 시작할 수도 없다고 하였다. 조디는 실행 첫날이 어떻게 흘러갈지 자신이 없어서 일정을 바꿀까도 생각해 보았지만, 원래의 계획대로 진행하여 최단 시일 내에 티미가 진보를 보이게 하기로 결심했다. 카시는 조디가 원한다면 추가의 지원을 제공하기 위해 토요일 오전에 조디에게 전화를 하여 전날 밤의 취침 시간이 어떠했는지 들어 보고 필요할 경우 토요일 밤에 취해야 할 조정 사항을 알려 주겠다고 하였다(티미의 PTR-F 행동지원계획과 PTR-F 행동지원계획 요약표는 〈표 5-4〉와 〈표 5-5〉에 각각 제시되어 있다).

표 5-4 티미의 PTR-F 행동지원계획

PTR-F 행동지원계획

아동명: 티미
팀원: 조디(엄마), 필(아빠), 카시(PTR-F 촉진자)
계획서 작성일: 2015. 7. 2.

증가시켜야 하는 목표행동: 혼자서 잠들기
조작적 정의: 취침 일과에 협조하여 취침 일과를 잘 마치기(예: 조용한 목소리로 말하기, 유순하게 말하고 행동하기, 집 안에서 조용히 걷기, 부모의 촉진에 30초 이내에 반응하기). 엄마나 아빠가 취침 준비 일과를 마치고 방을 나가면 자신의 방에 머물면서 혼자 잠들기

감소시켜야 하는 목표행동: 탠트럼
조작적 정의: 고음의 비명을 지르고(종종 몇 초간 지속됨) 바닥을 구르며 발길질하기. 누군가가 곁에 있으면 그가 누구든 간에 때리거나 차기. 이러한 행동을 하면서 "싫어!"라고 소리 지를 때도 있음

가설문장: 취침 준비 일과가 끝나고 엄마와 아빠가 방을 나가려고 하면 티미는 탠트럼을 보인다. 그 결과로 취침 시간이 늦어지고 엄마나 아빠의 관심을 추가로 받는다.

예방 전략: 달력과 일정표를 이용하여 일정 예측성 높이기, 타이머와 기타 시청각 지원을 활용하여 좀 더 구조화하기

➩ 필요한 자료: 취침 일과의 각 단계를 순서대로 찍은 사진들, 디지털 타이머
➩ 전략 실행 순서:

1. 티미가 취침 일과를 시작하기 5분 전에 엄마는 티미의 주의를 집중시키고 "자러 가야 할 시간이 5분 남았네. 이제 타이머를 맞출게."라고 말한다. 티미와 함께 취침 일과의 수행 단계를 신속하게 살펴본 후 타이머를 맞춘다. 타이머는 티미의 손이 닿지 않는 곳에 둔다.
2. 5분이 지나서 타이머가 울리면, 엄마는 타이머를 티미에게 가져가서 "이제 무엇을 할 시간이지?"라고 묻는다. (티미가 대답할 때까지 잠시 기다리되, 티미가 대답하지 않거나 엉뚱한 대답을 하면 엄마가 대신 말한다.) "자야 할 시간이요."
3. 엄마는 티미에게 취침 일과의 첫 번째 단계(잠옷 꺼내기)에 해당하는 사진을 보여 주고 "첫 번째로 할 일이 뭐지?"라고 말한다. (티미가 대답할 때까지 잠시 기다리되, 티미가 대답하지 않거나 엉뚱한 대답을 하면 엄마가 대신 말한다.) 잠옷을 꺼내는 거요."
4. 티미는 자기 방으로 걸어가 잠옷을 꺼낸다.
5. 티미가 각 단계를 마칠 때마다(잠옷, 화장실, 양치질, 책 2권 선택, 책 읽기, 취침 인사하기) 엄마는 각 단계별로 구체적인 말(예: "엄마와 같이 걸어 들어와 줘서 고마워." "엄마 말을 잘 들어서 참 좋아.")로 칭찬한다(초기에는 엄마의 도움을 받아 그 단계를 마쳤더라도 칭찬을 하도록 한다).
6. 두 번째 책이 끝나갈 즈음(마지막 몇 페이지가 남았을 때), 이 책을 다 읽으면 자야 할 시간임을 티미에게 말로 예고한다.

교수 전략: 강화 지연을 인내하도록 지도하기

➩ 필요한 자료: 티미가 침대에 누워 있는 사진, 초능력 영웅에 관한 책들이 담긴 바구니 사진, 디지털 타이머
➩ 전략 실행 순서:

1. 취침 일과의 모든 단계가 끝나면, 일정표의 다음 단계에 해당하는 사진(티미가 침대에 누워 있는 사진)을 보여 준다. 엄마는 "침대에 잘 누워 있으면 엄마가 다시 와서 특별한 책을 읽어 줄 거야."라고 말한다.
2. 타이머로 1분을 설정한다.
3. "잘 자."라고 말하고 방을 나온다.
4. 티미가 침대에 머물러 있으면(또는 최소한 자신의 방에 머물러 있으면) 강화 계획의 2단계를 실행한다. 티미가 방에서 나오면 강화 계획의 3단계를 실행한다.
5. 티미가 잠들 때까지 이 절차를 반복한다.

강화 계획: 1) 기능적 강화제 판별하기, 2) 바람직한 행동 강화하기, 3) 도전행동에 대한 강화 중단하기

➩ 필요한 자료: 티미의 방에 있는 특별한 초능력 영웅 책(티미의 손이 닿지 않는 곳에 두어야 함)
➩ 전략 실행 순서:

1. 티미가 자신의 침대나 방에 잘 있을 때만 볼 수 있는 특별한 초능력 영웅 책을 정한다.
2. 타이머가 울릴 때까지 티미가 침대에 머무르면(최소한 방에 머무르면) 구체적인 말로 칭찬하고(예: "침대에 잘 누워 있었구나. 정말 잘 했어.") 특별한 초능력 영웅 책 한 권을 고르게 한 후 읽어 준다. 책 읽기가 끝나면 "잘 자."라고 다시 말하고 방에서 나간다.
3. 타이머가 울리기 전에 티미가 방에서 나왔다면 "잘 시간이야."라고 조용한 목소리로 한 번 말하고 다시 침대에 눕힌 후 방에서 나온다. 타이머로 1분을 설정한다. 티미가 또 침대나 방에서 나온다면, 티미가 1분간 침대에 머물 수 있을 때까지 이 단계를 반복한다(1분간 머물 수 있게 되면 앞의 2단계를 실행한다).

자료 수집: PTR-F 행동 평정 척도를 이용하여 계속 자료를 수집한다. 촉진자와 함께 자료를 검토하고 이 자료를 바탕으로 의사결정을 할 것이다.

표 5-5 티미의 PTR-F 행동지원계획 요약표

PTR-F 행동지원계획 요약표

아동명: 티미 날짜: 2015. 7. 2.

보편적 양육 실제

☑ 높은 비율의 긍정적 관심 제공하기
☐ 예측 가능한 일과를 수립하고 유지하기
☐ 일과 내에 일관성 있는 활동 패턴을 포함하기
☐ 기대행동을 정의하고 바람직한 행동과 도전행동 간의 차이를 명확히 규정하기

가설문장: 취침 준비 일과가 끝나고 엄마와 아빠가 방을 나가려고 하면 티미는 탠트럼을 보인다. 그 결과로 취침이 늦어지고 엄마나 아빠의 관심을 추가로 받는다.

중재 전략:

	예방	교수	강화
전략	1. 달력과 일정표를 이용하여 일정 예측성 높이기 2. 타이머와 기타 시청각 지원을 활용하여 좀 더 구조화하기	1. 강화 지연을 인내하도록 지도하기	(모든 행동지원계획에 다음이 포함되어야 함) 1. 기능적 강화제 판별하기 2. 바람직한 행동 강화하기 3. 도전행동에 대한 강화 중단하기
설명	1. 5분 전에 예고하기 2. "무엇을 할 시간이지?" 3. 사진 일정표 보여 주기 4. 취침 준비를 모두 마치면 구체적인 말로 칭찬하기 5. 책이 끝나 가는 것 예고하기	1. 티미가 침대에 누워 있는 사진을 보여 주며 "침대에 잘 누워 있으면 엄마가 다시 와서 특별한 책을 읽어 줄 거야."라고 말하기 2. 타이머로 1분 설정하기 3. "잘 자." 4. 티미가 방에 머물면 강화 계획 2단계 실행하기, 티미가 방에서 나오면 강화 계획 3단계 실행하기 5. 티미가 잠들 때까지 반복하기	1. 티미의 손이 닿지 않는 곳에 특별한 책 놓아두기 2. 타이머가 울릴 때까지 티미가 침대나 방에 잘 있으면, 특별한 책 중 하나를 고르게 하고 읽어 주기 3. 티미가 침대나 방에서 나오면 "잘 시간이야."라고 말하고 침대에 다시 눕힌 후 타이머를 설정하고 방에서 나오기
실행 관련 메모	• 취침 일과 사진과 타이머 사용 • 구체적인 칭찬의 예: "엄마와 같이 걸어 들어와 줘서 고마워." "엄마 말을 잘 들어서 참 좋아." "'안녕히 주무세요.'라고 인사도 잘 하네."	• 티미가 침대에 누워 있는 사진, 책이 든 바구니, 타이머 필요	• 책이 든 바구니(티미의 손이 닿지 않는 곳에 두기)와 부모의 사랑이 필요 • 구체적인 칭찬의 예: "침대에 잘 누워 있구나." "방에 혼자 이렇게 잘 있다니 다 컸네."

두 아이가 자야 할 시간이 지났기 때문에 조디와 필은 재빨리 아이들 재울 준비를 하였다. 팀이 계획 수립을 마무리할 수 있도록 필은 다코타를 재우고 조디는 티미에게 영화를 틀어 주었다. 평소 티미는 영화를 틀어 주면 침대에 머물다가 잠들곤 했다. 조디는 티미가 영화를 보면서 잠드는 것을 좋아하지는 않았지만, 이것이 전쟁을 치르지 않고 평화롭게 티미를 재울 수 있는 유일한 방법인 날도 있었다. 조디와 필이 두 아이의 취침을 준비하는 동안 카시는 행동지원계획의 완성을 위해 팀이 함께 의논했던 세부 내용을 글로 작성하였다.

두 아이가 침대에 누운 후(티미에게는 영화도 틀어 준 후), 팀은 행동지원계획을 마무리하였다. 팀은 티미가 방에서 나와 탠트럼을 시작하면 어떻게 대처할지를 적었다. 조디와 필은 시끄러운 소리 때문에 티미의 탠트럼을 무시하기가 쉽지는 않다고 하였지만, 카시는 사흘만이라도 이를 시도해 볼 수 있겠냐고 물었다. 팀은 탠트럼 무시하기를 한번 시도해 보기로 하였는데, 이것이 자고 있을 다코타에게 너무 방해가 되지는 않기를 바랐다. 팀은 또한 행동지원계획을 실행하는 중이라는 것과 이후 며칠간 밤에 좀 더 시끄러운 소리가 나리라는 것을 이웃에게 알리는 방안을 논의하였다. 주말이어서 다음 날 아침에 어린이집에 가야 하는 것은 아니므로 두 아이가 평소보다 조금 늦게 자도 괜찮을 것이고, 이웃들도 조금 더 쉽게 받아들여 줄 것으로 생각되었다.

팀은 지원계획을 살펴보면서 실행에 필요한 자료를 확인하였다. 조디는 오늘 밤 취침 시간과 관련된 구체적인 물건들의 사진을 찍어 두었다가 내일 이를 출력하여 작은 앨범에 시간순으로 꽂기로 하였다. 티미의 방에는 타이머와 티미가 방에 잘 있을 때만 볼 수 있는 특별한 초능력 영웅 책들을 가져다 둘 것이다. 카시는 조디와 필이 지원계획의 실행을 돌아볼 때 사용할 수 있도록 PTR-F 전략의 실행충실도 서식(제6장 참조)을 작성하여 다음 날 아침에 이메일로 보낼 것이다. 오늘은 티미가 영화를 보다가 잠들게 놓아두고 이 계획은 내일 밤부터 실행할 것이다. 회의를 마치기 전에 팀은 모든 단계를 차례대로 익히기 위해 간단한 역할극을 하면서 모든 팀원이 각자의 역할과 실행에 필요한 자료를 잘 이해하였는지 확인하였다.

조디와 필은 주말에 전략을 실행하기로 하였고, 아무 진전이 없거나 지원계획이 제대로 진행되지 않으면 조디가 카시에게 전화하여 도움을 청하기로 하였다. 카시는 월요일에 다시 방문하여 취침 시간에 대한 관찰과 코칭을 하기로 하였다. 카시는 팀이 수기로 작성한 지원계획의 사진을 찍었고 이를 타이핑하고 지원계획 요약표도 작성하여 PTR-F 전략 실행충실도 서식과 함께 이메일로 보내겠다고 하였다.

■ **자기 평가 체크리스트**

긴 회의를 마치기 전에 카시는 티미의 부모와 함께 'PTR-F 중재를 위한 자기 평가 체크리스트'를 살펴보았다. 모든 단계가 완료되었다는 데 세 사람이 동의하였으므로 이제 지원계획을 실행할 모든 준비를 마친 셈이다. 카시는 회의를 마치고 떠나면서 조디와 필에게 티미가 보이는 행동의 기능을 항상 염두에 두어야 하고, 계획한 대로 중재를 실행해야 하며, 부부가 서로를 지지해야 함을 상기시켰다. 또한 평화로운 밤을 향한 여정이 시작되었음을 확신해도 좋다고 하였다.

루시를 위한 세 번째 회의

■ **PTR-F 중재**

개비가 루시의 행동을 향상시킬 전략을 하루빨리 찾고 싶어 했기 때문에 전략을 찾는 과정은 PTR-F 기능평가 회의 때부터 이미 시작되었으며, 그다음 회의에서 PTR-F 행동지원계획이 완성될 때까지 계속되었다. 로베르타는 개비와 마르그리트가 참고하도록 PTR-F 중재 메뉴의 사본을 전해 주면서 오늘 지원계획 전체를 완성하지는 못할 수도 있다고 말했다. 개비는 남은 시간 안에 할 수 있는 데까지만 해 보자고 하였다. 로베르타는 가설문장을 함께 살펴보며 개비와 마르그리트에게 일과를 회피하려는 루시의 행동을 다룰 수 있는 예방 전략을 생각해 보라고 하였다. 로베르타는 PTR-F 기능평가 요약표를 작성하던 시기에 팀이 시도해 볼 만하다고 논의했던 전략들과 연결하면서 각 예방 전략을 간단히 설명하였다. 전략에 대한 검토를 마친 뒤 로베르타는 좀 더 논의해 볼 만한 전략의 목록을 만들었다.

시각적 일정표는 학교에서 이미 성공적으로 사용되고 있고, 효과를 거두지는 못했지만 집에서도 시도해 본 적이 있어서 개비는 루시의 신체적인 공격행동을 예방하기 위해 집에서도 시각적 일정표를 효과적으로 사용하는 것과 관련하여 도움을 받고 싶어 했다. 개비는 루시의 행동지원계획이 여러 일과를 다루었으면 하고 바랐기 때문에 결국에는 각각의 일과마다 시각적 일정표를 만들게 될 것이었다. 로베르타는 추가의 제안을 하였다. 루시는 하기 싫은 일을 하라고 하는 엄마에게 "싫어!"라고 자주 말하므로, 로베르타는 선택 기회를 제공하는 예방 전략을 추가하면 어떨지 제안하였다. 로베르타는 루시가 하기 싫은 일을 해야 하는 상황일 때 이를 명확히 의사소통하는 편이므로, 선택 기회를 주는 것이 루시의 거부하기 행동을 예방할 수 있을 것 같다고 생각하였다. 개비는 로베르타가 이 전략을 실행하는 쉬운 방법을 고안하는 데 도움을 줄 것이므로 이 전략도 해 볼 만하다고 생각했다.

회의 시간이 얼마 남지 않아서 로베르타는 시각적 일정표 제작에 대한 계획을 세우자고 제안하였는데, 이는 예방 전략을 실행하려면 시각적 일정표가 완성되어야 하기 때문이었다. 로베르타는 개비에게 시각적 일정표를 위해 컴퓨터로 출력한 아이콘, 선으로 그린 그림, 실물 사진, 잡지 사진, 또는 기타 종류의 그림 중 어느 것을 원하는지 물었다. 개비는 사진을 선택하였고, 자신이 핸드폰으로 사진을 찍은 후 가게에 가서 출력할 수 있다고 하였다. 개비는 루시가 그림보다는 실물 사진에 더 관심을 보일 것 같다고 하였다. 로베르타는 개비가 일과별로 찍어야 할 사진 목록과 각 사진에 포착되어야 하는 내용을 작성해 보게 하고 옆에서 이를 도왔다. 로베르타는 다음 회의 때 시각적 일정표를 제작하는 데 필요한 재료를 가져오겠다고 하였고, 팀은 다음 회의 일정을 정했다. 다음 회의에서는 교수 전략과 강화 전략을 판별하고 행동지원계획을 작성하며 시각적 일정표를 제작할 것이다. 로베르타는 개비의 집을 떠나면서 개비에게 BRS 자료 수집을 계속해야 한다는 것을 상기시켰고, 가능하다면 오전 일과 중에도 자료 수집을 해 보라고 하였다. 로베르타는 또한 지금까지 잘해 온 것처럼 앞으로도 계속 잘해 보자고 개비를 격려하였고 다음 회의를 마친 다음에는 완성된 행동지원계획을 바로 실행할 수 있을 것이라고 말했다. 로베르타는 다음 회의에 노트북을 가지고 와서 개비의 집에 머무는 동안 행동지원계획을 문서로 작성하고 이것을 개비에게 이메일로 보내어 즉시 출력본을 볼 수 있게 하기로 했다.

로베르타는 노트북과 시각적 일정표 제작에 필요한 자료를 챙겨서 다음 회의에 왔다. 마르그리트는 헥토를 데리고 병원에 가야 해서 이날 회의에 함께할 수 없었지만, 개비는 사진을 준비해 두고 기다리고 있었다. 로베르타는 그동안 잘 지냈는지 물으며 BRS를 보여 달라고 하였다. 개비는 도전행동과 바람직한 행동에 대한 자료점을 잘 기록하였고, 로베르타는 개비가 꾸준히 자료 수집을 잘 해낸 것을 축하하였다. 로베르타는 개비에게 오늘 PTR-F 행동지원계획을 완성하고 중재를 시작할 것이므로 지금까지 개비가 수집한 자료와 오늘부터 수집할 자료를 비교하여 진보를 점검할 수 있을 거라고 말했다. 현시점에서 루시의 자료는 상당히 단순 명료한 상태지만, 바라건대 다음 주에는 어느 정도 개선이 나타나는 것을 볼 수 있을 것이다. 개비는 하루빨리 행동지원계획을 실행하고 싶었다.

로베르타는 시간이 부족할 수도 있으니 먼저 행동지원계획을 작성한 후 시각적 일정표를 제작하자고 하였다. 팀은 예방 전략(달력과 일정표를 이용하여 일정 예측성 높이기, 선택 기회 제공하기)의 실행 단계를 작성하는 것부터 시작하였다. 개비와 로베르타는 개비가 시각적 일정표를 어떻게 루시에게 보여 줄 것인지를 자세히 의논하였는데 이러한 의논 과정은 일정표가 어떤 모습이어야 하고 어떻게 구조화되어야 하는지를 이해하는 데 도움이 되었다. 일정표 실행 단계의 작성을 마친 후 개비와 로베르타는 간단한 역할극을 하였는데 로베르타가 루시 역할을 하여 개비가 시각적 일정표를 사용하는 연습을 할 수 있게 하였다. 개비가 시각적 일정표를 사용하는 것과 일정표에 있는 활동과 관련하여 선택 기회를 제공하는 것에 익숙해지자 개비와 로베르타는 교수 전략과 강화 전략을 판별하는 단계로 넘어갔다.

로베르타는 개비에게 PTR-F 중재 메뉴 사본을 건네며 교수 전략을 간단히 소개하였다. 개비는 일과에 적극적으로 참여하기를 지도하는 것과 적절하게 의사소통하는 방법을 지도하는 것에 관심을 보였다. 로베르타는 개비가 그 두 가지 기술을 모두 원한다면 이를 모두 포함하는 행동지원계획을 수립하고 실행하도록 도와주겠다고 하였다. 개비는 의욕이 넘쳤고, 루시가 좀 더 독립적이 되고 하루가 좀 더 순조로울 수 있다면 무엇이든 할 준비가 되어 있었다. 개비는 이제 로베르타의 지원을 받을 수 있으므로, 학교에서 이미 효과를 거두고 있는 이 전략들을 자신도 집에서 루시에게 적용할 수 있으리라고 생각했다.

앞서 했던 절차와 동일하게 개비와 로베르타는 개비가 '적극적으로 일과에 참여하기'를 루시에게 어떻게 지도할지 자세하게 논의하였고, 로베르타는 논의 내용을 타이핑하였다. 두 사람은 또한 루시에게 일정표의 다음 순서를 말로 표현할 기회를 제공하여 의사소통기술을 지도할 방법도 논의하였다. 교수 전략의 실행 단계 작성을 마친 다음 또 한 번의 역할극을 했는데, 로베르타가 루시 역할을 담당하여 개비가 모든 단계를 명확하게 이해하고 빠짐없이 실행해 보게 하였다. 개비가 루시를 위한 전략 실행을 편안하게 느끼게 되자 두 사람은 강화 전략을 위한 계획 수립으로 넘어갔다.

개비와 로베르타는 PTR-F 기능평가 체크리스트의 강화 영역을 참고하여 루시에게 강화제로 사용할 수 있는 것을 찾아보았다. 로베르타는 루시가 바람직한 행동을 빨리 배우려면 강력한 강화제와 여러 선택지를 찾아야 한다고 말했다. 로베르타는 일과에 적극적으로 참여하기와 적절한 의사소통하기라는 새로운 기술을 가르칠 때 루시에게 가장 강력하고 동기 부여가 되는 강화제가 무엇이라고 생각하는지 물었다. 루시는 젤리와 주스를 포함하여 단 것은 대부분 좋아하지만, 가장 좋아하는 것은 엄마의 관심이었다. 로베르타는 학교에 가서 루시를 관찰해 보니 루시가 성인의 관심만 있어도 매우 잘 반응하기 때문에 학교에서는 구체물 강화제(예: 음식, 스티커, 도장)가 거의 쓰이지 않고 있다는 것을 알렸다. 로베르타는 집에서도 그렇게 할 수 있을지를 물었고, 개비는 자신의 관심과 애정이 최고의 강화제인 것은 사실이며 이 강화제는 제공하기도 쉽다고 하였다. 강화 전략의 실행 단계를 작성하는 동안 로베르타는 개비에게 루시가 가정에서 보이는 바람직한 행동(즉, 일과에 협조적으로 잘 참여하는 행동)을 빨리 정착시키기 위해 약간의 주스나 젤리를 주면 어떨지 물었다. 로베르타는 개비가 일과에 잘 참여한 루시에게 긍정적 피드백과 관심에 더하여 주스나 젤리를 줄 수 있는 몇몇 시간대를 적어 넣었다. 로베르타는 루시가 신체적인 공격행동을 보일 때 개비가 어떻게 해야 할지를 논의하여 개비가 그러한 상황에서 루시의 행동을 어떻게 다룰지 명확히 이해하게 하였

표 5-6 루시의 PTR-F 행동지원계획

PTR-F 행동지원계획

아동명: 루시
팀원: 개비(엄마), 마르그리트(할머니), 로베르타(PTR-F 촉진자)
작성일: 2015. 8. 12.

증가되어야 할 바람직한 행동: 조용하고 협조적으로 일과 수행하기
조작적 정의: 어떤 일과를 시작하라는 말을 들으면 그 일과에 조용하고 적극적으로(그리고 점차 독립적으로) 참여하기. 즉, 그 일과에 대한 엄마의 지시를 따르고 특정 과제를 완성하려고 노력하거나 실제로 완성하며, 일과의 다음 단계를 시작하기. 도전행동(조작적 정의 참조)을 하지 않고 일과에 참여하기

감소되어야 할 목표행동: 신체적인 공격행동
조작적 정의: 때리기, 치기, 차기, 물기, 할퀴기, 옷이나 머리카락 당기기, 소리 지르기, 옷을 벗으려 하기
가설문장: 루시는 원하지 않은 것을 하라는 말을 들으면 신체적인 공격행동을 보인다(조작적 정의 참조). 그 결과로 과제나 활동을 피하거나 지연시키고 언어적 재지시나 신체적 안내 등의 형태로 성인의 관심을 받는다.

예방 전략: 달력과 일정표를 이용하여 일정 예측성 높이기, 선택 기회 제공하기

➪ **필요한 자료:** 일과와 활동을 찍은 사진들로 만든 시각적 일정표

➪ **전략 실행 단계:**

1. 특정 일과나 활동을 할 시간이 되면 해야 할 활동이 올바른 순서로 나열된 시각적 일정표를 들고 루시에게 다가간다.
2. 루시에게 시각적 일정표를 보여 주고 첫 번째 사진을 가리키며 "이제 ~할 시간이네. 제일 먼저 무엇을 해야 할까?"라고 말한다. 선택 기회를 제공할 일과나 활동에서는 "루시, 이제 ~할 시간이네. ___(A 선택지)와 ___(B 선택지) 중 무엇을 먼저 하고 싶어?"라고 말한다.
3. 루시가 일과를 바른 순서로 진행하거나 지시를 잘 따른다면(5초 이내에 따른다면), 이와 같이 초기 지시를 잘 따른 것에 대해 구체적인 말로 칭찬한다(예: "맞아! 화장실 갈 시간이야." "엄마 말을 잘 듣고 옷을 입었네. 정말 잘 했어!").
4. 루시가 5초 이내에 반응하지 않는다면 다시 한번 말한다. 이렇게 두 번을 지시했는데도 반응하지 않는다면 그 단계를 부드럽게 신체적으로 안내한다. 일과나 활동의 일부를 신체적으로 안내할 때 잘 협조한 것에 대해 구체적인 칭찬을 최대한 많이 한다(예: "큰언니처럼 아주 잘 서 있네." "혼자서 문을 열다니 정말 잘했어.").

교수 전략: 적극적으로 참여하도록 지도하기, 적절하게 의사소통하는 방법 지도하기(이 전략은 예방 전략과 연결하여 사용함)

➪ **필요한 자료:** 일과와 활동을 찍은 사진들로 만든 시각적 일정표

➪ **전략 실행 단계:**

1. 시각적 일정표를 처음 적용할 때는 앞에서 기술한 예방 전략 1~4단계로 시작한다(적용 가능한 경우에).
2. 일과나 활동의 다음 단계를 할 차례가 되었을 때 다음 사진을 가리키며 "다음에는 무엇을 해야 할까?"라고 묻는다.
3. 루시가 질문에 답할 수 있도록 5초를 기다린다. 어떤 소리로든 루시가 반응을 보이면 구체적인 말로 칭찬한다(예: "맞아!" 또는 루시의 말을 반복해 줌). 루시가 말로 반응하지 않는다면 다음 단계 사진을 보여 주며 이를 말로 해 준다(예: "손 씻을 시간이야."). 그런 다음 그 단계를 실행한다.
4. 남은 일과와 활동에 대해서도 이 과정을 반복한다. 즉, "다음에는 무엇을 해야 할까?"라고 묻고 각 단계마다 구체적인 말로 칭찬한다. 루시가 처음으로 그 단계를 배우는 중이라면, 그 단계의 일부만 조용하고 협조적으로 수행해도 구체적인 말로 칭찬한다.

강화 계획: 1) 기능적 강화제 판별하기, 2) 바람직한 행동 강화하기, 3) 도전행동에 대한 강화 중단하기

➪ **필요한 자료:** 엄마, 젤리, 주스

➪ **전략 실행 단계:**

1. 루시가 바람직한 행동을 보일 때 엄마의 관심과 애정을 표현할 구어와 비구어적 방식의 목록을 작성한다.
2. 루시가 일과에 참여하고 지시를 따르며 조용하고 협조적일 때(즉, 바람직한 행동을 보일 때) 구체적 칭찬과 신체적 애정표현을 제공한다. 하루에 3~5회 정도는 루시가 바람직한 행동을 보일 때 소량의 주스나 젤리를 준다.
3. 루시가 도전행동을 보일 때는 이를 무시한다. 루시에게 어떤 말도 하지 않고 필요할 경우 성인의 얼굴과 몸을 루시에게서 다른 쪽으로 돌린다. 루시에게 일과와 활동의 다음 단계를 시작하도록 촉진하기 위해 시각적 일정표의 해당 사진을 가리킨다. 루시가 일과를 수행하기 시작하거나 지시를 따르기 시작하면 이러한 바람직한 행동을 강화하기 위해 강화 계획 2단계를 실행한다.

자료 수집: PTR-F 행동 평정 척도를 이용하여 계속 자료를 수집한다. 촉진자와 함께 자료를 검토하고 이 자료를 바탕으로 의사결정을 할 것이다.

표 5-7 루시의 PTR-F 행동지원계획 요약표

PTR-F 행동지원계획 요약표

아동명: 루시 날짜: 2015. 8. 12.

보편적 양육 실제

☐ 높은 비율의 긍정적 관심 제공하기
☑ 예측 가능한 일과를 수립하고 유지하기
☐ 일과 내에 일관성 있는 활동 패턴을 포함하기
☐ 기대행동을 정의하고 바람직한 행동과 도전행동 간의 차이를 명확히 규정하기

가설문장: 루시는 원하지 않은 것을 하라는 말을 들으면 신체적인 공격행동을 보인다(조작적 정의 참조). 그 결과로 과제나 활동을 피하거나 지연시키고 언어적 재지시나 신체적 안내 등의 형태로 성인의 관심을 받는다.

중재 전략:

	예방	교수	강화
전략	1. 달력과 일정표를 이용하여 일정 예측성 높이기 2. 선택 기회 제공하기	1. 적극적으로 참여하도록 지도하기 2. 적절하게 의사소통하는 방법 지도하기	(모든 행동지원계획에 다음이 포함되어야 함) 1. 기능적 강화제 판별하기 2. 바람직한 행동 강화하기 3. 도전행동에 대한 강화 중단하기
설명	1. 시각적 일정표 보여 주기 2. "이제 ~할 시간이네. 제일 먼저 무엇을 해야 할까?" 또는 "이제 ~할 시간이네. ___와 ___중 무엇을 먼저 하고 싶어?" 3. 구체적인 말로 칭찬하기 4. 루시가 대답하지 않으면 한 번 더 지시하기	1. 예방 전략 단계를 먼저 실시하기 2. "다음에는 무엇을 해야 할까?" 3. 5초 기다리기. 루시가 음성으로 대답하면 구체적인 말로 칭찬하기, 말로 대답하지 않으면 묻고 기다리는 단계를 한 번 더 반복하기 4. 일과의 모든 단계를 마칠 때까지 2단계와 3단계를 반복하기	1. 루시가 바람직한 행동을 보일 때 엄마의 관심과 애정을 표현할 구어적/비구어적 방법의 목록을 살펴보기 2. 루시가 일과에 잘 참여할 때 구체적인 말로 칭찬하기 3. 도전행동 무시하기
실행 관련 메모	• 구체적인 칭찬의 예: "맞아! 화장실 갈 시간이야." "엄마 말을 잘 듣고 옷을 입었네. 정말 잘 했어!" "큰언니처럼 식탁에 의젓하게 앉아 있구나."	• 구체적인 칭찬의 예: "와, 말을 정말 잘 하네!" "이야기를 참 잘 하네!" "말로 하려고 노력한 것 정말 훌륭해!"	• 구체적인 칭찬을 최대한 자주 하기

다. 이 단계들도 모두 루시의 행동지원계획에 포함되었다. 로베르타와 개비는 다시 한 번 간단한 역할극을 통해 모든 세부 사항이 포함되었는지 그리고 개비가 전략 실행을 편안하게 느끼는지 확인하였다(루시의 PTR-F 행동지원계획은 〈표 5-6〉에 제시되어 있다).

행동지원계획이 완성되고 개비가 전략의 실행을 편안하게 느끼게 된 후 두 사람은 남은 시간 동안 개비가 사용할 시각적 일정표를 만들었다. 로베르타가 학교에서 사용 중인 시각적 일정표 사진을 가지고 있었기 때문에 두 사람은 집에서 사용하는 시각적 일정표를 학교에서 쓰는 것과 비슷하게 만들 수 있었다. 학교에서 사용하는 시각적 일정표는 하루의 주요 활동을 보여 주는 사진들이 세로로 배열된 앨범식 포켓에 들어 있고 한 활동이 끝날 때마다 일정표 당번을 맡은 아동이 그 활동에 해당하는 사진을 뒤집어서 그 칸이 빈칸으로 보이게 하였다. 로베르타는 루시의 시각적 일정표를 위해 코팅이 된 폴더를 가져와서 폴더 앞면에 벨크로 테이프를 세로로 길게 붙였다. 폴더의 뒷면에도 사진을 붙일 수 있도록 벨크로 테이프를 세로로 붙였다. 사진의 앞뒤에도 벨크로를 부착하여 사진을 바로 하든 뒤집든 폴더에 붙일 수 있게 하였다. 로베르타는 개비가 시각적 일정표를 만드는 동안 PTR-F 행동지원계획 요약표를 완성하였다. 시각적 일정표의 제작이 완료되기 전에 로베르타가 개비의 집을 떠나야 했지만, 개비는 작업을 계속하여 바로 사용할 수 있도록 준비하겠다고 하였다. 두 사람은 첫 네 회기의 코칭 일정을 정하였고, 로베르타는 현재 가장 문제가 되는 일과가 오전 일과이므로 최소한 첫 두 회기는 오전 일과를 관찰하고 코칭을 하기로 하였다.

로베르타는 BRS에 실행 시작일을 표시하고 개비에게 매일 자료를 수집해야 한다고 상기시켰다. 로베르타는 개비에게 지원계획의 모든 단계를 잘 기억할 수 있도록 PTR-F 행동지원계획 요약표(〈표 5-7〉 참조)를 매일 복습하기에 좋은 장소에 붙여 두라고 권하였다. 로베르타는 또한 이 계획을 루시의 할머니와 공유하고 필요할 경우 할머니의 도움을 요청하라고 하였다.

■ 자기 평가 체크리스트

회의가 끝나갈 즈음 로베르타는 'PTR-F 중재를 위한 자기 평가 체크리스트'를 개비와 함께 살펴보았고 두 사람은 모든 단계를 완료했다는 데 동의하였다. 개비는 계획을 어서 실행해 보고 싶었고 이 단계까지 온 것이 정말 기뻤다.

제6장

가족이 충실하게 계획을 실행하도록 코칭하기

- 실행충실도 이해하기
- 코칭이란 무엇인가
- PTR-F의 코칭 절차
- PTR-F의 코칭 단계
- 사례

코칭은 가족이 행동지원계획의 모든 측면을 충실하게 실행할 수 있도록 돕는 PTR-F 절차의 필수적인 부분이다. PTR-F 행동지원계획이 완료되면, 촉진자는 가족이 중재를 실행할 기술(즉, 실행 능력)과 일과 내에서 중재 전략을 사용할 자신감을 갖추게 하는 데 초점을 맞추면서, 가족 구성원들이 계획을 실행하도록 코칭할 책임이 있다. 코칭은 가족 구성원들에게 안내된 연습과 피드백을 제공해 주어 가족이 점차 정확하고 일관성 있게 전략을 실행하도록 해 준다. 코칭 회기를 통해 팀은 중재 전략에 대한 아동의 반응을 검토하고 추가 전략을 사용해야 하는지 또는 전략 실행을 수정해야 하는지를 확인할 수 있다. 목표는 촉진자가 지원을 줄여 나가도 가족 구성원이 계속 계획을 충실히 실행하게 하는 것이다.

실행충실도 이해하기

아무리 좋은 지원계획도 충실하게 실행되지 않으면 효과적이지 않다. 충실도는 중재계획에 포함된 중재 전략의 각 단계가 일관적이고 정확하게 수행됨을 의미한다. 이를 위해 이 책에는 충실도를 측정하고 관리하는 도구가 포함되어 있다. 행동지원계획이 잘 실행되게 하고 중재의 잘못된 적용이나 특정 중재를 생략하는 습관이 만성화되기 전에 이를 발견하려면 충실도를 정기적으로 측정하는 것이 좋으며, 실행 초기에는 더욱 그러하다.

코칭 절차에서 촉진자는 관찰, 코칭, 수행 피드백의 일부인 충실도 점검을 적극적으로 담당하게 된다. PTR-F 전략 실행충실도 점검지(〈표 6-1〉 참조)는 중재 전략 중 실행된 단계와 빠진 단계를 판별하기 위한 체계적인 방법을 제공하도록 설계되었으며, 중재 과정의 모든 단계를 충실하게 완료하는 방법에 대한 논의에 영향을 미치는 중요한 자료원이다. 예를 들어, 매번 빠뜨리는 단계가 있을 경우 이 도구는 대화 및 문제해결을 위한 발판이 될 수 있다. 촉진자는 매 코칭 관찰에서 이 점검지를 작성해야 하며, 가족과 함께 성찰하고 피드백하는 동안 자료에 대해 논의해야 한다. 코칭 중에 점검지를 사용하는 방법에 대한 예로, 이 장 마지막에 수록된 사례에서 티미와 루시의 완성된

PTR-F 전략 실행충실도 점검지를 참조하라.

PTR-F 전략 실행충실도 점검지는 행동지원계획을 실행하기 전에 준비되어야 한다. 점검지를 준비하기 위해 팀은 행동지원계획의 일부인 세 가지 개별화된 중재 전략(예방, 교수, 강화) 각각의 단계를 나열한다. 이 점검지를 사용할 때 충실도 점검을 담당할 사람은 다음 정보를 기록한다.

- **모든 절차가 계획대로 실행되었는가**? 충실도 점검지에 나열된 단계가 실행되지 않은 경우, 해당 단계는 '아니요'로 표시되어야 한다. 일과 중에 단계가 실행된 경우 체크박스는 '예'로 표시되어야 한다.
- **아동이 의도대로 반응하였는가**? 팀은 중재를 통해 이끌어 내려는 반응이 무엇인지 예상하고 있어야 한다. 예를 들어, "우리 모두 손을 씻었네! 이제 저녁을 먹기 위해 식탁에 앉을 시간이야."라는 언어적 촉진과 함께 시각적 일정표를 가리키는 것은 아동이 식탁에 앉으라는 지시에 반응하기를 기대하는 것이다. 원하는 대로 아동이 반응하면 이 체크박스는 '예'로 표시된다. 아이가 도전행동을 하든 다른 행동을 하든 원하는 대로 반응하지 않으면 체크박스는 '아니요'로 표시된다.
- **전략이 계획한 만큼 자주 실행되었는가**? 행동지원계획에는 중재 전략에 대한 구체적인 권장 빈도가 있어야 한다. 빈도는 영역별로 상당히 다를 수 있다. 예방 영역의 전략은 주로 정해진 일과 내에서만 사용된다. 교수 및 강화 전략은 기회가 있을 때마다 사용될 수 있다. 특히 강화 전략은 일과 전, 중, 후에 매우 빈번하게 사용될 수 있다. 실행 빈도가 계획에 명시된 빈도를 충족했거나 초과했으면 '예'에 표시하고, 충족하지 않았으면 '아니요'에 표시하면 된다.

가족에게 실행충실도 점검지의 사본을 주어 실행충실도를 스스로 점검하도록 격려하는 것이 좋다. 충실도 점검지는 실행 문제를 해결하는 유용한 도구가 될 수 있다. 아동의 반응에 대한 추가 정보가 있으면 이 도구는 가족뿐만 아니라 아동에 대한 전략의 효과와 적합성을 평가하는 데 사용될 수 있다. 모든 전략이 충실하게 실행되고 있는데 아동이 중재에 반응하지 않는다면, 중재가 아동에게 적합하지 않거나 행동의 기능에 대한 가설이 올바르지 않은 것일 수 있다. 전략이 충실하게 실행되지 않고 아동의 행동도 개선되지 않았다면, 팀은 계획이 효과적인지의 여부를 평가할 수 없다.

표 6-1 PTR-F 전략 실행충실도 점검지

PTR-F 전략 실행충실도 점검지

아동: ____________________ 일과: ____________________

날짜: ____________________ 실행자: ____________________

전략 단계	모든 절차가 계획대로 실행되었는가?		아동이 의도대로 반응하였는가?		전략이 계획한 만큼 자주 실행되었는가?	
예방 전략:			☐ 예	☐ 아니요	☐ 예	☐ 아니요
1.	☐ 예	☐ 아니요				
2.	☐ 예	☐ 아니요				
3.	☐ 예	☐ 아니요				
4.	☐ 예	☐ 아니요				
5.	☐ 예	☐ 아니요				
교수 전략:			☐ 예	☐ 아니요	☐ 예	아니요
1.	☐ 예	☐ 아니요				
2.	☐ 예	☐ 아니요				
3.	☐ 예	☐ 아니요				
4.	☐ 예	☐ 아니요				
5.	☐ 예	☐ 아니요				
강화 전략:			☐ 예	☐ 아니요	☐ 예	☐ 아니요
1.	☐ 예	☐ 아니요				
2.	☐ 예	☐ 아니요				
3.	☐ 예	☐ 아니요				
4.	☐ 예	☐ 아니요				
5.	☐ 예	☐ 아니요				

코칭이란 무엇인가

중재 전략 및 실제의 실행을 위한 코칭은 "부모나 동료 전문가가 기존 능력을 향상시키고 새로운 기술을 개발하며 현재와 미래 상황에 사용할 실제를 더 깊이 이해하는 역량을 구축하는 데 사용되는 성인 학습 전략"으로 정의되어 왔다(Rush & Shelden, 2008, p. 1). 코칭은 성인 학습을 촉진하고 성인이 새로운 실제들을 실행하도록 돕기 위한 필수 단계로 알려져 왔다. 일반적으로 코칭은, ① 코칭 파트너십 구축, ② 코칭 활동의 기초가 될 계획 개발, ③ 관찰, ④ 연습, ⑤ 성찰, ⑥ 피드백을 포함한다.

코칭은 가족을 지원하는 단 한 명의 팀 구성원인 촉진자에 의해서만 제공되어야 한다. 한 사람이 촉진자 역할을 맡아 코칭을 제공하면 가족과의 관계가 강화되고 코칭 과정에서 가족이 편안해지며 연속성이 생겨서 가족이 행동지원계획을 실행하는 동안 일관성 있는 코칭을 안내받을 수 있다.

코칭은 종종 운동 경기나 스포츠와 관련된 것으로 여겨진다. 촉진자가 가족에게 코칭 절차를 설명할 때, 계획 실행을 위해 가족에게 제공될 코칭을 운동선수를 지원하기 위한 코칭에 비유해서 설명하는 것이 유용할 수 있다. 촉진자의 코칭은 지도와 조언을 제공하고 선수의 수행을 관찰하며 수행에 대한 피드백을 제공하는 운동 코치의 코칭과 유사하다. 선수들은 이미 스포츠나 게임 방법을 알고 있다고 말하는 촉진자도 있겠지만(역자 주: 선수들과 달리 가족들은 아직 행동지원 방법을 잘 모르는 상태이니 운동 코치와 촉진자는 다르다고 말하는 촉진자도 있겠지만), 코치의 역할은 선수가 자신의 기술을 연마하고 자신의 강점을 통해 성공하도록 돕는 것이다. 마찬가지로, PTR-F에서 촉진자의 역할은 가족 구성원이 자녀의 변화에 필요한 타이밍에, 정확하게 행동지원계획을 사용하도록 하는 것이다. 따라서 촉진자는 전략을 실행하는 가족 구성원을 관찰하고 가장 효과적인 방식으로 전략을 사용하는 법에 대한 피드백을 제공한다. 촉진자와 가족은 코칭 관찰을 통해 가족 일과의 맥락에서 중재 전략을 가장 잘 적용할 방법을 찾을 수 있다.

가족과 함께 이해하고 논의해야 하는 코칭의 또 다른 측면은 행동지원계획의 실행이 정서적으로 어려울 수 있다는 점이다. 가족들은 자녀에게 반응하는 방식을 바꾸기가 쉽지 않음을 종종 깨닫게 되는데, 특히 자녀가 도전행동을 보일 때는 더욱 그러하다. 자녀가 문제를 일으키고 도전행동을 보일 때, 행동지원계획에서 의도하지 않았던 성인의 반응을 유발할 수 있다. 촉진자는 가족이 계획된 전략을 편안하고 자신감 있게 적용하도록 지원하는 것이 코칭의 목표임을 가족에게 표현해야 한다.

PTR-F 절차의 이 지점에서, 촉진자는 지원계획을 개발하는 협력적 과정에 참여하여 가족과 강력한 관계를 구축해야 하며, 가족의 선호, 일과, 가치 그리고 그들의 자녀를 위한 목표를 잘 이해해야 한다. 이것은 코칭 절차에서 매우 중요하다. 가족은 계획 실행을 위한 친밀한 코칭 작업에 참여하기 위해 촉진자를 따뜻하고 신뢰할 수 있으며 존중할만한 사람으로 보아야 한다. 촉진자가 PTR-F 절차에 매우 능숙하고 목표로 삼은 전략의 적용 방법에 대한 명확한 아이디어를 가지고 있더라도, 촉진자는 먼저 가족과의 모든 상호작용이 협력적이고, 존중에 기반을 두고 있으며, 융통성이 있는지 확인해야 한다. 이 과정의 목표가 아동과 가족 모두에게 효과적이고 시간이 지나도 계속 충실하게 실행될 행동지원계획을 갖게 되는 것임을 기억해야 한다. 성공적인 코칭 관계를 위해서는 다음의 원칙이 중요하다.

① **코칭은 체계적이어야 한다.** 코칭은 촉진자가 연구기반의 코칭 실제를 체계적으로 사용하여 가족이 중재 전략을 사용하고 충실하게 행동지원계획을 실행하는 방법을 알도록 안내할 때 가장 효과적이다.

② **코칭은 역량 구축에 중점을 두어야 한다.** 코칭의 명백한 목표는 가족이 능숙하고 자신감 있게 행동지원계획을 실행하는 것이다. 코칭은 가족이 자신감과 능숙도 측면에서 목표를 달성할 때까지 제공되어야 한다.

③ **코칭은 협력적 과정이어야 한다.** 코칭 절차는 가족의 요구와 선호를 고려하는 협력적 노력이어야 하며, 아동과 가족에게 가장 적합한 것이 무엇인지에 대한 가족의 결정을 지지해야 한다.

④ **코칭은 가족의 강점을 강조해야 한다.** 코칭 상호작용은 중재와 일관되거나 아동의 성공에 도움이 되는 가족들의 특정 행동을 강화한다.

코칭을 시작하기 전에 가족에게 코칭 절차를 설명하고, 코칭 회기의 구조와 사용할 수 있는 전략들을 이야기하며, 코칭 회기에 대한 기대를 논의하는 것이 좋다. 또한 촉진자는 코칭 방문 일정을 계획하고 이러한 일과 내에서 코칭 받을 가족 구성원을 확인해야 한다. 가족은 궁극적으로 모든 가족 구성원이 특정 일과(예: 취침 시간)에서 행동지원을 실행할 수 있기를 원하겠지만, 촉진자는 그 일과에 관여할 가능성이 가장 큰 주요 인물에게 초점을 맞출 것이다. 그러나 여러 가족 구성원을 포함하는 일부 일과(예: 저녁 식사)가 있을 수 있는데, 포함된 모든 가족 구성원이 행동지원계획에서 몇 가지 역할을 맡을 수도 있다. 〈표 6-2〉는 자주 묻는 질문에 대한 답변의 형태로 PTR-F 코칭 회기의 세부 사항을 담고 있는 안내문이다. 이것은 가족과의 코칭 논의에서 유인물로 사용될 수 있다.

표 6-2 PTR-F 가족 코칭 안내문

코칭이란 당신이 자녀에게 행동지원계획을 실행하는 방법을 배우고 계획에 포함된 전략을 자신 있게 사용하도록 돕기 위해 촉진자가 사용할 절차입니다. 코칭과 관련하여 가족들이 가장 궁금해하는 사항은 다음과 같습니다.

Q: 코칭이 왜 필요한가요? 사용 가능한 중재를 파악하여 지원계획을 실행해 보고, 도움이 필요할 때 연락하면 안 되나요?

- 코칭 회기는 지원계획이 가족에게 효과적인지 확인하는 데 필수적입니다. 코칭 회기 동안 코치는 당신의 일과와 당신의 자녀가 중재에 어떻게 반응하는지에 대해 더 많이 알게 될 것이며, 당신과 자녀에게 적합하도록 전략을 수정할 수 있습니다.
- 코칭 회기는 지원계획을 성공시킬 가능성을 최대화합니다. 당신과 자녀가 성공을 경험하고 도전행동을 신속하게 해결할 수 있는 것은 중요합니다. 가족이 지원 없이 지원계획을 실행하려고 할 때, 계획을 실행하기 어렵거나 자녀가 계속해서 도전행동을 하면 좌절하는 경우가 많습니다.

Q: 코칭 회기에서는 무엇을 하나요?

- 당신의 촉진자(코치)는 하루 중 가족 구성원이 아동과 함께 목표 일과를 자연스럽게 수행할 시간에 코칭 회기를 정할 것입니다.
- 첫 번째 코칭 회기는 지원계획 검토와 일과 내에서 전략을 실행하는 방법에 대한 논의로 시작합니다. 그 후에는 촉진자가 당신을 만나 코칭해 주었던 지난 코칭 회기 이후에 발생한 아동의 진보를 살펴봅니다(이때, 당신이 수집한 자료를 함께 살펴보면 됩니다). 그런 다음에는 중재 전략을 간단히 복습합니다. 이 시간에는 전략에 관하여 질문하거나 당신 또는 자녀에게 효과가 없는 전략을 다루기 위해 촉진자와 함께 문제를 해결하면 좋습니다.
- 계획을 논의한 후, 촉진자는 목표 일과 내에서 당신이 자녀와 함께 지원계획을 실행하는 모습을 지켜볼 것입니다. 관찰하는 동안, 촉진자는 PTR-F 전략 실행충실도 점검지를 사용하여 당신이 실행하는 단계와 전략에 대한 자녀의 반응을 기록할 것입니다. 촉진자는 당신을 돕기 위해 시범을 보이거나 당신 바로 곁에서 안내를 제공하거나 비디오 녹화 또는 기타 전략을 사용할 것입니다. 이러한 전략들은 당신이 일과 동안 편안하게 사용할 수 있을 것이라고 동의하는 경우에만 사용됩니다.

• 일과 관찰 이후, 당신과 촉진자는 무슨 일이 있었는지, 그리고 당신의 자녀가 중재 전략에 어떻게 반응했는지에 대해 이야기할 것입니다. 이 논의 동안, 당신은 지원계획이 어떻게 실행되는지에 대한 당신의 관점을 공유하고, 전략을 사용하는 방법을 명확히 하기 위해 질문하며, 계획에 대한 우려 사항을 말하는 것이 좋습니다. 촉진자는 당신의 실행에 대해 피드백을 제공하고 당신과 협력하여 지원계획이 자녀에게 긍정적 영향을 미치게 할 것입니다.

Q: 코칭 방문을 어떻게 준비하면 되나요?

• 해당 일과를 수행할 가능성이 가장 크고 코칭에 동의한 가족 구성원은 코칭의 모든 회기에 참석해야 합니다. 당신은 가족 모두가 행동지원계획에 대해 잘 알게 되기를 원하겠지만, 촉진자는 목표 일과에서 계획을 실행하기 위해 한 명의 가족 구성원과 협력할 것입니다. 물론 모든 가족 구성원이 아동의 진보 검토, 계획 전략 및 계획 실행에 대한 논의에 참여할 수 있습니다.
• 코칭 방문에는 당신의 집중적인 관심이 필요합니다. 코칭 회기 동안에는 주의가 분산되거나 방해받을 가능성을 최소화하는 것이 좋습니다. 이는 당신이 코칭 방문 중에 TV를 끄고, 전화를 받지 않으며, 다른 방문자를 제한하는 것을 의미합니다. 촉진자와 코칭 회기 일정을 잡을 때, 회기가 얼마나 오래 지속될지 논의하고, 해당 시간 동안 참석할 수 있는지 확인하세요.
• 바로 코칭을 시작할 수 있도록 준비를 해 둡니다. 촉진자와 공유할 수 있도록 BRS를 완성해 놓고, 촉진자와 함께 의논하고 싶은 질문이나 우려 사항을 적어 두면 좋습니다.
• 촉진자 접대나 집 청소는 신경 쓰지 마세요. 코치는 당신과 가족을 지원하기 위해 방문하는 것이므로 이러한 코칭 회기가 당신의 가족에게 추가의 스트레스를 유발하는 것을 원하지 않습니다. 촉진자에게는 당신과 자녀의 평소 일과가 어떻게 흘러가는지 확인하는 것이 더 중요합니다.

Q: 평균적인 코칭 회기는 어느 정도 걸리나요?

• 코칭 기간은 몇 가지 변수에 따라 달라집니다. 첫째, 계획을 일과에서 사용하기 전에 계획 단계와 전략들을 자세히 검토할 것이므로 초기 코칭 회기가 더 오래 걸릴 수 있음을 예상해야 합니다. 또한 코치와 함께 작업하는 일과의 기간이 코칭 회기의 길이를 결정하는 요소가 될 것입니다. 예를 들어, 코치가 식사 시간 행동을 다루기 위해 함께 있고 그 일과가 30분인 경우, 그 코칭 회기는 옷 입기 또는 다른 더 짧은 일과를 다루기 위한 회기보다 길어질 수 있습니다. 당신과 코치는 코칭 회기를 위한 시간을 정할 때 시작 시간, 종료 시간 및 코칭 회기 내에 일어날 일에 대해 논의해야 합니다.

Q: 코칭 회기는 얼마나 자주 진행되나요?

• 코칭 회기의 빈도는 코칭 지원 및 서비스 지침을 제공하는 기관에 의해 결정될 가능성이 큽니다. 코칭 회기는 정기적이어야 하며(예: 매주), 코칭 방문이 계획대로 이루어질 수 있도록 가족이 활동 일정을 잡을 것을 적극 권장합니다.

PTR-F의 코칭 절차

이 절에서는 가족을 지원하기 위해 촉진자가 사용할 수 있는 코칭 절차, 코칭 회기의 구조, 코칭의 실제를 설명한다. 행동지원계획이 개발되고 가족이 실행할 준비가 되면 코칭 단계를 시작한다. 따라서 계획 실행에 사용할 시각 자료를 개발하거나 자료를 수집하는 데 며칠이 걸릴 수도 있다. 코칭 회기를 위해 촉진자와 가족에게 필요한 PTR-F 자료는 행동지원계획, 행동지원계획 요약표, 실행충실도 점검지, 행동 평정 척도(BRS)다.

TIP PTR-F 절차에는 가족이 계획을 실행할 때 조직화되어 있고 사용할 준비가 되어 있어야 하는 몇 가지 서식이 있다. 촉진자가 가족을 위해 폴더나 노트북에 이러한 서식들을 정리하여 한곳에 두고 쉽게 사용할 수 있도록 하면 도움이 된다.

코칭 회기는 가족이 행동지원계획이 적용될 일과(들)에 참여할 수 있는 시간에 이루어져야 한다. 어떤 가족에게는 촉진자가 한 번의 방문만으로도 여러 일과에 대한 코칭을 제공할 수 있지만, 어떤 가족에게는 촉진자가 여러 번 방문하여 하루 중 서로 다른 시간에 발생하는 여러 일과에 대한 코칭을 제공할 수도 있다. 매주 모든 일과를 코칭하는 것은 현실적으로 어려울 수 있지만, 일과가 자연스럽게 발생하는 시간 동안 각 일과에 대해 적어도 한 번의 코칭 회기가 제공되는 것이 중요하다. 코칭 회기 일정을 계획할 때, 촉진자는 일과 중에 코칭을 받을 사람을 확인해야 한다. 앞서 언급했듯이, 코칭 방문 전반에 걸쳐 주어진 일과에 대해 동일한 주요 가족 구성원을 일관적으로 코칭하는 것이 바람직하다. 그러나 다른 가족 구성원들도 이러한 회기에 참석하고 계획을 검토하며, 아동의 진보 및 계획 실행에 대한 논의에 기여할 수 있다.

코칭 회기를 진행하기 전에, 촉진자는 회기 중에 일어날 일에 대해 가족을 미리 준비시켜야 한다. 다음과 같은 문장으로 안내할 수 있다.

"다음 만남부터 코칭 절차를 시작하겠습니다. 당신이 자녀와 지원계획을 실행할 수 있는 요일과 시간에 회기 일정을 정하고자 합니다. 제가 도착하면 당신의 자녀가 어떻게 지내는지 이야기하고 지원계획을 검토할 것입니다. 제가 지켜보는 동안 당신은 지원계획에 포함된 일과에서의 중재를 실행할 것입니다. 일과가 완료되면, 지원계획이 어떻게 실행되었고 자녀가 어떻게 반응했는지에 대해 이야기할 것입니다. 우리는 함께 지원계획 실행을 위한 다음 단계를 결정할 것입니다."

코칭 회기에는 항상, ① 진보 검토, ② 행동지원계획 검토, ③ 관찰, ④ 성찰, ⑤ 피드백, ⑥ 계획이 포함되어야 한다. 다음은 각 요소에 대한 설명이다.

> 코칭 회기를 위해 촉진자가 집에 도착하면, 이번 회기에서 일어날 일에 관한 계획을 재진술하는 것이 좋다. 코칭 회기 활동의 순서를 재진술하면 가족 구성원들이 집중력을 유지하고 기대되는 바에 대해 좀 더 편안하게 느끼는 데 도움이 된다.

진보 검토

모든 코칭 회기(첫 번째 회기는 제외)는 촉진자와 가족의 지난 만남 이후에 있었던 아동의 진보를 검토하는 것으로 시작한다. 진보 검토 시에는 자녀가 지원계획에 어떻게 반응했는지에 대한 가족 구성원의 생각을 묻고, 가족 구성원이 지원계획을 편안하게 적용하고 있는지를 파악하며, 가족이 수집한 자료를 살펴본다. "지난주 우리의 만남 이후 당신과 ○○(자녀의 이름)에게 ○○(일과)이(가) 어떠했는지 말해 주세요."라는 질문으로 과정에 대한 검토를 시작할 수 있다. 촉진자는 또한 "지원계획상의 단계들을 실행할 수 있었나요?"라고 질문할 수도 있다. 이러한 질문을 할 때의 목표는 가족 구성원이 지원계획 실행, 아동의 반응 그리고 계획 사용과 관련된 문제에 대해 가능한 한 많이 이야기하게 하는 것이다. 촉진자는 이러한 질문에 대한 반응으로 성급하게 조언하거나 새로운 정보를 제공해서는 안 된다. 그 대신 촉진자는 개방형 질문을 사용하여 가족 구성원이 지난 방문 이후에 일어난 일을 공유하도록 격려해야 한다. 중요한 정보를 얻을 수 있는 예시 질문은 다음과 같다.

- 자녀는 ○○(전략 이름)의 적용에 어떻게 반응했나요?
- 일과 내에서 잘된 것은 무엇이었나요?

- 효과가 없어 보였던 전략은 무엇인가요?
- 계획에서 실행하기 어려운 단계가 있었나요?

가족 구성원의 소감을 묻고 가족 구성원이 지원계획의 실행에 대해 설명하도록 격려한 후, 촉진자는 가족이 수집한 자료를 보여 달라고 요청해야 한다. 자료 수집에 일관성이 없더라도 자료를 수집한 것에 대해 가족을 강화하는 것부터 검토를 시작해야 한다(예: "훌륭해요! 검토할 수 있는 자료가 있네요. 이것은 상황이 어떻게 진행되고 있는지 살펴보는 데 도움이 됩니다."). 바쁜 성인들이 체계적으로 자료를 수집하는 것은 어려운 일이므로, 가족이 이러한 노력을 계속할 수 있도록 격려해야 한다. 촉진자는 수집된 자료에 대한 기쁨을 표현한 후, 가족 구성원에게 BRS에 표시된 내용을 설명해 달라고 요청해야 한다(예: "며칠간 자료를 잘 모으셨네요. 어떻게 평정하셨는지 말씀해 주세요."). 가족 구성원에게 평정 결과를 보여 달라고 하고 이를 설명해 달라고 요청하면, 이 평정이 촉진자를 위한 것이 아니라 가족을 위한 것이고 그 결과를 사용하는 것도 가족이라는 점을 분명히 할 수 있다. 가족이 어떤 자료도 수집하지 않은 경우, 촉진자는 가족이 BRS를 더 쉽게 완성하는 데 필요한 조치를 결정하도록 도와야 한다. 자료 수집을 개선하기 위한 제안에는 부모의 휴대전화에 알림 설정하기, BRS를 눈에 잘 띄는 곳에 두거나 자주 쓰는 자료와 함께 두기, 또는 BRS 작성을 중재 절차의 하나로 계획에 추가하기 등이 있다(예: '자녀를 재운 후, 자녀의 침실 문 게시판에 부착해 둔 BRS 작성하기'를 하나의 단계로 추가). 이러한 제안을 할 때, 촉진자는 자료 수집에 대한 장벽이 무엇인지 고려하고 가족에게 가장 효과적인 전략을 확인해야 한다.

가족과 함께 BRS를 검토하면 일과에 나타난 아동의 진보에 대해 논의할 수 있게 된다. BRS에 소수의 자료점만 있는 경우, 촉진자는 계획이 여러 날 동안 실행되고 패턴을 확인할 자료가 더 많아질 때까지 제한된 자료를 통해 예단하지 않도록 안내해야 한다(이 장의 마지막에 수록된 티미의 사례 참조). 가족 구성원이 자료로 인해 낙담한다면 촉진자는 전반적으로 긍정적인 경향을 지적하거나(평정 결과가 좋지 않았던 하루 이틀의 자료 때문에 낙담하지 않도록) 아동의 진보가 더딘 이유와 관련된 피드백을 제공해야 할 수도 있다. 가족은 좀 더 극적이고 빠른 개선을 기대하겠지만, 촉진자는 약간의 긍정적 경향을 띠는 자료에서도 패턴을 찾아내어 중재 노력을 통해 점진적인 개선이 나타나고 있음을 가족에게 알려 줄 수 있다.

행동지원계획 검토

일과 관찰을 위한 준비로, 촉진자는 가족 구성원과 함께 행동지원계획을 간략하게 검토해야 한다. 첫 번째 코칭 회기에서는 촉진자가 계획 실행의 각 단계를 자세히 살펴보는 데 많은 시간을 할애하여 좀 더 철두철미하고 집중적인 방식으로 검토가 이루어질 것이다. 계획에 사용될 자료(예: 시각적 일정표 또는 수정된 자료)가 있거나 계획 실행을 지원하기 위해 환경이 정비되어야 하는 경우, 촉진자가 행동지원계획 단계를 이야기하는 동안 가족이 자료를 꺼내게 하거나 환경을 정비하게 해야 한다. 마지막으로 촉진자는 가족 구성원에게 질문이 있는지 또는 걱정되는 절차가 있는지 질문한다. 지원계획 검토를 마친 다음 촉진자는 가족 구성원이 자녀를 지원하는 동안 일과를 지켜볼 것이라고 가족 구성원에게 알려 주어야 한다. 이 시점에서 촉진자는 지원계획을 실행하는 가족 구성원을 지원하기 위해, 관찰하는 동안 어떤 코칭 전략이 사용될 수 있는지 가족 구성원과 함께 확인해야 한다. 이어지는 관찰 절차에 대한 논의에서는 가족의 지원계획 실행에 도움이 될 만한 전략을 설명한다. 가족 구성원은 코칭에서 사용될 전략을 알고 있어야 하며, 일상에 방해가 될 만한 전략(예: 모델링, 환경 조정, 비디오 녹화)의 사용에 동의해야 한다.

> **TIP**
> 가족 구성원이 행동지원계획에 익숙해지면, 계획 검토 시간은 줄어들 수 있으며 다음과 같은 촉진자의 질문으로 쉽게 진행될 수 있다. "검토를 시작하기 전에, 이 일과에 대한 지원계획 단계를 한 번 더 말씀해 주시겠어요?"

행동지원계획을 검토하는 동안, 가족은 질문을 하거나 전략 실행 방법을 잘 이해하기 위한 지원을 요청할 수도 있다. 촉진자는 전략 사용 방법을 말로 설명할 뿐 아니라 역할극이나 환경 조정을 할 수도 있고, 가족 구성원이 중재 전략의 사용을 이해하도록 돕기 위해 문제해결 논의에 참여할 수도 있다. 예를 들어, 코치는 시각적 일정표가 어떻게 사용되는지에 대해 가족과 함께 역할극을 하거나, 가족이 상자 안에 든 장난감을 선반에 꺼내 두게 하여 자녀가 선택한 장난감에 더 쉽게 접근하도록 도울 수 있다(즉, 환경 조정). 또한 부모가 둘째 아이와 놀아 주는 동시에 첫째 아이가 목욕하도록 촉진하는 방법을 함께 고민해 볼 수 있다(즉, 문제해결).

지원계획 실행 관찰

지원계획 실행을 관찰함으로써 촉진자는 가족 구성원이 어떻게 계획을 실행하는지와 아동이 중재 전략에 어떻게 반응하는지를 볼 수 있다. 촉진자가 지켜보는 동안, 실행된 전략을 기록하고 개선이나 수정이 필요한 전략을 확인하기 위해 실행충실도 점검지가 사용된다. 가족 구성원을 관찰하는 것 외에도, 촉진자는 일과 동안 가족 구성원을 지원하기 위해 코칭 전략을 사용할 수 있다. 앞서 언급한 바와 같이, 촉진자는 이러한 전략들을 미리 가족에게 설명해야 하며, 가족 구성원은 전략을 이해하고 일과 동안 이를 사용하는 데 동의해야 한다. 사용할 수 있는 코칭 전략은 다음과 같다.

- 비디오 녹화: 촉진자는 비디오 녹화 장치로 중재 일과를 녹화하여 가족 구성원과 촉진자가 성찰을 위해 그것을 볼 수 있도록 한다.
- 모델링(시범 보이기): 촉진자는 중재를 적용하기로 한 일과 동안 아동에게 중재 전략을 적용하는 방법을 보여 준다.
- 근접 지원(곁에서 지원하기): 촉진자는 가족 구성원이 중재 전략을 사용하도록 상기시키기 위해 중재 일과 동안 언어적(예: 알림, 지시) 또는 몸짓 신호(예: 가리키기)를 제공한다.
- 문제해결 논의: 촉진자는 일과와 관련된 문제, 중재 전략의 사용 또는 가족과 함께한 지원계획에 대한 아동의 반응과 관련된 문제를 논의한다. 가족 구성원과 촉진자는 문제를 해결하기 위한 아이디어를 생성하고 옵션을 제안한 다음, 잠재적 해결 방법으로 시도해 볼 옵션을 정한다.
- 환경 조정: 촉진자는 중재 전략 사용을 지원하기 위해 물리적 공간을 재배치하거나, 자료들을 옮기거나, 가족 구성원에게 자료를 전해 준다.
- 역할극: 이 전략은 계획이나 중재 전략 실행을 연습하기 위해 관찰 전이나 관찰 후에 행동지원계획을 검토할 때 사용할 수 있다. 역할극은 중재 전략을 배우거나 연습하기 위해 촉진자와 가족이 역할을 정하여(즉, 가족 구성원이나 아동 역할을 맡아) 문제의 상황을 시뮬레이션하는 것을 말한다.

관찰하는 동안 사용할 코칭 전략은 일과의 특성(예: 지역사회 환경에서는 비디오를 찍을 수 없음, 취침 시간이나 목욕하기는 모델링을 하기가 어려움), 가족이 전략에 대해 편안하게 느끼는 정도, 선택된 중재 전략의 특성과 관련된 요소를 기반으로 선택한다. 이러한 코칭 전략을 사용할 때, 촉진자는 전략 사용에 대한 가족 구성원의 반응을 점검하고 불편함이 관찰된다면 코칭 절차의 성찰 단계에서 이를 다루어야 한다.

TIP

가족 구성원이 일과 또는 활동 내에서 계획을 실행하는 것을 관찰할 때, 촉진자는 뒤로 물러서 있으려고 노력해야 한다. 촉진자가 아동과 상호작용하여 가족 활동의 일부가 되지 않는 것이 중요하다. 촉진자가 양육자를 위해 모델링을 하는 경우가 있기는 하지만, 이 전략은 아동과 관련된 일과의 본질을 바꿀 수 있기 때문에 최소한으로 사용되어야 한다.

성찰

일과와 행동지원계획의 실행을 관찰한 후, 촉진자는 관찰 내용을 가족 구성원과 논의한다. 촉진자가 일과를 관찰한 후이므로 성찰 절차는 가족 구성원이 행동지원계획을 얼마나 잘 실행했는지, 아동이 어떻게 반응했는지, 효과적이었던 전략과 그렇지 않은 전략은 무엇인지를 언급하는 것으로 시작된다. 관찰에 대한 자신의 성찰을 가족과 공유하기 전에, 촉진자는 먼저 가족 구성원도 일과와 행동지원계획에 대해서 성찰하도록 안내해야 한다. 촉진자는 "계획을 실행해 보니 어땠는지 말씀해 주세요."라고 질문함으로써 가족의 성찰을 촉진할 수 있으며, 그런 다음 "당신은 그 중재가 자녀에게 어떤 면에서 효과적이었다고 생각하나요?" "어떤 것이 잘 된 것 같나요?" "어려웠던 것은요?"와 같은 질문을 할 수 있다. 이렇게 성찰을 안내하는 것은 가족 구성원이 자신의 행동과 자녀의 반응을 돌아보고 평가할 수 있는 능력을 키우기 위함이다. 어려운 상황을 성찰하고 비판적으로 평가하는 능력은 촉진자가 일과를 함께하며 직접적인 지원을 제공할 수 없는 순간에도 가족 구성원이 계속 사용해야 하는 중요한 기술이다. 성찰을 안내하는 데 사용할 수 있는 질문은 다음과 같다.

- 기분이 어떤가요?
- 무엇이 잘 되었나요?
- 계획에 대해 어떻게 생각하시나요?

- 자녀는 어떻게 반응했나요?
- 일과 동안 새롭게 알게 된 것은 무엇인가요?
- 계획을 실행해 보니 이전과 어떤 점이 달랐나요?
- 실행이 잘 된 이유는 무엇이라고 생각하나요?

관찰의 일부로 영상을 찍었다면, 이를 성찰 과정에 활용할 수 있다. 촉진자와 가족 구성원은 함께 영상을 본 다음, 관찰한 것에 대해 대화한다. 촉진자는 가족 구성원에게 자녀가 중재 전략에 어떻게 반응했는지 생각해 보라고 요청하면서 대화를 시작할 수 있다. 영상에서 본 것을 평가할 때 촉진자는 가족 구성원이 좀 더 편안하게 느끼도록 아동이 어떻게 반응했는지에 대한 가족 구성원의 성찰을 안내하는 것부터 시작하는 것이 좋다. 일과 내 아동의 참여 및 전략에 대한 가족의 반응을 성찰하고 나면, 촉진자는 가족 구성원이 일과에서 무엇을 했는지로 성찰을 전환하여 자신이 가족 구성원을 관찰한 결과에 대한 지지적인 피드백을 즉시 제공해야 한다. 이 피드백에는 행동지원계획에 포함된 단계를 잘 기억하여 적용한 가족 구성원을 인정하기, 중재 전략을 지속적으로 사용하거나 효과적으로 사용한 가족 구성원을 칭찬하기, 또는 가족 구성원의 노력을 인정하거나 격려하기가 포함될 수 있다. 영상을 볼 때는 지원계획을 실행하는 자신의 모습을 보여 주고 평가받는 상황이 야기할 수 있는 가족 구성원의 불편함을 줄이기 위해 아동에 대한 가족 구성원의 성찰에서 빨리 화제를 옮겨 격려의 피드백을 제공하는 것이 좋다. 격려하는 피드백을 제공한 후, 촉진자는 가족 구성원이 자신의 행동을 성찰하고 지원계획 실행에 대한 자신의 생각을 말하도록 한다. 다음 절에서는 피드백 진술문을 표현하는 방법을 포함하여 피드백 제공에 대해 더 자세히 설명한다.

피드백 및 문제해결

가족 구성원이 성찰을 공유한 후에는 촉진자가 성찰과 피드백을 제공한다. 피드백에는 가족과 아동의 강점과 능력에 대한 인정과 강화(긍정적 피드백) 및 중재 실행을 개선시킬 수 있는 지침 또는 제안 제공(건설적인 피드백)이 포함되어야 한다.

긍정적인 피드백은 의미 있고 구체적이며 열정적으로 전달되어야 한다. 피드백을 전달할 때 촉진자는 가족 구성원이 한 일과 그것이 효과적인 이유를 정확히 설명해야 한다. 예를 들어, "잘했어요. 계획을 정말 잘 실행했어요."라고 말하기보다 "잘했어요. 전이하기 몇 분 전에 아이를 촉진하려고 시각적 일정표를 사용했고, 아이는 다음이 목욕 시간이라는 것을 잘 이해하는 것으로 보였어요."라고 말할 수 있다. 이러한 방식으로 구체적인 정보가 추가되면, 가족 구성원은 계획 전략과 그 전략이 효과적인 이유를 더 깊이 이해할 수 있다. 카시와 로베르타가 티미와 루시의 가족에게 구체적인 피드백을 어떻게 제공했는지 알아보려면 이 장 마지막에 수록된 사례 예시를 보면 된다.

관찰 중에 실행충실도 점검지로 수집된 자료는 피드백 회기에 사용된다. 그러나 촉진자는 이러한 자료를 공유하고 검토하는 방법에 대해 주의해야 한다. 일부 가족은 자료를 검토하고 의도한 대로 실행되지 않은 단계나 전략에 대한 아동의 반응을 성찰하는 데 잘 반응할 수 있지만, 어떤 가족은 촉진자에 의해 '평가'받는 것을 불편하게 느낄 수 있다. 촉진자는 이러한 자료를 지지적인 방식으로 공유해야 하며, 평가를 위한 자료가 아니라 논의를 위한 자료라고 설명해야 한다. 예를 들어, 촉진자는 "실행충실도 점검지를 보시겠어요? 이것은 어떤 단계가 잘 실행되었고 어떤 단계에 좀 더 힘써야 하는지를 알려 준답니다."라고 말할 수 있다.

전략 사용에 대한 성찰과 피드백을 제공하는 것은 비교적 간단하지만, 촉진자는 행동지원계획 실행에서 발생하는 더 복잡한 문제를 해결하기를 원할 것이다. 여기에는 행동지원계획을 사용하여 가족 구성원의 편안함이나 자신감, 일과의 전달을 방해하는 분산 요인, 가족이나 아동의 요구에 맞게 환경 또는 재료를 수정할 필요성을 다루는 것이 포함된다.

가족 구성원이 불편해 보이거나 지원계획의 실행에 자신이 없다고 말하는 경우, 촉진자는 자신이 관찰한 바 또는 가족이 한 말을 돌아보고 필요할 경우 이를 다루기 위한 문제해결 논의를 진행해야 한다. 초기에는 가족 구성원이 불편함이나 자신감 부족을 표현하는 것이 일반적이고, 이러한 우려는 인정(예: "새로운 것을 할 때는 어색하게 느껴지곤 하지요.") 또는 격려(예: "일과가 꽤 순조로웠던 것 같아요. 당신이 긴장했는지 전혀 눈치채지 못했답니다.")로 해결될 수 있으며, 문제해결이 필요하지 않을 수도 있음을 기억하라. 필요한 경우, 문제해결 논의는 문제를 확인하고, 문제해결을 위한 옵션을 협력적으로 생성하며, 실행을 위한 조치 과정을 결정하는 것이 포함된다. 문제해결 논의를 통해 행동지원계획을 변경하기로 결정한 경우, 촉진자는 해당 변경 사항을 포함하도록 계획서를 수정해야 한다. 또한 촉진자와 가족 구성원은 다음 코칭 방문에서 변경 사항의 효과를 평가해야 한다.

계획 실행에 대한 가족 구성원의 편안함이나 자신감을 다루기 위해 사용할 수 있는 또 다른 코칭 전략은 역할극이다. 역할극을 통해 촉진자와 가족 구성원은 모의 상황에서 계획의 실행을 연습한다. 예를 들어, 촉진자는 "나는 ○○(아동명)가 될 것이고, 당신은 일정표를 사용하여 나에게 장난감을 놓아두고 테이블로 오라고 촉진하세요."라고 말할 수 있다. 반대로 촉진자가 전략을 시연하고 가족 구성원이 아동 역할을 하는 것으로 역할극을 시작할 수도 있다(이 단계를 먼저 했다면 촉진자는 역할을 바꿔 다시 역할극을 해서 가족 구성원이 전략 사용 연습의 기회를 갖게 해야 한다).

마지막으로, 일과에 어려움을 야기하는 분산 요소나 방해 요소를 최소화하기 위해 문제해결 논의가 필요할 수도 있다. 예를 들어, 아동이 텔레비전에 주의가 분산되어 저녁 식사를 해야 하는 식탁으로 이동하지 않는다면, 일과의 시작을 촉진하기 전에 텔레비전을 끄라고 제안할 수 있다. 다른 경우, 행동지원계획의 효율성을 향상시키기 위해 일과의 단계 또는 환경에서의 변화를 확인하는 것이 문제해결 논의에 포함된다(이 장 마지막에 수록된 사례에서 루시가 식탁에 잘 앉도록 지원하기 위해 아침 식사 일과를 어떻게 바꾸자고 제안했는지를 참조). 행동지원계획 또는 일과에 대한 변경이 제안되면, 촉진자는 전략의 사용을 보여 주거나 계획의 변경 사항을 자세히 설명해야 한다. 이러한 논의와 시연은 가족 구성원이 변화에 대해 성찰하고 질문하거나 추가 우려 사항을 제기할 기회를 제공한다.

계획 및 다음 단계들

촉진자는 행동지원계획이나 전략 중 변경된 사항을 요약하고 행동 개선을 위해 가족 구성원이 중점을 두어야 할 실행 단계를 상기시키면서 코칭 회기를 종료한다. 요약을 마친 촉진자는 가족 구성원에게 그 외의 질문이나 걱정이 있으면 말해 보라고 격려해야 한다. 떠나기 전에 가족 구성원이 계획 실행에 필요한 서식과 자료들을 갖고 있는지 확인하고 추가로 필요한 자료를 언제 어떻게 전달할지 논의해야 한다(예: 업데이트된 행동지원계획서를 이메일로 보내기, 새로운 시각적 지원을 전달하러 잠시 들리기). 촉진자는 다음 코칭 회기 전에 가족 구성원이 필요할 때 어떻게 연락을 취하면 되는지 알려 주고 다음 코칭 방문 날짜와 시간을 확정해야 한다. 또한 촉진자는 다음 코칭 방문 계획을 한 번 더 설명한다(예: "제가 비디오카메라를 가져와서 저녁 식사를 관찰할 거예요." 또는 "다음 회기에서는 제가 당신과 함께 식료품점에 갈 것이고, 우리는 쇼핑 일과를 위한 중재를 할 수 있을 거예요."). 방문을 마치기 전에 촉진자가 마지막으로 해야 하는 일은 가족이 계속 실행을 잘 할 거라는 신뢰를 가족에게 전하는 것이다.

가족이 이메일을 사용하는 경우, 촉진자는 이번 코칭 회기를 요약하여 가족에게 이메일로 보내야 하며, 이때 다음 코칭 회기의 날짜, 시간, 활동 내용도 명확하게 알려야 한다. 또한 가족이 문자를 사용하는 경우, 촉진자는 다음 방문 전에 가족에게 격려의 메시지를 보내고 다음 회기 전에 약속을 확인하는 문자를 보낼 수 있다.

PTR-F 코치 계획 및 성찰 일지(〈표 6-3〉 참조)는 촉진자가 코칭 계획을 구성하고 진보를 기록하며 사용할 코칭 전략을 계획하고 가족과 추후에 만날 계획을 정하는 데 사용된다. 또한, 서식에는 관찰을 수행할 때 메모를 기록할 수 있는 공간도 있다. 성찰 일지는 촉진자가 코칭 절차를 체계적으로 실행하도록 안내하기 위해 설계되었으며 PTR-F 절차에서 아동과 가족의 진보에 대한 성찰에 사용될 수 있는 코칭의 기록을 제공한다. 완성된 성찰 일지의 예시는 이 장 마지막에 제시된 사례에서 볼 수 있다.

표 6-3 PTR-F 코치 계획 및 성찰 일지

PTR-F 코치 계획 및 성찰 일지

가족명: ______________________ 코칭 회기 날짜: ______________________

목표 일과	일과 시간	코칭을 받을 가족 구성원

A. 진보 검토(가족과의 논의 중에 기록한 메모):

B. 지원계획 검토(가족과의 논의 중에 기록한 메모):

C. 일과 관찰:

PTR-F 전략 실행충실도 점검지를 작성한 후, 일과를 관찰하면서 느낀 점을 기록하세요.

내가 관찰한 것	이야기 나누고 싶은 것

D. 성찰/피드백 (논의에서의 메모):

코칭 전략

촉진자는 다음 서식을 이용하여 (부모 동의하에) 관찰하는 동안, 계획 검토 중에, 또는 성찰 및 피드백 중에 다음의 특정 코칭 전략이 사용되었는지의 여부를 표시할 수 있습니다.

코칭 전략	관찰 시 사용된 전략	계획 검토 중에 사용된 전략	성찰 및 피드백 중에 사용된 전략	비고
관찰				
모델링				
근접 지원				
비디오 녹화				
문제해결 논의				
환경 조정				
역할극				

다음 단계:

가족과의 추후 연락: ☐ 이메일 ☐ 전화 통화 ☐ 화상 통화 ☐ 자료 제공 ☐ 기타

다음 회기 날짜/시간:

다음 회기에 다룰 핵심 내용:

Prevent-Teach-Reinforce for Families: A Model of Individualized Positive Behavior Support for Home and Community
by Glen Dunlap, Phillip S. Strain, Janice K. Lee, Jaclyn D. Joseph, Christopher Vatland, and Lise Fox.

PTR-F의 코칭 단계

필요한 코칭 회기 수는 행동지원계획의 복잡성, 중재의 초점이 되는 일과의 수, 행동지원계획을 실행할 가족의 자신감과 능력에 따라 결정된다. 촉진자는 코칭이 어느 정도 필요하고 언제 코칭 지원을 단계적으로 중단할 것인지를 결정하기 위한 지침으로 실행충실도 자료를 사용할 것이다.

앞서 언급했듯이, 가족이 문제라고 말한 각 일과에 대해 최소한 한 번의 코칭 회기가 제공되어야 한다. 코칭 지원 단계에서 일과 중 아동의 행동과 지원계획의 실행을 관찰하는 것은 지원계획 및 가족에게 제공되는 지원을 정교하게 수정하는 데 중요한 정보를 제공한다. 대다수의 가족은 3~5회의 코칭 회기만 제공되면 충실하게 계획을 실행할 수 있다. 가족이 모든 전략의 실행 방법을 익히고 아동을 지원하는 전략을 자유자재로 사용할 수 있으면, 촉진자는 코칭 지원에서 유지 지원으로 옮겨 갈 수 있다.

유지 지원에는 이전보다 빈도를 줄인 가족과의 추가 대면 회의(예: 두세 번의 추가 점검을 위한 월 1회의 만남), 이메일 교환, 전화 통화 또는 웹 기술을 사용한 원격 화상 통화(이 방법은 좀 더 친근한 만남을 가능하게 함)가 포함될 수 있다. 유지 지원 회기에는 아동의 진보에 대한 검토, 수집된 자료의 검토, 중재 전략에 대한 가족의 성찰, 행동지원계획에서 이루어져야 할 변경 사항에 대한 논의가 포함되어야 한다.

TIP

아동이 새로운 기술을 사용할 수 있고 문제행동이 감소하면, 양육자가 유지 구간에서 사용할 수 있도록 지원계획이 수정될 수 있다. 사용되는 촉진의 수나 특성을 감소시키거나, 강화를 제공하는 방법과 시기를 변경하거나, 성인이 제공하는 지원의 양을 변경하는 것 등과 같은 다양한 조치가 지원계획의 수정에 포함될 수 있다. 촉진자는 이러한 변화가 어떻게 이루어져야 하는지에 대해 논의하고, 양육자가 자녀를 체계적으로 계속 지원하는 데 도움이 되는 새로운 자료(예: 새로운 버전의 지원계획 또는 새로운 실행충실도 점검지)를 만들어야 한다.

유지 기간에 아동에게 새로운 문제가 생기거나 아동이 행동지원계획에 반응하지 않는 것으로 보인다면, 촉진자는 지원계획의 실행 또는 도전행동이 발생하는 일과를 관찰하기 위해 추가 회기 일정을 잡아야 할 수도 있다. 가족이 예전처럼 행동지원계획을 실행하고 중재 전략을 사용할 수 있도록 부스터 회기가 필요할 수 있으며, 또는 아동에게 추가 지원이 필요한 새로운 문제가 있을 수 있다.

코칭 지원 및 PTR-F 절차는 효과적인 행동지원계획이 마련되어 있고 가족 구성원이 계획의 실행에 자신감과 능력을 갖추었을 때 종료된다. 촉진자는 너무 빨리(예: 계획의 개발 단계) 절차를 종료하지 않아야 하며, 가족이 지원계획을 충실하게 실행할 수 있을 때까지 코칭을 계속해야 한다.

요약

이 장에서 우리는 행동지원계획을 실행하는 가족을 지원하고 격려하기 위해 PTR-F에서 사용되는 코칭 접근을 설명했다. 우리는 행동지원계획의 모든 중재 전략을 충실하게 실행하거나 계획에 요약된 대로 각 단계를 정확하고 일관성 있게 실행하는 것의 중요성을 반복하여 강조했다. 실행충실도를 보다 잘 점검하고 평가하기 위해, 누락된 단계가 있는지 혹은 정확하게 실행되지 않았는지의 여부를 측정하는 방법으로 PTR-F 전략 실행충실도 점검지를 제공하였다. 이 점검지는 가족과의 코칭 회기에서 중요한 역할을 하며, 실행충실도 확보에 매우 중요하다. 모든 코칭 회기는 가족의 강점에 중점을 두면서, 지지적이고 격려하며 협력적이어야 한다. 각 코칭 회기 동안, 촉진자는 아동의 진보에 대해 논의하고, 행동지원계획을 검토한 다음, 필요한 경우 가족의 실행을 안내하는 코칭 전략을 사용하여 특정한 가족 일과의 맥락에서 가족의 중재 전략 실행을 관찰한다. 관찰 후, 가족과 촉진자는 아동의 반응과 지원계획이 실행된 방식에 대해 성찰하고, 촉진자는 긍정적이면서도 건설적인 피드백을 제공한다. 종합하자면, 팀은 행동지원계획의 성공적 실행과 아동의 행동 개선을 위해 문제를 해결하고 필요할 경우 계획을 수정한다. 다음 장에서는 자료를 사용하여 아동의 행동 개선을 점검하고 진보를 위해 필요에 따라 행동지원계획을 수정하는 방법을 설명한다.

사례

티미를 위한 코칭 회기

■ 계획 실행

▶ 코칭 회기 1

카시는 주말 동안 조디의 연락을 받지 못했으므로 월요일 아침에 조디와 필에게 이메일을 보내어 그날 저녁에 가겠다고 알렸다. 카시는 취침 시간보다 조금 더 일찍 도착하여 주말 동안 있었던 일을 검토하고, 취침 시간을 관찰하고, 그 후 좀 더 머물면서 진행 상황을 보고할 계획이었다. 그날 늦은 저녁, 카시는 티미의 집에 도착하여 주말에 어떻게 지냈는지 물어보며 방문일정을 시작했으며, 행동 평정 척도(BRS)를 검토하도록 요청했다.

조디와 필은 힘든 주말을 보냈고, 행동지원계획에서 자신들이 하기로 한 일을 제대로 하지 못했으며, PTR-F 전략 실행충실도 점검지도 작성하지 못했다고 하였다. 조디는 카시에게 방해가 될까 봐 주말에 전화하지 않았다고 말했다. 특히 조디는 자신이 교수 전략을 올바르게 실행하고 있는지 확신할 수 없었고, 여전히 티미의 방에서 너무 많은 시간을 보내고 있는 것 같다고 생각하며 그것이 상황을 더 악화시키지는 않을지 걱정했다. 티미의 탠트럼은 지난주보다는 심하지 않았고, 여전히 탠트럼을 보이고 있었지만 그 시간은 하루에 30분 이하로 나타났다. 카시는 필과 조디에게 자료를 보고 그들이 본 것이 무엇을 나타내는지 생각해 보라고 요청했다. 조디는 비록 힘든 주말이었지만 티미가 자신의 방에서 혼자서 더 많은 시간을 보내기 시작하는 것 같다고 말했다. 카시는 조디에게 티미의 진보에 대해 어떻게 느꼈는지 물었고, 조디는 BRS 자료상으로 큰 폭의 개선이 나타나지는 않았지만 티미가 좋아지고 있는 것 같다고 답하였다. 카시는 조디에게 이제 겨우 3일이 지났을 뿐이라고 하면서 BRS 자료상으로 큰 폭의 개선이 나타나지는 않았어도 축하할 정도의 발전은 있었으며 조디가 자료 수집과 계획 실행에 최선을 다했다는 점을 상기시켰다.

자료에 대해 성찰한 후 카시는 조디가 취침 시간 일과를 시작하기 전에 지원계획의 단계를 다시 검토해 보자고 제안했다. 카시와 조디는 일과에 지장을 줄 수도 있으니 카시가 어떤 코칭 전략도 사용하지 않고 조금 물러서서 가만히 지켜보는 것이 최선이라는 데 동의했다. 카시는 PTR-F 전략 실행충실도 점검지를 사용하여 조디의 단계 실행을 기록하고 이 일과가 끝나면 코칭 지원을 제공할 것이었다. 필도 다코타를 미리 재워서 취침 시간 일과를 관찰할 수 있도록 하였다. 조디는 카시와 함께 취침 시간 일과에 대한 역할극을 하여 단계를 검토하고 티미를 잠자리에 들게 할 준비를 했다.

다코타가 잠자리에 들자, 조디는 티미의 취침 시간 일과를 시작했다. 그녀는 단계의 순서를 보여 주는 사진을 꺼내 티미와 함께 확인한 다음, 취침 준비를 시작할 시간을 나타내기 위해 타이머를 5분으로 설정했다. 카시는 조디, 필과 함께 단계를 검토했고, 타이머가 울렸을 때 조디는 티미에게 시각적 일정표를 보여 주며 "이제 무엇을 할 시간이지? 자야 할 시간이야."라고 했다. 조디는 티미의 열려 있는 잠옷 서랍이 그려진 다음 사진으로 넘어갔다.

조디는 티미가 잠자리에 들도록 하는 단계들을 거쳤고, 티미는 대부분의 단계를 문제없이 따랐다. 조디가 읽어 주는 마지막 책이 거의 끝나가서 굿나잇 인사를 할 시간이 얼마 남지 않았을 때, 조디는 티미에게 "이제 세 페이지 남았네. 엄마는 잘 자라고 인사하고 뽀뽀해 줄 거야."라고 말했다. 조디는 책을 다 읽고 티미에게 뽀뽀를 한 후 티미가 자신의 침대에 누워 있는 사진을 보여 주었다. 조디는 티미에게 자신의 방에 잘 머물러 있으면, 엄마가 다시 돌아와 바구니에 있는 책들(티미가 방에 머물러 있어야만 얻을 수 있는 초능력 영웅 책들) 중 하나를 읽어 줄 것이라고 말한 후 타이머를 1분으로 맞추었다. 조디는 망설이며 티미의 방을 나와 모퉁이에서 기다리고 있던 필과 카시를 만났다. 조디는 이야기가 거의 끝나 간다고 말했을 때 티미가 칭얼거리기 시작했지만, 이에 반응하지 않고 계속 책을 읽었다고 말했다.

조디는 티미가 엄마를 따라 방에서 나오거나 엄마가 방에서 나간 것에 대해 '폭발'할 것으로 생각했지만, 1분 후에도 티미가 여전히 자신의 방에 있다는 사실에 놀랐다. 1분이 지나 티미가 여전히 침대에 누워 있자 조디와 필은 매우 놀랐고, 티미가 자신의 방에 얼마나 오래 머물 수 있을지 좀 더 기다려 보고 싶어 했다. 아직 가르치는 과정의 초기이므로 카시는 티미가 계속 방에 머물게 하려면 티미의 행동이 즉시 강화되어야 함을 상기시켰다. 조디는 이전에 티미가 자신의 방에 잘 머물고 있을 때 그것이 너무 좋은 나머지 강화해 주지 않았으며, 아마도 그것이 티미가 방에 머무르고 잠들기 어려워한 이유 중 하나일 것이라고 말했다.

조디는 티미의 방으로 가서 티미에게 "침대에 잘 누워 있구나, 정말 잘했어."라고 말했다. 조디는 티미의 특별한 책들이 담긴 바구니에서 티미가 한 권을 고르도록 하여 책을 읽어 주었다. 책 읽기가 끝났을 때 조디는 "자, 티미, 잘 시간이야. 아침에 보자. 좋은 꿈 꿔."라고 말했다. 티미는 침대에서 몸을 웅크리고 손을 흔들었다. 조디는 놀라워하며 티미의 방에서 걸어 나와 모퉁이에서 필과 카시를 만났다. 조디는 티미와 함께 한 시간이 얼마나 순조로웠는지 설명했다. 그러나 티미가 언제라도 방에서 나올 것이라고 확신했다.

티미가 여전히 방에 머물면서 몇 분간 조용해지자, 카시는 조디에게 전날 밤과 오늘 밤이 어떻게 다른지를 비롯하여 진행 상황에 대해 성찰해 보게 하였다. 조디는 지난 한 주 동안 티미가 타이머가 울리기 전까지 잘 해냈지만, 티미가 자신의 방에 머물고 있었기에 조디는 티미가 얼마나 오래 머무는지 보려고 기다렸다고 말했다. 보통 타이머가 울리고 몇 분 내에 티미는 방에서 나와 조디를 찾았고, 조디가 티미를 다시 침대에 눕히려고 하면 티미는 발로 차거나 소리를 지르곤 했다. 그러면 티미를 진정시키는 데 시간이 걸렸기에, 조디는 티미가 잠잠해질 때까지 오랫동안 그의 방에 있어야 했다. 카시는 조디가 시각적 일정표를 자연스럽게 사용한 것과 티미에게 지시할 때의 자신감 있는 방식에 깊은 인상을 받았다고 말했다. 또한 카시는 함께 행동지원계획을 다시 한번 검토하면서 좀 더 집중해야 할 요소를 찾아보자고 제안했다.

팀은 지원계획을 재검토했고, 카시는 특히 실행 초기에 티미의 바람직한 행동을 강화하는 것이 얼마나 중요한지를 재차 강조했다. 카시는 아이가 어느 정도 성공을 보이면 지원을 소거하고 싶은 유혹이 생길 수 있고 또 그것이 일반적이지만, 새로운 행동이 유지되려면 새로운 전략을 실행하는 초기 단계에서 그 행동이 일어난 직후 즉시 강화되어야 한다고 말했다. 또한 티미가 더 일관적으로 방에 머무르게 되면 티미가 혼자 방에 머무는 시간을 늘려 가는 방법을 계획할 것이라고 말했다. 카시는 다음 주 동안 1분간의 요구사항을 유지하고 티미가 어떻게 하는지 보기 위해 자료를 계속 유지하는 것에 대해 조디와 필과 이야기했다. 카시는 조디에게 지원계획이 계속 잘 진행되고 자료가 일관된 행동으로 나타나면, 다음 주에 티미가 방에 머무르는 시간을 늘리는 것에 대해 이야기할 수 있다고 말했다. 카시는 다음 주 취침 시간에 티미가 1분간 방에 머무른 직후 조디가 이를 강화해야 함을 더 분명히 했다. 조디와 필은 모두 동의했고 기쁜 마음으로 BRS에 그날 밤의 자료를 기록했다(〈표 6-4〉는 첫 번째 코칭 회기에 대한 티미의 완성된 PTR-F 코치 계획 및 성찰 일지이며, 〈표 6-5〉는 티미의 PTR-F 전략 실행충실도 점검지다).

▶ 코칭 회기 2

두 번째 코칭 회기 날 아침에 카시는 그날 저녁의 약속에 대해 문자 메시지로 알림을 보냈다. 티미의 집에 도착한 카시는 조디와 필이 티미의 발전에 흥분해 있으며 자랑스러워한다는 것을 알았다. 조디는 티미가 매일 밤 자신의 방에 1분간 머물렀고 타이머가 울린 후에도 칭얼거림이 상당히 줄었다고 보고했다. 조디는 BRS 자료를 카시와 공유하고 티미의 진보를 보여 주는 경향성을 지적했다. 조디는 시간을 조금 더 늘릴 수 있기를 희망한다고 말했다.

카시는 취침 시간 일과의 다른 부분들은 어떻게 진행되고 있는지 물었고, 조디는 완벽하지는 않지만 전반적으로 취침 시간이 훨씬 더 수월해졌다고 보고했다. 조디는 지난주 이틀 밤에 PTR-F 전략 실행충실도 점검지를 작성하여 카시와 공유했다. 조디는 자신이 항상 모든 단계를 따르고 있지는 않지만 티미가 일관적으로 잘 반응하는 것 같다고 성찰했다. BRS와 실행충실도 점검지를 검토한 후, 팀은 티미가 방에 머무르는 데 필요한 시간을 늘릴 준비가 되었다고 동의했다. 카시는 조디와 필에게 어느 정도의 시간을 고려하고 있는지, 지금까지 티미와의 진행 상황을 고려할 때 어느 정도가 현실적일 수 있을지 물었다. 그들은 10분으로 뛰어넘길 원했지만, 그것이 최선의 아이디어가 아니라는 것을 알고 있었다. 신속한 토론 끝에 팀은 시간을 2분으로 늘리는 데 동의했고, BRS에 새 시간을 기록하고 행동지원계획에 메모를 남겼다. 그들은 티미의 행동이 일관되게 유지되면 그다음 주에는 3분으로 늘리는 것을 고려할 것이다.

카시는 조디에게 지난주의 계획 실행을 생각해 보라고 했고, 조디는 타이머의 1분이 지난 직후 티미에게 일관적으로 반응했을 때 얼마나 많은 차이가 나타났는지 이야기했다. 조디는 다음 날 점심 준비를 하거나 다른 일을 하려고 주방에 가는 대신, 타이머가 울릴 때까지 티미의 방 바깥에서 기다렸다고 말했다. 1분은 정말 짧았다. 조디는 이전에 자신이 티미의 행동을 너무 억누르고 너무 빨리 밀어붙이려고 했던 면이 있었다고 하면서, 지난주 티미가 적절하게 행동할 때 반응해 준 것이 긍정적인 영향을 미쳤음이 분명하다고 말했다. 또한 그녀는 티미가 더 피곤하면 더 빨리 잠든다고 느꼈기에 티미를 평소보다 조금 늦게 재우면 도움이 된다고 생각했다.

표 6-4 티미의 완성된 PTR-F 코치 계획 및 성찰 일지

PTR-F 코치 계획 및 성찰 일지

가족명: 조디, 필　　　코칭 회기 날짜: 2015. 7. 6.

목표 일과	일과 시간	코칭을 받을 가족 구성원
취침 시간	저녁 7시	엄마

A. 진보 검토(가족과의 논의 중에 기록한 메모):

실행 첫 3일 밤 동안 "괜찮음", 계획 또는 실행충실도 점검지를 제대로 실행하지 못함

엄마는 자신이 티미의 방에 너무 오래 있는 것은 아닌지 걱정함 – 방해가 될까 봐 카시에게 전화하지 않음

이 중 하루는 30분 이내의 탠트럼을 보였음 – 티미가 방에서 혼자 더 많은 시간을 보내기 시작함

B. 지원계획 검토(가족과의 논의 중에 기록한 메모):

모든 단계 검토, 조디와 빠른 역할극 실시

C. 일과 관찰:

PTR-F 전략 실행충실도 점검지를 작성한 후, 일과를 관찰하면서 느낀 점을 기록하세요.

내가 관찰한 것	이야기 나누고 싶은 것
예고하기, 시각적 일정표 검토, 타이머 설정 시간이 되었을 때, '잘 준비하자.'라고 촉진 제공하고, 잠옷 사진 보여 줌 티미는 대부분의 일과를 협조적으로 따름 이야기가 끝나간다고 예고함 – 칭얼거리기 시작함 엄마는 무시함	시각적 일정표의 자연스러운 사용 자신감 있게 지시 즉각적 강화를 제공하는 것이 중요; 너무 빨리 지원을 소거하지 말 것

D. 성찰/피드백(논의에서의 메모): 1분 기다리라는 요구사항

이번 주 동안 유지하기

계속해서 계획 따르기

계속해서 자료 수집하기

앞으로도 계속 잘하기!

코칭 전략

다음 서식을 통해 촉진자는 (부모 동의하에) 관찰하는 동안, 계획 검토 중에, 또는 성찰 및 피드백 중에 다음의 특정 코칭 전략이 사용되었는지의 여부를 표시할 수 있습니다.

코칭 전략	관찰 시 사용된 전략	계획 검토 중에 사용된 전략	성찰 및 피드백 중에 사용된 전략	비고
관찰	×			
모델링				
근접 지원	×			
비디오 녹화				
문제해결 논의			×	
환경 조정				
역할극		×		

다음 단계:

가족과의 추후 연락: ☑ 이메일 ☐ 전화 통화 ☐ 화상 통화 ☐ 자료 제공 ☐ 기타

다음 회기 날짜/시간:

2015년 7월 13일 오전 11:30

다음 회기에 다룰 핵심 내용:

바람직한 행동 직후 즉각적으로 강화하기

표 6-5 티미의 PTR-F 전략 실행충실도 점검지

PTR-F 전략 실행충실도 점검지

아동: 티미 일과: 취침 시간
날짜: 2015. 7. 6. 실행자: 엄마

전략 단계	모든 절차가 계획대로 실행되었는가?		아동이 의도대로 반응하였는가?		전략이 계획한 만큼 자주 실행되었는가?	
예방 전략: 1. 티미가 취침 일과를 시작하기 5분 전에 엄마는 티미의 주의를 집중시키고 "자러 가야 할 시간이 5분 남았네. 이제 타이머를 맞출게."라고 말한다. 티미와 함께 취침 일과의 수행 단계를 신속하게 살펴본 후 타이머를 맞춘다. 타이머는 티미의 손이 닿지 않는 곳에 둔다.	☑ 예	☐ 아니요				
2. 5분이 지나서 타이머가 울리면, 엄마는 타이머를 티미에게 가져가서 "이제 무엇을 할 시간이지?"라고 묻는다. (티미가 대답할 때까지 잠시 기다리되, 티미가 대답하지 않거나 엉뚱한 대답을 하면 엄마가 대신 말한다.) "자야 할 시간이요."	☑ 예	☐ 아니요				
3. 엄마는 티미에게 취침 일과의 첫 번째 단계(잠옷 꺼내기)에 해당하는 사진을 보여 준다.	☑ 예	☐ 아니요	☑ 예	☐ 아니요	☑ 예	☐ 아니요
4. 티미는 자기 방으로 걸어가 잠옷을 꺼낸다.	☑ 예	☐ 아니요				
5. 티미가 각 단계를 마칠 때마다(잠옷, 화장실, 양치질, 책 2권 선택, 책 읽기, 취침 인사하기) 엄마는 각 단계별로 구체적인 말로 칭찬한다(초기에는 엄마의 도움을 받아 그 단계를 마쳤더라도).	☑ 예	☐ 아니요				
6. 두 번째 책이 끝나 갈 즈음(마지막 몇 페이지가 남았을 때), 이 책을 다 읽으면 자야 할 시간임을 티미에게 말로 예고한다.	☑ 예	☐ 아니요				

교수 전략: 1. 취침 일과의 모든 단계가 끝나면, 일정표의 다음 단계에 해당하는 사진(티미가 침대에 누워 있는 사진)을 보여 준다. 엄마는 "침대에 잘 누워 있으면 엄마가 다시 와서 특별한 책을 읽어 줄 거야."라고 말한다.	☑ 예	☐ 아니요	☑ 예	☐ 아니요	☑ 예	☐ 아니요
2. 타이머로 1분을 설정한다.	☑ 예	☐ 아니요				
3. "잘 자."라고 말하고 방을 나온다.	☑ 예	☐ 아니요				
강화 전략: 1. 티미가 자신의 침대나 방에 잘 있을 때만 볼 수 있는 특별한 초능력 영웅 책을 정한다.	☐ 예	☑ 아니요	☑ 예	☐ 아니요	☐ 예	☑ 아니요
2. 타이머가 울릴 때까지 티미가 침대에 머무르면(최소한 방에 머무르면) 구체적인 말로 칭찬하고 (예: "침대에 잘 누워 있었구나. 정말 잘했어.") 특별한 초능력 영웅 책 한 권을 고르게 한 후 읽어 준다. 책 읽기가 끝나면 "잘 자."라고 다시 말하고 방에서 나간다.	☐ 예	☑ 아니요				
3. 타이머가 울리기 전에 티미가 방에서 나왔다면 "잘 시간이야."라고 조용한 목소리로 한 번 말하고 다시 침대에 눕힌 후 방에서 나온다. 타이머로 1분을 설정한다. 티미가 또 침대나 방에서 나온다면, 티미가 1분간 침대에 머물 수 있을 때까지 이 단계를 반복한다(1분간 머물 수 있게 되면 앞의 2단계를 실행한다).	☐ 예	☑ 아니요				

조디는 자신과 티미가 성공적이며 차분한 취침 시간으로 향하는 길목에 있다는 자신감을 느꼈다. 필도 어젯밤 티미와 함께 계획을 실행했으며 모든 것이 순조롭게 진행되었다. 실제로 필은 티미가 잘 시간이 되었을 때 칭얼거리지도 않았다고 하며, 티미가 자신과 더 잘한다고 느꼈다고 말했다. 조디가 티미를 재우려고 준비하는 동안 필은 PTR-F 전략 실행충실도 점검지를 작성하기를 원해서, 카시는 그에게 점검지를 건네주었다. 조디와 필은 티미가 1분이 아닌 2분 동안 자신의 방에 머물도록 할 것을 상기시키며 단계들을 빠르게 검토했다. 조디가 티미를 위한 타이머를 설정했을 때 필은 다코타를 잠자리에 들게 했다.

조디는 티미와 함께 취침 시간 일과를 무리 없이 마쳤고, 필은 실행충실도 점검지를 완성했다. 티미가 잠들었을 때 조디는 BRS를 완성하고 필과 함께 취침 시간에 대해 성찰했다. 필요에 따라 카시가 참여하여 관찰하고 촉진했지만 조디와 필은 일과에 대해 함께 성찰할 수 있었다. 카시는 행동지원계획의 모든 단계를 완료한 조디와 실행충실도 점검지를 완료한 필에게 긍정적인 피드백을 제공했다. 그녀는 그들이 지원계획을 실행하고 이후의 일과와 과정을 성찰하기 위해 얼마나 잘 협력했는지를 언급했다.

팀은 지금까지의 성공을 축하하고 다음 주에 만나기로 했다. 카시는 다음 코칭 회기에서도 동일한 절차를 따를 것이라고 상기시켰고, 티미의 행동이 일관되게 유지된다면 다음 주에 티미가 자기 방에 머무르는 시간을 늘리는 것을 고려할 것이라고 덧붙였다. 조디와 필은 계속해서 BRS 자료를 수집하고 실행충실도 점검지를 작성하기로 했다.

▶ 코칭 회기 3

다음 코칭 방문에서 조디와 필은 BRS를 준비해 두었고, 티미의 지속적인 진보를 카시와 공유하게 되어 기뻤다. 티미는 방에서 머무르기를 잘하고 있었고, 밤에 잠을 더 많이 자는 것처럼 보였으며 이전보다 일찍 잠들었다. 전체적인 취침 시간 일과가 순조롭게 진행되었고, 그 어느 때보다 평온한 밤이 이어졌다. 카시는 티미의 부모와 함께 BRS 및 실행충실도 점검지를 검토했는데, 조디와 필은 자신 있게 지난주를 성찰했고 티미가 계속해서 방에서 혼자 더 많은 시간을 보내고 있다고 자랑스럽게 보고했다. 카시는 부부가 계속해서 BRS 자료를 수집하고, 자료와 실행충실도 점검지를 이용하여 성찰하며, 더 빨리 진행하고 싶은 유혹에도 불구하고 행동지원계획을 잘 실행하는 일을 정말 잘하고 있다고 말해 주었다. 티미의 부모가 보인 성공적 수행의 중요한 특징 중 하나는 이 과정을 통해 서로를 지지하고 티미의 행동을 함께 해결하는 데 도움을 주고 있다는 것이었다. 조디와 필은 티미에 대해 더 긍정적인 대화를 나눌 수 있었으며 티미가 지시를 따르거나 다른 적절한 행동을 할 때 긍정적인 피드백을 제공하는 것에서 더 나아지고 있다고 말했다.

취침 시간 일과가 계속 개선되고 있었고 티미가 탠트럼 없이 더 오랜 시간 동안 자기 방에 머물고 있었기에, 조디와 필은 카시에게 티미의 대기 시간을 5분으로 늘리는 것은 어떤지 물어보았다. 그들은 그날 밤 티미가 어떻게 반응하는지 보기 위해 그것을 시도하기로 결정했고, 필요한 경우 카시가 참여하여 문제해결을 돕기로 했다. BRS와 충실도 자료를 기반으로 하면, 조디가 충실하게 지원계획을 실행하고 티미는 계속해서 자기 방에서 더 많은 시간을 혼자 보내고 있는 것이 확실했다. 탠트럼도 줄어드는 등 티미는 계속해서 좋아지고 있었다.

필은 카시에게 티미가 잠들 때까지 또는 최소 30분 동안 방에 머무는 목표에 도달하려면 시간이 얼마나 걸릴지 질문했다. 카시는 정확하게 답할 수는 없지만, 티미가 완전히 독립적으로 잠자리에 들 준비가 되었는지는 팀원들이 티미의 행동을 통해 알게 될 것이라고 말하였다. 또한 카시는 보통 두 살 아이들이 늘 혼자 잠을 자는 것은 아니라고 말하였다. 필은 언제까지 행동지원계획을 계속 실행해야 할지 걱정된다고 했다. 카시는 필이 계획을 고수하도록 격려하고 티미가 그토록 짧은 시간 내에 이룬 진보에 다시 대화의 초점을 맞췄다. 카시는 필에게 자신이 티미의 가족을 처음 만났을 당시에는 이 수준까지의 발전이 얼마나 어려워 보였는지를 상기시켰다. 카시는 필이 티미의 요구를 열심히 지원하는 것을 계속하도록 격려했고, 그들이 지속적으로 계획을 따른다면 티미는 계속 진보할 것이라고 확신했다. 카시는 취침 시간 일과를 관찰한 후 티미가 방에 머무르는 시간을 늘리기 위한 계획을 논의하기로 했다.

필은 다코타를 재우고 있었고, 조디는 티미의 취침 시간 일과를 시작하기 위해 타이머를 설정했다. 조디는 대기 시간을 5분으로 연장하는 변경 사항을 포함하는 단계들을 카시와 함께 신속히 검토했다. 조디는 행동지원계획의 모든 단계를 따랐고, 티미는 칭얼거리거나 탠트럼을 보이지 않고 자기 방에서 5분 동안 잘 기다렸다. 조디는 티미에게 책을 읽어 준 후 카시와 필과 다시 만났고, 티미가 5분 동안 잘 기다렸다는 것에 흥분했다. 필 또한 놀라고 감동했으며, 티미가 밤이 되면 스스로 잠을 자러 간다는 그들의 목표에 도달하기 위해 더 빠른 진보를 이룰 수 있기를 희망했다.

조디는 BRS에 새로운 대기 시간을 쓰고 그날 밤의 자료를 기록했다. 조디와 필은 모두 대기 시간을 늘리는 데 관심이 있었고, 행동지원계획을 계속해서 따를 수 있다는 것에 자신감을 느꼈다. 카시는 티미의 부모에게 지난주에 있었던 일을 되돌아보며 그날 밤 취침 시간은 어떠했는지, 진보에 기여한 것은 무엇인지 등을 떠올려 보도록 요청했다. 티미의 부모는 밤에 일어난 일들이 전반적으로 차분하게 진행되었으며 그들도 아이들에게 좀 더 긍정적인 반응을 보일 수 있었다고 성찰했다. 그들은 정기적으로 긍정적인 피드백을 제공하는 것이 전반적으로, 특히 취침 시간에 긍정적인 영향을 미치고 있다고 느꼈다. 또한 필은 티미를 독립적으로 잠들게 하려는 목표를 달성하는 데 더 자신감이 생겼다고 말했다. 긍정적인 상호작용의 증가와 취침 일과에서 이루어진 발전 모두 전반적으로 더 나은 나날을 보내는 데 기여했다.

일이 얼마나 잘 진행되고 있는지와 행동지원계획을 성공적으로 실행하기 위해 했던 모든 일에 대해 축하한 후, 티미의 부모는 카시와 다음 주 대기 시간을 늘릴 계획을 이야기하기 시작했다. 팀은 대기 시간을 늘리는 기준, 구체적으로 방에 머무는 시간을 증가시키려면 그 전에 티미가 몇 밤을 성공해야 하는지를 논의했다. 팀은 티미가 3일 연속 5분간 잘 기다리면 8분으로 늘릴 수 있다는 데 동의했다. 카시는 조디와 필에게 그들이 정한 30분 목표에 가까워짐에 따라 앞으로 나아갈 시기가 언제인지 결정하기 위해서 자료를 점검하라고 상기시켰다.

▶ 코칭 회기 4

카시는 네 번째 코칭회기를 위해 티미의 집을 방문하였고, 지난 한 주간 티미가 놀라운 진전을 보였음을 알게 되었다. 조디와 필은 신이 난 모습으로 그들의 진보, 실행 충실도 점검지 및 BRS 자료를 보여 주며, 티미가 자신의 방에 잘 머물고 있었으며 이제 10분까지 기다릴 수 있다고 말하였다! 조디는 카시와 함께 자료 기록지를 검토하여, 티미가 지난주 동안 매일 밤 대기 시간 목표를 달성했음을 보여 주었다. 티미가 3일 연속으로 5분을 성공적으로 기다린 후, 티미의 부모는 시간을 8분으로 늘렸다. 이후 티미는 다음 3일 밤 동안 8분을 성공적으로 기다렸다가, 어젯밤에는 10분 기다리기에 성공했다. 조디와 필은 티미의 대기 시간을 계속 늘릴 계획을 의논하고 싶어 했다.

조디는 티미와의 취침 시간 일과를 준비하고 시작했다. 조디는 모든 단계를 수행했고 티미는 탠트럼 없이 침대에 머물렀다. 조디와 필은 티미가 탠트럼을 보이지 않았고 취침 시간이 원활하고 차분하게 진행되고 있다고 보고했다. 팀은 다음 단계로 진행하여 티미의 대기 시간을 늘리기 위한 절차를 논의했다. 그들은 티미가 10분을 성공하면, 15분, 20분, 30분으로 늘려 나가자는 데 동의했다. 또한 팀은 조디가 행동지원계획의 단계를 일관적으로 실행하고 있고, 티미가 자신의 방에 머물면서 기대된 취침 시간 일과에 따라 반응하고 있으므로, 다음 코칭 회기를 1주가 아닌 2주 후로 정했다.

▶ 코칭 회기 5

카시는 2주 후 예정된 코칭 회기에 도착했다. 조디와 필은 티미의 진보를 알리고 카시와 함께 자료를 검토하기를 고대하고 있었다. 지난 2주간의 취침 시간은 계속 잘 이루어졌고, 티미는 거의 매일 밤 혼자 잠들었다. 조디와 필은 티미가 잠자리에 든 지 20분 정도면 잠들 때가 많았기 때문에, 그들은 티미가 30분까지 침대에 머무르며 기다릴 일조차 없었다고 보고했다. 필 역시 지난주에 아무 문제 없이 티미가 잠자리에 들었다고 보고했다.

필이 티미를 성공적으로 재우고 있었으므로 카시는 그 코칭 회기에서 필을 관찰하였고, 조디는 PTR-F 전략 실행충실도 점검지를 작성했다. 취침 시간 일과는 순조로웠고 티미는 약 15분 후에 잠들었다. 카시는 필과 조디에게 현재 취침 시간 일과에 대해 우려 사항이 있는지 물었지만 그들은 없다고 했다. 필과 조디는 취침 시간이 계속 순조롭게 진행되고 있다고 성찰했으며 카시의 모든 지원과 전문 지식에 감사하였다. 카시는 이 모든 것은 필과 조디가 이루어 낸 일이며 스스로 진심으로 축하해 주어야 한다고 재차 강조했다.

티미가 자기 방에서 혼자 잠든다는 목표는 달성되었으므로, 카시는 2주 후에 다시 만나 티미의 진보를 계속 점검하고 다음 단계 및 다른 목표들에 대해 논의해 보자고 제안했다. 카시는 조디와 필이 계속해서 계획을 실행하고 BRS 및 충실도 자료를 수집하도록 격려했다.

루시를 위한 코칭 회기

■ 계획 실행

▶ 코칭 회기 1

행동지원계획을 마무리한 다음 날 아침 로베르타는 첫 번째 관찰 및 코칭 회기를 위해 루시의 집을 방문했다. 로베르타는 행동지원계획을 검토하고 개비가 실행을 시작할 준비가 되었는지 살펴보려고 루시가 잠에서 깨기 전에 도착했다. 로베르타는 코칭 절차를 검토했고, 개비는 등교 준비를 위해 루시를 깨울 준비를 했다.

로베르타는 개비가 루시를 깨우고 침대에서 일어나게 하는 장면을 관찰했다. 루시가 깨어나자, 개비는 루시에게 시각적 일정표를 보여 주며 "화장실에 갔다가 옷을 입고 머리를 빗고 아침을 먹은 다음에 학교에 갈 거야."라고 말했다. 루시는 "싫어!"라고 말한 다음 일정표를 밀어내고 바닥에 주저앉았다. 곧이어 개비는 루시에게 화장실에 갈 시간이라고 말했고 2개의 변기 사진을 보여 주면서 큰 변기(일반 크기의 변기)에 앉을 것인지 작은 변기(더 작은 아동용 변기)에 앉을 것인지 물었다. 루시는 일반 크기의 변기 사진을 살짝 건드렸고, 개비는 루시를 화장실로 데려가서 루시가 바지를 내리고 야간용 기저귀를 벗어 버린 후 변기에 앉도록 도와주었다. 루시는 잠시 변기에 앉아 있었지만 용변을 보지는 않았다. 루시는 스스로 변기에서 내려와 바지를 올려 입었다. 루시가 문 쪽으로 가려 했지만 개비는 루시를 멈추게 하고 살짝 세면대 쪽으로 안내했다. 세면대 거울에는 루시가 손 씻는 사진이 부착되어 있었는데 개비는 그 사진을 가리키며 "루시, 손 씻을 시간이야."라고 말했다. 루시가 물장난을 하고 싶어 해서 개비는 루시가 손 씻는 것을 도와야 했지만, 루시는 손을 비비고 비누를 헹구고 손을 말리는 과정에서 개비에게 협조했다. 그다음은 그날의 옷을 입을 시간이었다.

개비는 루시에게 옷 입을 시간임을 보여 주는 일정표를 제시하고, 두 셔츠 중 어떤 셔츠를 입고 싶은지 물었다. 루시는 하나를 가져와서 "이거요."라고 말하고 그 옷을 입기 시작했다. 루시는 셔츠를 입기 위해 고군분투했고, 개비는 셔츠를 루시의 머리 위로 넣어 주고 루시의 팔이 소매에 들어가도록 가볍게 안내했다. 루시는 나머지 옷에 대해서도 비슷한 도움이 필요했고, 개비는 필요에 따라 루시를 잘 도와주었지만 루시에게 모든 것을 다 해 주지는 않았다. 루시가 옷을 입고 나면 머리를 빗을 시간이었다.

개비는 화장실에 다시 가지 않아도 되도록, 또 화장실에 오갈 때 발생하는 문제를 예방하기 위해 루시의 방에서 루시의 머리를 빗었다. 루시는 거울에 비친 자신을 보면서 동시에 엄마와 이야기할 수 있어서 머리 빗는 것을 매우 좋아하는 것처럼 보였다. 루시는 아침 일과 중 이 일과에 굉장히 협조적이었으며, 개비는 빠르게 머리를 빗었다. 머리 빗기기를 마쳤을 때, 개비는 루시에게 아침 식사를 하러 주방으로 가야 할 시간임을 알렸다.

루시는 주방으로 달려가 냉장고를 열었는데, 냉장고 문을 너무 급하게 열다가 냉장고 문이 벽을 치게 되어 큰 소리가 났다. 개비는 루시가 냉장고에 흠집을 낸 것과 큰 소리가 나게 만든 것을 꾸짖고, 식탁에 앉게 했다. 개비는 루시에게 줄 요거트와 토스트를 가지러 갔는데 토스터기에 빵을 굽는 동안 루시는 이미 식탁을 떠나 버렸다. 토스트가 완성되어 식탁으로 돌아온 개비는 루시가 주방을 떠난 것을 알았다. 개비는 루시가 헥토의 방(그가 자고 있는)으로 들어가는 것을 발견하고 다시 주방으로 데려가려고 루시를 안았다. 루시는 큰 소리로 비명을 지르며 개비의 품에서 벗어나려고 몸부림쳤다. 개비는 루시를 붙잡아 식탁에 앉힐 수 있었지만, 루시는 계속 몸부림을 쳤고 아침을 먹기 위해 식탁에 앉는 것을 거부했다. 개비가 루시에게 주스를 마시고 싶은지 묻자 루시는 식탁에 앉았고 개비는 루시에게 주스를 주었다. 루시는 아침을 먹었고, 로베르타는 관찰한 내용에 대해 개비와 몇 분간 이야기했다.

개비가 루시를 데리고 학교로 출발하기 전에, 로베르타는 루시가 식탁에서 떠난 후 주스를 준 것에 대해 말하고 싶었다. 로베르타는 개비에게 루시가 식탁에 앉자마자 바로 주스를 주면 어떨지 또는 루시가 주방에 가서 식탁에 앉는 일과에 주스 마시기를 포함하면 어떨지 제안하였다. 로베르타는 행동 직후에 강화제를 제공하는 것이 그 행동이 다시 발생할 가능성을 더 높인다는 점, 그래서 가능한 한 빨리 바람직한 행동을 강화하는 것이 중요하다고 말했다. 또한 로베르타는 개비가 루시를 깨우기 전에 아침 식사를 준비하여 그들이 주방에 도착했을 때 루시가 바로 앉아서 식사를 시작할 것을 제안했다. 로베르타는 루시가 아무 할 일 없이 기다리게 한 것이 덜 바람직한 일을 할 기회를 제공한 격이라고 말했다. 개비는 이 제안이 마음에 들었고 내일 변경 사항을 실행하겠다고 말했다.

루시가 아침 식사를 마쳤고, 개비는 루시를 학교에 늦지 않게 데려다 주고 싶었다. 로베르타는 코칭 회기를 마치고 개비에게 추가의 피드백을 주고 싶었으므로, 개비는 루시를 학교에 데려다 주고 집에 돌아오는 늦은 아침에 로베르타에게 전화하기로 했다.

그날 늦은 아침, 개비는 코칭 회기를 마무리하고 다음 단계에 대해 논의하기 위해 로베르타에게 전화를 걸었다. 로베르타는 먼저 오늘 아침이 전형적인 아침과 비교하여 어떠했는지 물었다. 개비는 아침에 있었던 일과 꽤 비슷하지만 루시가 평소보다 오늘 아침에 훨씬 더 협조적이었다고 보고했다. 로베르타는 개비가 전략의 단계를 대부분 아주 잘 실행했다고 말했고, 특히 개비가 머리를 빗어 줄 때 루시가 매우 얌전하게 잘 있었다는 점을 강조했다. 로베르타는 이 시간 동안 루시가 주의를 잘 기울이고 협조적이었다고 말했고, 개비는 앉아서 루시의 머리를 빗는 것이 자연스럽고 재미있다고 말했다. 루시가 거울 속 자신의 모습을 보는 것을 좋아해서, 로베르타는 개비가 루시의 바람직한 행동을 강화하기 위해 거울을 사용할 수 있는 다른 시간대가 있는지 질문했다. 개비는 다른 일과에서도 루시에게 작은 거울을 줄 수 있다고 말했고, 로베르타는 루시가 거울을 가장 필요로 하는 주요 시간대에 거울을 갖고 있으라고 상기시켰다. 로베르타는 행동지원계획의 루시의 강화제 목록에 거울을 추가하고, 거울을 하루 동안 강화제로 사용할 수 있는 시기와 방법에 대해 논의했다. 개비의 가장 큰 관심사는 루시가 차분하고 협조적인 방식으로 거울을 자신에게 돌려주는 것이었다.

그다음으로 로베르타는 시각적 일정표 사용에 대해 개비와 이야기했다. 그녀는 개비에게 한두 가지 활동이나 단계만 검토하고, 루시에게 다음 내용을 말해 주는 대신 일정표를 언급하면서 "무엇을 하는 사진이지?"라고 물어볼 것을 상기시켰다. 로베르타는 개비가 루시에게 무슨 사진인지 물어보았던 일과가 진행될 때 루시가 좀 더 협조적이라는 점을 발견했다. 로베르타는 학교에서 하루 전체의 일정표가 게시될 수 있지만, 윌리엄스 교사는 한 번에 한두 가지 활동만 검토한다고 언급했다. 또한 로베르타는 개비가 머리를 빗거나 차에 갈 시간에 일정표를 사용하지 않았으므로, 활동이 바뀔 때마다 일정표를 사용하도록 상기시켰다.

로베르타는 코칭 회기에 대한 간략한 알림장을 작성하여 개비에게 문자 메시지로 보냈다. 로베르타는 다음 회기에서 개비에게 제공할 코칭 피드백을 작성했으며 이것도 개비에게 이메일로 보냈다. 그들은 그날 아침의 피드백을 강조하면서 행동지원계획을 다시 한번 간략하게 검토했다. 〈표 6-6〉은 개비와의 첫 번째 코칭 회기에 대한 완성된 PTR-F 코치 계획 및 성찰 일지이며, 〈표 6-7〉은 첫 번째로 완성된 PTR-F 전략 실행충실도 점검지다.

표 6-6 루시의 완성된 PTR-F 코치 계획 및 성찰 일지

PTR-F 코치 계획 및 성찰 일지

가족명: 루시, 개비　　　코칭 회기 날짜: 2015. 8. 15.

목표 일과	일과 시간	코칭을 받을 가족 구성원
아침	오전 7:30	엄마
식사 시간	오전 8:00, 오후 12:30, 오후 6:00	엄마
화장실 가기	하루 종일	엄마

A. 진보 검토(가족과의 논의 중에 기록한 메모):

개비가 BRS를 작성 중

B. 지원계획 검토(가족과의 논의 중에 기록한 메모):

개비와의 검토 및 역할극 계획

C. 일과 관찰:

PTR-F 전략 실행충실도 점검지를 작성한 후, 일과를 관찰하면서 느낀 점을 기록하세요.

내가 관찰한 것	이야기 나누고 싶은 것
시각적 일정표 검토하기 - 너무 많은 단계를 검토함 루시에게 말해 주는 대신 다음 단계에 대해 물어보기 - "무엇을 하는 사진이지?"라고 물었을 때 더 협조적인 것 같음 머리를 빗거나 차로 갈 때 일정표를 사용하지 않음 전반적으로 단계를 매우 밀접하게 따랐음	대부분의 단계를 잘 실행함 루시는 개비가 자신의 머리를 빗겨 주는 것을 좋아하는 것 같음 - 주의를 기울이고 협조적임

D. 성찰/피드백(논의에서의 메모):

개비는 피드백(문자로 보냄)에 고마워함 - 일정표에 있는 한두 가지 활동만 검토하고, 가능한 한 즉시 바람직한 행동에 대한 강화를 제공하기

코칭 전략

다음 서식을 통해 촉진자는 (부모 동의하에) 관찰하는 동안, 계획 검토 중에, 또는 성찰 및 피드백 중에 다음의 특정 코칭 전략이 사용되었는지의 여부를 표시할 수 있습니다.

코칭 전략	관찰 시 사용된 전략	계획 검토 중에 사용된 전략	성찰 및 피드백 중에 사용된 전략	비고
관찰	×			
모델링				
근접 지원				
비디오 녹화				
문제해결 논의	×	×	×	
환경 조정				
역할극				

다음 단계:

가족과의 추후 연락: ☐ 이메일 ☑ 전화 통화 ☐ 화상 통화 ☐ 자료 제공 ☑ 기타

다음 회기 날짜/시간:
2015년 8월 20일 오후 2:00

다음 회기에 다룰 핵심 내용:
더 많은 언어적 칭찬 – 행동이 일어난 직후 즉시

표 6-7 루시의 완성된 PTR-F 전략 실행충실도 점검지

PTR-F 전략 실행충실도 점검지

아동: 루시 일과: 아침

날짜: 2015. 8. 13. 실행자: 엄마

전략 단계	모든 절차가 계획대로 실행되었는가?	아동이 의도대로 반응하였는가?	전략이 계획한 만큼 자주 실행되었는가?
예방 전략: 1. 특정 일과나 활동을 할 시간이 되면 해야 할 활동이 올바른 순서로 나열된 시각적 일정표를 들고 루시에게 다가간다.	☐ 예 ☑ 아니요	☐ 예 ☑ 아니요	☐ 예 ☑ 아니요
2. 루시에게 시각적 일정표를 보여 주고 첫 번째 사진을 가리키며 “이제 ~할 시간이네. 제일 먼저 무엇을 해야 할까?”라고 말한다. 선택 기회를 제공할 일과나 활동에서는 “루시, 이제 ~할 시간이네. ____(A 선택지)와 ____(B 선택지) 중 무엇을 먼저 하고 싶어?”라고 말한다.	☐ 예 ☑ 아니요		
3. 루시가 일과를 바른 순서로 진행하거나 지시를 잘 따른다면(5초 이내에 따른다면), 이와 같이 초기 지시를 잘 따른 것에 대해 구체적인 말로 칭찬한다(예: “맞아! 화장실 갈 시간이야.” “엄마 말을 잘 듣고 옷을 입었네. 정말 잘했어!”).	☐ 예 ☑ 아니요		
4. 루시가 5초 이내에 반응하지 않는다면 다시 한번 말한다. 이렇게 두 번을 지시했는데도 반응하지 않는다면 그 단계를 부드럽게 신체적으로 안내한다. 일과나 활동의 일부를 신체적으로 안내할 때 잘 협조한 것에 대해 구체적인 칭찬을 최대한 많이 한다(예: “큰언니처럼 아주 잘 서 있네.” “혼자서 문을 열다니 정말 잘했어.”).	☐ 예 ☑ 아니요		

교수 전략: 1. 시각적 일정표를 처음 적용할 때는 앞에서 기술한 예방 전략 1~4단계로 시작한다(적용 가능한 경우에).	☐ 예	☑ 아니요				
2. 일과나 활동의 다음 단계를 할 차례가 되었을 때 다음 사진을 가리키며 "다음에는 무엇을 해야 할까?"라고 묻는다.	☐ 예	☑ 아니요				
3. 루시가 질문에 답할 수 있도록 5초를 기다린다. 어떤 소리로든 루시가 반응을 하면 구체적 칭찬을 한다(예: "맞아!" 또는 루시의 말을 반복해 줌). 루시가 말로 반응하지 않는다면 다음 단계 사진을 보여 주며 이를 말로 해 준다(예: "손 씻을 시간이야."). 그런 다음 그 단계를 실행한다.	☐ 예	☑ 아니요	☐ 예	☑ 아니요	☐ 예	☑ 아니요
4. 남은 일과와 활동에 대해서도 이 과정을 반복한다. 즉, "다음에는 무엇을 해야 할까?"라고 묻고 각 단계마다 구체적인 칭찬을 한다. 루시가 처음으로 그 단계를 배우는 중이라면, 그 단계의 일부만 조용하고 협조적으로 수행해도 구체적인 칭찬을 한다.	☐ 예	☑ 아니요				
강화 전략: 1. 루시가 바람직한 행동을 보일 때 엄마의 관심과 애정을 표현할 구어와 비구어적 방식의 목록을 작성한다.	☑ 예	☐ 아니요				
2. 루시가 일과에 참여하고 지시를 따르며 조용하고 협조적일 때(즉, 바람직한 행동을 보일 때) 구체적 칭찬과 신체적 애정 표현을 제공한다. 하루에 3~5회 정도는 루시가 바람직한 행동을 보일 때 소량의 주스나 젤리를 준다.	☐ 예	☑ 아니요	☐ 예	☑ 아니요	☐ 예	☑ 아니요

3. 루시가 도전행동을 보일 때는 이를 무시한다. 루시에게 어떤 말도 하지 않고 필요할 경우 성인의 얼굴과 몸을 루시에게서 다른 쪽으로 돌린다. 루시에게 일과와 활동의 다음 단계를 시작하도록 촉진하기 위해 시각적 일정표의 해당 사진을 가리킨다. 루시가 일과를 수행하기 시작하거나 지시를 따르기 시작하면 이러한 바람직한 행동을 강화하기 위해 강화 계획 2단계를 실행한다.	☐ 예	☑ 아니요				

▶ 코칭 회기 2

로베르타는 지난주 이후에 일어난 진보를 검토하려고 개비가 루시를 깨우기 전에 두 번째 관찰 및 코칭 회기를 위한 가정방문을 하였다. 개비는 로베르타에게 BRS를 보여 줄 준비가 되어 있었고 지난주 아침 일과에서 더 많은 진보를 기록하게 되어 기뻤다. 루시는 전반적으로 탠트럼을 덜 보이기 시작했고 아침 일과에 더 잘 참여하고 있었다. 개비는 지난 관찰에 대한 로베르타의 피드백에 매우 고마워했고 그녀가 제공해 준 조언을 실행할 수 있었다. 개비는 알림장을 문자 메시지로 받을 수 있다는 것에 고마워했는데, 알림장을 쉽게 볼 수 있고 필요할 때마다 참조할 수 있었기 때문이었다. 로베르타는 개비에게 루시를 깨우기 전에 행동지원계획을 검토하고 싶은지 물어보았는데, 개비는 자신이 단계를 알고 있으며 준비가 되었다고 말했다. 그녀는 주스가 담긴 작은 컵을 포함한 루시의 아침 식사를 식탁에 준비해 두고, 아침을 위한 일정표를 준비했다.

개비는 루시를 깨우려고 방으로 들어갔는데 루시가 이미 깨어나 침대에 누워 있는 것을 발견했다. 개비가 방에 들어서자 루시는 미소를 지으며 침대에 앉았다. 개비가 손에 일정표를 들고 다가가자, 루시는 침대에서 일어나 화장실로 향했다. 놀란 개비는 루시에게 "혼자서 화장실에 가는 훌륭한 아이네!"라고 말했다. 루시는 화장실로 걸어 들어가 세면대에 있는 의자에 서서 거울에 비친 자신의 모습을 보고 놀기 시작했다. 개비가 들어와 변기를 가리켰고, 루시는 천천히 의자에서 내려와 바지를 내리기 시작했다. 루시가 여전히 야간용 기저귀 바깥에 있는 바지 내리기를 어려워해서, 개비는 루시가 바지를 내리고 야간용 기저귀를 벗어 쓰레기통에 버리는 것을 도와주었다.

로베르타는 개비가 일과 단계를 완료하는 것을 촉진하면서, 나머지 아침 일과를 계속 관찰했다. 루시는 대부분 협조하고 일과에 점차 더 많이 참여했다. 비록 루시가 아침 일과에 참여하도록 하는 데 큰 차이는 없어 보임에도 불구하고 로베르타는 개비에게 시각적 일정표를 제시하라고 신속히 두 번 촉진했다. 루시가 아침을 먹으려고 자리에 앉았을 때, 로베르타는 개비에게 피드백을 제공할 기회가 생겼다. 로베르타는 개비가 전략의 단계를 얼마나 잘 실행하고 있으며 루시가 개비의 지시에 얼마나 잘 반응하고 있는지에 대해 감명받았다고 했다. 개비는 이제 아침 일과에 자신감이 생겨서 아침은 예전보다 훨씬 평온해졌다. 이제 개비는 언제 루시가 거의 독립적으로 아침 준비를 할 수 있을지 마음속으로 그려 볼 수 있었다.

로베르타는 개비에게 행동지원계획과 지금까지의 진행 상황에 대해 피드백할 것이 있는지 질문했다. 개비는 루시와 만들어 나가고 있는 진보에 매우 기뻐하고 있으며 그녀의 어머니도 차이를 느끼기 시작했다고 말했다. 로베르타는 개비가 행동지원계획의 모든 단계를 실행했을 때 루시가 더 빨리, 더 많이 진보하는 것처럼 보인다는 것을 관찰했다. 로베르타는 실행충실도 점검지를 공유하고 루시의 바람직한 행동이 더욱 일관되고 신뢰할 수 있게 될 때까지 개비에게 현재의 계획을 고수하도록 권장했다. 그들은 다음 두 번의 코칭 회기에 대해 논의했으며, 로베르타는 상당히 짧은 시간 내에 서로 다른 두 가지 일과를 볼 수 있는 시간 동안 관찰하는 것에 관심이 있었다.

개비는 '학교에서 집으로 돌아오기'와 '점심 먹기'를 다음 두 번의 코칭 회기에서 관찰해야 할 일과라고 밝혔다. 로베르타는 개비가 아침 일과에 대한 루시의 행동지원계획을 잘 실행하는 것을 계속 유지하고, BRS 자료를 계속 수집하도록 격려했다. 개비는 로베르타에게 지금까지의 도움에 감사를 표하며, 루시가 '학교에서 집으로 돌아오기'와 '점심 먹기'에 적극적으로 참여하도록 일정표를 사용하고 가르치는 것에 대해 피드백 받기를 고대하고 있다고 말했다.

▶ 코칭 회기 3

로베르타는 개비와 루시가 학교에서 집으로 돌아오는 시간에 집에 방문했다. 루시는 로베르타에게 손을 흔들며 개비를 따라 집으로 들어갔다. 개비는 시각적 일정표를 갖고 있지 않았지만, 집에 들어서면서 루시의 가방을 치우고 나서 점심을 준비하겠다고 말했다. 개비는 루시에게 가방을 자기 방문 옆에 두도록 했고, 그들은 주방으로 갔다. 걸어가는 동안 개비는 로베르타에게 루시가 점심 준비에 적극적으로 참여하게 하는 방법과 좀 더 적절하게 의사소통할 수 있는 방법을 찾아내는 데 도움을 줄 수 있는지 물었다. 로베르타는 개비에게 자신도 함께 점심 준비를 하면서 개비의 지시에 따라 루시가 좀 더 참여할 수 있는 몇 가지 방법을 시도해 보아도 되는지 물었다. 개비는 로베르타에게 무슨 도움을 받든지 기뻤는데, 루시는 이 시간에 엉뚱한 장난을 치고 지시도 따르지 않기 때문이었다. 개비는 식사 준비와 큰 도구 사용에 루시를 얼마나 참여시킬 수 있을지 확신하지 못했다.

개비는 루시에게 시각적 일정표를 보여 주고 점심을 준비할 시간이라고 말하는 것부터 시작했다. 개비는 루시에게 선택할 수 있는 두 가지 점심 메뉴(샌드위치와 퀘사디아)를 보여 주었다. 루시는 퀘사디아 사진을 건드리며 "그거요."라고 말했는데, 루시는 대개 그렇게 말했다. 로베르타는 루시에게 '퀘사디아'라고 말하도록 촉진하면서 약간의 모델링을 제공했다. 루시가 반응하지 않자 로베르타는 루시에게 '퀘사디아'를 요청하도록 다시 촉진했다. 루시가 그래도 반응하지 않자, 로베르타는 개비가 "루시, 퀘사디아 먹을래? 엄마한테 '퀘사디아'라고 말해 봐."라고 촉진하게 했다. 루시가 "엄마 디아"라고 대답하자 개비는 흥분하며 "응, 엄마가 퀘사디아를 만들어 줄게!"라고 말했다. 개비는 루시에게 냉장고에서 재료를 꺼내 카운터에 올려놓는 것을 돕도록 촉진했다. 개비는 루시가 냉장고에서 각 재료를 꺼내는 것을 도왔고, 루시는 개비가 도와주는 한 적극적으로 참여했다. 개비는 루시가 가스레인지에 무언가를 올려놓는 일을 같이 하고 싶지 않았지만, 자신과 함께 숫자를 세거나 노래를 부르거나 엄마가 하는 일을 설명하게 했다. 개비가 퀘사디아를 만드는 동안, 루시는 개비 근처에 서서 때때로 엄마와 함께 노래를 부르고, 혼자서 또는 개비의 촉진을 받아 꽤 많은 단어를 사용했다. 퀘사디아가 준비되자 개비는 퀘사디아를 잘라서 접시에 담았다. 그녀는 루시가 그것을 식탁으로 조심스럽게 옮기도록 도왔고, 루시는 식사하기 위해 자리에 앉았다.

로베르타와 개비는 루시가 식사하는 동안 식탁에 함께 앉아 어떤 일이 일어났는지 검토했다. PTR-F 전략 실행충실도 점검지를 보면서, 로베르타는 일정표를 사용하는 것과 루시가 적절한 행동과 의사소통을 보일 때 긍정적인 피드백을 제공하는 것을 포함하여 개비가 잘 수행한 것에 대한 관찰 내용을 공유했다. 개비는 로베르타에게 다음과 같은 질문을 했다. "제가 늘 시각적 일정표를 사용해야 하나요. 아니면 우리가 무엇을 할 것인지 말로만 해도 되나요? 루시가 당신에게 했던 것처럼 말로 표현하기를 원하지만 그렇게 하지 않으면 어떻게 해야 하죠? 루시에게 말로 표현하라는 요청을 몇 번 정도 하나요? 적극적인 참여를 가르치기 위해 제가 할 수 있는 다른 것은 없을까요?"

첫 번째 질문에 대해 로베르타는 루시가 신체적 공격행동을 지속적으로 보이지 않을 때까지 시각적 일정표를 사용하는 것이 최선이며 이는 BRS 자료 검토를 통해 결정될 것이라고 말했다. 로베르타는 이 시점에서 자료가 만족스럽지 않았기 때문에 시각적 일정표를 완전히 없애는 것을 망설였지만, 개비에게 일과의 다음 단계를 말로 열거하는 것이 효과가 있다면 일정표를 쉽게 구할 수 없을 때 전략의 일부로 사용할 수 있다고 말했다. 로베르타는 개비에게 계속해서 일정표를 준비하고 적어도 몇 주 동안 매일 준비하도록 격려했다. 루시가 진보를 보이고 있었지만, 로베르타는 지원을 너무 빨리 소거하거나 제거하기를 바라지 않았는데, 특히 일정표를 사용하면 루시의 신체적 공격행동이 성공적으로 감소되었기 때문이다. 개비는 가능한 한 일정표를 계속해서 사용하고 매일 준비하도록 더 노력하기로 동의했다. 로베르타는 추가의 시간과 노력이 든다는 것을 알지만 이러한 투자가 루시의 보다 일관되고 적절한 행동으로 장기적인 결실을 맺어야 한다고 믿었다.

그런 다음 로베르타는 루시가 말로 표현하도록 얼마나 밀어붙여야 하는지에 대한 개비의 두 번째 질문에 답했다. 로베르타는 개비에게 루시가 단어를 더 자주 사용하도록 계속 격려하되 강요하지는 않는 것이 좋겠다고 하였다. 일정표를 밀어붙이는 것과 유사하게, 개비가 루시에게 언어 사용을 너무 세게 밀어붙이면 루시가 더 거부하기 시작할 수 있으며, 신체적 움직임과는 달리 밀어붙인다고 해서 루시가 말을 하게 되는 것은 아니기 때문이다. 로베르타는 개비가 하루 종일, 특히 재미있는 일을 하려고 할 때나 루시가 좋아하는 일을 할 때 가능한 한 많이 말하도록 격려했다. 만약 개비가 재미있는 것을 위한 언어적 요청을 아껴 둔다면, 루시는 활동이나 단계를 시작하기 위해 말을 하려는 동기가 부여될 가능성이 더 클 것이다. 로베르타는 개비에게 그녀가 강화하고 있는 행동과 강화를 제공하고 있는 시기를 고려하도록 상기시켰다. 개비는 이 피드백에 고마워했고 루시가 온종일 말하도록 '강요'할 필요가 없다는 것에 안심했다. 또한 개비는 루시가 특정 활동으로 동기가 부여될 때 기회를 활용하는 것이 좋은 아이디어라고 생각했다.

보다 적극적인 참여를 이끌어 낼 방법에 대한 개비의 마지막 질문에 로베르타는 개비가 이미 하고 있는 것에 추가할 것이 별로 없었다. 안전에 대한 우려(가스레인지 가까이에 있는 것과 같은)가 있는 경우, 로베르타는 개비에게 루시가 도움을 받으면 할 수 있는 단계들은 무엇인지(예: 냉장고에서 재료 꺼내기, 식탁으로 무엇인가를 가져오기)와 루시가 독립적으로 할 수 있는 단계는 무엇인지(예: 찬장에서 재료 가져오기, 자기 포크 가져오기)를 생각해 보라고 권했다. 또한 루시가 독립적으로 할 수 있는 것이 많아질수록, 개비는 루시가 더 많이 참여하는 것을 더 편안하게 느낄 것이라고 했다. 로베르타는 개비에게 루시가 적극적으로 참여하기를 원하는 추가 단계 또는 일과의 부분이 언제인지 확인하고, 루시가 참여할 수 있는 방법을 파악한 다음, 방법을 가르칠 것을 권했다. 이 논의 후, 개비는 루시가 더 많은 일과에 적극적으로 참여하도록 계속 가르칠 수 있다는 것에 편안함을 느꼈다. 개비는 루시 스스로 하게 하는 데 시간이 너무 오래 걸려서 자신이 대신 하는 게 더 쉬울 때가 많다는 점을 인정했다. 로베르타는 개비에게 루시가 더 독립적이기를 원하면 루시에게 이러한 기술을 연습할 기회를 더 많이 제공하고 행동에 대한 긍정적인 피드백을 해야 한다고 상기시켰다.

루시는 점심 식사를 끝내 가고 있었고, 로베르타는 개비를 위한 코칭 노트와 알림장을 작성했다. 로베르타는 개비가 행동지원계획을 실행한 것을 칭찬했고 BRS에 기록된 진보를 인정해 주었다. 로베르타는 BRS를 빠르게 한 번 더 검토하면서, 루시가 짧은 시간 동안 얼마나 많은 발전을 이루었는지 지적하고 개비가 열심히 노력한 덕분이라고 말했다. 개비 역시 루시의 진보에 매우 기뻤고, 그들 모두의 삶을 더 평온하고 예측 가능하게 만들기로 약속했다. 그들은 다음 주에 같은 시간과 일과로 다음 코칭 회기를 유지하기로 결정했다.

▶ 코칭 회기 4

로베르타가 도착했을 때 루시, 개비, 마르그리트가 함께 점심을 먹기 위해 앉아 있는 것을 보았다. 로베르타는 그녀가 늦었다고 생각했지만 개비는 루시를 차에 태워 학교에서 집으로 돌아오는 것이 훨씬 쉬워져서 전보다 조금 일찍 집에 도착했다고 말했다. 또한 루시가 점심을 고르고 준비하는 것을 많이 도와줘서 진행 속도도 빨라졌다. 개비는 지난 한 주간 루시의 놀라운 진보를 공유하게 된 것에 기뻐하며, BRS를 로베르타에게 보여 줄 준비를 했다. 지난주 로베르타의 피드백을 적용하여, 개비는 매일의 일과에 걸쳐 행동지원계획의 단계를 실행할 수 있었다(적어도 대부분의 시간 동안 대부분의 단계를). 루시가 점점 더 적극적으로 참여하면서 매일의 일과는 계속 나아지고 있었다. 긍정적인 피드백은 분명히 개비가 사용할 수 있는 가장 강력한 강화제였으며, 그것은 루시와의 관계는 물론 조부모를 포함한 다른 가족 구성원과 루시의 관계도 개선시키고 있었다. 일관성 있고 긍정적인 피드백 덕분에 루시는 점차 발전하고 있었으며, 학교에서 윌리엄스 교사도 더 많은 개선을 발견하고 있었다.

로베르타는 루시의 진보에 기뻤고 모든 개선은 개비 덕분이라고 다시 한번 칭찬했다. 로베르타는 현재의 계획을 계속 진행하고 2주 안에 다시 만나 일이 어떻게 진행되는지 보자고 제안했다. 로베르타는 진보가 계속되면 행동지원계획의 요소를 소거하는 것을 논의하거나 다음 단계를 추가할 수 있다고 말했다. 로베르타는 마르그리트에게 관찰과 피드백을 요청했는데, 그녀는 루시와 개비가 지난 몇 주 동안 이룬 성장에 대해 기뻐하고 자랑스러워했다. 함께 살면서 그들의 삶이 지장을 받는 상황에 모두가 힘들었지만, 이제 그들은 앞으로 나아갈 수 있는 좋은 길을 가고 있었다. 그들의 삶에 여전히 스트레스가 많지만, 루시의 행동을 다루게 된 것은 삶을 더 평온하고 편안하게 만드는 데 큰 부분을 차지했다.

로베르타는 행동지원계획에 대해 논의해야 할 다른 문제가 있는지, 또는 향후 2주 동안 특별히 집중하고 싶은 것이 있는지 물었지만 개비와 마르그리트 모두 현재로서는 걱정이나 질문이 없다고 하였다. 로베르타는 2주 후 늦은 오후에 '놀이 시간'과 '저녁 준비하기'를 포함하여 개비와 후속 조치를 취하기로 일정을 잡았다. 루시는 이제 구조화된 활동과 성인과의 상호작용에서는 훨씬 나아졌지만, 혼자 놀거나 혼자 있는 것에 여전히 어려움을 겪고 있었다. 개비는 루시가 스스로 노는 법을 배우도록 돕기 위해 행동지원계획 전략들을 적용하는 방법을 알고 싶어 했다.

▶ 코칭 회기 5

로베르타가 관찰 및 코칭 회기를 위해 방문했을 때, 장난감이 흩어져 있는 바닥 중앙에 루시가 앉아 있었다. 루시는 혼자 잘 있지 못하는데, 늦은 오후에는 개비가 항상 함께해 줄 수 없기에 대개 힘든 시간이 되곤 했다. 루시는 일반적으로 장난감을 가지고 노는 것이 아니라 던지거나 부숴 버린다. 로베르타는 루시가 어떻게 노는지 관찰하기 위해 루시가 볼 수 없는 곳에 앉아, 로베르타가 방문하지 않았다면 평소에 했을 일을 하라고 개비에게 말했다. 개비는 그녀의 어머니를 돕기 위해 집을 치우려고, 진공 청소기를 돌리고 빨래를 하고 화장실과 주방을 청소했다. 그런 다음 그녀는 저녁 식사 준비를 시작했다. 개비는 루시와 상호작용하지 않고 자주 방을 지나갔다. 개비는 이것이 문제임을 알고 있었지만 집안일을 하지 않을 수는 없기 때문에 루시가 혼자서도 잘 노는 시간이 필요했다. 개비는 행동지원계획에 포함된 전략을 이 놀이 시간에 적용하는 방법을 알고 싶었다.

약 20분 동안 관찰한 후, 로베르타는 개비에게 앉아서 관찰한 내용에 대해 이야기해도 되는지 물었다. 개비는 루시에게 일정표를 보여 주고 지금은 노는 시간이라고 말했으며, 가족 방에 있는 어떤 장난감이든 가지고 놀 수 있다고 말했다. 개비가 방을 지나갈 때, 목적을 가지고 장난감을 가지고 노는 것이 아니더라도 장난감을 가지고 노는 것에 대해 루시에게 긍정적인 피드백을 제공했다. 개비는 또한 장난감 던지는 소리, 가지고 놀면 안 되는 물건(예: TV 리모컨, 전화기, 마르그리트의 장신구)을 가지고 노는 소리, 또는 루시가 장난감을 갖고 놀지 않는다는 다른 징후가 있는 경우 개입하기 위해 방에 들어가야 했다. 대부분 개비는 적극적인 참여를 가르치는 것을 제외한 행동지원계획 전략을 따르고 있었다. 개비는 여기가 계획이 무너지는 지점이라는 것을 알고 있었지만, 루시에게 노는 법을 어떻게 가르쳐야 하는지 몰랐다.

로베르타는 개비가 다른 것을 가르치듯이 루시에게 장난감을 가지고 노는 방법을 가르치는 것에 대해 이야기를 나누었다. 행동지원계획과 지금까지의 성과를 다시 언급하면서, 로베르타는 루시에게 적절한 행동을 가르치고 루시가 그 행동을 한 것에 대해 강화받을 때 적절한 행동을 보인다는 것을 개비에게 상기시켰다. 장난감의 경우, 그 자체로 충분히 강화가 되어 장난감을 가지고 노는 것에 대해 개비가 루시에게 피드백을 줄 필요가 없어야 한다. 하지만 지금은 루시가 정말 관심이 있는 장난감을 찾는 것이 우선이었다. 루시에게 장난감을 가지고 노는 방법이나 상호작용하는 방법을 가르치는 것이 여전히 필요할 수 있으므로, 로베르타는 개비에게 루시가 현재 가지고 있는 장난감(많지 않음)에 대해 물어보는 것부터 시작했다. 개비는 루시가 블럭을 좋아하는 것 같지만, 일단 지루해지면 종종 방에 던지기 시작해서 개비는 루시가 무언가를 부술까 봐 걱정된다고 말했다. 루시는 다른 어떤 장난감도 좋아하지 않는 것 같았고, 다른 어떤 장난감도 몇 분 이상 루시의 관심을 끌지 못했다.

로베르타는 개비에게 루시가 스스로 할 수 있는 활동과 주변에 아무도 없을 때 할 수 있는 활동을 떠올려 보게 하였다. 개비는 루시가 몇 분 이상 참여할 만한 활동을 생각해 낼 수 없었기에, 로베르타는 개비와 협력하여 루시가 적극적으로 놀거나 장난감을 다루는 시간을 증가시키는 방법을 계획했다.

루시가 장난감을 가지고 노는 방법을 잘 모르는 것 같았으므로 로베르타는 개비에게 루시와 함께 노는 방법에 대해 이야기를 나누었다. 로베르타는 개비에게 여러 가지 장난감을 가지고 노는 방법을 루시에게 보여 주고 장난감의 평소 용도와 다르게 놀 수 있는 방법도 알려 주라고 하였다. 로베르타는 루시에게 다른 것을 가르치는 것과 같지만, 일반적으로 장난감을 사용하는 방법은 한 가지가 아니기 때문에 아이에게 노는 법을 가르치는 것은 좀 더 어렵다고 말했다. 개비는 루시가 혼자서 놀 수 있기를 간절히 바랐지만, 루시가 많은 장난감을 가지고 노는 방법을 배워야 한다는 것을 이해했다. 로베르타는 개비에게 이것들은 가치 있는 기술이며 루시가 사촌들이나 학교 친구들과 함께 있을 때 유용할 수 있다고 장담했다. 이러한 유형의 놀이 및 사회성 기술은 비록 루시의 행동지원계획을 위한 원래 목표는 아니지만, 루시와 집중할 수 있는 좋은 다음 단계가 될 것이었다.

로베르타는 다른 일과들, 특히 아침 일과와 루시의 전반적인 탠트럼은 어떻게 진행되고 있는지 물었다. 개비는 함께 검토할 BRS를 가져왔고, BRS에는 루시가 지속적으로 진보하고 있음이 나타났다. 루시가 계속 좋아지고 있고 개비도 루시의 지속적인 성공을 성공적으로 지원할 수 있었기에, 로베르타는 특히 사회성 및 놀이 기술을 명시적으로 가르치는 것에 대해 대화를 나눈 후 행동지원계획의 다음 단계로 넘어가는 것을 고려해 보자고 제안했다. 로베르타와 개비는 방해를 받지 않고 계획을 세울 수 있도록 다음 주에는 루시가 학교에 있는 시간에 회의하기로 하였다.

제7장

자료의 활용과 다음 단계

- 실행과 진보 점검
- 자료기반의 의사결정
- PTR-F 완료 후 다음 단계
- 전반적 요약과 계획 실행 지침
- 사례

이 장에서는 PTR-F 행동지원계획 실행을 점검하고 자료를 활용하여 아동의 행동이 행동지원계획에 어떻게 반응하는지에 따라 취해야 할 조치에 대해 정보에 입각한 결정을 내리는 방법을 다룬다. 때때로 행동지원계획은 완벽한 효과를 거두어 즉각적인 개선이 자료에 나타나고, 도전행동이 더 이상 문제가 되지 않으며, 아동이 긍정적인 사회적 상호작용 측면에서 극적인 성장을 보인다. 그러나 그렇지 않을 때도 있다. 어떤 경우에는 뚜렷한 변화가 나타나지 않기도 하고, 필요한 변화를 이루기에는 진보가 너무 느리게 나타나기도 한다. 이 장에서는 이러한 경우를 다루며 팀이 계획을 수정하고 진보를 촉진하기 위해 취할 수 있는 단계를 제안한다.

실행과 진보 점검

복습하자면, 지원계획의 실행 전에 다음과 같은 단계가 완료되어야 한다. ① 팀 구성하기(예: 촉진자와 부모만 포함될 수도 있음), ② 목표 정의하기, ③ 목표로 삼은 도전행동과 바람직한 행동의 기초선 자료 수집하기, ④ PTR-F 기능평가 완료하기, ⑤ 행동지원계획 수립하기, ⑥ 필요한 훈련과 코칭 준비하기다. 이 단계에 대해서는 이전 장에서 설명하였다. 이 시점에서 강조하고자 하는 주요 단계는 진보 점검 자료의 수집이다.

주의 깊게 설계된 행동지원계획을 실행하기 전에 최소한 3일 동안 자료를 수집하고 간단한 그래프로 요약해야 한다. 일주일 이상의 자료가 있는 것이 가장 좋지만, 최소한 3일은 수집해야 하며, 자료는 BRS(제3장 참조) 서식으로 수집되어야 한다. 행동지원계획을 실행하기 전에 수집된 자료는 중요한 정보를 알려 줄 것이다. 이러한 자료를 기초선 자료라고 한다. 도전행동에 대한 기초선 자료는 다음의 패턴 중 어느 하나를 나타낼 것이다.

① **도전행동이 높은 수준으로 꾸준히 발생하는 패턴**: 이 패턴에서 자료는 도전행동의 수준이 수용할 수 없을 정도로 높아서 어떤 조치를 하지 않으면 높은 비율로 계속되리라는 것을 보여 준다([그림 7-1] 참조). 이 패턴의 경우, 즉시 행동지원계획이

실행되어야 한다. 도전행동이 악화되고 있음을 보여 주는 패턴일 때도 행동지원 계획은 즉시 실행되어야 한다([그림 7-2] 참조).

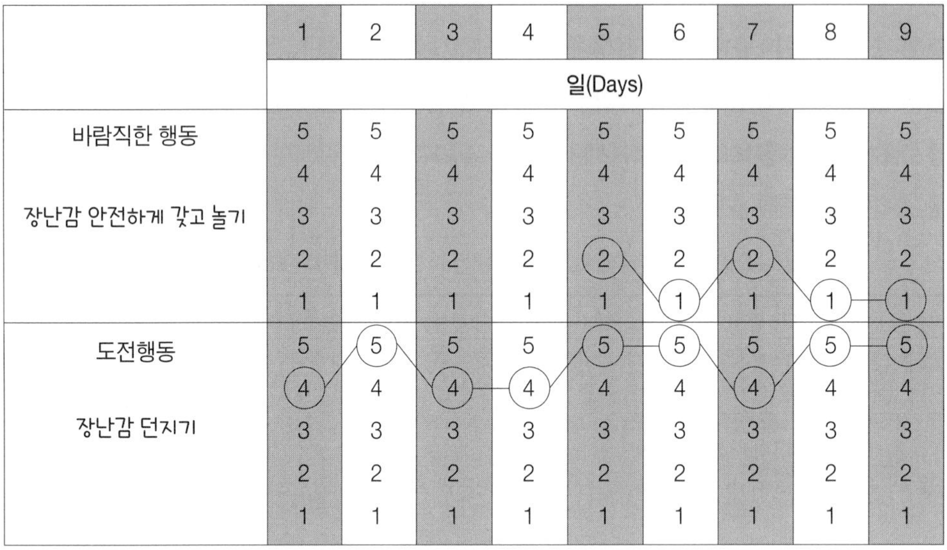

	1	2	3	4	5	6	7	8	9
	일(Days)								
바람직한 행동	5	5	5	5	5	5	5	5	5
	4	4	4	4	4	4	4	4	4
장난감 안전하게 갖고 놀기	3	3	3	3	3	3	3	3	3
	2	2	2	2	**2**	2	**2**	2	2
	1	1	1	1	1	**1**	1	**1**	**1**
도전행동	5	**5**	5	5	**5**	**5**	5	**5**	**5**
	4	4	**4**	**4**	4	4	**4**	4	4
장난감 던지기	3	3	3	3	3	3	3	3	3
	2	2	2	2	2	2	2	2	2
	1	1	1	1	1	1	1	1	1

그림 7-1 꾸준히 발생하는 높은 수준의 도전행동

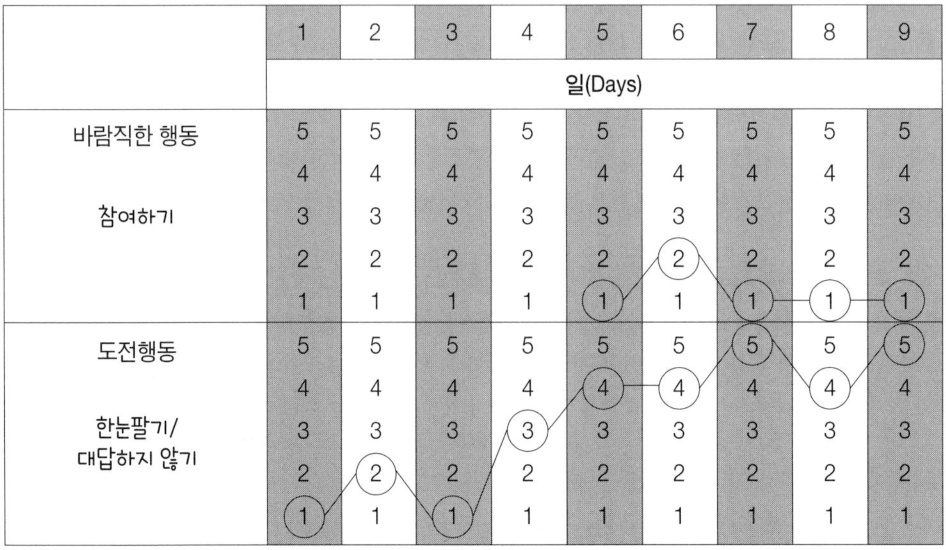

	1	2	3	4	5	6	7	8	9
	일(Days)								
바람직한 행동	5	5	5	5	5	5	5	5	5
	4	4	4	4	4	4	4	4	4
참여하기	3	3	3	3	3	3	3	3	3
	2	2	2	2	2	**2**	2	2	2
	1	1	1	1	**1**	1	**1**	**1**	**1**
도전행동	5	5	5	5	5	5	**5**	5	**5**
	4	4	4	4	**4**	**4**	4	**4**	4
한눈팔기/ 대답하지 않기	3	3	3	**3**	3	3	3	3	3
	2	**2**	2	2	2	2	2	2	2
	1	1	**1**	1	1	1	1	1	1

그림 7-2 점점 증가하는 도전행동

② **도전행동이 낮은 수준으로 나타나는 패턴:** 이 패턴([그림 7-3] 참조)은 도전행동의 수준이 상당히 낮음을 나타내며 행동지원계획이 정말 필요했던 것인지에 대한 의문을 갖게 한다. 여러 가지 설명이 가능하다. 한 가지 설명은 실제로, 적어도 현재로서는 더 이상 개별화된 중재가 필요하지 않을 만큼 행동이 감소했다는 것이다. 이는 양육 실제의 개선에 따른 긍정적인 효과일 수도 있고, 행동이 개선될 만한 어떤 변화가 발생했기 때문일 수도 있다. 팀은 며칠간 자료를 더 수집해야 할지와 행동지원계획을 유보해야 할지를 결정해야 한다.

또 다른 설명은 행동이 실제로는 여전히 심각한 수준으로 계속되고 있지만, 어떤 이유로 그 현상이 자료에 반영되지 않는 것이다. 이는 행동의 정의에 문제가 있어서일 수도 있고, 자료를 수집한 시간이 적절하지 않아서일 수도 있다. 둘 중 어느 쪽이든, 수집된 자료에서 우려되는 행동이 포착되지 못했다면 자료 수집 전략을 수정해야 한다. 예를 들어, 팀은 제한된 수의 행동이 아니라 목표행동에 포함될 행동을 모두 아우를 수 있도록 목표행동의 조작적 정의를 확장해야 할 수 있다. 또는 며칠 동안 자료를 수집한 후, 팀은 자료를 수집하지 않는 일과 동안 도전행동이 더 자주 또는 더 집중적으로 발생한다는 것을 알아차릴 수도 있다. 팀은 시간이 지남에 따라 행동을 보다 정확하게 추적하기 위해 가족이 다

	1	2	3	4	5	6	7	8	9
	일(Days)								
바람직한 행동	5	5	5	5	5	⑤	5	⑤	⑤
	4	4	4	4	④	4	④	4	4
아침 일과 수행하기	3	3	3	3	3	3	3	3	3
	2	2	2	2	2	2	2	2	2
	1	1	1	1	1	1	1	1	1
도전행동	5	5	5	5	5	5	5	5	5
	4	4	4	4	4	4	4	4	4
탠트럼	3	3	3	3	3	3	3	3	3
	2	②	2	2	②	2	②	②	2
	①	1	①	①	1	①	1	1	①

그림 7-3 낮은 수준의 도전행동

른 일과 또는 두 일과 모두에서 자료를 수집해야 한다고 결정할 수도 있다. 때때로 점수 체계가 너무 높거나 너무 낮아 변경해야 하는 경우가 있으며, 현재 자료 수집에 사용 중인 행동의 차원(예: 빈도, 지속시간, 강도) 대신 일과 중에 일어나는 일을 좀 더 정확하게 반영하는 행동의 차원으로 변경하는 것이 나은 경우도 있다. 이러한 수정은 즉시 완료되어야 하며, 자료의 수준이 부모 및 다른 팀 구성원이 일화적으로 보고한 수준과 일치할 때까지 자료를 수집해야 한다.

③ **도전행동이 감소하는 패턴**: 때때로 자료 수집을 시작한 시기에는 높은 수준으로 나타나던 도전행동이 시간의 흐름에 따라 감소할 수 있다([그림 7-4] 참조). 이는 가정 내 상황에 의해, 혹은 부모가 자녀와 상호작용하는 방식에 긍정적인 변화가 일어났기 때문일 수 있다. 이 경우 자료를 계속 수집하되, 해당 행동이 다시 심각해졌음을 자료를 통해 확인할 때까지는 행동지원계획의 실행을 연기해야 한다.

	1	2	3	4	5	6	7	8	9
	일(Days)								
바람직한 행동	5	5	5	5	⑤	5	⑤	⑤	⑤
	4	4	4	4	4	④	4	4	4
"안 돼."라는 말을 들었을 때 예의 바르게 한 번 더 요청하기	3	3	3	3	3	3	3	3	3
	2	2	2	2	2	2	2	2	2
	1	1	1	1	1	1	1	1	1
도전행동	⑤	5	⑤	5	5	5	5	5	5
	4	④	4	4	4	4	4	4	4
"싫어!"라고 소리 지르기	3	3	3	③	③	3	3	3	3
	2	2	2	2	2	②	②	2	2
	1	1	1	1	1	1	1	①	①

그림 7-4 점점 감소하는 도전행동

④ **도전행동이 비일관적으로 나타나는 패턴**: 또 다른 패턴은 도전행동이 어떤 날에는 매우 높게 발생하고 다른 날에는 발생하지 않는 패턴이다([그림 7-5] 참조). 이 패턴이 지속되면 두 가지 조치가 필요하다. 첫 번째 조치로 팀은 행동의 차이에 대한

원인이 될 수 있는 좋은 날과 나쁜 날의 차이점이 무엇인지 찾으려고 노력해야 한다. 종종 이 패턴은 어떤 종류의 스트레스 요인(또는 '배경사건')이 하루 내내 아동에게 영향을 미쳐 평소에는 문제가 되지 않던 사건이 도전행동을 일으키는 유발자극이 되었음을 나타낸다. 기능평가 중에 그러한 스트레스 요인이 누락되었을 가능성이 있다. 만약 그렇다면, 팀은 기능평가를 확장하여 스트레스 요인이 무엇인지 식별하고자 할 수 있다. 예를 들어, 스트레스 요인은 수면 부족이나 이른 아침 시간의 격렬한 말다툼으로 인한 피로일 수도 있다. 그 사건이 식별된다면 그것을 제거할 수 있고, 그렇지 않은 경우 가족의 일과를 조정할 수도 있다.

두 번째 조치는 팀이 계획한 대로 행동지원계획을 실행하되, 문제가 있었던 날을 특별히 강조하는 것이다. 자료를 살펴본 결과 아무런 진보가 없거나 시간이 지남에 따라 행동이 악화되고 있지 않는 한 행동지원계획은 진행되어야 한다. 제한적인 진보나 증가된 도전행동이 확인되면, 팀은 다음에 설명되는 자료기반의 의사결정 절차를 따라야 한다.

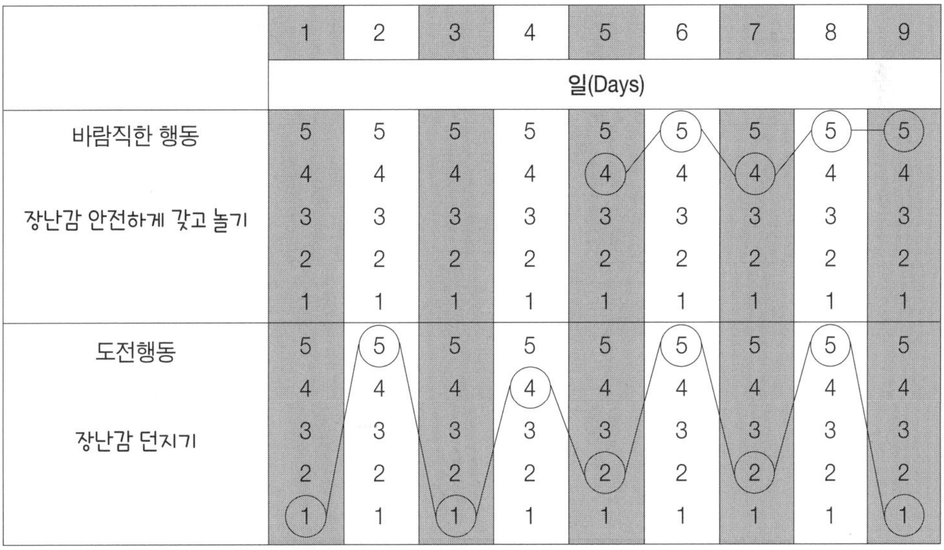

	1	2	3	4	5	6	7	8	9
	일(Days)								
바람직한 행동	5	5	5	5	5	5	5	5	5
	4	4	4	4	4	4	4	4	4
장난감 안전하게 갖고 놀기	3	3	3	3	3	3	3	3	3
	2	2	2	2	2	2	2	2	2
	1	1	1	1	1	1	1	1	1
도전행동	5	5	5	5	5	5	5	5	5
	4	4	4	4	4	4	4	4	4
장난감 던지기	3	3	3	3	3	3	3	3	3
	2	2	2	2	2	2	2	2	2
	1	1	1	1	1	1	1	1	1

그림 7-5 비일관적 패턴의 도전행동

> **TIP** 중재 자료에 패턴이 나타날 수 있으며 팀은 행동지원계획을 계속 실행하는 동안 진보 점검 및 자료기반의 의사결정에 이를 사용할 수 있다. 예를 들어, 팀은 중재 자료에서의 패턴을 점검하여 중재가 효과가 있는지 결정할 수 있다(예: BRS 상에서 도전행동 수준이 감소하고 바람직한 행동 수준이 증가함). 또한 팀은 자료 패턴을 점검하여 행동지원계획에 기반을 둔 지원의 소거를 시작하기에 적절한 시점을 결정할 수 있다(예: BRS를 통해 일관되고 낮은 수준의 도전행동과 일관되고 높은 수준의 바람직한 행동이 발생하고 있음이 나타남). 이 주제에 대한 더 자세한 내용은 이 장에 포함된 '자료기반의 의사결정' 부분에서 확인할 수 있다.

자료기반의 의사결정

실행 이전에 수집된 기초선 자료는 중재가 얼마나 효과적인지를 결정하는 데 도움이 된다. 기초선 시기와 중재 시기를 구분하는 유용한 방법은 기초선이 끝나는 지점의 그래프에 수직선을 그린 다음(〈표 7-1〉 참조) 중재 전에 자료를 수집할 때와 똑같은 방식으로 중재 기간에 자료를 계속 수집하는 것이다.

자료기반의 의사결정은 중재 구간에서의 자료 경향성을 기초선에서 수집된 자료와 비교한 결과에 따라 이루어진다. 당연히 중재는 도전행동의 수준을 낮추고 바람직한 행동의 수준을 높여야 한다. 이러한 변화가 예상되는 속도는 아동마다 그리고 행동지원계획마다 다양하다. 때때로 아동이 새로운 바람직한 행동을 배우는 데 시간이 걸리는데, 이는 아동의 특성뿐만 아니라 부모-자녀 상호작용의 질, 하루 동안 중재가 발생하는 빈도와 관련이 있다. 중재의 질과 빈도가 높을수록 행동 변화는 더 빨리 일어난다.

PTR-F 실행의 처음 몇 회기 또는 며칠 동안 도전행동은 어느 정도 분명히 개선된다. PTR-F의 행동지원계획에 여러 요소가 포함되기 때문이다. 대부분의 경우 강화 전략은 교수 전략에 비해 행동을 신속하게 개선하며, 예방 전략은 거의 즉각적인 변화를 가져올 수 있다. 따라서 PTR-F를 실행한 대부분의 사례에서 가족은 상당히 빠른 긍정적 변화를 기대해도 좋다. 여기서 덧붙일 점은 예방 전략이나 강화 전략이 행동 변화가 빨리 나타나게 하는 데 도움이 된다고 해서 교수 전략 요소가 덜 중요하다는 의미는 아니라는 점이다. 오히려 교수 영역은 장기적이고 궁극적인 개선을 가능하게 한다는 점에서 가장 중요하다. 사실 PTR-F 모델에서는 세 영역 모두가 중요하다.

팀이 중재하면서 자료를 검토하다 보면 고무적인 경향을 보게 될 때도 있고, 적절한 진보가 나타나지 않는 경향을 보게 될 때도 있다. 다음은 각 상황에 따라 취해야 할 조치에 대한 자세한 설명이다.

적절한 진보가 나타나고 있을 때의 다음 단계

자료가 긍정적인 진보를 나타낸다면, 당장 해야 할 일은 효과를 거둔 방법을 계속하는 것이다. 도전행동 중재 중에 저지르는 가장 흔한 실수 중 하나는 팀원들이 행동 변화를 이끌어 낸 지원을 너무 빨리 줄여 나가는 것이다. 일반적인 원칙으로 PTR-F 행동지원계획은 도전행동이 발생하는 동안, 그리고 가족이 행동지원계획을 실행하는 데 자신감을 갖고 편안해질 때까지 실행해야 할 수도 있다. 따라서 도전행동이 6개월 동안 계속되어 왔다면 PTR-F도 6개월 동안 유지하는 것이 좋다. 이 시점에서 도전행동이 감소하거나 사라지고 바람직한 행동이 증가했다면, 팀은 PTR-F 계획의 요소를 체계적으로 줄여 나가는 것이 아동의 미래에 정말 유익할지를 고려할 수도 있다. 예를 들면, 릴리의 도전행동이 감소하고 바람직한 행동이 증가하여 가족이 지원계획 실행에 대한 자신감과 편안함을 느끼게 됨에 따라 가족들이 좀 더 많은 시간 동안 일할 수 있도록 근무 일정을 변경할 수도 있다. 이러한 가족 근무 일정의 변화로 인해 PTR-F 계획의 실행은 줄어들 것이다. 이 경우, 가족이 행동지원계획을 실행함으로써 긍정적인 결과를 경험했기 때문에 갑자기 극적으로 지원을 줄이는 것보다는 체계적으로 지원을 줄이기 시작하는 것이 현명하다. 우리는 계획을 그대로 유지하고 아동의 행동에 요구되는 변화가 충분히 발생할 때까지 행동지원계획(또는 적절하게 계속되는 행동지원계획의 일부)에 주의를 기울이는 것의 중요성을 강조하고자 한다.

더욱이 팀은 이제 아동이 자기 관리(self-management) 방식으로 중재 요소를 스스로 실행하도록 실행 요소들을 바꾸고 싶을 수도 있다. 예를 들어, 초기의 강화 요소가 아동이 취침 시간 일과에 적극적으로 참여했을 때 성인이 아동의 행동에 대해 긍정적인 말을 해 주는 것이었다고 가정해 보자. 결국에 팀은 자녀에게 자기 평가 및 자기 강화를 가르치는 것이 다음 단계에서 실행 가능한지를 고려하고자 할 것이다. 아동을 위한 여러 좋은 중재와 마찬가지로, PTR-F는 팀이 궁극적으로 아동의 독립적인 수행을 향상시킬 전략에 대해 고민하기를 권장한다. PTR-F 지원 방식을 바꾸거나 지원의 강도를 줄이려고 계획 중인 팀은 아동의 도전행동과 바람직한 행동을 면밀히 관찰해야 한다. 아주 미미한 정도라 하더라도 행동의 변화가 발생했다면(역자 주: 행동이 조금이라도 악화되었다면) 일정 기간 원래의 지원계획으로 완전히 돌아가지는 않더라도 지원을 줄여 나가는 과정을 좀 더 천천히 진행하는 것이 좋다.

TIP

팀이 아동 독립성과 자기 관리를 증가시키기 위해 계획의 일부 요소를 변경하기로 선택한 경우, 아동이 배우고 있는 새로운 행동을 추적하기 위해 바람직한 행동 BRS를 변경하는 것이 유용할 수 있다. 팀은 초기의 바람직한 행동을 계속 추적하는 것을 선택할 수도 있지만, 아동의 독립성 및 자기 관리와 관련된 새로운 바람직한 행동 BRS를 사용하는 것은 아동이 이러한 기술들을 배울 때 필요한 지원을 받고 있는지 확인하는 데 도움이 된다.

과거에는 많은 팀이 도전행동이 해결된 후에 PTR-F 절차를 확장했다. 특히 팀은 이러한 주의 깊은 계획 절차를 사용하여 도전행동과 직접적인 관련이 없는 새로운 기술을 가르치는 계획을 안내했다. 이 매뉴얼에서 말하는 교수 전략은 바람직한 행동(교체행동)을 지도하는 것이 아니라, 좀 더 광범위한 행동을 지도하는 데 사용될 수 있다.

표 7-1 PTR-F 행동 평정 척도에서 기초선과 중재 구분하기

PTR-F 행동 평정 척도

아동명: 미아(Mia)　　평정자: 엄마　　일과: 취침 시간　　월: 9월

기초선　　중재　　날짜/시간: ____

	9/1	9/2	9/3	9/4	9/5	9/6	9/7	9/8	9/9	9/10										
바람직한 행동	5	5	5	5	5	5	5	5	5	5	5	5	5	5	5	5	5	5	5	5
	4	4	4	4	4	4	4	4	4	(4)	4	4	4	4	4	4	4	4	4	4
취침 시간 일과 단계 완료	3	3	3	3	3	3	(3)	(3)	(3)	3	3	3	3	3	3	3	3	3	3	3
	2	2	2	(2)	2	2	2	2	2	2	2	2	2	2	2	2	2	2	2	2
	1	1	1	1	(1)	(1)	1	1	1	1	1	1	1	1	1	1	1	1	1	1
도전행동	5	5	5	5	5	5	5	5	5	5	5	5	5	5	5	5	5	5	5	5
	4	4	4	4	4	4	4	4	4	4	4	4	4	4	4	4	4	4	4	4
탠트럼	3	3	3	3	3	3	3	3	3	3	3	3	3	3	3	3	3	3	3	3
	2	2	2	2	2	2	2	2	2	3	2	2	2	2	2	2	2	2	2	2
	1	1	1	1	1	1	1	1	1	1	1	1	1	1	1	1	1	1	1	1

바람직한 행동: 취침 시간 일과 단계 완료하기

5 = 언어적 촉진으로 일과의 단계를 완료함
4 = 언어적 촉진 그리고 몸짓/가리키기/모델링으로 일과의 단계를 완료함
3 = 언어적 촉진 그리고 부분적인 신체적 지원으로 일과의 단계를 완료함
2 = 언어적 촉진 그리고 완전한 신체적 지원으로 일과의 단계를 완료함
1 = 도망가고, 바닥에 주저앉고, 숨음

도전행동: 탠트럼

5 = 전체 일과 동안 탠트럼 행동 지속
4 = 대부분 그러나 일과의 모든 단계에서는 아닌 탠트럼 행동 지속
3 = 일과의 1/2 동안 탠트럼 행동 지속
2 = 일부의 일과에서 탠트럼 행동 발생
1 = 어떤 일과에서도 탠트럼 행동 발생하지 않음

진보가 만족스럽지 못할 때의 다음 단계

PTR-F에 관한 연구들은 이 모델이 안내하는 절차를 잘 따르면 대부분의 경우 만족스러운 행동 변화가 나타남을 보여 준다. 그러나 행동 과학에 존재하는 어느 정도의 불확실성 수준을 감안할 때, 항상 PTR-F로 균일한 성공이 보장되진 않는다. 행동 변화가 만족스럽지 않을 때 해 볼 수 있는 일은 효과가 입증된 다양한 해결책을 시도하는 것이다.

이 절에서는 초기의 전략이 성공적이지 않을 때 행동 변화를 개선하기 위해 팀이 따라야 하는 일련의 단계를 제시한다. 주어진 순서대로 권장 단계를 실행할 것을 강력히 제안한다. 그렇지 않으면 시간과 자원을 불필요하게 낭비할 위험이 있다.

■ 1단계: 행동지원계획에 포함된 전략이 충실하게 실행되었는지 파악한다

제6장에서는 행동지원계획이 의도한 대로 실행되고 있는지에 대한 자료인 충실도 자료 수집에 대한 권장 사항을 제시하였다. 대부분의 경우 PTR-F 전략 실행충실도 점검지를 사용하면 행동지원계획의 실행이 제대로 자리를 잡았는지 충분히 파악할 수 있다. PTR-F 전략 실행충실도 서식을 사용하면 시간의 흐름에 따라 행동지원계획 절차에 미세한 변화가 발생했는지 또는 가족 구성원 중 누가 행동지원계획을 충실하게 실행하고 누가 그렇지 않은지를 팀이 판단하는 데 도움이 될 수 있다. 팀은 다음의 절차에 따라 실행충실도를 평가해야 한다.

① 예방·교수·강화 전략을 구성하는 구체적인 실제들을 모든 팀원과 함께 검토한다. 각 팀원이 팀 회의에서 중재의 각 요소에 대해 자신이 이해한 바와 그것이 언제 어디서 실행되는지를 설명하게 하고, 동료 팀원과 역할극 형식으로 중재의 각 요소를 실행하는 방법을 시연해 보도록 권장해야 한다. 팀은 이 시점에서 한 명 이상의 팀원이 모든 중재 요소를 충실하게 실행하는 데 필요한 일련의 기술을 갖추기 위해 추가의 코칭이 필요하다고 결정할 수 있다.

② 모든 팀원이 PTR-F를 실행할 만큼 충분한 역량을 갖추었다고 팀이 확신하면, 현재의 충실도 자료 수집 절차를 검토하고 팀이 결정하는 만큼 자주 가족이 자료 수집을 할 수 있는지를 확인하기 위해 또 다른 회의가 필요하다. 이러한 자료 수

집의 목표는 중재를 제공하기로 한 모든 기간에 각 팀원의 행동이 어떠한지 평가하는 것이다. 기존의 충실도 자료 수집 체계를 사용하는 동시에, 팀원 한 명(종종 PTR-F 촉진자)을 지정하여 대상 아동의 행동 중 PTR-F 계획에 포함되지 않은 행동에 대해 팀원들이 보이는 행동을 내러티브 형식으로 서술해 보게 하는 것이 좋다. 예를 들어, 가족이 도전행동을 무시해야 하는 경우 PTR-F 촉진자는 가족 구성원이 아동에게 말을 하지는 않아도 도전행동이 발생하는 동안 눈 맞춤을 한다는 점에 주목할 수 있다. 그런 다음 PTR-F 촉진자는 도전행동이 발생하는 동안 눈 맞춤을 제한하는 것에 대해 가족을 구체적으로 코치할 것이며, 팀은 행동지원 계획에 눈 맞춤 제한하기를 포함할 수 있다. 많은 팀이 이 모든 과정에 비디오 녹화가 실질적으로 유용함을 알게 될 것이다. 팀은 PTR-F가 실제로 의도한 대로 실행되고 있다고 결론을 내릴 수 있다. 그렇다면 2단계로 진행하면 된다. 아무리 작은 것이라도 충실도 문제가 나타나면 다음 단계로 이행하기 전에 이러한 문제를 해결할 것을 추천한다. 예측 가능한 모든 경우에서 가족 구성원이 실행에 반대하거나 불편한 요소나 전략이 있는 경우, 추가 코칭을 하거나 행동지원계획을 변경함으로써 충실도가 낮을 때의 문제를 해결할 수 있다.

■ 2단계: 정해진 강화제가 제대로 주어지고 있는지 파악한다

아동의 마음은 자주 바뀐다! 특히 아이들은 어떤 행동을 하면 사람, 물건, 장난감, 또는 사건에 접근할 수 있다는 명확한 후속결과가 정해져 있을 때도 자신의 행동 변화에 동기를 부여하는 것에 대하여 자주 마음을 바꾼다. 대부분의 경우 강화제의 결정은 매우 간단하다. 그러나 초기 계획이 잘못되었을 때, 강화제의 효과를 최대화하기 위해 실제로 아동에게 동기를 부여하는 짝지어 비교하기 전략(paired-comparison strategy: 다음에서 설명, Fisher, Piazza, Bowman, & Amari, 1996)을 활용해 보기 바란다. 팀은 다음 단계에 따라 강화제를 주의 깊게 재검토해야 한다.

① 모든 돌봄제공자를 면담하여 대상 아동이 가장 좋아하는 것을 정한다.
② 비공식적 관찰(1~2일)을 실시하여 돌봄제공자들과의 면담에서 제안된 것 또는 그 외의 것을 아동이 실제로 좋아하는지 확인한다.
③ 팀이 모여 8~10(최대)개의 강화제 후보 목록을 만든다(결과에 따라 원래 선택한 강

화제가 이 목록에 포함될 수도 있고 아닐 수도 있다).

④ 이틀에 걸쳐 강화제 후보 목록에 있는 모든 항목을 둘씩 짝지어 아동에게 제시한다. 아동이 선택하면, 선택한 항목을 목록에 표시해 둔다. 가능한 한 모든 조합을 아동에게 제시하여, 팀은 가장 자주 선택한 항목부터 가장 덜 선택한 항목에 이르기까지 선호 항목의 순위표를 작성한다. PTR-F의 맥락에서는 이 순위표에서 가장 상위에 있는 한두 가지 항목만 선택하면 된다. 만약 상위 한두 가지 항목이 PTR-F 계획에서 원래 사용되지 않은 것이었다면, 팀은 3단계로 이행하기 전에 새로운 강화 중재 절차를 일과의 빈도에 따라 5~10회기/일 정도 시험해 보아야 한다.

⑤ 강화제라는 동전의 이면에도 주의를 기울여야 한다. 새로운 행동에 사용할 수 있는 강력한 강화제를 준비하는 것도 중요하지만, 도전행동을 계속하는 아동에게 본의 아니게 강화가 주어지는 일도 없어야 한다. 가장 흔히 볼 수 있는 예는 강화의 강도나 뚜렷함이 계획대로 감소하였으나 여전히 아동이 도전행동에 대한 일정 수준의 피드백을 받는 경우다. 예를 들어, 부모는 도전행동이 발생하면 더 이상 아동과 대화하지 않을 수 있지만(도전행동의 기능이 관심 끌기로 추정되어 관심을 제거한 경우), 여전히 아동을 바라보고 인상을 찌푸릴 수 있다. 팀은 사소하지만 여전히 중요한 후속결과가 도전행동 직후에 주어지지 않는지 확인하기 위해 하루나 이틀 정도 지켜볼 수도 있다.

TIP

강화에 대해 알고 있는 모든 것에 유념해야 한다. 예를 들어, 팀은 반드시 계획된 비율과 계획된 양으로 강화를 계속 제공해야 한다. 종종, 특히 아동이 성공을 보여 줌에 따라 의도치 않게 강화가 소거될 수 있는데, 이는 아동의 도전행동을 증가시키거나 아동의 바람직한 행동을 감소시킬 수 있다.

■ 3단계: 도전행동의 기능을 다시 한번 점검한다

드물기는 하지만 팀이 처음 파악했던 행동의 기능에 오류가 있음을 발견할 때가 있다. 팀이 보기에 강력한 강화제가 마련되어 있고 행동지원계획이 일반적으로 충실하게 실행되고 있다면, 도전행동의 기능에 대한 초기 가설을 재검토해야 할 때다. 팀은 초기 가설의 오류 가능성을 염두에 두고 제4장에 제시된 PTR-F 평가 서식을 사용해야 한다. 새로운 기능이 발견될 수도 있고 발견되지 않을 수도 있다. 새로운 기능이 판명되면, 팀은 앞서 설명한 대로 새로운 행동지원계획을 재개발해야 한다.

제1장에서 살펴보았듯이, 아동의 도전행동에 영향을 미치는 요인들이 가족중심의 팀이 적절하게 진단하기에는 너무 까다롭거나, 가정기반의 중재를 하기에 너무 비협조적인 상황이 있을 수도 있다. 이러한 상황들은 상당히 드물지만 그래도 분명히 존재한다. 상황이 이러하다면 외부 전문가의 도움을 받는 것이 적절하고 필요하다. 때로는 경험이 많은 자문가가 기능평가 및 행동지원계획 설계를 지원하는 것만으로 충분할 수도 있고, 종합적인 다학문적 접근이 필요한 경우도 있다. 그럼에도 불구하고 당신의 팀은 성공적인 문제해결 절차를 찾아내고 실행하는 데 필요한 모든 조치를 취해야 한다.

PTR-F 완료 후 다음 단계

성공적인 PTR-F 여정을 마친 후 가족이 갈 수 있는 길은 다양하다. 어떤 가족들은 또 다른 도전행동에 대해 작업하기를 원할 수 있다. 다른 가족들은 그들이 자녀를 위한 장기적 비전의 다른 측면들과 씨름할 준비가 되어 있음을 알아차릴 수도 있다. 이러한 상황을 포함한 다양한 상황에서 PTR-F 촉진자가 가족을 도울 수 있는 방법은 다음과 같다.

① 자녀의 행동 변화가 가족의 기술과 인내 덕분이라는 것을 강조하여 말해 준다.
② 어떤 전략이 자녀에게 가장 효과가 있었고 이러한 전략이 미래에 다른 문제들에 어떻게 사용될 수 있는지를 가족과 함께 검토한다.
③ 가족과 아동이 비전을 달성하는 데 사용할 수 있는 모든 서비스에 접근할 수 있도록 가족과 함께 지역사회 자원을 찾아본다.
④ 가족이 자녀의 생활 속 다른 사람들(예: 교사, 돌봄제공자, 조부모)과 성공의 세부사항을 공유하도록 격려하고 지원한다.
⑤ 지속적인 진보를 점검하고 새로운 상황과 도전들에 대해 학습한 실제를 사용하

도록 장려하기 위해 가족과 함께 월별 점검 시스템을 구축한다.

이 장의 마지막 부분에 있는 사례에서는 PTR-F를 실행한 후 티미와 루시의 다음 단계를 자세히 설명하고, 완성된 BRS 서식을 제시하여 두 아동의 진보를 보여 준다. 티미와 루시의 사례는 PTR-F가 어떻게 아동의 도전행동을 해결하고, 아동의 건강한 발달과 새로운 기술 습득을 지원하며, 온 가족의 삶을 개선시킬 수 있는지에 대한 다양한 성공 사례 중 두 가지일 뿐이다.

전반적 요약과 계획 실행 지침

PTR-F는 심각한 도전행동을 보이는 아동이 사회 적응 기술을 배우고 도전행동을 줄일 수 있도록 돕기 위해 고안된 긍정적 평가 및 중재 모델이다. 이 모델의 이러한 아동들이 전반적 발달을 성취하고 우정을 향유하며, 가정, 유치원, 초등학교 그리고 그 이후 다가오는 모든 여정에서 성공할 수 있도록 건전한 사회정서발달 궤적으로 인도하는 것이다.

저자들은 PTR-F가 당신과 당신이 지원하는 가족에게 효과적인 접근이 될 수 있다고 확신하지만, 그 효과는 팀이 절차의 각 단계를 얼마나 충실하게 차근차근 실행하는지에 달려 있다. 이 과정을 돕기 위해 PTR-F 계획 실행 지침을 제공한다(〈표 7-2〉 참조). PTR-F의 다른 서식들과 함께, 이 지침은 팀이 그들이 가지고 있는 정보를 하나의 문서로 구조화하고 이 매뉴얼에 설명된 단계와 요구사항을 요약하도록 돕기 위한 것이다. 이 지침은 제3장부터 제5장에 걸쳐 각 장 마지막에 제시된 자기 평가 체크리스트를 따르므로, 팀이 두 가지를 모두 사용할 필요는 없다. PTR-F 계획 실행 지침은 가족과 함께 PTR-F를 성공적으로 사용하는 데 도움이 되는 또 하나의 도구일 뿐이다.

표 7-2 PTR-F 계획 실행 지침

PTR-F 계획 실행 지침

절차 시작하기

아동명: ________________ 나이: ________________ 작성일: ________________

장소/일과(예: 집, 취침 시간 일과):

____

팀원(모든 팀원 나열하기):

____

아동과 가족을 위한 비전으로 확인된 장기 목표는 무엇인가?

____

목표로 삼은 구체적인 도전행동은 무엇인가?

____

도전행동의 조작적 정의는 무엇인가?

____

점수 체계가 주의 깊게 정의되고 기록되었는가? 예 아니요

언제 자료를 수집할 것인가? (관찰 기간/일과):

____

누가 자료를 수집할 것인가? (주요 자료 수집 담당자를 결정하기):

____

행동 평정 척도(BRS)를 어디에 보관할 것인가?

____

PTR-F 평가

팀이 세 가지 PTR-F 기능평가 체크리스트(예: 예방, 교수, 강화)를 작성하였는가? 예 아니요

누가 체크리스트를 작성하였는가?

____

팀은 작성된 체크리스트를 검토하고 PTR-F 기능평가 요약표를 작성하였는가? 예 아니요

아동의 도전행동의 기능과 행동이 환경의 영향을 받는 방식에 대한 팀의 이해를 요약하기 위해 가설을 개발하였는가? 예 아니요

가설문장은 무엇인가?

목표로 삼은 구체적인 바람직한 행동은 무엇인가?

바람직한 행동의 조작적 정의는 무엇인가?

점수 체계가 주의 깊게 정의되고 기록되었는가? 예 아니요

바람직한 행동에 대한 자료 수집이 이루어질 수 있도록 바람직한 행동 점수 체계를 BRS로 옮겼는가? 예 아니요

PTR-F 중재

팀이 중재 전략(이 책 마지막에 나오는 부록에 수록된 전략)에 대한 설명을 숙지하였는가? 예 아니요

팀은 실행할 중재 전략을 결정하고, PTR-F 행동지원계획 요약표를 작성하였는가? 예 아니요

코칭

팀이 PTR-F 전략 실행충실도 점검지를 작성하였는가? 예 아니요

누가 PTR-F 전략 실행충실도 점검지를 사용하여 충실도 자료를 수집하였는가?

얼마나 자주 충실도 자료를 수집하였는가?

모든 코칭 회기에는 ① 진보 검토, ② 행동지원계획 검토, ③ 관찰, ④ 성찰, ⑤ 피드백, ⑥ 계획이 포함되었는가? 예 아니요

PTR-F 촉진자는 각 코칭 회기 중 그리고/또는 후에 PTR-F 코치 계획 및 성찰 일지를 작성하였는가? 예 아니요

가족이 모든 전략을 실행하고 아동을 지원하는 전략을 사용할 수 있을 때 코칭 지원이 유지 지원으로 이행되었는가? 예 아니요

유지 회기는 얼마나 자주(예: 매달) 어떤 형식으로(예: 대면 회의, 이메일 교환, 전화 통화, 화상 통화) 이루어지는가?

자료의 활용과 다음 단계

중재 전략을 실행한 후 얼마나 자주 자료를 검토하는가?

____

누가 자료를 검토하는가?

____

자료를 기반으로 어떤 결정을 하였는가?

____

팀이 확인된 도전행동에 대한 PTR-F를 성공적으로 완료한다면 팀이 취할 다음 단계는 무엇인가?(예: 가족 비전을 달성하는 데 사용할 수 있는 서비스에 대한 접근을 촉진하기 위해 지역사회 자원 찾기, 점검 시스템 구축하기, 다른 문제를 고려하기)

____

____

사례

티미를 위한 회의

■ 자료의 활용과 다음 단계

카시는 마지막이 될 수도 있는 티미 가족과의 회의를 위해 방문했다. 조디와 필은 지속적인 진보를 보고했으며 팀은 BRS와 충실도 자료를 신속하게 검토했다. 티미는 취침 시간 일과에 잘 따르는 중이었고 탠트럼이나 다른 도전행동 없이 스스로 잠들고 있었다.

카시는 조디와 필에게 잘되었던 점은 무엇인지, 어려웠던 점은 무엇인지 등을 포함하여 실행에 대해 성찰해 볼 것을 요청했다. 조디는 카시가 집에서 그들과 함께 쉽게 적용할 수 있는 전략을 개발한 것이 매우 도움이 되었다고 말했고, 티미의 행동에 긍정적인 영향을 미치기 위해 무엇이 문제인지 파악하고 양육 실제를 변화시킬 수 있도록 도와준 것에 대해 카시에게 고마워했다. 조디는 카시가 도와주지 않았다면 자신들이 그렇게 짧은 시간에 성공하기는 어려웠을 거라고 말했다. 조디와 필은 카시의 인내심, 안심시켜 주는 말, 계획을 실행에 옮기는 끈기에 무척 고마워했다.

조디와 필은 처음 몇 주간 계획을 실행하는 것이, 특히 궁극적인 목표에 도달하기 위해 매우 천천히 실행해 나가야 하는 것이 힘들었다고 말했다. 처음에는 어색했으며, 전략을 일관적으로 실행할 자신이 없었기에 그들은 티미가 그리 좋아질 것이라고 생각하지 않았다. 또한 그들은 자녀들을 따로따로 재우는 것을 포함하여 취침 시간의 전체 일과를 바꾸는 데 어려움을 겪었지만, 궁극적으로는 적절한 취침 시간 일과에 초점을 맞추고 가르치는 것이 필수적임을 깨달았다.

카시는 간략히 검토하고 계획해야 할 다음 단계가 있는지의 여부를 결정하기 위해 PTR-F 목표 기록지에 대해 다시 논의했다. 기저귀 갈기와 목욕하기는 처음에는 문제가 있는 일과로 판별되었지만, 조디와 필은 기저귀 갈기 및 목욕하기를 하면서 행동지원계획 전략을 실행할 수 있어서 이러한 일과도 더 원활하게 수행할 수 있었다고 말했다. 전반적으로 대부분의 일과는 평온하고 순조롭게 진행되었다. 가족의 삶은 통제가 가능해졌고 긍정적인 방향으로 발전해 나갔다. 조디와 필은 티미나 다코타와 관련하여 발생할 수 있는 다른 어떤 문제들도 다룰 준비가 되어 있다고 느꼈다. 이제 그들은 앞으로도 유용하게 쓰일 예방 전략을 알고 있었다.

카시는 조디와 필과 함께 전반적으로 BRS 자료를 검토하면서 이 절차의 초기에는 어떻게 진행되었는지, 그리고 바람직한 행동이 지속적으로 증가하고 탠트럼은 꽤 빠르게 감소하는 것이 자료에 어떻게 나타나는지 설명했다. 조디는 시작 부분의 자료가 끔찍해 보여서 전반적인 진보를 확인하니 좋다고 말했다. 그녀는 그들이 하고 있는 일이 실제로 효과가 있다는 '증거'를 보는 것을 좋아했다(〈표 7-3〉과 〈표 7-4〉는 티미의 완성된 BRS 자료다).

조디와 필은 티미의 언어가 개선되고 있으며 티미의 말을 좀 더 잘 알아듣게 되었다고도 말했다. 조디와 필이 티미에게 말하기를 직접 가르친 것은 아니지만, 그들이 티미에게 좀 더 반응해 주면서 티미가 분명하고 이해하기 쉽게 의사소통하는 능력을 향상시켰을 뿐만 아니라, 말하고 이야기 나눌 수 있는 정도가 증가했다고 느꼈다. 티미는 여전히 알아듣기 어려운 말을 할 때가 있지만, 다른 사람들에게 한 말을 기꺼이 반복해 주었다.

표 7-3 티미의 완성된 PTR-F 행동 평정 척도-1쪽

PTR-F 행동 평정 척도

아동명: 티미　　평정자: 티미의 부모　　일과: 취침 시간　　월: 7월

날짜/시간: 2015. 7. 6. - 코칭 첫 회기

	6/26	6/27	6/28	6/29	6/30	7/1	7/2	7/3	7/4	7/5	7/6	7/7	7/8	7/9	7/10	7/11	7/12	7/13	7/14	7/15
바람직한 행동	5	5	5	5	5	5	5	5	5	5	5	5	5	5	5	5	5	5	5	5
	4	4	4	4	4	4	4	4	4	4	4	4	4	4	4	(4)	(4)	(4)	(4)	(4)
잠들 때까지 방에 머물기	3	3	3	3	3	3	3	3	3	3	(3)	3	(3)	(3)	(3)	3	3	3	3	3
	2	2	2	2	2	2	2	2	2	(2)	2	(2)	2	2	2	2	2	2	2	2
	1	1	1	1	1	1	1	(1)	(1)	1	1	1	1	1	1	1	1	1	1	1
도전행동	(5)	(5)	(5)	(5)	(5)	(5)	5	(5)	(5)	5	5	5	5	5	5	5	5	5	5	5
	4	4	4	4	4	4	4	4	4	(4)	4	4	4	4	4	4	4	4	4	4
탠트럼	3	3	3	3	3	3	3	3	3	3	3	3	3	3	3	3	3	3	3	3
	2	2	2	2	2	2	2	2	2	3	(2)	(2)	2	2	(2)	2	2	2	2	2
	1	1	1	1	1	1	1	1	1	1	1	1	(1)	(1)	1	(1)	(1)	(1)	(1)	(1)

7/2 - 자료 없음　　7/3 - 계획 시작　　7/3 - 대기 시간 2분으로 증가시킴

바람직한 행동: 잠들 때까지 방에 머무는 시간(탠트럼 여부와 무관하게 방에 머물기만 하면 됨)

5 = 30분 이상 또는 잠들 때까지
4 = 10분 이상~30분 미만
3 = 3분 이상~10분 미만
2 = 1분 이상~3분 미만
1 = 1분 미만

도전행동: 탠트럼-총 발생 시간

5 = 30분 이상
4 = 20분 이상~30분 미만
3 = 10분 이상~20분 미만
2 = 5분 이상~10분 미만
1 = 5분 미만

표 7-4 티미의 완성된 PTR-F 행동 평정 척도-2쪽

PTR-F 행동 평정 척도

아동명: 티미　　평정자: 티미의 부모　　일과: 취침 시간　　월: 7/8월

날짜/시간: 2015. 7. 20. - 대기 시간 5분으로 증가시킴

	7/16	7/17	7/18	7/19	7/20	7/21	7/22	7/23	7/24	7/25	7/26	7/27	7/28	7/29	7/30	7/31	8/1	8/2	8/3	8/4
바람직한 행동	5	5	5	5	5	5	5	5	5	5	5	5	5	5	5	5	5	(5)	5	(5)
	(4)	(4)	(4)	(4)	(4)	(4)	(4)	(4)	(4)	(4)	(4)	(4)	(4)	(4)	(4)	(4)	(4)	4	(4)	4
잠들 때까지 방에 머물기	3	3	3	3	3	3	3	3	3	3	3	3	3	3	3	3	3	3	3	3
	2	2	2	2	2	2	2	2	2	2	2	2	2	2	2	2	2	2	2	2
	1	1	1	1	1	1	1	1	1	1	1	1	1	1	1	1	1	1	1	1
도전행동	5	5	5	5	5	5	5	5	5	5	5	5	5	5	5	5	5	5	5	5
	4	4	4	4	4	4	4	4	4	4	4	4	4	4	4	4	4	4	4	4
탠트럼	3	3	3	3	3	3	3	3	3	3	3	3	3	3	3	3	3	3	3	3
	2	2	2	2	2	2	2	2	2	3	2	2	2	2	2	2	2	2	2	2
	(1)	(1)	(1)	(1)	(1)	(1)	(1)	(1)	(1)	(1)	(1)	(1)	(1)	(1)	(1)	(1)	(1)	(1)	(1)	(1)

바람직한 행동: 잠들 때까지 방에 머무는 시간(탠트럼 여부와 무관하게 방에 머물기만 하면 됨)

5 = 30분 이상 또는 잠들 때까지

4 = 10분 이상~30분 미만

3 = 3분 이상~10분 미만

2 = 1분 이상~3분 미만

1 = 1분 미만

도전행동: 탠트럼-총 발생 시간

5 = 30분 이상

4 = 20분 이상~30분 미만

3 = 10분 이상~20분 미만

2 = 5분 이상~10분 미만

1 = 5분 미만

검토와 성찰을 위해 카시는 조디와 필에게 PTR-F 절차를 상기시켰고, 도전행동은 목적이나 기능이 있으며 종종 의사소통 문제에서 오는 결과임을 상기시켰다. 그들이 처음 만났을 때, 티미는 당장은 자기가 싫고 엄마 아빠와 함께 있고 싶다는 의사소통을 하고 있었다. 여기서 목표는 부족한 기술을 파악한 다음, 의사소통 요구를 충족시킬 기술을 가르치기 위한 계획을 개발하는 것이었다. 결국 적절하거나 바람직한 행동을 강화하면 적절한 행동의 발생을 증가시킬 수 있다. 조디는 티미에게 긍정적인 피드백을 제공하는 것이, 목표에서는 구체적으로 확인되지 않은 문제 있는 일과를 포함하여 티미의 행동을 전반적으로 개선하는 데 놀라운 영향을 미쳤다고 생각했다.

조디와 필은 티미를 위한 행동지원계획을 개발하고 실행하기 위해 함께하는 동안 카시의 안내, 전문 지식, 인내에 굉장히 고마워했다. 그들은 가까운 미래에 일어날 수 있는 어떠한 문제도 다룰 수 있을 것이라고 확신했다.

루시를 위한 회의

■ 자료의 활용과 다음 단계

로베르타는 루시의 전반적인 진보와 다음 단계를 논의하기 위해 다시 한번 방문했다. 초기에는 루시의 진보가 다소 불안정했지만 처음 몇 번의 코칭 회기 후에 개비는 충실하게 행동지원계획 전략을 실행했고, 루시의 바람직한 행동을 지원하며 일상의 일과를 따르고 적극적으로 참여했다. 개비는 이제 루시의 도전행동을 기능적인 것으로 볼 수 있었고 그 행동이 루시의 가장 효율적인 의사소통 방법이라는 것을 이해했다. 이제 그녀는 루시가 좀 더 스스로 하고 가정 활동에 참여하도록 가르치는 방법에 대한 분명한 구조를 갖추게 되었다. 여전히 루시는 가끔씩 신체적 공격행동을 보이지만 이 행동은 매우 드물게 나타났고, 개비는 이 행동을 강화하지 않고 잘 반응할 줄 알게 되었다. 실제로 루시가 적절한 행동을 할 때 긍정적인 피드백을 제공하는 것이 루시와의 가장 효과적인 상호작용 방법임이 모든 상황에서 분명해졌다. 개비는 이것이 다른 가족 구성원과의 모든 관계에서 루시에게 도움이 되었다고 성찰했다. 루시의 몇몇 삼촌이 루시의 공격행동에 웃곤 해서 초기에는 그들이 이 방법을 사용하는 데 어려움이 있었지만, 그들도 루시가 다른 영역에서 개선되는 것을 보자, 루시를 보고 점점 덜 웃게 되었다. 긍정적인 피드백을 제공하자 루시와 가족 및 친구들과의 모든 관계가 개선되었다.

PTR-F 절차의 또 다른 긍정적인 성과는 루시의 구어 능력이 극적으로 향상되었다는 점이다. 이 절차를 시작할 때, 루시는 대부분 알아들을 수 없는 말을 했고, 개비와 윌리엄스 교사만 이해할 수 있는 몇 단어만 말했다. 이제 루시는 거의 모든 사람이 이해할 수 있는 몇 개의 단어를 말할 수 있으며 이 부분에서 계속 발전하고 있다. 이러한 진보로 인해 더 많은 사람이 루시와 의사소통할 수 있게 되어 루시의 관계에도 도움이 되었으며, 루시는 더 자주, 더 명확하게 말하려는 동기가 생긴 것으로 보인다.

로베르타와 개비는 BRS 서식을 살펴보면서 PTR-F 절차를 돌아보았다. 그들은 그간의 모든 자료를 검토하면서 행동지원계획을 수립하고 실행하느라 애써 온 시간을 떠올렸다. 행동지원계획은 루시의 신체적 공격행동을 줄이고 매일의 일과에 적극적으로 참여하는 능력을 높이는 데 성공적이었다. 개비는 비록 그 당시에는 이 과정이 어려워 보였지만, 루시는 먼 길을 왔고 삶은 이제 모든 사람에게 더 예측 가능해졌다고 말했다. 개비는 로베르타의 도움에 고마워했고, 로베르타는 루시와 함께 이 모든 것을 해낸 것은 개비임을 재차 강조했다. 비록 루시와 함께하는 생활이 항상 쉽지만은 않지만, 개비는 루시의 행동이 통제 가능하며 계속 개선될 것이라고 확신했다(〈표 7-5〉와 〈표 7-6〉은 루시의 완성된 BRS 자료다).

표 7-5 루시의 완성된 PTR-F 행동 평정 척도-1쪽

PTR-F 행동 평정 척도

아동명: 루시　　평정자: 엄마　　일과: 하루 종일　　월: 8월

날짜/시간: 2015. 8. 3. 중재 시작

	7/29	7/30	7/31	8/1	8/2	8/3	8/4	8/5	8/6	8/7	8/8	8/9	8/10	8/11	8/12	8/13	8/14	8/15	8/16	8/17
바람직한 행동	5	5	5	5	5	5	5	5	5	5	5	5	5	5	5	5	5	5	5	5
	4	4	4	4	4	4	4	4	4	4	4	4	4	4	4	4	4	4	4	4
아침 일과를 조용하고 협조적으로 수행하기	3	3	3	3	3	3	3	3	3	3	3	3	3	3	3	3	3	3	3	3
	2	2	2	2	2	2	2	2	2	2	2	②	2	②	②	②	②	2	②	②
	1	1	1	1	1	1	①	①	①	①	①	1	①	1	1	1	1	①	1	1
도전행동	⑤	⑤	5	⑤	5	5	⑤	⑤	5	5	5	5	5	5	5	5	5	5	5	5
	4	4	④	4	④	4	4	4	④	4	④	4	4	4	4	4	4	4	4	4
공격행동	3	3	3	3	3	3	3	3	3	③	3	③	③	3	3	③	3	3	3	3
	2	2	2	2	2	2	2	2	2	3	2	2	2	②	②	2	②	2	②	②
	1	1	1	1	1	1	1	1	1	1	1	1	1	1	1	1	1	①	1	1

바람직한 행동: 아침 일과를 조용하고 협조적으로 수행하기

5 = 한두 단계를 조용하고 협조적이며 독립적으로 수행
4 = 한두 단계에서 부분적 촉진을 받음
3 = 거의 모든 단계에서 부분적 촉진을 받음
2 = 한두 단계에서 전적인 촉진을 받음
1 = 거의 모든 단계에서 전적인 촉진을 받음

도전행동: 공격행동

5 = 8회 이상
4 = 6~7회
3 = 3~5회
2 = 1~2회
1 = 0회

표 7-6 루시의 완성된 PTR-F 행동 평정 척도-2쪽

PTR-F 행동 평정 척도

아동명: 루시 평정자: 엄마 일과: 하루 종일 월: 8월

날짜/시간:

	8/16	8/17	8/18	8/19	8/20	8/21	8/22	8/23	8/24	8/25	8/26	8/27	8/28	8/29	8/30	9/1	9/2	9/3	9/4	9/5
바람직한 행동	5	5	5	5	5	5	5	5	5	5	5	5	5	(5)	5	5	(5)	(5)	(5)	(5)
	4	4	4	4	4	4	4	(4)	(4)	(4)	(4)	(4)	(4)	4	(4)	(4)	4	4	4	4
아침 일과를 조용하고 협조적으로 수행하기	3	3	(3)	3	(3)	(3)	(3)	3	3	3	3	3	3	3	3	3	3	3	3	3
	(2)	(2)	2	(2)	2	2	2	2	2	2	2	2	2	2	2	2	2	2	2	2
	1	1	1	1	1	1	1	1	1	1	1	1	1	1	1	1	1	1	1	1
도전행동	5	5	5	5	5	5	5	5	5	5	5	5	5	5	5	5	5	5	5	5
	4	4	4	4	4	4	4	4	4	4	4	4	4	4	4	4	4	4	4	4
공격행동	3	3	3	3	3	3	3	3	3	3	3	3	3	3	3	3	3	3	3	3
	(2)	(2)	2	(2)	2	2	(2)	2	2	3	2	2	(2)	2	2	2	2	2	2	2
	1	1	(1)	1	(1)	(1)	1	(1)	(1)	(1)	(1)	(1)	1	(1)	(1)	(1)	(1)	(1)	(1)	(1)

바람직한 행동: 아침 일과를 조용하고 협조적으로 수행하기

5 = 한두 단계를 조용하고 협조적이며 독립적으로 수행

4 = 한두 단계에서 부분적 촉진을 받음

3 = 거의 모든 단계에서 부분적 촉진을 받음

2 = 한두 단계에서 전적인 촉진을 받음

1 = 거의 모든 단계에서 전적인 촉진을 받음

도전행동: 공격행동

5 = 8회 이상

4 = 6~7회

3 = 3~5회

2 = 1~2회

1 = 0회

부록

- 부록 A. 예방 중재
- 부록 B. 교수 중재
- 부록 C. 강화 중재
- 부록 D. 위기 중재계획

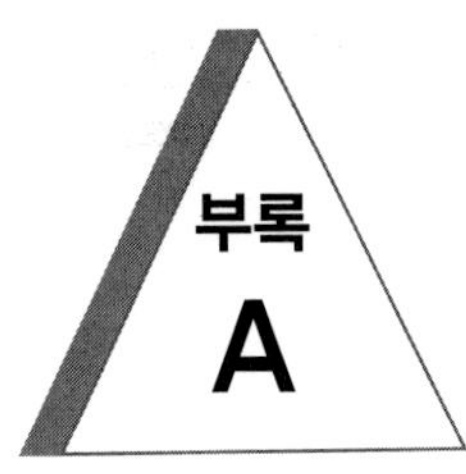

예방 중재

다음은 PTR-F의 예방 전략으로 광범위하게 사용 가능한 증거기반 중재에 대한 설명이다. PTR-F 행동지원계획을 수립할 때는 최소한 한 가지 이상의 예방 중재를 선택해야 한다. 대부분의 행동지원계획은 두 가지 이상의 예방 중재를 포함한다. 예방 중재는 선행사건 조정을 포함하는 전략이다. 예방 중재는 일반적으로 도전행동이 발생할 가능성을 낮추며, 대개 짧은 시간 안에 효과가 나타난다.

1. 선택 기회 제공하기

1) 개요

(1) 전략의 정의

두 가지 이상의 선택지 중 하나를 선택할 기회를 제공하는 것을 의미한다.

(2) 전략에 대한 설명

이 전략은 활동, 활동 순서, 물건, 간식, 놀이 상대 또는 둘 이상의 대안이 있을 수 있는 기타 많은 것에 대해 아동에게 선택의 기회를 제공하고 있다. 이 전략은 도전행동을 감소시키기 위해 아동에게 언제, 어디서, 어떻게, 얼마나 자주 선택 기회를 제공할 것인지 확인하는 것을 포함한다. 팀은 이러한 모든 요소를 포함하는 계획을 세워야 한다.

(3) 이 전략을 사용하는 이유

예방 전략으로 선택 기회를 제공하면, 첫째, 아동이 좋아하는 것을 선택할 수 있고

(아동이 좋아하는 활동을 하거나 좋아하는 자극을 얻으면 도전행동을 적게 보이는 경향이 있음), 둘째, 아동이 상황에 대한 약간의 통제권을 행사할 수 있게 된다는 점에서 효과적이다. 성인인 우리는 하루 동안 다양한 상황에서 다양한 방식의 선택을 통해 환경을 구조화하고자 한다. 아동에게 선택 기회를 제공하는 것은 아동에게 자신의 환경을 관리하거나 어느 정도 통제할 방법을 가르치는 것이다. 선택 기회가 도전행동이 발생하는 상황과 관련이 있다면 적절한 선택지가 제공되었을 때 도전행동이 감소됨을 입증한 많은 연구가 있다. 선택 기회의 제공은 아동이 선호하는 것을 표현하게 하고, 선호하는 선택지에 참여하게 함으로써 도전행동을 예방한다. 이것은 가치 있는 과정이자 문제해결 기술이며, 어떤 경우에는 '통제권'을 행사하는 행위 자체가 강화로 작용하여 도전행동을 줄일 수 있다.

2) 이 전략의 사용을 고려해야 하는 상황

PTR-F 평가 결과가 다음과 같을 때 이 전략의 사용을 고려한다.

- 아동이 싫어하는 무언가를 하게 할 때 도전행동이 발생한다.
- 아동에게 지시하면 도전행동이 발생한다.
- 아동이 선호하는 활동(예: 놀이)에서 선호하지 않는 활동(예: 취침 시간)으로 전이할 때 도전행동이 발생한다.
- 아동이 모든 것에 대해 "싫어."라고 말한다.
- 아동이 자신에게 요구되는 것을 자주 거부한다.

3) 실행 단계

(1) 전략 실행 절차

① 언제 선택 기회를 제공할지 결정한다. 대개 도전행동이 발생할 것이라고 예상되는 시점(PTR-F 평가에서 판별된 시점) 직전이어야 한다. 선택 기회는 하루 중 여러 번 제공할 수도 있고, 특별히 어려운 일과 전에만 제공할 수도 있다. 이는 아동과 도전행동의 빈도에 따라 다르다.

② 어떤 선택지가 가능한지 결정한다. 모든 선택지는 가족과 아동의 관점에서 합리적이어야 하며, 아동이 선택한 것은 반드시 제공해야 함을 모두가 이해해야 한다.

③ 선택 기회를 어떻게 제시할지 결정한다. 선택 기회는 언어적 단서와 시각적 단서를 함께 제시하는 것이 가장 좋다. 그림이 나열된 형식의 선택 '목록'을 준비해야 할 수도 있다.

④ 선택 기회를 제공했을 때, 아동이 선택한 것을 즉시 주어야 한다.

(2) 전략 실행 아이디어

다음은 선택 기회 제공으로 사용할 수 있는 몇 가지 예시 아이디어로, 이러한 예는 얼마든지 더 있다. 이것은 선택 기회를 언제 어떻게 제시해야 하는지에 대한 몇 가지 예를 보여 주기 위한 것이다. 팀은 창의적으로 선택 기회를 고안하고, 이러한 선택 기회가 행동의 기능과 가족의 일과 및 활동에도 적합한지 확인해야 한다.

① 식사 시간

- 앉을 자리 선택하기
- 좋아하는 캐릭터나 색상의 서로 다른 두 식탁 매트 또는 컵 중에서 선택하기
- 음료, 간식 항목 선택하기

② 차 타기

- 갖고 탈 장난감 선택하기
- 듣고 싶은 노래 선택하기
- 카시트에 깔 담요나 베개 선택하기

③ 목욕하기

- 목욕 장난감 선택하기
- 때수건 또는 스펀지 선택하기
- 수건 선택하기

④ 전이

- 가지고 갈 장난감 선택하기
- 전이 동작 선택하기(예: 한 발로 뛰어서 이동하기)

4) 실행 관련 유의점

- 선택 기회는 도전행동과 연관된 활동 직전에 제공해야 한다.
- 2~3개의 가능한 선택지 중에서 선택할 수 있어야 한다.
- 아동이 선택한 것을 즉시 아동에게 주어야 한다. 어린 아동에게는 반응 지연이 효과적이지 않은 경향이 있다.
- 장애를 가진 아동도 의미 있는 선택을 할 수 있도록 다양한 방법(예: 그림, 음성 도구, 실물)으로 선택지를 제시해야 할 수도 있다. 대다수의 아동은 정확한 선택을 하기 위해 시각적 단서가 필요하다.
- 일부 아동은 선택하는 방법을 모를 수 있으므로 효과적인 선택하기 절차를 위해서 어느 정도 주의 깊은 사전 교수가 필요하다.
- 선택 기회는 긍정적인 말로 진술되어야 하고, 아동이 수용할 수 있고 바람직해야 하며, 성인은 아동이 선택한 것을 주어야 한다. 만약 어떤 것이 선택 사항이 아니거나, 허용할 수 없거나, 구할 수 없는 것이라면 선택지로 제공해서는 안 된다.

5) 이 전략을 지지하는 연구

Dunlap, G., dePerczel, M., Clarke, S., Wilson, D., Wright, S., White, R., & Gomez, A. (1994). Choice making to promote adaptive behavior for students with emotional and behavioral challenges. *Journal of Applied Behavior Analysis*, *27*, 505–518.

Dunlap, G., & Kern, L. (1996). Modifying instructional activities to promote desirable behavior: A conceptual and practical framework. *School Psychology Quarterly*, *11*, 297–312.

Harding, J. W., Wacker, D. P., Berg, W. K., Cooper, L., Asmus, J., Mlela, K., & Muller, J. (1999). An analysis of choice making in the assessment of young children with severe behavior problems. *Journal of Applied Behavior Analysis*, *32*, 63–82.

Kern, L., Vorndran, C. M., Hilt, A., Ringdahl, J. E., Adelman, B. E., & Dunlap, G. (1998).

Choice as an intervention to improve behavior: A review of the literature. *Journal of Behavioral Education*, *8*, 151-169.

McCormick, K. M., Jolivette, K., & Ridgley, R. (2003). Choice making as an intervention strategy for young children. *Young Exceptional Children*, *6*, 3-10.

Waldron-Soler, K. M., Martella, R. C., Marchand-Martella, N. E., & Ebey, T. L. (2000). Effects of choice of stimuli as reinforcement for task responding in preschoolers with and without developmental disabilities. *Journal of Applied Behavior Analysis*, *33*, 93-96.

2. 어려운 과제/비선호 과제에 쉬운 과제/선호 과제를 끼워 넣기

1) 개요

(1) 전략의 정의

어렵거나 싫어하는 과제 사이사이에 쉽거나 좋아하는 과제를 배치하는 것을 의미한다.

(2) 전략에 대한 설명

이 전략은 아동이 쉽다고 느끼거나 좋아할 수 있는 '과제'를 혼합하여(즉, 분산하여) 어렵거나 싫어하는 활동과 관련된 도전행동을 감소시키는 것을 포함한다. 과제를 분산하면 아동이 전반적인 활동 맥락을 보다 즐겁게 느끼고 성공을 경험하여 도전행동이 감소된다.

(3) 이 전략을 사용하는 이유

우리는 과제가 어려울 때 회피하거나 과제에 노력을 많이 기울이지 않는 경향이 있다. 하기 어려운 일을 하다가 실패하면 더 이상 하고 싶지 않을 것이다. 아동이 성공을 경험하고 적절한 기술을 발휘할 기회를 많이 주면서, 동시에 좀 더 힘들고 어려운 과제를 '간간이 포함시키면', 아동은 어렵거나 싫어하는 활동이나 과제도 끝까지 노력해 볼 기회를 얻는다. 어려운 과제와 쉬운 과제를 분산시키면 아동이 더 많은 성공 기회를 얻을 뿐 아니라 즐겁게 배우는 환경을 누리게 되어 도전행동을 예방할 수 있다. 실패를 견디기 어려워하는 아동, 새로운 기술을 배우기 어려워하거나 배우는 데 시간이 오래 걸리는 아동, 기술이나 관심사가 제한된 아동에게는 어렵거나 싫어하는 과제와 쉽거나 좋아하는 과제를 분산하는 것이 도움이 될 수 있다. 자신에게 어려운 과제나 하고 싶지 않은 과제를 회피하려고 문제행동을 보이는 아동이 하나의 예가 될 것이다. 어떤 아동은 관심사가 제한되어 있어서 매번 같은 장난감을 가지고 놀거나 몇 가지 활동에만 참여한다. 이 전략은 아동이 다양한 활동에 성공적으로 참여하고, 자신의 기술과 관심사를 확장하는 데 도움을 줄 수 있다.

2) 이 전략의 사용을 고려해야 하는 상황

PTR-F 평가 결과 도전행동이 다음과 같은 상황에서 발생할 때 이 전략의 사용을 고려한다.

- 아동이 특정 과제나 활동을 회피하거나 거부한다.
- 아동에게 자신이 잘못한 무언가를 교정해 주거나 잘못을 지적한다.
- 아동이 새로운 것을 배우고 있다(예: 새로운 과제나 활동이 소개됨).
- 선호 활동이 종료되거나 비선호 활동으로 전이된다.

3) 실행 단계

(1) 전략 실행 절차

① 난이도나 선호도와 관련하여 도전행동이 발생한다고 추정되는 활동이나 일과를 찾아낸다. 이는 PTR-F 평가 절차 중에 이루어져야 한다.

② 아동이 좋아하고 능숙하게 할 수 있는 활동(또는 '과제')을 판별한다. 이러한 과제는 어려운 요구나 과제들 사이에 끼워 넣을 것이므로 전체 맥락에도 어울려야 한다. 때로 이 과제는 "하이파이브!"(역자 주: 하이파이브를 하자는 의미임)와 같이 단순한 것일 수도 있다.

③ 어려운 활동이나 일상적인 활동 사이에 쉽고 선호하는 활동을 충분한 비율로(예: 쉽고 선호하는 과제는 어려운 과제 수보다 많거나 적어도 같게) 배치하여 도전행동을

감소시키거나 제거한다.

(2) 전략 실행 아이디어

다음은 어렵거나 비선호 과제 사이사이에 보다 쉽고 즐거운 과제를 분산시키기 위한 아이디어이며, 이러한 예는 얼마든지 더 있다. 이 목록은 과제 분산하기 전략을 언제 어떻게 통합하는지에 관한 몇 가지 예를 보여 주기 위한 것이다. 팀이 이 전략을 어떻게 실행할지는 과제 자체와 아동이 이미 가지고 있는 기술에 따라 다르다. 팀은 창의적으로 이 전략을 실행하고, 이 전략이 행동의 기능에 잘 맞고 가족의 일과와 활동에도 적합한지 확인해야 한다.

① 취침 시간 일과

만약 아동이 잠옷을 입으라는 지시를 받을 때 종종 도전행동을 보인다면, 가족은 일과의 순서를 변경하여 이러한 비선호 과제 사이사이에 선호 과제를 끼워 넣을 수 있다. 아동이 잠옷 입는 것만 거부한다면(다른 과제들은 쉽다고 느끼고 선호함), 가족은 취침 시간 일과를 양치하기, 화장실 가기, 잠옷 입기, 취침 시간 이야기 읽기 순으로 구성할 수 있다.

② 식사 시간

아동이 특정 비선호 음식(예: 고기)을 먹기 싫어한다면, 가족은 아동이 선호하는 음식(예: 감자)을 몇 입 먹게 한 다음 고기를 한입 먹게 할 수 있으며, 그러고 나서 아동에게 감자 한입이나 주스 한 모금(선호 음료)을 먹게 한다.

③ 자유 놀이

아동의 놀이 기술을 확장하기 위해 간단한 주고받기(예: 아동의 차례, 형제의 차례) 활동을 준비한다. 첫째, 아동이 혼자서 선호 활동을 몇 분 동안 하게 한다. 그다음, 아동과 형제 사이의 차례 주고받기를 촉진하여 선호하지 않는 차례 주고받기 활동을 연습하게 한다. 차례 주고받기 활동 후에, 아동이 다시 혼자서 선호 활동을 할 수 있도록 한다. 가능하면 이 순서를 자주 반복한다. 차례 주고받기를 연습하는 시간은 아동이 차례 주고받기를 성공적으로 수행할 수 있는 능력에 따라 정해야 한다. 아동이 하나의 차례 주고받기로 시작하여 시간이 지남에 따라 이를 성공적으로 완료하면 더 많은 주고받기로 확장할 수 있다.

4) 특별히 고려할 점

요구나 처한 상황이 각기 다른 아동에게 어려운 과제/비선호 과제에 쉬운 과제/선호 과제를 끼워 넣는 전략을 실행할 때 다음을 고려한다.

- 아동에게 인지적 지연이 있거나 새로운 과제를 학습하는 데 어려움이 있는 경우, 과제를 작은 단계로 나누고 각 단계를 더 자주 가르치고 연습시킨다(많은 교수 기회를 제공).
- 비선호 활동에 걸리는 시간은 선호 활동에 걸리는 시간보다 상대적으로 짧아야 한다. 비선호 활동은 아동이 성공적으로 참여할 수 있도록 준비되어야 하며, 초기에는 잠시만 참여하게 해도 좋다.

5) 실행 관련 유의점

이 전략을 실행할 때 다음을 확인한다.

- 어려운 과제라 해도 아동이 해낼 수 있는 정도여야 한다. 아동은 성공을 경험해야 한다.
- 난이도와 선호도를 고려하여 과제를 분산하는 작업을 미리 계획하고, 필요한 자료를 사전에 준비하고 사용 가능한지 확인한다.
- 비선호 과제에 대한 기대행동은 명확하게 잘 정의되어야 한다.
- 선호하거나 쉬운 과제를 할 때도 긍정적인 강화를 꾸준히 제공해야 한다.

6) 이 전략을 지지하는 연구

Dunlap, G., & Koegel, R. L. (1980). Motivating autistic children through stimulus variation.

Journal of Applied Behavior Analysis, 13, 619-627.

Koegel, R. L., & Koegel, L. K. (2012). *The PRT pocket guide: Pivotal response treatment for autism spectrum disorders*. Baltimore, MD: Paul H. Brookes Publishing Co.

Schreibman, L., Dawson, G., Stahmer, A. C., Landa, R., Rogers, S. J., McGee, G. G., . . . Halladay, A. (2015). Naturalistic developmental behavioral interventions: Empirically validated treatments for autism spectrum disorder. *Journal of Autism and Developmental Disorders, 45*, 2411-2428.

Volkert, V. M., Lerman, D. C., Trosclair, N., Addison, L., & Kodak, T. (2008). An exploratory analysis of task-interspersal procedures while teaching object labels to children with autism. *Journal of Applied Behavior Analysis, 41*, 335-350.

Winterling, V., Dunlap, G., & O'Neill, R. E. (1987). The influence of task variation on the aberrant behavior of autistic students. *Education and Treatment of Children, 10*, 105-119.

3. 활동에 선호도 반영하기

1) 개요

(1) 전략의 정의

아동의 선호도를 일과와 활동에 삽입하는 것을 의미한다.

(2) 전략에 대한 설명

이 전략은 도전행동을 예방하기 위해 아동이 좋아하는 것과 선호도를 활동에 반영하는 것이다. 아동 일과의 모든 측면에 선호도를 삽입할 수 있으며 활동에 포함할 내용, 활동을 함께 할 사람, 활동이 일어나는 장소, 활동 제시 방법, 또는 활동이 발생하는 시기를 포함할 수 있다.

(3) 이 전략을 사용하는 이유

대부분의 사람은 좋아하는 사람의 사진, 향초, 특별한 기념품, 좋아하는 음악 또는 기타 장식으로 가정환경을 자신에 맞게 구성한다. 어떤 사람들은 여러 가지 물건으로 환경을 자신에 맞게 구성하는 반면 다른 사람들은 그렇게 하지 않는다. 어떤 사람들은 재미있거나 선호하는 활동을 일상적인 집안일이나 활동(예: 가사일)에 끼워 넣어 더 즐겁게 일하기도 한다. 설거지하는 동안 음악을 듣거나, 청소기로 청소하면서 춤을 추거나, 장거리 운전 중에 오디오북을 듣는 것이 해당될 수 있다. 특정 활동에 어려움을 겪는 아동을 위해 아동이 좋아하는 것을 활동에 포함하거나 삽입하면 활동에 대한 흥미와 참여도를 높이고 다양한 방법으로 아동의 지식을 향상시킬 수 있다. 아동이 활동에 참여하고 즐거워할 때 도전행동을 나타낼 가능성은 매우 낮다. 도전행동을 예방하는 한 가지 방법은 아동이 좋아하는 것을 활동에 포함하여 아동의 흥미를 높이고 아동이 다양한 활동에 적극적으로 참여하도록 하는 것이다. 아동이 좋아하는 것과 선호하는 것을 활용하면 아동은 다양한 활동을 시도해 보려는 동기를 갖게 되고, 활동 자체가 자연스러운 강화제로 작용한다. 이 전략은 제한적 흥미를 갖고 있거나, 몇 가지에만 강한 관심을 갖는 아동, 특정 활동을 회피하거나, 활동에 오래 참여하지 않고, 무언가 하라는 지시를 좋아하지 않는 아동에게 효과적일 수 있다.

2) 이 전략의 사용을 고려해야 하는 상황

PTR-F 평가 결과가 다음과 같을 때 이 전략의 사용을 고려한다.

- 아동에게 비선호 활동을 하도록 요청하거나 지시할 때 도전행동이 발생한다.
- 특정 활동 중에 도전행동이 발생한다.
- 전이할 때나 특정 활동을 시작할 때 도전행동이 발생한다.
- 반드시 해야 하는 활동(선택의 여지가 없는 활동)을 할 때 도전행동이 발생한다.
- 일과 중 특정 시간에 도전행동이 발생한다.
- 부모가 다른 사람을 주목하고 있을 때 도전행동이 발생한다.
- 아동이 활동이나 일과에 참여하기를 거부한다.

3) 실행 단계

(1) 전략 실행 절차

① 도전행동이 발생하는 활동이나 일과를 파악하고 도전행동이 활동의 어려움이나

불쾌한 특성과 관련되어 보이는지 확인한다. 이 판별은 PTR-F 평가 과정에서 이루어져야 한다.

② 동물(예: 공룡, 말), 운송수단(예: 트럭, 우주선), TV 캐릭터나 유명인과 같은 아동의 선호도를 판별한다.

③ 아동의 선호도를 어려운 활동이나 일과에 포함할 방법을 결정한다. 이를 위해 약간의 창의력이 필요하지만, 일반적으로 물건이나 그림 또는 사진을 이용하여 수행할 수 있다.

(2) 전략 실행 아이디어

아동의 선호도를 활동에 삽입할 수 있는 방법은 무궁무진하다. 팀이 이 전략을 어떻게 실행할지는 아동의 선호도 유형, 선호도를 활동에 삽입하는 방법, 선호도를 사용하는 시기에 따라 다르다. 팀은 창의적으로 전략을 실행하고 이러한 선택이 행동의 기능과 일상생활 및 활동에 잘 맞는지 확인해야 한다.

① 등교 준비(아침 루틴)

- 사리나(Sarina)는 항상 자신의 토끼 인형인 '토리'와 함께 자는데, 아침에 일어나 등교 준비하는 것을 힘겨워한다. 사리나의 어머니는 사리나가 등교 준비를 하는 동안 '토리'를 안고 있도록 허락하고, 등교하기 위해 집을 나설 때 '토리'를 현관에 두게 한다.
- 페이튼(Payton)은 등교 준비를 좋아하지 않지만 슈퍼히어로인 척하기를 좋아하므로, 페이튼의 어머니는 페이튼에게 아침에는 어떤 슈퍼히어로인지 물어보고 아침 일과 내내 슈퍼히어로 이름으로 페이튼을 부른다. 또한 아침 등교 준비 시 가장 어려운 일이 옷 입히기이므로 페이튼의 어머니는 슈퍼히어로가 그려진 옷을 산다.

② 식사 시간/간식 시간

- 자말(Jamal)은 식탁에 앉아서 먹는 것을 좋아하지 않지만 자신이 마실 우유를 직접 붓는 것을 좋아하므로, 자말의 어머니는 약간의 우유를 작은 병에 담아 식탁에 둔다.
- 세실리아(Cecilia)는 최대한 어머니와 가까이 있는 것을 좋아하므로, 세실리아의

어머니는 식사 시간과 간식 시간에 세실리아 옆에 앉는다.

③ 양치질하기

- 젬마(Gemma)는 양치질을 좋아하지 않지만 '공주'와 관련된 것은 무엇이든 좋아한다. 젬마의 어머니는 공주 칫솔을 사 주고 젬마가 양치하는 동안 공주 노래를 불러 준다.
- 아이다(Ida)는 양치질을 좋아하지 않지만 항상 잘 놀아 주는 큰오빠를 매우 좋아한다. 아이다의 큰오빠는 아이다와 함께 욕실에서 이를 닦으며, 거울을 보며 얼굴을 일그러뜨리기도 하고 다른 쪽 치아 닦기 게임을 한다.

4) 특별히 고려할 점

요구나 처한 상황이 각기 다른 아동에게 선호하는 것을 활동에 삽입할 때 다음을 고려한다.

- 관심사가 제한된 아동의 경우, 활동에 삽입할 수 있는 선호도를 파악하기 어려울 수 있다. 이 경우 선호도 평가를 해야 한다. 그러나 우리의 경험상, 아동의 흥미와 즐거움을 불러일으키는 무언가를 찾는 것은 언제나 가능하다.
- 선호도를 파악하면, 그것이 부모의 또는 가정의 규칙과 가치, 선호도를 방해하지 않는지 확인해야 한다.

5) 실행 관련 유의점

이 전략을 실행할 때 다음을 확인한다.

- 전략을 실행하는 모든 사람은 아동의 선호도를 활동에 포함하는 것에 동의해야 하고, 선호도를 반영하는 전략이 특정 일과나 활동에서 아동이 더욱 독립적일 수 있도록 해 준다는 점을 인정해야 한다.
- 어떤 선호도가 포함될지, 그러한 선호도가 어떻게 그리고 언제 포함될 것인지가

명확해야 한다. 아동의 선호도를 일과나 활동에 포함시키는 것에 대한 명시적인 세부 사항을 계획에 포함해야 한다.

6) 이 전략을 지지하는 연구

Clarke, S., Dunlap, G., Foster-Johnson, L., Childs, K. E., Wilson, D., White, R., & Vera, A. (1995). Improving the conduct of students with behavioral disorders by incorporating student interests into curricular activities. *Behavioral Disorders*, *20*, 221-237.

Dunlap, G., & Kern, L. (1996). Modifying instructional activities to promote desirable behavior: A conceptual and practical framework. *School Psychology Quarterly*, *11*, 297-312.

Dunlap, G., Kern-Dunlap, L., Clarke, S., & Robbins, F. R. (1991). Functional assessment, curriculum revision, and severe behavior problems. *Journal of Applied Behavior Analysis*, *24*, 387-397.

Foster-Johnson, L., Ferro, J., & Dunlap, G. (1994). Preferred curricular activities and reduced problem behaviors in students with intellectual disabilities. *Journal of Applied Behavior Analysis*, *27*, 493-504.

4. 일정 예측성 높이기

1) 개요

(1) 전략의 정의

일정표와 기타 단서들을 사용하여 아동이 활동 순서를 이해하고 따를 수 있도록 하는 것이다. 이 전략은 특히 전이에 유용하다.

(2) 전략에 대한 설명

이 전략은 일과를 의도적으로 계획하여 아동이 하루를 준비(일정표 및 일과에 대한 사전 검토)하거나 전이에 대비(시각적 타이머, 휴식 시간 신호)하는 것을 포함한다. 이 전략은 예방을 위한 것으로, 전략에 필요한 자료를 미리 준비하여 바로 사용할 수 있어야 한다. 시각적 일정표를 사용할 경우, 준비 단계에서 해야 할 일은 변화나 전이가 일어나기 전 그리고 일정표에 포함된 특정 활동을 시작하기 전에 아동과 함께 일정표를 살펴보는 것이다. 전이 알림으로 타이머를 사용하는 경우, 팀은 타이머를 사용하거나 접근할 수 있도록 계획해야 하며 아동이 볼 수 있는 곳에 있는지 확인해야 한다.

(3) 이 전략을 사용하는 이유

많은 도전행동은 일과나 전이에 준비되어 있지 않을 때 발생한다. 컴퓨터나 손으로 작성해 둔 일정표를 잃어버렸을 때를 생각해 보고, 그로 인해 어떤 느낌이 들었는지 생각해 보자. 자신의 일정을 모르거나 확인할 수 없을 때 우리는 불안하고 스트레스를 받는다. 발달 수준에 상관없이, 아동 역시 매일의 일정, 활동 내 일과, 그리고 언제 전이가 일어나는지를 알아야 한다. 우리는 종종 아동이 전이를 하지 않으려고 떼쓰기 시작하면 일정표를 살펴보게 한다. 이 전략은 아동이 일정표를 살펴보면서 하루의 일과나 그날 있을 변화를 준비하게 함으로써 도전행동이 발생하지 않도록 예방하는 것이다. 아동이 자신의 하루를 준비하고 일정 내 일과를 알고 있으면, 모든 활동과 일과를 보다 성공적으로 수행할 수 있다.

2) 이 전략의 사용을 고려해야 하는 상황

PTR-F 평가 결과가 다음과 같을 때 이 전략의 사용을 고려한다.

- 일과를 수행할 때 도전행동이 발생한다.
- 전이 전후에 도전행동이 발생한다.
- 하루 중 특정 시간에 도전행동이 발생한다.
- 아동에게 지시하면 도전행동이 발생한다.
- 비선호 활동으로 전이할 때 도전행동이 발생한다.
- 선호 활동을 마칠 때 도전행동이 발생한다.
- 활동이 시작되거나 끝날 때 도전행동이 발생한다.
- 일정 변화가 있을 때 도전행동이 발생한다.

3) 실행 단계

(1) 전략 실행 절차

① 아동이 활동의 순서나 시점을 이해하지 못하여 도전행동을 보일 가능성이 있는 활동과 일과를 파악한다. 이 정보는 기능평가 과정에서 얻어야 한다.

② 아동이 이후에 일어날 일의 순서와 언제 좋아하는 활동을 하는지 이해하는 데 필요한 일정표 유형을 결정한다.

③ 필요한 재료를 개발하거나 준비한다.

④ 하루 중 도전행동이 관찰되는 시간에 아동이 일정을 이해할 수 있도록 돕는 절차를 실행한다.

(2) 전략 실행 아이디어

다음은 자녀가 하루 일과, 일정 변화, 전이를 준비하게 하는 데 사용할 수 있는 아이디어다. 하루 일과, 일정 변화, 전이에 아동을 준비시키는 일은 사건이 발생하기 전에 해야 한다.

① 취침 준비하기

취침 일과를 시작할 시간이 되면, 일과의 단계에 대한 시각적 순서도를 사용할 수 있다. 첫 번째 사진은 아이에게 몇 권의 책을 읽어 줄지를 보여 주는 이야기 시간일 수 있다. 그다음 사진은 굿나잇 키스와 포옹을 보여 주고, 이어서 수면 등을 켜는 것을 보여 주는 사진일 수 있다. 순서도의 마지막 사진은 부모가 머리 위의 조명을 끄고 침실을 떠나는 것일 수 있다.

② 지역사회에서 볼일을 보기 위해 차에 탈 준비하기

부모는 일련의 사진을 사용하여 차에 탄 후 아동과 부모가 어디로 갈 것인지를 설명한다. 예를 들어, 사진에는 차에 가지고 탈 장난감을 선택하는 아동의 사진이 포함될 수 있다. 마트, 주유소, 공원, 집 등의 사진이 사용될 수 있다. 부모는 차를 타기 전에도 아동과 함께 일정표를 살펴볼 수 있고, 하나의 활동이 끝날 때마다 이를 아동에게 알리고 다음 활동이 무엇인지 찾아보게 할 때도 일정표를 살펴볼 수 있다. 사진을 순서대로 배열하고, 완료되면 제거할 수 있도록 시각적 일정표를 설계해야 한다.

4) 특별히 고려할 점

요구나 처한 상황이 각기 다른 아동에게 하루 일정과 일과, 일정 및 일과 내 변화, 전이를 준비하는 전략을 실행할 때 다음을 고려한다.

- 아동이 인지적 지연이 있거나 변화에 어려움을 겪을 때, 전이 단계를 아주 작은 단계로 나누어야 할 수도 있다. 예를 들면, 다음과 같다. "식사 시간입니다. 자신의 의자를 찾으세요. 의자에 앉으세요. 어떤 컵을 원하나요?" 이 전이를 준비하려면 각 단계를 검토해야 한다.
- 매일의 일정표는, 특히 아동이 전이에 어려움을 겪는 경우 이동과 휴대가 가능한 것이면 좋다. 일정표는 가족 구성원이 아동에게 가져오거나 다양한 활동 환경에 가져갈 수 있도록 제작되어야 한다.

5) 실행 관련 유의점

이 전략을 실행할 때 다음을 확인한다.

- 활동, 일과, 전이 또는 변화가 일어나기 전에 일정표를 살펴볼 시간을 계획해야 한다.
- 시각적 일정표와 일과가 준비되어 있고 접근 가능해야 한다.

6) 이 전략을 지지하는 연구

Banda, D. R., & Grimmett, E. (2008). Enhancing social and transition behaviors of persons with autism through activity schedules: A review. *Education and Training in Developmental Disabilities*, *43*, 324-333.

Dettmer, S., Simpson, R. L., Myles, B. S., & Ganz, J. B. (2000). The use of visual supports to facilitate transitions of students with autism. *Focus on Autism and Other*

Developmental Disabilities, *15*, 163-169.

Dooley, P., Wilczenski, F. L., & Torem, C. (2001). Using an activity schedule to smooth school transitions. *Journal of Positive Behavior Interventions*, *3*, 57-61.

Lequia, J., Machalicek, W., & Rispoli, M. J. (2012). Effects of activity schedules on challenging behavior exhibited in children with autism spectrum disorders: A systematic review. *Research in Autism Spectrum Disorders*, *6*, 480-492.

5. 타이머와 기타 시청각 지원을 활용하여 좀 더 구조화하기

1) 개요

(1) 전략의 정의

이 전략은 아동이 활동, 지시 또는 일과에 대한 기대를 이해하는 데 도움이 될 수 있도록 타이머, 시각적 단서 또는 기타 청각적 단서를 사용하는 것을 의미한다.

(2) 이 전략을 사용하는 이유

성인은 보통 일과나 활동에서 아동에게 기대하는 바를 말로 표현한다. 하지만 아동은 지시를 듣지 않거나, 지시를 이해하는 데 어려움을 겪으며, 지시를 따르는 데 더 많은 지원이 필요할 수 있다. 예를 들어, 부모는 "몇 분 후면 취침 시간이야. 서둘러서 책 읽기를 마무리하자."라고 말하면서, 경고를 들었으니 자녀가 "자, 이제 잘 시간이다."라는 지시에 바로 따를 것이라 기대한다. 자녀가 지시를 듣지 않거나 이해하지 못했다면, 자녀는 부모가 잘 시간이라고 할 때 저항하거나 거부하는 반응을 보일 수 있다. 타이머, 추가의 청각적 단서 또는 시각 자료를 사용하면 아동에게 기대하는 바에 대한 추가 정보를 제공할 수 있다. 예를 들어, 다른 활동으로 전이하기 전까지 아동이 현재 활동 시간이 얼마나 남았는지 알 수 있도록 타이머를 설정할 수 있다. 이와 유사하게, 부모는 활동이 얼마나 지속될 것인지를 나타내기 위해 노래를 부를 수 있다(예: "우리는 양치질을 할 거야. '반짝반짝' 노래를 다 부르면 양치질도 끝나는 거야."). 또 다른 예는 냉장고나 펜트리에 정지 신호와 같은 시각적 단서를 사용하여 아동에게 "간식 시간은 끝났어. 펜트리 문을 열 수 없어."라는 지시에 대한 추가 정보를 제공하는 것이다.

2) 이 전략의 사용을 고려해야 하는 상황

PTR-F 평가 결과가 다음과 같을 때 이 전략의 사용을 고려한다.

- 일과를 수행할 때 도전행동이 발생한다.
- 전이 전후에 도전행동이 발생한다.
- 아동에게 지시를 하면 도전행동이 발생한다.
- 비선호 활동으로 전이할 때 도전행동이 발생한다.
- 선호 활동을 마칠 때 도전행동이 발생한다.
- 활동이 시작되거나 끝날 때 도전행동이 발생한다.

3) 실행 단계

(1) 전략 실행 절차

① 아동이 기대나 지시를 확실히 알지 못하여 도전행동을 할 가능성이 있는 활동이나 일과를 판별한다. 이 정보는 기능평가 과정에서 얻어야 한다.

② 아동이 활동이나 일과에서의 지시와 기대를 이해하는 데 도움이 될 시각 자료, 타이머 또는 기타 단서의 유형을 결정한다.

③ 필요한 자료를 개발하거나 준비한다(예: 타이머 얻기, 정지 신호 만들기, 노래 결정하기).

④ 아동이 일과나 기대를 따르도록 돕기 위해 언어적 지시와 함께 전략을 실행한다.

(2) 전략 실행 아이디어

아동이 평소 일과와 활동에서의 지시나 기대를 이해하도록 지원하는 데 사용할 수 있는 몇 가지 아이디어는 다음과 같다.

① 멈춤 표지판 사용하기

- 멈춤 표지판은 물건을 사용하면 안 될 때, 아동이 방에 들어가면 안 될 때, 또는 물건에 접근하면 안 될 때를 표시하는 데 사용할 수 있다.

- 접근하면 안 된다는 것을 언어적으로 표현하면서 멈춤 표지판을 둔다.
- 아이가 접근할 때 멈춤 표지판을 가리키고 접근하면 안 된다고 말해 준다(예: "봐, 멈춤이라고 되어 있지? 문을 열면 안 돼.").
- 아동에게 금지 사항을 알린 후 선택권을 제공한다("밖에 나갈 수는 없지만 장난감을 가지고 놀거나 책을 볼 수는 있어.").

② 타이머 사용하기

- 어떤 종류의 타이머를 사용할지 결정한다(예: 주방 타이머, 큼직한 아동용 모래시계, 시각적 타이머, 태블릿 PC의 어플리케이션 타이머, 휴대전화 타이머).
- 아동이 어려워할 수 있는 활동의 지속시간을 알 수 있도록 타이머를 설정한다. 예를 들어, 타이머는 식탁에 앉아 있는 시간이나 목욕에 걸리는 시간을 나타낼 수 있다. 타이머가 설정되어 있고 타이머가 끝날 때까지(예: 부저가 울리거나 음악이 끝날 때까지) 활동을 할 것이라고 아동에게 설명한다.
- 또 다른 방법은 활동을 마쳐야 하는 시간을 알려 주기 위해 타이머를 사용하는 것이다. 예를 들어, 아동이 컴퓨터를 계속할 수 있는 시간 또는 전이 전에 놀 수 있는 시간에 대한 타이머를 설정한다. 타이머를 설정하면서 몇 분인지와, 다음에 할 것이 무엇인지를 말해 준다. 시간이 거의 다 되면 아동에게 알려 준다(예: "5분 남았어." "2분 남았어.").

③ 청각적 단서

- 사용하려는 청각적 단서를 판별한다(예: 노래, 종소리).
- 아동에게 지시하거나 가르치기 전에 단서를 어떻게 제시하고 언제 사용할 것인지 결정한다.
- 아동에게 기대하는 바를 설명하기 위해 청각적 단서와 함께 언어적으로 지시한다. 예를 들어, "장난감 정리 노래가 들리면, 장난감을 치우고 낮잠 준비를 할 시간이야." 또는 "종이 울리면, 일어나서 학교 갈 준비를 할 시간이야."라고 말할 수 있다.

4) 실행 관련 유의점

이 전략을 실행할 때 다음을 확인한다.

- 전략 실행을 위해 바로 사용할 수 있도록 자료를 준비해 두어야 한다.
- 타이머를 사용할 때, 시간 간격과 알람을 일관되게 하고 자녀에게 주기로 약속한 시간을 반드시 주어야 한다.

5) 이 전략을 지지하는 연구

Fettig, A., & Ostrosky, M. M. (2011). Collaborating with parents in reducing children's challenging behaviors: Linking functional assessment to intervention. *Child Development Research, 2011*, 1-10.

Grey, I., Healy, O., Leader, G., & Hayes, D. (2009). Using a Time TimerTM to increase appropriate waiting behavior in a child with developmental disabilities. *Research in Developmental Disabilities, 30*, 359-336.

Lequia, J., Machalicek, W., & Rispoli, M. J. (2012). Effects of activity schedules on challenging behavior exhibited in children with autism spectrum disorders: A systematic review. *Research in Autism Spectrum Disorders, 6*, 480-492.

6. 환경/활동 영역의 물리적 배치 바꾸기

1) 개요

(1) 전략의 정의

환경 또는 활동 영역의 물리적 배치를 바꾸는 것을 의미한다.

(2) 전략에 대한 설명

이 전략은 도전행동 예방을 위해 환경/활동 영역의 요소를 바꾸거나 이동시키는 것이다. 예를 들면, 가정에서의 놀이 영역을 변경/재조직/제거하기, 식사 시간에 좌석 배치 바꾸기, 놀이방 또는 가정의 영역 또는 방 안의 요소를 바꾸기, 영역이나 방에서 특정 물건을 없애거나 정해진 개수만 남기기, 아동이 사물에 더 쉽게 접근할 수 있도록 하기, 사용할 수 있는 사물의 수 늘리기, 특정 반려동물을 아동과 분리시키기 등이 이에 해당한다.

(3) 이 전략을 사용하는 이유

물리적 환경을 변화시키는 것은 행동에 영향을 미칠 수 있고 우리가 어떤 행동을 하지 않게 해 준다. 아동이 성공할 수 있는 환경을 조성하면 도전행동을 예방할 수 있다. 집, 특정 방, 방 안의 특정 공간의 물리적 환경을 바꾸면 적절한 행동을 촉진하는 환경을 조성하여 도전행동을 예방할 수 있다. 기대를 명확히 하는 방식으로 환경을 바꾸거나 조성하면, 성인이 아동에게 해야 하는 지시, 명령, 요구를 줄일 수 있다. 명령과 요구가 감소하면 힘겨루기가 줄어들고 매일의 일과에서 아동의 독립성이 높아지며, 가족이 아동의 적절한 행동에 대해 긍정적인 의견을 말할 기회가 늘어날 수 있다.

2) 이 전략의 사용을 고려해야 하는 상황

PTR-F 평가 결과가 다음과 같을 때 이 전략의 사용을 고려한다.

- 방의 특정 영역에서 또는 다른 공간보다 특정 방에서 도전행동이 발생한다.
- 특정 재료, 장난감, 물건, 반려동물 등이 있는 곳에서 도전행동이 발생한다.
- 특정 활동을 하는 동안 도전행동이 발생한다.
- 힘겨루기의 일환으로 도전행동이 발생한다.
- 아동이 "안 돼."라는 말을 듣거나 지시를 받을 때 도전행동이 발생한다.
- 매일의 일과와 전이를 수행하는 데 성인의 지시나 촉진이 많이 필요한 경우 도전행동이 발생한다.

3) 실행 단계

(1) 전략 실행 절차

① 아동의 도전행동과 관련된 가정에서의 활동 및 일과를 판별한다(PTR-F 평가를 통해). 도전행동을 유발할 수 있는 활동과 관련된 가정환경의 물리적 요소가 있는지 확인한다.

② 바람직한 행동 변화를 촉진하기 위해 수정할 수 있는 물리적 환경이 있는 경우 수정해 나간다.

(2) 전략 실행 아이디어

가정의 물리적 환경을 바꾸는 방법은 다양하다. 팀에서 이 전략을 어떻게 실행할지는 가정 내 공간과 가족이 사용할 수 있는 자원이 무엇인가에 따라 달라진다. 팀은 창의적으로 이 전략을 실행하고, 이 전략이 행동의 기능에 적합하고 가족의 선호도와 매일의 일과 및 활동에도 적합한지 확인해야 한다.

① 식사 시간

식사 시간에 아이와 형제자매가 붙어 앉았을 때 형제자매의 상호작용으로 인해 도전행동이 발생한다면, 가족은 식사 시간에 누가 어디에 앉는지에 대한 규칙을 정할 수 있다. 아동이 형제자매 옆에 앉지 않도록 규칙을 정할 수 있다.

② 놀이 시간

아동이 특정 장난감을 가지고 노는 동안 도전행동을 자주 보인다면, 가족과 PTR-F 촉진자가 아동에게 도전행동을 하지 않고 장난감을 잘 가지고 노는 데 필요한 기술을 가르칠 때까지 그 장난감을 놀이 영역에서 치워 둘 수 있다.

③ 집을 나설 때

아침에 집을 나서기까지 많은 촉진이 필요한 아동의 경우, 가족은 아동이 챙겨야 할 물건과 마쳐야 하는 일련의 활동이 성공적인 과제 완수로 이어지도록 환경을 조성할 수 있다. 예를 들어, 아동이 여러 과제를 차례대로 완수해야 하는 경우(신발 신기, 코트 입기, 가방 메기, 도시락 챙기기), 가족은 아동의 신발, 코트, 가방, 도시락을 순서대로 늘어놓아서 그 배열상태가 아동에게 자연스러운 촉진으로 작용하게 할 수 있다.

4) 특별히 고려할 점

요구나 처한 상황이 각기 다른 아동을 위해 가정의 물리적 환경을 바꿀 때 다음을 고려한다.

- 아동에게 신체적 장애가 있거나 대근육 운동 기술이 지체되는 경우, 아동의 요구를 기반으로 가정의 물리적 배치를 고려해야 한다. 아동이 휠체어, 워커, 목발 또는 기타 신체적 이동을 도와주는 도구를 사용하는 경우, 아동이 가능한 한 독립적으로 집을 탐색할 수 있는 충분한 공간이 있는지 확인하는 것이 중요하다.
- 아동이 시각장애나 청각장애를 가진 경우, 이러한 특정 요구에 기초하여 조정이 필요할 수 있다.

5) 실행 관련 유의점

이 전략을 실행할 때 다음을 확인한다.

- 팀은 물리적 가정환경에 유연성을 가져야 한다. 한 아동에게 효과가 있는 것이 다른 아동에게는 효과가 없을 수 있다.
- 팀은 성인이 방의 어느 곳에서나 아동을 볼 수 있도록 공간을 배치해야 한다.

6) 이 전략을 지지하는 연구

Duda, M. A., Clarke, S., Fox, L., & Dunlap, G. (2008). Implementation of positive behavior support with a sibling set in a home environment. *Journal of Early Intervention*, *30*, 213-236.

Kohlhoff, J., & Morgan, S. (2014). Parent-child interaction therapy for toddlers: A pilot study. *Child & Family Behavior Therapy*, *36*, 121-139.

Sandall, S. R., & Schwartz, I. S. (2002). *Building blocks for teaching preschoolers with special needs*. Baltimore, MD: Paul H. Brookes Publishing Co.

7. 도전행동의 유발요인 제거하기

1) 개요

(1) 전략의 정의

도전행동의 유발요인을 제거하는 것을 의미한다.

(2) 전략에 대한 설명

이 전략은 도전행동 발생을 예방하기 위해 아동의 도전행동에 즉각적 유발요인이 되는 물건이나 사람을 배제하거나 피하게 해 주는 것이다. 이 전략은 특정 활동, 물건, 요청, 또는 사람이 즉각적으로 도전행동을 유발할 경우, 이를 제거하여 더 이상 유발요인으로 작용하지 못하게 하는 것을 포함한다. 이것은 흔히 사용되는 효과적인 전략이지만, 특정 유발요인을 잘 판별하려면 정확한 PTR-F 평가 절차가 필요하다. 또한 다른 예방 전략과 마찬가지로, 유발요인의 제거는 단기적으로는 효과적이지만 장기적인 효과와 일반화를 위해서는 적절한 교수와 강화 전략이 동반되어야 한다.

(3) 이 전략을 사용하는 이유

유발요인의 제거는 '자극 통제'로 알려진 주요 학습 원리에 기초한 안정된 절차다. 이 책에서 자극 통제란 행동(도전행동 포함)이 선행사건(그리고 환경사건)의 영향을 받는다는 것을 의미한다. 선행 자극을 바꾸면 아동의 행동을 변화시킬 수 있다. 또한 유발요인을 제거하면 아동이 중요한 사회성 기술 및 문제해결 기술을 배울 기회가 생긴다. 따라서 유발요인의 제거는 유발요인이 발생하지 않도록 충분히 통제할 수 있는 경우에만 실행할 수 있는 임시 조치임을 기억하는 것이 중요하다. 그러나 대부분의 경우 유발요인은 다른 상황에서, 그리고 미래에도 발생할 가능성이 높다. 이러한 이유로, 아동이 유발요인에 더 효과적으로 대처하는 방법을 배울 기회를 갖도록 하는 것이 중요하다.

2) 이 전략의 사용을 고려해야 하는 상황

PTR-F 평가 결과가 다음과 같을 때 이 전략의 사용을 고려한다.

- 특정 사람들이 곁에 있을 때 도전행동이 일관되게 발생한다.
- 특정 활동을 시작할 때 또는 진행 중일 때 도전행동이 일관되게 발생한다.
- 특정 활동이 종료되거나 종료된다는 신호가 있을 때 도전행동이 발생한다.
- 아동에게 특정 단어나 구를 말할 때 도전행동이 발생한다(예: "안 돼."라고 말할 때, 무언가를 하라고 시킬 때).
- 아동이 특정 활동이나 영역으로 전이할 때 도전행동이 발생한다.
- 아동에게 지시를 하면 도전행동이 발생한다.

3) 실행 단계

(1) 전략 실행 절차

① 도전행동의 유발요인을 판별한다. 유발요인은 PTR-F 평가 절차(제4장 참조) 동안, 특히 예방 평가 체크리스트를 사용하고 평가 회의에서 토론을 하면서 판별해야 한다.

② 아동을 위해 유발요인을 제거할 수 있는지 판단한다. 유발요인(예: 특정 활동 또는 특정인의 존재)을 아동에게서 즉각 제거할 수 있을 때도 있다. 반면, 유발요인을 제거하려면 너무 많은 것을 조정해야 할 때도 있다. 이 경우 선택 기회 제공하기 또는 선호도 및 흥미 삽입하기와 같은 다른 전략을 사용하여 유발요인의 영향을 약화시킬 수 있다.

③ 유발요인을 언제, 어떻게 제거할 것인지, 어떤 교수, 활동, 물건, 사람을 교체할 것인지 분명히 정한다.

(2) 전략 실행 아이디어

다음은 도전행동의 즉각적인 유발요인을 제거하는 방안으로 사용할 수 있는 몇 가지 아이디어이며, 이러한 아이디어들은 더 많이 있다. 이 목록은 이 전략을 어떻게 그리고 언제 통합할지에 대해 몇 가지 예를 보여 주기 위한 것이다. 팀이 이 전략을 어떻게 실행할지는 아동에게 작용하는 특정 유발요인과, 유발요인을 제거할 성인의 역량에 따라 달라진다. 팀은 창의적으로 이 전략을 실행하고, 이 전략이 행동의 기능과 전형적인 일과 및 활동에 잘 맞는지 확인해야 한다.

① 식사/간식 시간

특정 음식이 있을 때 도전행동이 발생하면 그 음식을 더 이상 주지 않는다. 특별한 영양상의 문제가 아니라면, 다른 기술을 배운 후에 그 음식을 나중에 다시 주면 된다.

② 낮잠/휴식 시간

낮잠 및 휴식 시간에 아동이 특정 물건을 갖고 있지 못하게 할 때 도전행동이 발생한다면, 아이가 물건을 지닌 상태로 자게 한다(안전 문제가 없고 이것이 허용되는 한).

③ 화장실 가기/기저귀 갈기 시간

"화장실 갈 시간이네." 또는 "기저귀 가는 시간이네."라는 부모의 말이 유발요인으로 작용하여 도전행동이 발생한다면, 이 활동에 대한 신호로 그림이나 물건을 사용하여 도전행동을 없앨 수 있다. 예를 들어, 부모는 화장실 사진을 아이에게 주면서 화장실에 데리고 갈 수 있다. 이때, 부모가 아무 말 없이 사진만 건네주는 것이 가장 효과적이다. 기저귀를 갈 때 아이에게 물티슈를 주는 것과 같이 물건을 사용할 수도 있다.

4) 특별히 고려할 점

요구나 처한 상황이 각기 다른 아동에게 도전행동의 즉각적 유발요인을 제거할 때 다음을 고려한다.

- 지원 요구가 큰 아동의 경우, 적절한 행동을 가르치기 위해 더 오랫동안 동안 유발요인을 제거해야 할 수도 있다.
- 교체행동을 가르치기 위해 이 전략을 효과적인 교수 전략과 함께 사용해야 한다.

5) 실행 관련 유의점

이 전략을 실행할 때 다음을 확인한다.

- 아동과 정기적으로 상호작용하는 모든 성인이 팀이 파악한 특정 유발요인을 정해진 기간 동안 제거하는 것에 동의해야 한다.
- 유발요인이 제거되었을 때 어떻게 적절한 교체기술을 지도할지 계획해 두어야 한다.

6) 이 전략을 지지하는 연구

Dunlap, G., & Kern, L. (1996). Modifying instructional activities to promote desirable behavior: A conceptual and practical framework. *School Psychology Quarterly, 11*, 297-312.

Kern, L., & Dunlap, G. (1999). Assessment-based interventions for children with emotional and behavioral disorders. In A. C. Repp & R. H. Horner (Eds.), *Functional analysis of problem behavior: From effective assessment to effective support* (pp. 197-218). Belmont, CA: Wadsworth Publishing.

8. 주의 분산 요소 최소화하기

1) 개요

(1) 전략의 정의

도전행동을 예방하기 위해 주의를 분산시키거나, 방해가 되는 사건 및 자료를 줄이는 것을 의미한다.

(2) 전략에 대한 설명

이 전략은 도전행동을 유발할 수 있는 주의 분산 요소를 제한하거나 없애는 것을 포함한다. 특정 활동, 항목, 사람, 또는 사건이 아동의 주의를 분산시키고 도전행동을 유발하는 경우, 이 전략에는 주의를 분산시키는 요소를 제거하거나 제한하는 것이 포함된다. 이것은 흔히 사용되는 효과적인 전략이며, 특정 주의 분산 요소를 판별하려면 정확한 PTR-F 평가 절차가 필요하다. 다른 예방 전략과 마찬가지로, 이 전략은 단기적으로는 효과적이지만, 장기적인 효과와 일반화를 위해서는 적절한 교수와 강화 전략이 동반되어야 한다.

(3) 이 전략을 사용하는 이유

주의 분산은 특정 과제에 집중하거나 지속하는 능력에 방해가 될 수 있으며, 주의 분산을 줄이거나 없애는 것은 주어진 시간 내 효율적인 방식으로 과제를 완수하는 능력을 향상시킬 수 있다. 지속적으로 도전행동을 하는 아동의 경우, 주의 분산은 바람직한 행동을 가르치는 것을 어렵게 한다. 주의 분산 요소를 줄이거나 없애면 도전행동이 촉발될 수 있다. 그러나 주의 분산 요소를 줄이는 것은 대개 일시적으로 사용하는 전략이다. 대부분의 경우, 팀은 주의 분산 요소를 바람직한 행동을 강화하는 데 사용할 수 있는 잠재적인 기능적 강화제로 고려할 수 있다.

2) 이 전략의 사용을 고려해야 하는 상황

PTR-F 평가 결과가 다음과 같을 때 이 전략의 사용을 고려한다.

- 특정 활동을 할 때 도전행동이 일관되게 발생한다.
- 전이할 때나 특정 활동을 시작할 때 도전행동이 발생한다.
- 특정 활동이 끝나면 도전행동이 발생한다.
- 특정인이 주변에 있을 때 도전행동이 발생한다.
- 일과 중 특정 시간에 도전행동이 발생한다.
- 특정 물건이 있을 때 도전행동이 발생한다.

3) 실행 단계

(1) 전략 실행 절차

① 특정 활동이나 물건이 있을 때 도전행동이 나타나는지 판별한다. 이 판별은 PTR-F 평가 절차에서 이루어져야 한다.

② 주의 분산 요소를 줄이거나 없앨 방법을 판별한다.

③ 주의 분산 요소를 줄이거나 없앨 방법과 시기를 결정하고 그렇게 하기 위한 구체적인 계획을 수립한다. 다른 예방 전략과 마찬가지로, 이 전략을 위해 약간의 창의력이 필요하지만, 부모는 자녀에게 가장 효과적일 방법에 대한 아이디어를 갖고 있을 것이다.

(2) 전략 실행 아이디어

다음은 도전행동을 유발하는 주의 분산 요소를 줄이는 방법에 대한 몇 가지 아이디어로, 이러한 예는 얼마든지 더 있다. 이 목록은 이 전략을 언제 어떻게 통합하는지에 관한 몇 가지 예를 보여 주기 위한 것이다. 팀이 이 전략을 어떻게 실행할지는 특정 주의 분산 요소와 주의 분산을 줄이거나 없애는 성인의 역량에 따라 달라진다. 팀은 창의적으로 이 전략을 실행하고, 이 전략이 도전행동의 기능과 전형적인 일과 및 활동에도 적합한지 확인해야 한다.

- 노라(Norah)는 아침에 일어나 TV를 켠다. 노라의 어머니는 TV를 보는 노라에게 등교 준비를 위해 여러 번의 잔소리(촉진)를 해야 하는데, 이는 노라의 짜증, 소리 지르기, 울음, 학교 지각하기로 이어진다. 이에 노라의 어머니는 매우 일찍 일어나서 노라가 잠에서 깬 후 TV를 켜지 못하게 했다. 이 전략은 독립성을 촉진하는 시각적 지원과 등교 준비를 위해 완료해야 하는 단계 목록을 제공하는 교수 전략과 함께 사용되었다. 노라가 등교 준비를 마치면, 집을 나설 때까지 TV를 볼 수 있다.
- 마일스(Miles)는 잠잘 때 진정 도구로 노리개 젖꼭지를 사용하며, 화가 났을 때에도 노리개 젖꼭지를 필요로 한다. 노리개 젖꼭지를 물고 있을 때 무언가 하라는 지시를 받으면 마일스는 순응하지 않고 어떠한 지시도 따르지 않는다. 그는 울고,

"아니야."라고 소리 지르고, 물건을 던지고, 도망친다. 이에 마일스의 어머니는 마일스가 진정되었는지 확인하고, 노리개 젖꼭지를 다시 침대에 놓아두게 한 다음, 지시 사항을 제시하였다.

- 비디오와 컴퓨터 게임은 유진(Eugene)의 주의를 분산시키는 요소다. 게임을 할 때 유진은 다른 사람이 자신에게 하는 말을 다 무시한다. 어머니는 유진이 게임을 하는 시간을 제한하되, 유진이 게임을 하는 동안에는 말을 걸거나 지시를 내리지 않기로 했다.

4) 특별히 고려할 점

요구나 처한 상황이 각기 다른 아동에게 주의를 분산시키는 요소를 줄이는 전략을 사용할 때 다음을 고려한다.

- 지원 요구가 큰 아동의 경우, 이 전략은 교수 전략 및 강화 전략 외에도 다른 예방 전략과 결합할 필요가 있다.
- 말하는 단어 수 제한, 사용하는 어휘의 복잡성, 주의 분산 요소 감소 방법을 포함하여 지침을 단순화해야 할 수도 있다.

5) 실행 관련 유의점

이 전략을 실행할 때 다음을 확인한다.

- 주의 분산 요소, 활동 또는 물건을 줄이거나 없애는 것이 가능해야 한다.
- 주의를 분산시키는 요소를 줄이거나 없앨 때, 아동이 적절한 방법으로 주의 분산 요소에 접근하는 기술을 갖추어야 한다.
- 주의를 분산시키는 물건이나 활동을 기능적 강화제로 활용하는 방안을 고려해 볼 수 있다. 이 경우 바람직한 행동을 할 때만 그 요소에 접근할 수 있게 해야 한다.

6) 이 전략을 지지하는 연구

Dunlap, G., & Kern, L. (1996). Modifying instructional activities to promote desirable behavior: A conceptual and practical framework. *School Psychology Quarterly*, *11*, 297-312.

Kern, L., & Dunlap, G. (1999). Assessment-based interventions for children with emotional and behavioral disorders. In A. C. Repp & R. H. Horner (Eds.), *Functional analysis of problem behavior: From effective assessment to effective support* (pp. 197-218). Belmont, CA: Wadsworth Publishing.

9. 자녀에게 요구하는 바를 수정하기

1) 개요

(1) 전략의 정의

아동에게 요구하는 바를 명시적으로 수정하는 것이다.

(2) 전략에 대한 설명

이 전략은 아동에게 지시 및 요청을 하거나 질문하는 방식을 변화시키는 것이다. 아이에게 선택이 아닌 반드시 무언가를 하도록 요청하거나 아이가 해서는 안 되는 일에 대해 아이에게 일반적인 지시를 하는 것과는 달리, 이 전략을 사용하는 가족은 명확한 지시와 요청을 통해 아동에게 기대하는 바를 명시적으로 말하거나 질문한다. 일반적인 지시를 하면(예: "잘 시간이야." "청소해라.") 아이들은 그 일과를 완료하는 것과 관련하여 자신에게 기대되는 것이 무엇인지 정확히 알지 못할 수 있다. 아동에게 특정 과제를 수행할지를 물어보면(예: "접시를 싱크대에 넣어 주겠니?" "누나에게 소리 지르는 걸 그만할 수 있을까?") 종종 아동이 "아니요."라고 대답해도 되는 것처럼 보이는 상황이 조성된다. 또한 아동에게 하지 말아야 할 일을 말하면(예: "그걸 입에 물고 있지 말아라." "소파에서 뛰지 말아라.") 아동은 그 대신 무엇을 해야 강화를 받을 수 있는지 알 수 없다. 아동에게 허용되지 않는 것만 알려 주는 것은 허용되는 것이 무엇인지를 학습하는 데 거의 도움이 되지 않는다. 많은 가족이 이 전략을 이미 사용하고 있으며, 행동지원계획에 통합할 경우에는 계획을 개발할 때 앞에 설명된 요소를 고려하는 것이 중요하다.

(3) 이 전략을 사용하는 이유

아동에게 질문하고 말하는 것을 명시적으로 수정함으로써 아동은 자신에게 기대하는 바를 정확히 알 수 있다. 아동에게 무엇을 해야 하는지 구체적으로 알려 줌으로써, 가족은 아이가 해야 할 일을 하고 있는지의 여부를 결정할 수 있다. 이 전략을 사용하면 행동에 대한 모호성도 줄어든다. 이 전략은 부모의 기대에 따라 아동이 무엇을 하고 또 하지 않았는지에 관한 논쟁을 줄여 주며, 아동이 할 수 있고 해야만 하는 적절한 행동과 관련하여 추구하는 바를 정확히 알기 때문에 가족이 아동의 행동을 강화할 가능성이 높아진다.

2) 이 전략의 사용을 고려해야 하는 상황

PTR-F 평가 결과가 다음과 같을 때 이 전략의 사용을 고려한다.

- 아동이 완료하려면 촉진이 많이 필요한 특정 일과 중에 도전행동이 발생한다.
- 성인이 계속하여 지시를 내려야 할 때 도전행동이 발생한다.
- 가족이 촉진할 때 아이에게 무언가를 하지 말라거나 무언가를 중단하라는 말을 많이 사용하면 도전행동이 발생한다.
- 성인의 관심을 끌기 위해 도전행동이 발생한다.
- 아동이 기대를 따르고 있는지 아닌지에 대해 아동과 성인 간에 논쟁을 하는 중에 도전행동이 발생한다.

3) 실행 단계

(1) 전략 실행 절차

① 일과 중에 예상되는 특정 행동을 정한다.

② 아동이 예상되는 행동을 하지 않는다면 아이가 행동을 보이도록 촉진할 방법을

정한다. 때때로 특정 행동을 어떻게 표현할지 브레인스토밍하는 것이 도움이 된다. 예를 들어, "소파에서 뛰지 말아라."라고 말하는 대신, 가족들은 "소파에 엉덩이를 붙이고 앉으렴."이라고 말할 수 있다.

③ 이 전략을 자주, 그리고 아동이 바람직한 행동을 할 때 강화와 함께 사용한다.

(2) 전략 실행 아이디어

① 귀가 시간

집에 도착할 때, 가족은 아이가 집에 들어가서 해야 할 일을 명시적으로 알려 줌으로써 아동이 집에 들어갈 준비를 하게 할 수 있다. 예를 들어, 아이가 두 단계 지시를 따를 수 있다면, 가족은 "집에 들어가면, 신발을 신발장에 넣고 도시락을 주방 조리대에 놓아둬."라고 말할 수 있다.

② 놀이 시간

놀이 시간에 아동이 형제자매와 장난감을 나눠 쓰기 어려워한다면 가족은 "누나한테서 물건을 빼앗으면 안 돼!"라고 말하기보다 "그 장난감을 가지고 놀아도 되는지 누나에게 물어봐."라고 말하거나, 더 구체적으로 "'내가 차를 가지고 놀아도 돼?'라고 누나에게 말해 봐."라는 말로 아동을 촉진할 수 있다.

③ 마트에서

아동이 마트 계산대에서 사탕을 집어 쇼핑 카트에 담는 도전행동을 보이는 경우, "카트 안에 손을 두자." "카트를 잡으렴." 또는 "장 본 것을 계산대에 올려놓는 걸 도와줘."와 같이(카트에 사탕을 넣는 것과 양립할 수 없는 행동) 부모는 계산대에 있는 동안 아이가 무엇을 해야 하는지에 대해 명확하게 촉진할 수 있다.

4) 실행 관련 유의점

- 어떤 아이들은 기술의 점진적 접근(행동 형성)을 이끌어 내는 촉진이 필요할 것이다. 예를 들어, "장난감을 모두 제자리에 놓으렴."이라고 말하는 대신, 가족은 "자동차를 자동차 상자에 넣으렴." 또는 "블록 상자에 블록을 모두 넣으렴."으로 시

작할 수 있다.

- 다단계 지시 수행하기를 아직 배우는 중인 아동에게는 한 번에 하나씩 지시해야 한다.

5) 이 전략을 지지하는 연구

Strain, P. S. (2002). *Positive parenting practices (trainers manual)*. Tualatin, OR: Teacher's Toolbox.

10. 자녀에게 지시하는 방식 바꾸기

1) 개요

(1) 전략의 정의

지시하는 방식을 바꾸는 것을 의미한다.

(2) 전략에 대한 설명

이 전략은 전형적인 일과와 활동 중에 해야 할 일에 대해 부모가 자녀에게 지시하는 방법을 바꾸는 것이다. 이 전략은 다른 예방 전략(예: 유발요인 제거하기, 요구하는 것을 명시적으로 수정하여 말하기, 활동에 선호도 삽입하기)과 유사해 보일 수 있지만, 이 전략에는 도전행동 발생을 예방하기 위해 아동에게 지시나 요구를 제시하는 다양한 방법이 포함된다. 예를 들어, 목소리 톤에 차이 주기, 명령하기 대신 요청하기, 목소리나 억양 바꾸기, 비언어적 단서 사용하기 등이 포함될 수 있으며 이는 효과적인 예방 전략이 될 수 있다.

(3) 이 전략을 사용하는 이유

사람들이 우리에게 말하는 방식에 따라 우리가 그들의 말을 해석하거나 인식하는 방식은 크게 달라진다. 무언가가 이루어지길 원할 때 항상 소리를 지르는 사람과 정기적으로 상호작용한다면 우리는 그 사람을 피하려고 하거나, 그 사람에 대해 부정적으로 이야기하거나, 돌아서서 눈을 흘기거나, 다른 유형의 '도전'행동을 할 수도 있다. 반면에 누군가가 기분 좋은 말투로 무언가 해 줄 수 있는지 묻고 미소를 지으며 "부탁해요."라고 한다면 우리는 그 사람의 요청에 더 잘 들어주거나 따를 가능성이 크다. 다시 말해, 두 사람이 서로 어떤 관계인지에 따라 반응이 달라지며, 전반적으로 긍정적 상호작용이 많을수록 상대방이 바라는 것을 할 가능성이 커진다. 아동과 상호작용할 때, 이러한 전략은 부모가 자녀와 의사소통하는 흔한 방식이 아닐 수 있지만, 도전행동을 예방하는 데 유용한 전략이 될 수 있다.

2) 이 전략의 사용을 고려해야 하는 상황

PTR-F 평가 결과가 다음과 같을 때 이 전략의 사용을 고려한다.

- 아동에게 비선호 활동을 하도록 요청하거나 지시할 때 도전행동이 발생한다.
- 특정 활동 중에 도전행동이 발생한다.
- 전이할 때나 특정 활동을 시작할 때 도전행동이 발생한다.
- 반드시 해야 하는 활동(선택의 여지가 없는 활동)을 할 때 도전행동이 발생한다.
- 일과 중 특정 시간에 도전행동이 발생한다.
- 부모가 다른 사람을 주목하고 있을 때 도전행동이 발생한다.
- 아동이 활동이나 일과에 참여하기를 거부하거나 지시를 받았을 때 종종 "싫어."라고 말한다.

3) 실행 단계

(1) 전략 실행 절차

① 도전행동이 발생하는 활동이나 일과를 파악하고 도전행동이 활동의 어려움이나 불쾌한 특성과 관련이 있어 보이는지 확인한다. 이 판별은 PTR-F 평가 절차에서 이루어져야 한다.

② 지시를 전달할 다양한 방법을 판별한다(예: 다양한 유형의 목소리 또는 캐릭터 목소

리 사용하기, 목소리 톤 변화 주기, 명령보다는 요청으로 지시하기).

③ 새로운 지시를 언제 어떻게 전달할지 결정하고, 정확히 무엇을 말할지 판별한다. 이를 위해 약간의 창의력이 필요하지만, 부모는 자녀에게 가장 효과적인 것이 무엇인지 알 것이다.

(2) 전략 실행 아이디어

지시를 전달하는 방법은 무궁무진하다. 팀이 이 전략을 어떻게 실행할지는 어떤 지시가 문제가 되는지, 어떻게 지시가 달리 전달될 수 있는지, 그리고 도전행동이 얼마나 자주 발생하는지에 따라 다르다. 팀은 창의적으로 이 전략을 실행하고, 이러한 변화가 행동의 기능과 일과 및 활동에 적합한지 확인해야 한다.

① 식사 시간/간식 시간

- 테일러(Taylor)는 특정 음식만 고집하고 새로운 식품을 먹어 보는 것을 꺼린다. 테일러가 새로운 음식을 먹도록 격려하기 위해 어머니는 테일러가 가장 좋아하는 인형에게 한입 먹이는 시늉을 한 다음 테일러에게 "한입 먹을래?"라고 물었다.
- 제러마이아(Jeremiah)는 식탁에 앉아 있는 동안 의자에서 많이 움직인다(예: 식탁에서 의자를 앞뒤로 흔들기, 의자에서 일어서기, 다리 떨기 그리고 형 때리기). 어머니는 안전하게 앉는 것을 상기시키기 위해 제러마이아가 식탁에 바르게 앉아 있는 사진을 보여 주었다.

② 목욕 시간

- 제이콥(Jacob)은 목욕하기를 싫어한다. 어머니는 제이콥에게 목욕할 시간이라고 말하면서 거품을 조금 원하는지 아니면 많이 원하는지 물었다.
- 아밀리아(Amelia)는 목욕을 좋아해서 욕조에서 나오려 하지 않는다. 아버지는 아버지와 아밀리아가 차례대로 목욕 놀이 장난감을 정리할 것이고, 정리가 끝나면 몸을 말리고 옷을 입을 시간이라고 말했다.

③ 손 씻기

- 예스비어(Jasvir)는 손을 씻는 대신 물장난을 좋아한다. 예스비어의 어머니는 손을 씻는 단계에 대한 재미난 노래를 만들고 노랫말에 나오는 지시내용을 수행하면서 노래를 불렀다.

④ 옷 입기

- 조(Zoe)는 매일 아침 옷 입기를 어려워한다. 조가 옷을 하나씩 입을 때마다 어머니는 조를 간지럽히겠다고 말했고, 조가 옷을 입으면 옷을 입은 해당 몸 부위를 간지럽혔다(조는 간지럽힘 당하는 것을 좋아한다). 조가 옷을 다 입으면 엄마는 조의 온몸을 간지럽혔다.

4) 특별히 고려할 점

요구나 처한 상황이 각기 다른 아동에게 지시하는 방식 바꾸기 전략을 사용할 때 다음을 고려한다.

- 제한된 언어능력이나 의사소통 기술을 가진 아동의 경우, 시각적 지원을 사용하여 이해를 촉진하는 것이 예방 및 교수 전략에 좋을 수 있다.
- 말하는 단어의 수, 사용된 어휘의 복잡성 및 혹은 지시가 주어지는 횟수 등을 제한하는 것을 포함하여, 지시를 단순화해야 할 수도 있다.

5) 실행 관련 유의점

이 전략을 실행할 때 다음을 확인한다.

- 이 전략을 실행하는 사람은 누구든, 지시하는 방식을 바꾸는 데 동의해야 한다.
- 지시를 전달하는 다양한 방법은 명확해야 하고, 예시를 계획에 기록해야 한다. 누군가에게 단지 그들의 자녀에게 지시하는 방법을 바꾸라고 말하면 안 된다. 세부사항과 예시는 구체적이어야 한다.

6) 이 전략을 지지하는 연구

Dunlap, G., & Kern, L. (1996). Modifying instructional activities to promote desirable behavior: A conceptual and practical framework. *School Psychology Quarterly*, *11*, 297-312.

Harding, J. W., Wacker, D. P., Berg, W. K., Cooper, L., Asmus, J., Mlela, K., & Muller, J. (1999). An analysis of choice making in the assessment of young children with severe behavior problems. *Journal of Applied Behavior Analysis*, *32*, 63-82.

11. 예고 신호를 사용하여 아동에게 다음 활동 알리기

1) 개요

(1) 전략의 정의

다음 활동을 알리기 위해 자녀에게 예고 신호를 보내는 것을 의미한다.

(2) 전략에 대한 설명

이 전략은 아동의 행동이 회피하기에 의해 유지되거나 종종 회피할 수 없는, 특정 비선호 활동을 회피하려는 시도가 나타날 때 유용하다. 어떤 비선호 일과나 활동을 하는 동안, 가족은 아동에게 그 활동이 곧 종료될 예정임을, 혹은 그 일과나 활동이 끝나기까지 얼마간 지속될지를 알릴 수 있다. 그다음, 과제나 활동 혹은 일과가 만족스럽게 완료되면 그 일과가 끝나고 강화를 제시한다(종종 부적 강화의 형태로, 또는 비선호/혐오 일과나 활동을 없애는 형태로).

(3) 이 전략을 사용하는 이유

아동에게 비선호 활동이나 일과가 곧 끝날 것이라는 신호를 제공함으로써, 아이가 그 일과에 참여해야 하는 시간의 길이에 대한 불확실성을 줄인다(Johnston & Reichle, 1993). 따라서 선호하지 않는 일과나 활동을 얼마나 오래 계속해야 하는지 아동에게 들려주면, 아동의 불확실성과 관련된 어떤 행동이든 감소될 수 있다.

2) 이 전략의 사용을 고려해야 하는 상황

PTR-F 평가 결과가 다음과 같을 때 이 전략의 사용을 고려한다.

- 비선호 활동 중에 도전행동이 발생한다.
- 추가된 혹은 장기적인 활동 중에 도전행동이 발생한다.
- 활동을 회피하기 위해 도전행동이 발생한다.
- 특정 추가 과제, 활동 또는 일과를 완료하지 않기 위해 도전행동이 발생한다.

3) 실행 단계

(1) 전략 실행 절차

① 과제, 일과 또는 활동의 기간을 정한다. 예를 들어, '아동은 일과 시간 동안 과제를 해야 하는가?' '아동은 정해진 일과의 단계를 완료해야 하는가?' '아동이 일과와 관련된 특정 과제를 수행해야 하는가?'와 같은 질문을 통해 팀은 아동에게 기대되는 것이 무엇인지 알아야 하며, 이러한 기대는 과제, 일과 또는 활동이 시작되기 전에 아동에게 분명하게 언급해야 한다. 또한 이러한 기대는 원래부터 아동의 능력 범위 내에 있어야 하며 도전행동을 보이지 않고 아동이 완료할 수 있어야 한다.

② 아동의 개별적인 요구와 과제, 일과 또는 활동에 따라 어떤 신호를 사용할지 결정한다.

③ 일과 중 아동이 도전행동을 보이기 직전에 예고 신호를 사용한다. 또는 아이가 도전행동을 보이지 않고 몇 분 동안 과제를 거의 완료했거나 일과에 참여했을 때 신호를 준다.

④ 과제, 일과 또는 활동을 종료한다.

(2) 전략 실행 아이디어

① 취침 시간 일과

아동이 취침 시간 일과에서 양치질을 피하려고 도전행동을 보이고 가족이 아동이 30초 동안(가족이 아이가 도전행동을 보이지 않고 양치질할 수 있다고 알고 있는 시간의 양)

양치질해야 한다고 결정한 경우, 가족은 양치질한 지 25초가 되었을 때 "거의 다 했어. 5초 남았다!"라고 신호를 줄 수 있다. 그리고 30초가 지나면 양치질을 종료한다.

② 놀이 일과

아동이 나눠 쓰기에 어려움이 있는 경우, 가족은 타이머를 사용하여 각각의 아동 또는 사람(만약 성인이 아이와 함께 노는 경우)이 나눠 쓰고 바꿔 쓰는 동안 특정 장난감을 가지고 노는 시간을 나타낼 수 있다. 다른 사람이나 아동이 장난감을 가지고 놀 때, 나눠 쓰기를 촉진하는 가족 구성원은 아이가 다시 장난감을 가지고 놀려고 할 때 타이머를 가리키면서 언어적 신호를 줄 수 있다(예: "이제 곧 네 차례야! 5초만 더 있으면 트럭을 가지고 놀 수 있어!").

③ 청소하기

아동이 청소를 하지 않으려고 자주 도전행동을 보이는 경우, 가족은 청소가 거의 끝나 간다는 것을 예고해 줄 수 있다. 예를 들어, 가족은 아동이 인형 집에 10개의 인형을 잘 넣을 수 있음을 알고 있는 경우, 아이가 8개의 인형을 치우고 나서 도전행동을 보이기 전에 가족들은 "인형 집에 인형 2개만 더 넣으면 정리 끝!"이라고 말할 수 있다.

4) 실행 관련 유의점

- 아동이 도전행동을 보이는 경우 과제, 일과 또는 활동을 종료하지 않는다. 아동이 도전행동을 보이면, 일과의 지속시간, 활동 중 아이에게 요구되는 과제 등을 고려하여 아이의 기대를 더 단순하게 만들어 아이의 성공 가능성을 높여야 한다. 다시 말해, 아이에 대한 기대치는 점차 높아질 수 있다. 그러나 팀은 이 전략을 처음 사용할 때 아동이 성공할 수 있도록(즉, 도전행동 없이 기대치에 도달할 수 있도록) 준비하기를 원할 것이다.
- 일부 아동은 언어적 신호 이상의 것이 필요할 수 있으므로 아동에게 가장 적합한 신호가 무엇인지 결정할 때, 아이의 개별화된 요구를 평가해야 한다.
- 도전행동을 보이기 전에 신호를 제공해야 한다. 아동이 계속해서 도전행동을 보인다면 아동이 확실히 성공할 수 있도록 기대치를 다시 고려하고 요구사항을 줄

여야 한다.

- 신호에는 남은 시간의 양 또는 남은 과제의 수가 포함되어야 하며 일과가 끝날 때쯤에 신호를 주어야 한다. 신호는 아동이 과제, 활동 또는 일과에서 더 성공함에 따라 지속시간 또는 난이도가 단계적으로 증가할 수 있는 단순하고 작은 요구사항(예: "10초 더" "블록 하나 더" "셔츠만 입으면 끝")부터 시작해야 한다.
- 아동은 일과에서 도전행동을 대체할 수 있는 바람직한 행동을 배워야 한다. 아이가 일과에서 계속하여 더 많은 성공을 거두면, 기대치를 점점 더 높여 가도록 한다. 처음부터 아동이 일과 동안 도전행동을 보여서는 안 된다거나 적절한 수준의 바람직한 행동을 해야 한다고 기대하는 것은 시작 단계의 아동에게는 과도한 요구일 수 있다.
- 일부 일과는 처음에는 단축하였다가 시간이 지남에 따라 지속시간을 늘려야 할 수도 있다.

5) 이 전략을 지지하는 연구

Carr, E., & Durand, V. M. (1985). Reducing behavior problems through functional communication training. *Journal of Applied Behavior Analysis*, *18*, 111-126.

Johnston, S. S., & Reichle, J. (1993). Designing and implementing interventions to decrease challenging behavior. *Language, Speech, and Hearing Services in Schools*, *24*, 225-235.

12. 문제 상황과 그에 대한 해결책을 묘사한 스크립트를 포함하는 상황 이야기 사용하기

1) 개요

(1) 전략의 정의

문제 상황과 잠재적 해결방안을 묘사하기 위해 스크립트를 포함하는 상황 이야기를 사용하는 것을 의미한다.

(2) 전략에 대한 설명

이 전략은 일과나 활동 중에 무슨 일이 일어날 수 있는지, 아동에게 기대되는 것은 무엇인지에 대한 사회적 스크립트를 아동에게 제공하는 것이다. 이것은 아동이 활동이나 일과를 준비할 수 있도록 돕는다.

(3) 이 전략을 사용하는 이유

모든 사람은 어떤 것이 기대되는지 불확실하거나, 그다음에 무엇이 올지 모르는 활동이나 상황을 마주한다. 많은 사람에게 사건이나 기대에 대한 불확실성은 불안이나 스트레스를 유발한다. 성인은 혼란을 표현하거나, 누군가에게 지시나 정보를 요청하거나, 고통을 표현하거나, 자기 조절 전략을 사용함으로써 이런 상황에 대처할 수 있다. 그러나 아동은 불확실성에 대처할 능력이 없거나 도움을 요청할 수 있는 사회적 또는 의사소통 기술이 없을 수 있다. 사회적 스크립트는 특정 활동, 환경 또는 일과 내에서 무엇을 기대하고 어떻게 행동해야 하는지에 대한 지침을 아동에게 제공한다.

2) 이 전략의 사용을 고려해야 하는 상황

PTR-F 평가 결과가 다음과 같을 때 이 전략의 사용을 고려한다.

- 특정 활동이나 일과 중에 도전행동이 발생한다.
- 특정 환경에서 도전행동이 발생한다.

3) 실행 단계

(1) 전략 실행 절차

① 아동이 도전행동을 하고 환경이나 활동에서 기대되는 바를 이해하지 못하거나 그것을 따르는 데 어려움을 겪을 수 있는 활동과 일과를 판별한다. 이 정보는 기능평가 과정에서 얻어야 한다.

② 활동이나 일과에서 기대되는 것에 대한 사회적 스크립트를 개발한다. 이것은 아동의 관점에서 이야기 형식으로 작성되어야 하며, 상황 이야기에 아동의 감정과

관점이 포함되어야 한다.

③ 사회적 스크립트를 작성할 때 발생할 가능성이 있는 사건 및 기대뿐만 아니라 발생할 수 있는 모든 변수도 포함한다. 예를 들어, 외식에 대한 사회적 스크립트에는 다음과 같은 문장이 포함될 수 있다. "때로는 우리가 앉아서 누군가가 주문을 받아 음식을 가져다주기를 기다릴 수도 있고, 때로는 카운터에서 주문을 할 수도 있어요. 주문하고 나면 음식이 나올 때까지 기다려야 해요."

④ 사회적 스크립트는 사건에 대한 묘사, 그 상황에 누가 있는지, 사람들이 무엇을 할 수 있고 왜 그렇게 하는지(예: "사람들은 실내에 있을 때 걸어요.")와, 그 사람의 생각과 감정을 묘사하는 조망문(예: "음식을 기다리기 힘들어요.")을 통해 무슨 일이 일어날지에 관한 '이야기'를 알려 준다. 또한 상황 이야기에는 어떻게 행동해야 하는지 긍정적인 방식으로 진술된 지침을 아동에게 제공하는 문장이 포함되어야 한다. 지시문은 "나는 ……를 할 수 있어요." 또는 "나는 ……를 할 거예요." 또는 그 상황에서 아동이 할 수 있는 것에 초점을 맞춘 유사한 문장으로 시작할 수 있다. 예를 들어, "나는 기다려야 할 때 울지 않을 거예요." 대신 "나는 내 책을 보려고 노력하고 음식이 나올 때까지 참을성 있게 기다릴 거예요."라고 작성할 수 있다.

⑤ 상황 이야기는 활동의 주요 구성요소를 설명하는 시각 자료로 설명되어야 한다. 그림이나 그래픽으로 된 삽화를 이해할 수 있는 아동도 있지만, 일과와 환경에 대한 사진으로 설명하는 것이 좋다.

⑥ 일단 스크립트가 작성되고(아동이 이야기에 집중할 수 있도록 간략하게 작성) 시각 자료가 모이면 정보를 책의 형식으로 배치해야 한다.

⑦ 활동이나 일과에 참여하기 전에 활동이나 일과에 대한 준비로 아동에게 사회적 스크립트를 여러 번 읽어 준다. 활동이나 일과 직전에 스크립트를 아동에게 읽어 주어야 한다. 가족은 필요한 경우 스크립트를 사용하여 아동에게 일과의 단계를 안내해야 한다.

(2) 전략 실행 아이디어

다음은 어려운 일과나 활동에 아동을 준비시키기 위해 스크립트를 포함하는 상황 이야기를 사용한 몇 가지 아이디어다.

① 식료품 쇼핑 준비

상황 이야기는 아동이 활동의 주요 구성요소(예: 장바구니에 담기, 식료품 선택하기, 식료품 가격 지불하기, 카트에 식료품 넣기)를 이해하는 데 도움이 될 수 있다. 상황 이야기는 줄 서서 돈을 지불하기를 기다리는 것과 무엇을 할지(예: "기다릴 때 나는 내 책을 보거나 장난감을 가지고 놀 수 있어요."), 일과에 대한 기대는 무엇인지(예: "나는 카트에 앉아 있어야 해요. 앉아 있는 것은 안전해요. 나는 쇼핑을 마치고 집에 가는 차 안의 카시트에 탈 때까지 카트에 앉아 있어야 해요."), 그리고 언제 간식을 받을 수 있는지("식료품들을 차에 싣고, 내가 카시트에 앉아 있으면, 나는 간식을 받게 될 거예요.")를 아동이 이해하게 해 준다.

② 취침 준비하기

스크립트를 포함하는 상황 이야기는 아동이 취침 시간 일과를 이해하고 따르는 데 도움이 될 수 있다. 상황 이야기에는 잠옷을 입고 취침 준비를 하는 것, 자기 전에 이야기책 읽기와 같이 어떤 활동이 일어날 것인지, 부모가 "잘 자."라고 말하고 방을 나가면 어떻게 되는지, 그리고 아동이 언제 일어날 수 있을지(예를 들어, "나는 엄마 아빠가 와서 '일어날 시간이야.'라고 말할 때까지 내 침대에 있어야 해요.")를 포함할 수 있다.

③ 또래와의 놀이 시간 준비하기

스크립트를 포함하는 상황 이야기는 어떤 놀이를 선택할 수 있는지, 또래에게 어떻게 차례를 요청하고 놀이 아이디어를 제공할지, 놀이 중 좌절감을 느끼는 경우 어떻게 해야 하는지(예: "친구들이 내가 좋아하는 장난감을 가지고 놀 때, 내 장난감을 만지지 말라고 말하고 싶어요. 나는 친구 차례를 기다릴 수 있어야 해요. 친구의 차례가 끝나면, 나는 다시 내 장난감을 가지고 놀 수 있어요.") 등을 묘사함으로써 아동이 또래와의 놀이 시간을 준비하도록 하는 데 도움이 될 수 있다.

4) 특별히 고려할 점

매일의 일정 및 일과, 일정 및 일과의 변화, 그리고 전이에 대해 아동을 준비시킬 때 상황 이야기를 사용하는 경우 다음을 고려한다.

- 인지적 지연이 있는 아동의 경우 상황 이야기는 간략해야 하며 아동에 대한 기대는 아동의 이해 수준 및 지시를 따르는 능력과 일치해야 한다.
- 상황 이야기는 일과나 활동 직전에 읽을 수 있을 만큼 충분히 짧아야 한다.
- 이 전략은 이야기를 들을 수 있고 사진이나 책을 보는 데 관심이 있는 아동에게 가장 효과적이다.

5) 실행 관련 유의점

이 전략을 실행할 때 다음을 확인한다.

- 활동, 일과, 전이 또는 변화 이전에 상황 이야기를 검토할 시간을 계획한다.
- 시각적 일정표와 일과가 준비되어 있고 바로 사용할 수 있어야 한다.

6) 이 전략을 지지하는 연구

Kuoch, H., & Mirenda, P. (2003). Social story interventions for young children with autism spectrum disorders. *Focus on Autism and other Developmental Disabilities*, *18*, 219-227.

Lorimer, P. A., Simpson, R. L., Myles, B. S., & Ganz, J. B. (2002). The use of social stories as a preventative behavioral intervention in a home setting with a child with autism. *Journal of Positive Behavior Interventions*, *4*, 53-60.

Schneider, N., & Goldstein, H. (2010). Using social stories and visual schedules to improve socially appropriate behaviors in children with autism. *Journal of Positive Behavior Interventions*, *12*, 149-160.

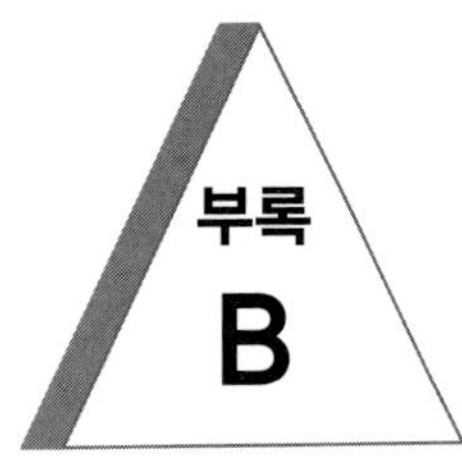

교수 중재

다음은 PTR-F의 교수 전략으로 광범위하게 사용 가능한 증거기반 중재에 대한 설명이다. PTR-F 행동지원계획을 수립할 때는 교수 중재 중 최소한 하나 이상을 선택해야 한다. 교수 중재는 아동에게 새로운 기술을 가르치고 형성시키는 전략이다. 따라서 교수 전략을 적용한 결과는 아동에게 지속적인 유익이 될 것으로 기대된다. 교수 중재에 관하여 몇 가지 유의해야 할 사항이 있다. 첫째, 도전행동이 없을 때가 교수를 하기에 가장 좋을 때다. 교수 전략은 도전행동에 대한 반응이 아니다. 오히려 교수 전략은 도전행동에 의존하지 않고도 자신의 환경을 관리하는 아동의 역량을 높여 아동이 도전행동을 할 필요가 없게 만든다. 둘째, 대부분의 교수 전략은 아동이 새로운 행동을 발휘해야 할 자연스러운 맥락에서 실행될 때 가장 효과적이다. 즉, 계속되는 활동과 일과의 맥락에서 교수가 이루어져야 한다. 셋째, 효과적 교수의 핵심은 연습이다. 따라서 하루 동안 가능한 한 많은 교수(그리고 연습) 기회를 계획해야 한다.

1. 적절하게 의사소통하는 방법 지도하기

1) 개요

(1) 전략의 정의

적절한 의사소통 방법을 가르치는 것을 의미한다. 이 전략은 기능적 의사소통 훈련(FCT)으로도 알려져 있다.

(2) 전략에 대한 설명

이 전략은 PTR-F의 모든 교수 전략 중 가장 흔히 사용되고 일반적으로 가장 효과적이다. 이 전략은 많은 연구의 지지를 받고 있으며, 장기적으로는 물론 단기적으로 아동에게 도움이 된다. FCT는 주의 깊고 일관성 있게 사용될 때 매우 효과적이다.

FCT는, ① 아동이 보이는 도전행동의 기능 또는 목적을 판별하고, ② 동일한 목적 또는 기능을 가지면서도 좀 더 적절하고 의사소통에 도움이 되는 행동을 아동에게 가르치는 것이다. FCT의 취지는 아동이 도전행동 대신 적절한 형태의 의사소통을 사용하게 하는 것이다. 이를 위해서는 아동이 원하는 것을 얻을 때 적절한 형태의 의사소통이 최소한 도전행동만큼(역자 주: 도전행동과 동일하거나 도전행동보다 더)은 효과적이어야 한다. 예를 들어, 아동이 원하는 장난감을 얻기 위해 다른 아동을 때리는 것이 관찰되었을 경우, 다른 아동에게 장난감을 가지고 놀 차례를 물어보는 보다 바람직한 의사소통 방법을 사용하도록 지도할 수 있다.

선택될 의사소통 방법은 아동이 이미 사용할 수 있거나 쉽게 배울 수 있는 것이어야 한다. 또한 아동에게 반응을 보일 것으로 예상되는 모든 사람이 알아챌 수 있는 방법이어야 한다. 의사소통 방법은 말, 그림, 몸짓, 수어, 기술 보조 의사소통 출력장치, 또는 이러한 방법의 조합이 될 수 있다. FCT의 목표가 아동에게 새로운 의사소통 방법을 가르치는 것이어야만 하는 것은 아니다. 오히려 FCT의 목표는 아동에게 도전행동 대신 보다 적절한 의사소통 방법을 가르치는 것이다.

(3) 이 전략을 사용하는 이유

아동이 적절한 의사소통 기술을 사용하는 대신 도전행동을 하는 것은 일반적으로 아동이 도전행동을 하는 것만큼 효율적이고 효과적인 방식으로 의사소통하는 방법을 모르기 때문이다. 따라서 아동은 보다 적절한 의사소통 방법을 직접적으로 배워야 한다. 도전행동을 하면 신속하게, 그리고 많은 경우 쉽게 바라는 바와 요구사항을 얻는다. 그러므로 도전행동을 줄이고 궁극적으로 제거하려면 아동이 적절한 의사소통도 효과가 있으며 실제로 더 효과적이라는 것을 깨달을 필요가 있다. 이 교수 전략의 핵심은 아동이 적절한 의사소통 행동을 하면 원하는 것을 얻게 해 주거나 원치 않는 것을 피하게 해 주는 것이다(특히 FCT를 시작할 때). 아동의 의사소통에 도전행동만큼 즉시 반응해 주지 않으면(귀기울여 주지 않으면), 아동은 의사소통을 위한 노력을 멈출 것이다.

2) 이 전략의 사용을 고려해야 하는 상황

PTR-F 평가 결과가 다음과 같을 때 이 전략의 사용을 고려한다.

- 아동이 특정 과제나 활동을 회피/거부할 때 도전행동이 발생한다.
- 특정 활동을 하는 동안 도전행동이 발생한다.
- 비선호 활동으로 전이할 때 도전행동이 발생한다.
- 선호하는 활동이 끝날 때 도전행동이 발생한다.
- 다른 아이들과 상호작용을 할 때 도전행동이 발생한다.

PTR-F 평가에서 도전행동의 명확한 기능을 판별하고, 팀이 도전행동의 교체행동이 될 수 있는 적절한 의사소통 행동을 판별할 수 있을 때 FCT를 고려해야 한다.

3) 실행 단계

(1) 전략 실행 절차

① 도전행동의 기능을 판별한다. 이 판별은 PTR-F 평가 절차에서 이루어져야 한다. 아동이 의사소통하려는 것이 무엇인가? 기능은 대개 '무언가(예: 관심 또는 장난감)를 얻거나' 또는 '무언가(예: 어려운 요구, 너무 많은 요구, 전이 요구)를 피하는 것'임을 기억해야 한다.

② 아동이 도전행동과 동일한 메시지를 더 적절한 방식으로 의사소통할 바람직한 방법을 판별한다. 아동이 이미 할 수 있거나 간단하고 빠르게 학습할 수 있는 새로운 의사소통 행동을 선택한다. 아동이 교체 의사소통 행동을 사용했을 때 알아챌 수 있을 만큼 충분히 눈에 띄는 행동인지 확인한다.

③ 아동이 의사소통을 위해 전형적으로 도전행동을 사용하는 상황을 판별한다. 이러한 상황이 교수를 실시하게 될 맥락이다. 아동은 좋은 연습 기회를 충분히 가져야 잘 배우므로 하루에 이러한 상황이 여러 번 발생하도록 준비한다. 필요할 수 있는 모든 자료도 미리 준비해 둔다.

④ 최선을 다하여 도전행동의 발생을 예측한 다음, 도전행동에 대한 교체행동으로

새로운 의사소통 행동을 사용하도록 아동을 촉진한다. 아동이 새로운 의사소통 행동을 하면 아동의 요구를 꼭 들어주어야 한다.

⑤ 하루 동안 이 새로운 의사소통 행동을 연습할 수 있는 여러 기회를 조성 및 계획하고, 아동이 그 행동을 사용할 때마다 그것이 효과적임을 확인할 수 있게 해야 한다.

⑥ 또래와 주고받는 교체 의사소통 행동의 경우, 아동이 스스로 수행할 수 있을 때까지 성인이 이러한 상호작용과 의사소통을 정기적으로 촉진해 주어야 한다. 또래가 아동의 새로운 의사소통 행동에 긍정적으로 반응하는지와, 그 행동이 또래와 상호작용할 때 아동에게도 '효과가 있는지' 확인하는 것도 중요하다.

⑦ 아동이 도전행동 대신 교체 의사소통 행동을 사용하는 법을 배우면, 점차 성인의 지원(촉진)을 줄여 아동이 행동을 스스로 사용하게 한다. 지원을 너무 빨리 제거하지 않도록 유의해야 한다.

(2) 전략 실행 아이디어

① 아동(조)과 형제자매(페넬로페와 라이언)의 공원에서의 바깥 놀이

조(Zoe)의 PTR-F 평가 결과 조가 근린공원에서 형제자매와 함께 노는 동안 도전행동이 자주 발생하는 것으로 나타났다. 대개 조는 미끄럼틀로 달려가 형제자매를 밀어냈고, 때로는 때려서 미끄럼틀 아래로 미끄러지게 했다. 행동의 기능은 분명히 미끄럼틀에 접근하는 것이었다. 팀은 조에게 "내 차례야."라고 말하기를 가르치기로 결정했다. 어머니는 조를 위한 행동지원계획을 실행 중이었으므로 많은 연습 기회를 확보하기 위해 기꺼이 조와 형제자매를 정기적으로 공원에 데려갈 의향이 있었다. 형제자매가 협력하도록 준비시키는 것도 계획의 한 부분이었다. 조가 새로운 의사소통 행동을 배울 때 미끄럼틀에 접근하면, 어머니는 조에게 "미끄럼틀을 타고 싶으면 '내 차례야.'라고 말하렴."이라고 말했다. 필요할 경우 조의 어머니는 두 가지 이상의 촉진을 사용할 준비가 되어 있었다. 조가 "내 차례야."라고 말하면 미끄럼틀을 타는 것이 허용되었다. 어머니는 조가 "내 차례야."라고 말하는 것을 칭찬하고, 계속 놀이를 하도록 격려했다. 어머니는 놀이터, 특히 미끄럼틀 가까이에 머무르며 적절한 의사소통을 계속 촉진하였고, 조의 상호작용이 긍정적이고 성공적인지 확인하였다. 시간이 지남에 따라 "내 차례야."라는 말을 성공적으로 사용하게 되면서 조는 점차 자신이 원하는 것을 소통하는 다른 방법과 다른 아이들의 놀이 활동을 존중하는 방법을 배우게 되었다.

② 태블릿 PC 끄기로의 전이

한 가정의 아동은 태블릿 PC(iPad)를 끄라고 하면 탠트럼을 보인다. PTR-F 평가 중, 선호 활동(예: 태블릿 PC)에서의 전이를 지연시키거나 회피하기 위해 도전행동(예: 탠트럼)이 나타나는 것으로 판단되면, 아동은 태블릿 PC를 끄라는 지시를 받을 때 "3분 더요."라고 요청하도록 배울 수 있다. 탠트럼에 대한 교체행동으로 아동이 "3분 더요."라고 요청하면, 가족은 아동의 요청에 즉시 반응해야 하고, 태블릿 PC로 3분 더 놀 수 있는 시간을 제공한다.

③ 화장실 다녀온 후 손 씻기

의사소통을 위해 수어를 사용하는 아동이 화장실에 다녀온 후 손을 씻어야 할 때마다 어른을 때리고 발로 차면, 아동은 손 씻기를 끝내고 싶을 때 수어를 사용하여 "끝"이라고 표현하도록 배울 수 있다. 아동이 때리거나 발로 차기 시작하려는 것이 분명할 때(아마도 전조행동이 눈에 띌 것임), 가족은 "끝"을 뜻하는 수어를 하도록 모델링하고, "끝"이라고 말해 주며, 아동이 "끝" 수어를 하도록 손을 잡고 촉진해 줄 수 있다. 아동이 수어를 하면(스스로 또는 촉진을 받아) 가족은 아동이 세면대를 떠나는 것을 허용해야 한다. 이 촉진 전략은 아동이 독립적으로 "끝"이라는 수어를 성공적으로 할 수 있을 때까지 아동이 손을 씻을 때마다 사용해야 한다(연습을 위해 하루에 여러 번 반복하는 일과여야 함).

4) 특별히 고려할 점

- 아동의 언어능력이 제한적일 때 쉽게 의사소통할 수 있는 방법을 찾는 것이 중요하다.
- 아이에게 신체적 어려움이 있을 때 아이에게 실현 가능하고 실용적인 의사소통 방법을 찾는 것이 중요하다.

- 인지적 지연이 있거나 새로운 기술을 배우는 데 어려움이 있는 아동의 경우, 진보가 나타나기 전에 기술을 연습할 많은 기회가 필요할 수 있다.

5) 실행 관련 유의점

이 전략을 실행할 때 다음을 확인한다.

- 선택한 의사소통 방법은 아동이 사용하기에 단순하고 쉬워야 한다.
- 아동이 메시지 전달에 필요한 최소한의 말만 하게 해 주어야 한다. 처음 이 기술을 가르칠 때 적절한 문법, 완벽한 문장, 또는 사교성 표현(예: 부탁해요. 감사합니다.)은 요구하지 않는다. 처음 의사소통 기술을 가르칠 때는 아동에게 메시지를 전달할 수 있는 가장 쉬운 방법을 허용한다.
- 새로운 의사소통 행동은 매번 아동에게 효과가 있어야 한다(아동은 원하는 것을 얻거나 원하지 않는 것을 피할 수 있어야 한다).
- 만약 어떤 자료(예: 사진, 기기)가 필요하다면, 그것은 아동이 항상 사용할 수 있어야 하고 접근 가능해야 하며, 모든 사람은 아동이 이를 사용하였을 때 적절하게 반응하는 방법을 알고 있어야 한다.
- 수어나 몸짓을 사용한다면, 아동과 상호작용하는 모든 사람(또래와 성인)은 아동이 하는 수어 또는 몸짓이 무엇인지, 그리고 어떻게 반응해야 하는지 알고 있어야 한다.
- 아동이 새로운 의사소통 기술을 연습할 수 있는 다양한 기회를 만들고, 아동이 그 기술을 연습할 시간을 계획해야 한다.

6) 이 전략을 지지하는 연구

Carr, E. G., & Durand, V. M. (1985). Reducing behavior problems through functional communication training. *Journal of Applied Behavior Analysis*, *18*, 111-126.

Carr, E. G., Levin, L., McConnachie, G., Carlson, J. I., Kemp, D. C., & Smith, C. E. (1994). *Communication-based intervention for problem behavior: A user's guide for producing positive change.* Baltimore, MD: Paul H. Brookes Publishing Co.

Dunlap, G., Ester, T., Langhans, S., & Fox, L. (2006). Functional communication training with toddlers in home environments. *Journal of Early Intervention*, *28*, 81-96.

Dunlap, G., & Fox, L. (1999). A demonstration of behavioral support for young children with autism. *Journal of Positive Behavior Interventions*, *1*, 77-87.

Durand, V. M. (1990). *Severe behavior problems: A functional communication training approach*. New York, NY: Guilford Press.

Reeve, C. E., & Carr, E. G. (2000). Prevention of severe behavior problems in children with developmental disorders. *Journal of Positive Behavior Interventions*, *2*, 144-160.

2. 사회성 기술 지도하기

1) 개요

(1) 전략의 정의

나눠 쓰기, 차례 지키기, 기다리기, 감정 확인하기, 협력적으로 놀이하기, 규칙 지키기 그리고 기타 사회성 기술을 포함하여, 아동이 또래 및 성인과 효과적으로 상호작용하는 데 도움이 되는 기술을 직접 교수하는 것을 의미한다.

(2) 전략에 대한 설명

이 전략은 성인 및 또래와 효과적이고 긍정적으로 상호작용하는 기술을 아동에게 의도적으로 가르치는 것이다. 기능평가 과정은 도전행동이 발생하는 맥락을 판별하는 데 유용해야 한다. 도전행동 맥락이 또래나 성인과의 상호작용이라면, 일반적으로 사회성 기술 교수가 권장된다. 팀은 어떤 사회성 기술을 목표로 할지 결정한다. 여기에는 나눠 쓰기, 요구하기, 상호작용 시작하기, 상호작용 유지하기, 다른 사람의 요구에 협력하기 등이 포함될 수 있다.

(3) 이 전략을 사용하는 이유

모든 아동은 성인 및 또래와 협력적으로 상호작용하는 방법을 배워야 한다. 사회적 상호작용은 사실상 모든 발달을 위한 중요한 기반이며 아동기, 청소년기, 성인기 전반에 걸쳐 아동의 성공에 결정적인 역할을 한다. 사회적 상호작용은 우정 형성과 모든 대인관계 구축에 필수적인 기반이다. 또한 사회성 기술은 도전행동의 발생 여부를 좌우한다. 사회성 기술은 아동의 요구를 충족시키는 데 중요한 역할을 하며, 아동이 적절한 사회성 기술을 사용하여 자신의 요구를 충족할 수 있다면 도전행동을 할 필요가 거의 없어진다.

2) 이 전략의 사용을 고려해야 하는 상황

PTR-F 평가 결과가 다음과 같을 때 이 전략의 사용을 고려한다.

- 나눠 쓰기가 필요한 상황에서 도전행동이 발생한다.
- 차례를 지켜야 할 때 도전행동이 발생한다.
- 또래/성인과 상호작용을 시작할 때 도전행동이 발생한다.
- 또래/성인에게 반응하거나 대답할 때 도전행동이 발생한다.
- 상호작용에 참여할 때 도전행동이 발생한다.
- 또래/성인과 함께 장난감이나 교구를 갖고 놀 때 도전행동이 발생한다.
- 아동이 또래/성인과 관계를 형성하고 유지하는 것에 어려움이 있다.

3) 실행 단계

(1) 전략 실행 절차

① 교수 목표로 삼을 특정 사회성 기술을 판별한다. 이때, 사회성 기술을 정확하게 조작적으로 정의하는 것이 중요하다. 예를 들어, "협력적으로 놀이할 것이다."라고 서술하는 대신 "성인이나 또래에게 차례를 지키라고 요청할 것이다."로 서술한다. 사회성 기술을 더 정확하게 정의할수록 아동에게 그 기술을 더 쉽게 가르칠 수 있다.

② 매일의 일과와 활동에서 자녀에게 언제 학습 기회를 제공할 것인지 판별한다. 사회성 기술을 가르칠 때 자연스러운 맥락에서 가능한 한 학습 기회를 많이 제공하는 것이 좋다. 아동이 도전행동과 자주 관련되는 일과 및 활동 내에서 기술을 배우고 사용하는 것을 목표로, 아동이 도전행동을 보이지 않을 일과 및 활동 내에

서 교수해야 한다.

③ 사회성 기술을 가르칠 방법을 판별한다. 아동이 사회성 기술을 성공적으로 사용할 수 있도록 체계적인 교수 절차를 사용하는 것이 중요하다. 예를 들어, 자연적 단서가 있을 때 아동이 그 기술을 사용하는지를 확인하기 위해 잠시 기다리는 것과 같은 최소-최대 촉진 접근을 사용할 수 있다. 아동이 사회성 기술을 사용하지 않는 경우, 성인은 언어적 촉진을 제공한다. 아동이 언어적 촉진으로도 사회성 기술을 사용하지 않는다면, 성인은 최종적으로 신체적 지원을 할 수 있다. 아동은 항상 성공을 경험해야 하며, 결국에는 아동이 촉진 없이 사회성 기술을 사용하도록 배우는 것이 목표다. 고려해 볼 수 있는 다른 체계적 교수 절차로는 최대-최소 촉진(이 전략에서는 완전한 지원으로 시작하여 점차 촉진을 줄여 나감) 또는 우발교수가 있다.

(2) 전략 실행 아이디어

다음은 사회성 기술을 가르치고 그 기술을 연습할 기회를 삽입하기 위한 몇 가지 아이디어다.

① 다른 아이들과의 놀이 시간

놀이 시간이 되기 전에 사회성 기술을 가르쳐서 다른 아이들과 상호작용할 수 있도록 아동을 준비시킨다. 예를 들어, 사회성 기술을 모델링한 다음에 아동을 촉진하여 차례를 지켜 장난감 가지고 놀기를 연습할 수 있다. 사용해야 할 기술을 상기시켜(예: "조이가 공놀이를 하고 싶어 하면, 차례를 넘겨주는 거야.") 아동이 사회성 기술을 연습할 준비를 하도록 지원한 다음, 상호작용을 안내하고 아동이 사회성 기술을 사용하면 강화할 수 있도록 아동 가까이 머문다(예: "이야, 잘했어! 차례를 지켰네!").

② 부모와의 놀이 시간

사회적 상호작용이 요구되는 활동 중 자녀와 함께하고 싶은 활동을 판별한다(예: 이야기책 읽기, 퍼즐 맞추기, 마커로 그림 그리기, 블록 쌓기). 체계적 교수 절차를 사용하여 자녀를 가르칠 놀이 시간을 설정한다. 자녀가 활동에 흥미를 잃을 때까지 사회성 기술(예: 내 차례, 네 차례)을 수행할 기회를 계속 제공한다.

③ 간단한 집안일

화분에 물 주기, 바구니에 빨래 넣기, 식탁 정리하기, 반려동물 먹이 주기 등의 간단한 집안일은 아동에게 차례 지키기, 요청하기, 요청에 협조하기를 가르치는 맥락이 될 수 있다. 매일 일어나는 한두 가지의 집안일을 정하여 아동이 목표로 하는 사회성 기술을 배울 수 있는 교육 및 연습 기회를 제공한다.

4) 특별히 고려할 점

다음은 요구나 처한 상황이 각기 다른 아동에게 나눠 쓰기, 차례 지키기, 놀이에 참여하기, 다른 사람의 의견 따르기와 같은 사회성 기술을 가르칠 때 고려할 점이다.

- 발달 지연이 있거나 새로운 기술 학습에 어려움이 있는 아동을 위해서는 단계를 더 작게 나누고, 그 단계를 더 자주 가르치고 연습시켜야 한다(교수를 위한 다양한 기회 제공).
- 좀 더 성공적으로 기술을 연습할 수 있는 기회를 설정한다. 예를 들어, 마커스(Marcus)는 자신이 제일 좋아하는 트럭보다는 마커 펜을 좀 더 쉽게 양보할 것이다.
- 초반에 새로운 기술을 사용하려는 동기가 없는 아동에게는 추가의 강화가 필요할 수 있다. 예를 들어, 소피(Sophie)는 또래의 장난감을 낚아채면 대개 그 장난감을 가질 수 있다. 따라서 아동이 장난감을 요구한 후 대답을 기다리게 하려면 추가의 강화가 필요할 수 있다. 추가의 강화는 언어적 칭찬이나 하이파이브, 또는 구체물이 될 수 있다.
- 아동이 도전행동을 하고 있을 때는 사회성 기술 훈련을 시도하지 않아야 한다. 재지시를 할 수는 있지만, 도전행동이 없을 때 효과적 교수가 가능하다.

5) 실행 관련 유의점

이 전략을 실행할 때 다음을 확인한다.

- 아동이 기술을 연습할 기회를 많이 계획해야 한다. 이는 기술을 연습하기 위해 하루 안에도 여러 기회가 필요하다는 것을 의미한다.
- 아동이 새로운 기술을 사용하면 이를 포착하여 인정해 주어야 한다[예: "와, 사라(Sarah)가 팀(Tim)에게 블록을 나누어 주었네! 정말 사이좋은 친구구나!"].

6) 이 전략을 지지하는 연구

Brown, W. H., McEvoy, M. A., & Bishop, J. N. (1991). Incidental teaching of social behavior: A naturalistic approach for promoting young children's peer interactions. *TEACHING Exceptional Children*, *24*, 35-38.

Brown, W. H., & Odom, S. L. (1995). Naturalistic peer interventions for promoting preschool children's social interactions. *Preventing School Failure*, *39*, 38-43.

Kohler, F. W. & Strain, P. S. (1999). Maximizing peer-mediated resources within integrated preschool class-rooms. *Topics in Early Childhood Special Education*, *19*, 92-102.

Strain, P. S. (2001). Empirically-based social skill intervention. *Behavioral Disorders*, *27*, 30-36.

Strain, P. S., & Danko, C. D. (1995). Caregivers' encouragement of positive interaction between preschoolers with autism and their siblings. *Journal of Emotional and Behavioral Disorders*, *3*, 2-12.

Strain, P. S., & Kohler, F. W. (1998). Peer-mediated social intervention for young children with autism. *Seminars in Speech and Language*, *19*, 391-405.

Strain, P. S., & Schwartz, I. (2001). Applied behavior analysis and social skills intervention for young children with autism. *Focus on Autism and Other Developmental Disorders*, *8*, 12-24.

3. 자기 점검 지도하기

1) 개요

(1) 전략의 정의

아동에게 자신의 행동을 스스로 점검하도록 가르치는 것을 의미한다.

(2) 전략에 대한 설명

자기 점검은 아동이 자신의 행동을 살펴보도록 가르치는 전략이다. 또한 이 전략에서는 체크리스트나 계수기를 사용하여 행동을 기록하게 하기도 한다. 자기 점검을 사용할 때, 아동에게 언제 행동이 발생했는지 표시하거나 알아채도록 가르친 다음, 성인은 아동이 자기 점검을 성공적으로 실시하고 지정된 행동에 변화를 보였을 때 보상을 제공한다. 연구 결과, 아동이 자신의 행동을 관찰하게 했을 때 행동이 향상되는 경향이 있는 것으로 나타났다. 몇몇 자기 점검 절차는 유아에게도 사용되었지만, 이 전략은 일반적으로 4~5세 이상의 아동에게 가장 효과적이고 적절하다. 이 절차는 중등도(moderate) 및 중도(severe)의 장애를 가진 아동에게도 사용된다. 그러나 이러한 아동에게 자기 점검 전략을 사용하려면 일반적으로 상당한 주의와 정확성이 필요하다.

(3) 이 전략을 사용하는 이유

성인이 자신의 행동을 점검하고 변화시켜야 할 때, 언제 행동이 발생하는지를 판별하여 이를 문서화하거나 기록하는 것이 중요하다. 이 전략은 종종 다이어트, 체중 감량, 예산 유지에도 사용된다. 아동이 자신의 행동을 관찰하고 그것에 대해 이야기하고, 행동 발생 여부를 기록하게 되면, 아동은 자신의 행동을 자각하는 것이다. 이러한 인식은 행동 변화와 자기 통제의 중요한 단계가 될 수 있다. 아동이 자기 통제를 더 잘할수록, 행동 변화는 유지되고 일반화될 가능성이 크다. 연구에 따르면 자기 점검은 구어, 과제 완수, 학업성취 및 학습 준비도 향상으로 이어질 수 있다.

2) 이 전략의 사용을 고려해야 하는 상황

PTR-F 평가 결과가 다음과 같을 때 이 전략의 사용을 고려한다.

- 특정 바람직한 행동을 증가시킬 필요가 있다.
- 아동이 자신의 행동에 대한 인식을 보여 줄 수 있다.
- 자기 통제 또는 자기 조절이 아동의 중요한 목표다.

3) 실행 단계

(1) 전략 실행 절차

아동에게 자기 점검을 사용하도록 가르치는 가장 좋은 방법은 아동의 기능 수준과 행동의 성격에 따라 다양하다. 관찰하기 쉬운 행동은 일반적으로 점검하기도 더 쉽다. 일반적으로 아동에게 자기 점검의 사용을 가르칠 때 권장되는 단계는 다음과 같다.

① 목표행동을 주의 깊게 정의한다. 아동에게 중요하고 명백하게 관찰할 수 있는 모든 행동은 목표행동이 될 수 있다. 이 행동은 언제나 증가시키려는 바람직한 행동이어야 한다. 예를 들어, 그간 자기 점검은 안경 쓰기, 의자에 앉아 있기, 조용히 말하기와 같은 행동을 증가시키는 데 사용되었다. 부모나 아이가 명확히 이해할 수 있게 행동을 정의하는 것이 중요하다.

② 효과적인 보상을 판별한다. 자기 점검이 효과적이려면 자기 점검의 정확한 수행과 목표행동의 바람직한 변화에 대한 효과적 보상이 제공되어야 한다. 아동이 원하는 거의 모든 것(예: 칭찬, 스티커, 특혜)이 보상으로 사용될 수 있지만, 개별 아동에게 효과적인 것이어야 한다. 초기에는 강화를 자주 제공하되, 아동이 절차에 능숙해지고 행동이 개선되면 줄여 나간다.

③ 아동이 자기 점검 전략을 사용할 기간을 정한다. 이 기간은 목표행동과 그 행동이 발생할 것으로 예상되는 시기에 따라 달라질 것이다. 예를 들어, 안경 쓰기는 하루 내내 중요할 수 있는 목표행동이지만, 자신의 자리에 앉아 있기는 한 번에 5~10분 정도 유지되면 충분할 것이다.

④ 아동이 행동을 관찰하고 점검할 방법을 정한다. 아동이 어떻게 행동의 발생 여부를 표시할지를 첫 번째로 고려한다. 처음에 "안경을 쓰고 있니?" 또는 "네 의자에 앉아 있니?"와 같은 부모의 질문에 대답함으로써 표시할 수 있다. 하지만 아동이 정확히 응답하게 되면, 예/아니요 체크리스트나 계수기 또는 스티커 차트와 같은 간단한 방법으로 아동이 정답을 기록해야 한다. 이 방법은 아동의 수준과 선호도에 따라 결정하면 된다.

⑤ 아동에게 자기 점검과 자기 점검 기록을 가르친다. 교수 초기에는 부모가 많이 참여해야 한다. 부모는 아동이 올바르게 답하도록 촉진해야 하며, 목표행동의 올

바른 예와 잘못된 예를 보여 주는 것이 중요하다. 아동이 대부분의 시간에 올바르게 답하게 되면, 기록 방식을 도입하고 아동이 그 방법으로 자신의 답을 기록하도록 지도한다. 아동이 이것을 성공적으로 수행했을 때는 보상을 받아야 한다.

⑥ 단계적으로 부모의 지원을 줄여 나간다. 아동이 성공적이고 독립적으로 자기 점검 도구를 사용하는 것이 목표이므로, 결국 부모의 지원은 점차 줄여 나가야 한다. 그러나 부모의 지원을 너무 빠르게 줄여 나가선 안 된다. 또한 정확한 자기 점검과 목표행동의 바람직한 증가 모두에 대한 보상을 지속적으로 제공하는 것이 중요하다.

4) 특별히 고려할 점

요구나 처한 상황이 각기 다른 아동에게 자기 점검을 지도할 때 다음을 고려한다.

- 인지적 지연이 있거나 새로운 기술 학습에 어려움이 있는 아동을 위해서는 자기 점검 교수 단계를 더 작게 나누고, 더 자주 연습시키고 강화해야 한다.
- 최대한 자주(그리고 합리적으로) 교수를 실시해야 한다.
- 자료는 아동의 수준에 맞게 조정되어야 하며, 아동의 능력과 흥미를 반영해야 한다.
- 자기 점검을 잘하려고 아동이 기울이는 모든 노력을 격려한다.

5) 실행 관련 유의점

이 전략을 실행할 때 다음을 확인한다.

- 필요한 모든 자료를 완벽하게 준비하여 언제든지 사용할 수 있게 한다.
- 이 전략을 직접 교수할 짧은 시간을 계획해 둔다.
- 목표행동을 자기 점검하고 이를 개선하려는 아동의 노력과 진보를 인정하고 보상한다.

6) 이 전략을 지지하는 연구

Connell, M. C., Carta, J. J., Lutz, S., & Randall, C. (1993). Building independence during in-class transitions: Teaching in-class transition skills to preschoolers with developmental delays through choral-response-based self-assessment and contingent praise. *Education and Treatment of Children*, *16*, 160-174.

Dunlap, L. K., Dunlap, G., Koegel, L. K., & Koegel, R. L. (1991). Using self-monitoring to increase students' success and independence. *TEACHING Exceptional Children*, *23*, 17-22.

Koegel, L. K., Koegel, R. L., Boettcher, M. A., Harrower, J., & Openden, D. (2006). Combining functional assessment and self-management procedures to rapidly reduce disruptive behaviors. In R. L. Koegel & L. K. Koegel (Eds.), *Pivotal response treatments for autism: Communication, social and academic development* (pp. 245-258). Baltimore, MD: Paul H. Brookes Publishing Co.

Sainato, D. M., Strain, P. S., Lefebvre, D., & Repp, N. (1990). Effects of self-evaluation on the independent work skills of preschool children with disabilities. *Exceptional Children*, *56*, 540-549.

4. 강화 지연을 인내하도록 지도하기

1) 개요

(1) 전략의 정의

아동에게 강화를 기다리는 것을 인내하도록 가르치는 것을 의미한다.

(2) 전략에 대한 설명

이 전략은 강화나 욕구 충족을 기다리는 방법을 아동에게 의도적으로 가르치는 것이다. 타이머와 같이 남은 시간을 알려 주는 수단이 아동에게 강화를 기다리는 방법을 가르칠 때 자주 사용된다. 일반적으로 초기에는 기다리는 시간을 다소 짧게 설정하며, 아동이 기다리는 것을 잘하게 되면 점차 시간을 연장한다.

아동에게 기다리기와 강화 지연 인내하기를 가르치려면 기다리기와 관련한 아동의 현행 수준을 알아야 한다. 예를 들어, 현재 전혀 기다릴 줄 모르는 아동이라면 기다리는 시간을 1분 이하로 하거나, 심지어 몇 초로 시작해야 할 수도 있다. 이 전략은 아동의 현재 능력에 맞게 구체화해야 한다. 기다리는 시간을 얼마로 하여 시작할지를 정하려면 PTR-F 평가를 참고한다. 팀이 결정할 정보가 충분하지 않다고 생각한다면, 아동의 기다리는 능력에 대한 구체적 정보를 수집하기 위해 다른 관찰을 계획한다.

(3) 이 전략을 사용하는 이유

기다리고 지연을 인내해야 하는 상황은 누구에게나 일상적으로 발생한다. 모든 사람은 기다리거나 참는 법을 배워야 한다. 기다리는 것은 때때로 우리 모두에게 어려울 수 있지만, 일부 아동은 기다려야 하거나 욕구 충족이 지연될 때 일관적으로 도전행동을 보인다. 기다리는 방법을 직접 교수하면 아동은 활동에 참여하고, 우정을 형성하고 유지하며, 일정표와 일과를 따르고, 분노와 충동을 조절하는 능력을 증가시킬 수 있다.

2) 이 전략의 사용을 고려해야 하는 상황

PTR-F 평가 결과가 다음과 같을 때 이 전략의 사용을 고려한다.

- 아동에게 기다리라고 하면 도전행동이 발생한다.
- 아동이 기다리기를 어려워한다(예: 차례, 식사 시간에 요청한 음식).
- 아동이 분노와 충동 조절을 어려워한다.
- 가족 구성원이 다른 사람에게 주의를 기울일 때 도전행동이 발생한다.

3) 실행 단계

(1) 전략 실행 절차

아동에게 기다리기를 효과적으로 가르치기 위해서는 교수 기회를 체계적으로 계획한 다음, 아동에게 어떻게 기다리며 언제 자신이 도움받을 수 있는지를 직접 교수해야 한다. 성인은 아동을 지원할 준비가 되어 있어야 한다. 이 기술을 가르치는 데는 다양한 교수 전략이 있는데, 예를 들면 아동이 감당할 수 있는 기다림의 시간으로 교육을 시작하는 것, 남은 시간이 시각적으로 보이도록 기다리는 시간을 구조화하는 것, 긍정적인 칭찬 그리고 기다리는 시간이 끝나면 즉시 원하는 것에 접근할 수 있도록 하는 것 등이다. 교수 절차 및 방법은 다음과 같다.

① 기다리는 것이 쉬운 일은 아니지만 기다려야 할 때도 있다는 것에 대해 아동과 대화한다. 아동의 경험과 관련된 구체적 상황을 사용한다(예: "우리가 태블릿 PC를 가지고 놀 차례를 기다려야 할 때도 있는데, 기다리는 건 어려울 수 있어.").

② 기다리기에 대한 시각적 순서도를 만든다. 남은 시간을 보여 주기 위해 타이머나 모래시계를 사용한다.

③ 타이머가 어떻게 작동하는지 보여 주며 아동이 기다릴 수 있도록 도와주는 타이머에 대해 직접 가르친다(예: "모래가 아래로 다 내려가면 네 차례야." "타이머에 빨간 부분이 모두 사라지면 네 차례야.").

④ 아동과 함께 타이머를 사용하여 기다리기를 연습한다.

⑤ 아동이 타이머를 사용하여 기다리는 것을 연습할 구체적이고 구조화된 기회를 만든다.

⑥ 아동이 참을성 있게 기다리고 있을 때 반드시 이를 언급하면서 구체적인 칭찬을 해 준다.

⑦ 아동이 성공적으로 잘 기다리면 기다리는 시간을 점차 늘려야 한다.

(2) 전략 실행 아이디어

① 형제자매와 차례 지키기

차례 지키기를 해야 하는 활동을 설정한다(예: 간단한 보드게임). 그 게임은 아동이 흥미를 가질 만한 것이어야 한다. 아동의 사진, 형제자매의 사진, 이동할 수 있는 화살표를 사용하여 차례 지키기와 관련된 시각적 일정표를 만들 수 있다. 처음에는 가족 구성원이 화살표를 움직여 아동의 차례가 되었을 때 화살표가 아동의 사진을 향하도록 하고, 그다음 형제자매의 차례가 되면 화살표를 형제자매의 사진으로 이동시킨다. 시간이 지남에 따라 아동은 화살표를 스스로 움직여 누구의 차례인지 확인할 수 있다.

② 미술 활동

미술 활동은 기다림을 연습할 좋은 기회다. 특히 미술 활동에서 아이들이 활동을 완성하는 데 필요한 특정 재료(예: 풀, 가위)를 번갈아 가며 사용해야 하는 경우에는 더욱 그렇다. 재차 언급하지만, 활동은 아동이 흥미를 보이는 것이어야 한다. 가족은 다음 사람의 차례가 되기 전에, 각 사람이 풀, 가위, 기타 재료를 사용할 수 있는 시간을 나타내는 타이머를 사용할 수 있다. 새로운 가족 구성원이 재료를 사용할 때마다 타이머를 재설정한다. 시간이 지나면서 아동은 자신이 무언가를 원할 때 타이머를 사용하여 해결하는 방법을 배울 수 있으며, 타이머를 독립적으로 사용하여 자신이 재료를 사용할 차례를 기다릴 수 있게 된다.

③ 가족 구성원의 관심 기다리기

성인 가족 구성원이 자신에게 관심을 기울이지 않을 때(예: 가족 구성원이 통화를 하거나 형제자매와 이야기를 나눔) 아동이 도전행동을 보인다면, 가족은 아동이 가족 구성원의 관심을 기다리기 위해 타이머를 사용하도록 가르칠 수 있다. 예를 들면, 아동은 언제 자신이 원하는 관심을 받을 수 있을지 알기 위해 주방 타이머를 보는 법을 배울 수 있다. 가족은 타이머가 울리면 아동에게 빨리 먹을 수 있는 강화제(예: 초콜릿 칩이나 곰젤리 같은 작은 간식을 반으로 자른 것)를 줄 수 있다. 잘 기다리면 강화를 얻게 해 주는 타이머의 목적을 아동이 아직 모를 경우, 단 몇 회기의 과정으로 이를 가르치면 된다. 아동이 기다리는 시간은 연습을 통해 몇 초에서 몇 분으로 점차 늘릴 수 있다. 일단 아동이 타이머 사용법을 이해하면, 성인의 관심을 원할 때 미리 정해진 시간(가족이 자녀가 인내할 수 있고 잘 기다릴 수 있다는 것을 아는 시간) 동안 타이머를 설정하도록 가르친다. 타이머가 울리면(미리 정해진 시간 이후), 성인 가족 구성원은 아동이 기다린 것에 대해 즉시 관심을 받을 수 있도록 한다.

4) 특별히 고려할 점

- 인지적 지연이 있거나 새로운 기술 학습에 어려움이 있는 아동의 경우 초기에 기다릴 수 있는 시간이 매우 짧을 수 있고, 이때 더 많은 격려와 칭찬이 필요하다.
- 타이머 사용하기 또는 남은 시간을 말로 세기 등과 같이 기다리는 시간이 끝나는

시점을 명확히 하여 아동이 성공적으로 기다리기 기술을 연습하게 해야 한다.

- 팀은 아동이 시각장애 또는 청각장애, 처리 지연, 기타 발달이 지연된 경우 아동의 학습 요구에 맞는 카운트다운 방법을 사용해야 한다.
- 아동이 정말 좋아하는 것에 대한 기다림을 가르칠 때는 아동에게 추가의 강화가 필요하다.
- 기다리는 시간을 구조화하여 아동이 지연의 시작과 끝을 분명히 볼 수 있게 해야 한다.
- 아동이 성공할 수 있게 해야 하며, 초기에는 기다리는 시간이 짧아야 한다.

5) 실행 관련 유의점

이 전략을 실행할 때 다음을 확인한다.

- 이 기술의 교수 기회는 계획적이고 체계적이어야 한다. 기다릴 기회가 자연스럽게 발생할 수도 있지만, 이 전략에서는 기다림의 시간을 계획해야 한다.
- 성인은 이 기술을 가르칠 때 아동이 기다리는 동안 아동을 지원할 수 있는지 확인해야 한다. 추가의 지원이 가능할 때 기회를 계획해야 한다.
- 참을성 있게 기다리려는 아동의 모든 시도를 언급해 주고 칭찬하며, 아동이 기다리고 있을 때 더 많은 관심을 보여야 한다.
- 이 기술을 배워야 하나 아직 능숙하게 수행하지 못하는 아동은 성공 기회를 많이 경험해야 한다.

6) 이 전략을 지지하는 연구

Carr, E. G., Levin, L., McConnachie, G., Carlson, J. I., Kemp, D. C., & Smith, C. E. (1994). *Communication-based intervention for problem behavior: A user's guide for producing positive change*. Baltimore, MD: Paul H. Brookes Publishing Co.

Halle, J., Bambara, L. M., & Reichle, J. (2005). Teaching alternative skills. In L. Bambara & L. Kern (Eds.), *Individualized supports for students with problem behaviors* (pp. 237-274). New York, NY: Guilford Press.

5. 시각적 일정표를 이용하여 독립성 증진하기

1) 개요

(1) 전략의 정의

아동이 일정표를 사용하도록 직접 교수하여 독립성을 증진시키는 것을 의미한다.

(2) 전략에 대한 설명

이 교수 전략은 아동에게 시각적 자료를 활용하여 일정을 수행하는 방법을 하나의 장면(예: 손 씻기 일과) 또는 여러 장면(예: 하루 일정)에 걸쳐 가르치는 데 초점을 둔다. 시각적 일정표는 사건의 순서를 이해하고 예측하는 데 도움이 필요한 아동에게 안내를 제공한다. 예를 들어, 아동이 손을 씻는 동안 도전행동을 보인다면, 시각적 일정표는 일과의 각 단계를 판별하여 아동이 각 단계를 독립적으로 진행할 수 있게 알려 주는 역할을 한다. 이 전략은 예방 전략 중 하나인 시각적 지원 사용하기와 유사하지만, 이 교수 전략에는 교수 절차가 포함되며 아동의 독립적인 반응을 목표로 한다.

(3) 이 전략을 사용하는 이유

어떻게 일정표를 따르는지 아동에게 직접 교수하면 아동은 보다 성공적으로 하루를 보낼 수 있다. 일부 아동은 일일 일정표를 따르고 관리하는 방법을 배워야 하며, 일과 또는 순서를 따르는 것과 관련하여 직접 교수를 받아야 할 수도 있다. 아동이 이 기술을 빨리 배울 때도 있지만, 시각적 자료, 단계 세분화, 직접 교수, 추가 지원을 제공해야 할 때도 있다.

2) 이 전략의 사용을 고려해야 하는 상황

PTR-F 평가 결과가 다음과 같을 때 이 전략의 사용을 고려한다.

- 활동 간 전이를 할 때 도전행동이 발생한다.

- 일과 중에 도전행동이 발생한다.
- 지시를 따라야 할 때 도전행동이 발생한다.
- 하루 일정을 따라야 할 때 도전행동이 발생한다.
- 활동 참여를 유지해야 할 때 도전행동이 발생한다.
- 활동에 참여하게 하면 도전행동이 발생한다.

3) 실행 단계

(1) 전략 실행 절차

아동에게 자기 관리 기술을 지도하는 방법은 아동이 현재 갖고 있는 기술, 적절한 다음 단계, 아동의 개별적 강점 및 학습 스타일에 따라 달라져야 한다. 이러한 정보의 대부분은 이미 수집된 자료(예: 목표 기록지, PTR-F 평가)를 통해 얻을 수 있다. 하지만 팀이 아동의 현재 기술과 강점이 무엇인지 정확히 모를 경우, 구체적 정보를 관찰하고 수집하는 데 조금 더 시간을 할애해야 한다. 이는 교수 절차를 안내하는 데 필요할 것이다. 교수 절차 및 방법은 다음과 같다.

① 먼저 아동의 현재 기술 수준과 학습 스타일을 확인한다. 아동의 관심사를 어느 정도 알아 두는 것도 도움이 된다. 예를 들어, 리암(Liam)은 손을 씻는 동안 지속적으로 도전행동을 보인다. 리암은 손을 씻으라는 초기 지시에 저항하고, 세면대에서 비누를 한 번 사용하는 것을 거부하며, 손을 헹군 후 수도꼭지를 잠그는 것도 거부한다. 하지만 리암은 씻을 때 두 손을 비비고 물을 틀고 잠글 수 있으며, 독립적으로 손을 말릴 수 있다.

② 아동이 자기 관리를 하기 위해 배워야 할 기술을 판별한다. 팀은 일과의 각 단계에 대한 그림이 그려진 시각적 일정표를 사용하여 리암에게 손 씻기 일과를 지도하기로 하였다. 시각적 일정표는 화장실 내 세면대 옆에 붙였다.

③ 아동에게 전략을 소개하고, 전략의 목적과 사용 방법을 설명한다. 리암의 어머니는 리암에게 일정표를 보여 주고 단계를 검토했다. 어머니는 리암에게 '스스로 모든 것을 해내기' 단계를 따라야 한다고 말했다.

④ 초기에는 일정표 사용 방법을 안내하면서 일정표 사용을 촉진한다. 리암의 어머

니는 리암이 일정표를 보도록 가르치기 위해 "다음은 뭐지?"라는 언어적 촉진을 하면서 각각의 그림을 가리켰다.

⑤ 아동이 기술을 사용하기 시작하자마자 의식적으로 지원을 점차 소거한다. 일주일 후, 리암의 어머니는 리암이 단계를 수행하지 못하는 것 같으면 사진을 가리키지 않고 "다음은 뭐지?"라고만 말했다. 2주 후, 리암의 어머니는 "단계를 따르는 걸 잊지 말자."라는 말만으로 리암을 화장실에 가게 할 수 있었다.

⑥ 성공할 때마다 강화하고 축하한다. 손 씻기 순서를 마친 후, 리암의 어머니는 리암에게 손 씻기에 대해 칭찬하고 하이파이브를 했다.

(2) 전략 실행 아이디어

다음은 아동에게 일정표, 일과 및 지시를 따르도록 가르치는 방법을 보여 주는 몇 가지 아이디어다. 이 교수 전략은 아동의 현재 기술 수준과 학습 스타일에 맞게 준비해야 하며 가능한 한 아동의 흥미를 반영해야 한다.

① 식탁에서 식사하기

조셉(Joseph)은 식사 중에 반복적으로 식탁에서 일어나거나, 자신의 접시에 있던 음식을 들고 다른 곳으로 가 버리는 행동문제가 있었다. 중재 전, 조셉의 아버지는 조셉이 먹는 데 너무 오래 걸려서 몇 시간 동안이나 식탁에 식사나 간식을 내버려 두곤 했다. 팀은 식사의 단계를 보여 주기 위해 시각적 일정표를 개발하였다(예: 식탁에 앉기, 접시에 있는 음식 먹기, 자신의 음료 마시기, "끝"이라고 말하고 식탁에서 내려오기). 일정표에는 각 단계의 사진인 떼어 낼 수 있는 그림과, 단계가 끝나면 사진을 넣을 '끝' 주머니가 있었다. 조셉이 좋아하는 공룡으로 일정표를 장식했다. 처음에 아버지는 조셉에게 각 단계를 수행하고, 완료한 각 단계의 사진을 '끝' 주머니에 넣으라고 촉진했다. 조셉이 모든 단계를 마쳤을 때 아버지는 조셉의 손에 공룡 도장을 찍어 주며 사진 일정표를 잘 사용했다고 칭찬했다.

② 양치질하기

양치질은 에밀리(Emily)와 할머니에게 악몽 같은 일이었다. 에밀리는 할머니가 칫솔을 입에 넣으려고 하면 울면서 칫솔을 빼 버렸다. 할머니가 계속 이를 닦으려고 하면

에밀리는 바닥에 주저앉아 손으로 입을 가리곤 했다. 팀은 에밀리가 양치질 단계를 독립적으로 수행하도록 돕기 위해 시각적 일정표를 개발하였다. 에밀리의 할머니는 에밀리에게 일정표를 만드는 것을 돕고 각 단계의 사진을 위한 포즈를 취해 달라고 부탁했다. 에밀리는 사진 찍는 것을 좋아하고 협조적이었다. 시각적 일정표는 화이트보드에 부착하였고, 일정표의 각 단계 옆에는 체크박스를 그려 두었다. 일정표 중 두 단계에는 선택 기회가 포함되어 있어서 선택지에 대한 그림도 포함되었다. 에밀리는 여러 종류의 칫솔(인어공주 칫솔 또는 빨간 칫솔)과 치약(풍선 껌 맛 치약 또는 일반적인 민트향 치약) 중 하나씩 고를 수 있었다. 에밀리가 일정표를 활용하도록 가르치기 위해 할머니는 단계를 검토한 후, 에밀리에게 양치질을 할 때 혼자 할 수도 있고 할머니가 도와줄 수도 있다고 말했다. 에밀리의 할머니는 마커로 각 단계를 어떻게 표시하는지 보여 주었다. 화이트보드는 화장실 내 세면대 옆에 걸어 두었다. 첫 번째 회기에서 할머니는 각 단계를 촉진하고 에밀리가 단계를 완료한 것으로 표시하도록 상기시켰다. 에밀리가 모두 마쳤을 때, 할머니는 에밀리에게 "네가 정말 자랑스럽구나. 혼자서도 잘하네!"라는 열정적인 반응을 보이며 포옹해 주었다. 두 회기를 더 마친 후에, 에밀리는 일정을 독립적으로 수행할 준비가 되어, 일과를 시작할 때 할머니에게 "저 혼자서 할 수 있어요."라고 말했다.

4) 특별히 고려할 점

- 인지적 지연 또는 새로운 기술 학습에 어려움이 있는 아동의 경우 단계를 더 작게 나누고, 교수와 연습을 더욱 자주 하고, 강화를 더 자주 제공한다.
- 교수 장면은 짧고 긍정적인 경험이어야 한다. 긍정적인 경험을 하게 하려면 아동의 관심사를 반영해야 한다.
- 아동이 시각장애 또는 청각장애, 처리 지연이 있거나 주로 시각적 학습자인 경우, 기타 발달상 지연이 있는 경우, 아동의 능력과 흥미를 반영하여 자료를 만들고 개별화해야 한다.
- 독립성을 향한 아동의 모든 노력을 축하한다. 모든 단계가 중요하다.
- 아동이 자기 관리를 하기 시작하면 지원을 소거해야 한다. 아동을 계속 지원하되 자기 관리 기술을 독립적으로 능숙하게 사용하도록 '소거' 계획을 세운다.

5) 실행 관련 유의점

이 전략을 실행할 때 다음을 확인한다.

- 필요한 모든 자료를 완벽하게 준비하여 언제든지 사용할 수 있게 한다.
- 새로운 자기 관리 기술을 가르치기 위한 짧은 직접 교수 시간을 계획해 둔다.
- 새로운 자기 관리 기술과 관련된 아동의 노력과 진보를 인정해 주어야 한다.

6) 이 전략을 지지하는 연구

Duda, M. A., Dunlap, G., Fox, L., Lentini, R., & Clarke, S. (2004). An experimental evaluation of positive behavior support in a community preschool program. *Topics in Early Childhood Special Education*, *24*, 143-155.

Quill, K. (1997). Instructional considerations for young children with autism: The rationale for visually cued instruction. *Journal of Autism and Developmental Disorders*, *27*, 697-714.

Sandall, S. R., & Schwartz, I. S. (2002). *Building blocks for teaching preschoolers with special needs*. Baltimore, MD: Paul H. Brookes Publishing Co.

Schmit, J., Alpers, S., Raschke, D., & Ryndak, D. (2000). Effects of using a photographic cueing package during routine school transitions with a child who has autism. *Mental Retardation*, *38*, 131-137.

6. 적극적으로 참여하도록 지도하기

1) 개요

(1) 전략의 정의

아동이 특정 일과 또는 활동에 적극적으로 참여하도록 직접 교수하는 것을 의미한다.

(2) 전략에 대한 설명

적극적인 참여는 아동이 특정 일과나 활동에 보다 독립적으로 참여하도록 하는 방법에 대한 직접 교수를 포함한다. 이 전략은 단순히 '그냥 무언가를 하는 것'이 아니라 특정 일과나 활동 중에 수행하거나 달성해야 하는 구체적인 단계를 만들기 위한 것이다. 일부 아동의 경우, 이 전략을 배우려면 며칠 또는 몇 주에 걸친 직접 교수가 필요하다. 또 다른 경우, 일과나 활동에 대한 간단한 언어적 설명을 여러 번 반복해야 할 수도 있다. 학교나 교실 환경에서 적극적인 참여는 특정 활동에 '참여'하는 것으로 간주한다.

(3) 이 전략을 사용하는 이유

하루 일과와 활동에 적극적으로 참여하려면 이를 수행하는 데 어느 정도의 독립성이 필요하다. 성인의 경우 이러한 일과에 너무 능숙해져서 머리를 감는 순서와 같은 단계에 대해서는 생각조차 하지 않는다. 이것이 '일과'가 되거나 일련의 과정이 자동적으로 수행되는 이유이며, 우리는 아동이 매일의 일과에서, 특히 일과 자체가 어렵거나 아동이 일과에 적극적으로 참여하게 하는 것이 어려울 때 이 정도로(역자 주: 단계에 대해 의식적으로 생각하지 않을 정도로) 능숙해지기를 원한다. 일부 아동의 경우 일과를 보다 관리하기 쉬운 단계로 나누고, 각 단계에 적극적으로 참여하는 방법을 직접 교수해야 할 수도 있다. 좀 더 집중적인 지원을 해 주어야 하는 아동의 경우, 시각적 지원 또는 시각적 일정표가 아동이 일과에서 기대되는 바를 잘 이해하도록 하는 데 도움이 될 수 있으며, 특정 상황에 대한 시각적 일정표를 통해 독립성을 교수해야 한다.

2) 이 전략의 사용을 고려해야 하는 상황

PTR-F 평가 결과가 다음과 같을 때 이 전략의 사용을 고려한다.

- 특정 일과나 활동에서 구체적인 바람직한 행동을 증가시킬 필요가 있다.
- 특정 일과나 활동 중에 도전행동이 발생한다.
- 특정 일과나 활동을 피하거나 회피하려고 도전행동이 발생한다.
- 부모가 일과나 활동에서 적극적인 참여를 증가시키기를 원한다.

3) 실행 단계

적극적으로 참여하도록 지도하는 방법은 일과나 활동, 일과 및 활동의 각 단계에 대한 아동의 기능 수준, 행동의 성격에 따라 다양해진다. 일과는 대개 예측 가능한 순서로 발생하는 일련의 특정 단계 또는 집합이다. 단계 수가 적은 일과는 여러 단계나 복잡한 단계로 이루어진 일과보다 짧은 시간에 달성될 수 있다. 일반적으로 적극적인 참여를 지도할 때 권장하는 단계는 다음과 같다.

① 교수를 위한 목표 일과 또는 활동을 판별한다. 일과가 여러 개인 경우, 각 일과에 대해 이 절차를 따르는 것이 좋다. 하나의 일과로 시작하는 것이 더 관리하기 쉬울 수 있으며, 아동 하나의 일과를 독립적으로 수행하게 되면 다른 일과를 추가하는 등의 방식으로 진행한다.

② 일과의 구체적인 단계를 판별한다. 누군가에게 손을 씻거나 샌드위치를 만드는 법을 어떻게 가르칠 것인지 생각해 본다. 과제를 달성하기 위한 모든 단계를 나열한다.

③ 아동이 일과의 각 단계에 어떻게 참여하기를 원하는지 확인한다. 각 단계에서 아동이 무엇을 할 것인지에 대한 조작적 정의(관찰 가능하고 측정 가능한)를 작성하여 행동 발생 여부를 명확히 한다.

④ 아동이 독립적으로 할 수 있는 단계와 할 수 없는 단계를 판별한다. 아동이 스스로 할 수 없는 특정 단계가 있는지 정확히 찾아내는 것이 중요하며, 이러한 각각의 단계는 아동이 이미 독립적으로 수행할 수 있는 단계보다 더 많이 직접 교수해야 한다.

⑤ 직접 교수를 해야 하는 각각의 단계를 아동에게 어떻게 가르칠 것인지 정한다. 교수는 특정 일과와 별개로 이루어지거나 특정 일과 중에 이루어질 수도 있다. 필요한 자료가 준비되어 있는지, 또 이러한 각각의 단계를 가르치기 위해 모든 세부 사항이 개발되었는지 확인한다.

⑥ 일과의 단계를 학습하는 데 있어서의 진보 상황을 효과적으로 점검하는 방법을 결정해야 한다. 일부 아동은 다른 아이들보다 몇몇의 단계를 더 빨리 습득할 수 있다. 작은 개선을 감지할 수 있는 방법을 만들면, 진보를 문서화하는 데 도움이 된다.

⑦ 특히 초기 교수 단계에서 바람직한 행동(적극적인 참여)을 최대한 강화한다. 아동이 대부분의 시간 동안 독립적으로 단계를 수행할 수 있는 능력을 보일 때까지 처음에는 단계를 시도하는 것조차 강화해 주어야 한다.

4) 특별히 고려할 점

- 인지적 지연 또는 새로운 기술 학습에 어려움이 있는 아동의 경우 적극적인 참여의 단계를 더 작게 나누고, 연습을 더 자주 하고, 더 자주 강화해야 한다.
- 최대한 자주(그리고 합리적으로) 교수를 실시해야 한다.
- 자료는 아동의 수준에 맞게 조정되어야 하며, 아동의 능력과 흥미를 반영해야 한다.
- 적극적으로 참여하기 위해 아동이 기울이는 모든 노력을 축하한다.
- 단계의 복잡성과 아동의 능력에 기반하여 아동의 노력을 축하해야 한다. 아동이 한 단계에서 조금씩 적극적으로 참여하고 있다면, 아동이 각각의 단계를 완수하기 위해 계속 노력할 가능성을 높이도록 그 단계를 축하하고 강화해야 한다.

5) 실행 관련 유의점

이 전략을 실행할 때 다음을 확인한다.

- 필요한 모든 자료는 사전에 준비되어 있고 사용 가능해야 한다.
- 이 전략을 직접 교수할 짧은 시간을 계획해 둔다.
- 아동은 특정 일과/활동에 대한 적극적인 참여 및 개선과 관련된 노력과 진보를 인정받고 보상받아야 한다.

부록 C 강화 중재

다음은 바람직한 행동을 강화하고 도전행동에 대한 강화를 중단하는 방법에 대한 지침이다. 강화 중재의 핵심은 아동을 위한 기능적 강화제를 판별한 다음 그 강화제로 바람직한 행동을 강화하여 바람직한 행동이 도전행동보다 더 자주 발생하도록 하는 것이다. 모든 PTR-F 행동지원계획의 경우 강화 중재에 세 가지 요소가 포함되며, 이 절에서는 이에 대해 자세히 설명할 것이다.

강화 중재의 사용과 관련하여 몇 가지 강조할 사항이 있다.

첫째, 우리는 종종 '보상'이라는 용어를 '정적 강화제'와 동일한 의미로 사용하는데, 보상(또는 정적 강화제)은 정적 강화를 발생하게 하는 후속결과다. 이 책에서는 '보상'이라는 용어를 '정적 강화제' 또는 '강화제'와 동일한 의미로 사용한다. 또한 강화제는 도전행동과 바람직한 행동을 모두 '유지하는 후속결과'를 뜻하기도 한다.

둘째, 정적 강화의 정의는 특정 행동 직후 강화제가 뒤따르게 하는 행위를 통해 그 행동이 증가하는 것을 의미한다. 이 정의는 정적 강화가 행동에 미치는 영향에 기초한다. 따라서 우리가 보상(또는 강화제)이라고 생각하는 것이 실제로 특정 아동과 특정 행동에 보상으로 작용하지 않을 수도 있다. 예를 들어, 관심은 보상으로 작용할 때도 있지만 그렇지 않을 때도 있다. 그것은 아동, 행동, 상황에 따라 다르다. 때때로 어떤 사물이 어느 날에는 강화제로 작용하지만(예: 비스킷) 다음 날에는 그렇지 않을 수도 있다. 일반적이고 중요한 규칙은 강화제로 사용된 것이 실제로 행동을 증가시키는 데 효과적인지 확인해야 한다. 그렇지 않은 경우, 강화제로 사용할 좀 더 효과적인 사물(또는 활동)을 찾아야 한다.

셋째, 강화제는 가능한 한 자연스러워야 한다. 칭찬은 자연스러운 것이다. 미소를 보이거나 하이파이브를 하는 것도 자연스러운 것이다. 만약 이러한 것들이 강화제로서 효과적이라면 사용하는 것이 좋다. 하지만 때로는 스티커, 약간의 과자 또는 특별한 활동과 같은 추가 항목이 필요할 때도 있다. 이것이 다소 인위적이거나 '지나치게'

보이더라도 효과가 있다면 사용해야 한다. 행동의 변화가 중요하다면, 최소한 행동이 긍정적으로 변화하기 시작할 때까지는 얼마간 좀 더 강력한 강화제가 필요할 수도 있다. 변화가 확고해진 다음에는 강화제를 점차 줄여 나가거나 심지어 변경할 수도 있다(그리고 그래야 한다!). 행동은 아동이 하는 일의 자연스러운 일부가 되어야 하며, 후속결과도 자연스러워야 한다.

넷째, 강화제는 항상 가정환경의 주요 부분이 되어야 한다. 제5장에서 논의한 바와 같이, 부정적인 상호작용에 대한 긍정적 상호작용의 비율을 높이는 것이 중요하다. 도전행동을 보이는 아동을 포함하여 모든 아동에게 긍정적 상호작용과 부정적 상호작용의 비율은 5:1로 유지되어야 한다.

1. 강화 전략

1) 개요

(1) 전략의 정의

바람직한 행동 강화하기와 도전행동에 대한 강화 중단하기를 위한 강화 전략을 의미한다.

(2) 전략에 대한 설명

이 강화 전략에는 3단계 절차가 포함된다.

① 기능적 강화제를 판별한다.
② 바람직한 행동에 대하여 강화제를 제공한다.
③ 도전행동에 대하여 강화를 중단한다.

PTR-F 촉진자가 가족이 바람직한 행동을 강화하고 도전행동에 대한 강화를 중단하거나 감소시키는 것에 대한 명확하고 간결한 계획을 수립하도록 돕는 것은 매우 중요하다. PTR-F에서 바람직한 행동이란 대부분 사회적으로 적절한 행동인데 여기에는 의사소통이 포함된다. 바람직한 행동은 가족이 대부분 중요한 목표로 결정하는 것이되 아동의 도전행동과 기능적으로 관련된 행동일 필요는 없다.

(3) 이 전략을 사용하는 이유

바람직한 행동을 강화할 수 있는 기능적 강화제를 판별하는 것이 중요하다. 판별된 강화제는 바람직한 행동의 빈도를 증가시키는 역할을 하며, 정적 강화의 사용이 가장 직접적이고 효율적인 접근 방법이다. 도전행동이 발생하는 이유는 아동에게 도전행동이 후속결과를 강화하는 데 있어 '효과적'이기 때문이다. 만약 도전행동이 후속결과를 얻는 데 더 이상 효과가 없다면 그 행동은 감소할 것이다. 이것은 잘 알려져 있고 잘 확립된 행동의 원리다. 그러나 실제로, 특히 도전행동을 유지시키는 후속결과가 다른 사람들의 관심일 때처럼 후속결과를 통제하기 어려울 때는 이 전략을 실행하기가 곤란할 수도 있다. 궁극적으로 아동이 도전행동보다 바람직한 행동을 함으로써 더 효율적으로 정적 강화에 접근할 수 있다면, 아동은 바람직한 행동을 더 자주 보여 주어 정적 강화에 더 접근할 가능성이 더 커진다.

2) 실행 단계

① 기능적 강화제를 판별한다. PTR-F 촉진자는 가족이 기능적 강화제 또는 PTR-F 행동지원계획의 일부로 사용할 수 있는 강화제 목록을 판별하도록 도와야 한다. 일부 아동의 경우, 다양한 기능적 강화제를 쉽게 판별할 수 있다. 다른 아동의 경우 강화제 판별이 더 어려울 수 있으며 선호도 평가를 해야 할 수도 있다. 일부 아동의 경우, 부모의 관심 또는 부모와의 긍정적인 상호작용이 가장 강력하고 효과적인 강화제이며, 이는 바람직한 행동을 간단하고 쉽게 강화할 수 있지만 도전행동에 대한 강화를 제거하는 데는 문제가 있다. 강화제는 어떤 때에는 매우 효과적일 수 있지만 다른 때에는 완전히 비효과적일 수도 있다. 강화제가 지속적으로 효과적인지 계속 점검하는 것이 중요하지만, 궁극적으로는 판별된 강화제가 대부분의 시간에 효과적이어야 한다. 기타 흔히 사용되는 강화제에는 미디어 사용 시간(예: 컴퓨터, 태블릿 PC, 스마트폰의 게임/앱, 비디오 게임), 부모와 함께 하는 활동(예: 독서, 거칠게 장난치기, 공원에 가기, 함께 놀기), 신체적 애정 표현(예: 포옹, 손

꽉 쥐기, 간지럽히기, 부모 무릎에 앉기, 껴안기/안기), 간식 또는 기타 음식(예: 아이스크림, 사탕, 과자, 팝콘), 특정 활동하기(예: 비누방울 불기, 물장난하기, 보드 게임하기, 특수 마커로 색칠하기), 어딘가에 가기(예: 동물을 보기 위한 반려동물 숍 가기, 친구나 친척 집 방문하기, 새 책 빌리러 도서관 가기) 등이 있다. 기능적 강화제가 판별되면, 해당 강화제를 바람직한 행동에만 사용하는 것이 중요하다. 강화제를 줄 수 없거나 제한될 경우, 대체 강화제를 찾아야 한다.

② 바람직한 행동에 강화제를 제공한다. 아동이 바람직한 행동을 할 때 어떻게 강화제를 제공할지 정확히 결정한다. 이를 위해서 누가 어떻게 강화제를 제공할지 결정하기 위한 계획이 필요할 수 있다. 강화제는 바람직한 행동 발생 직후, 특히 실행 초기 단계에서 가능한 한 즉시 제공되어야 한다. 다시 말하지만, 자연스러운 강화제(예: 칭찬)를 가능한 한 많이 제공하는 것이 좋지만, 초기에는 더욱 강력한 구체물(예: 특별한 간식, 특정 장난감에 대한 접근)이어야 한다.

③ 도전행동에 대하여 강화를 중단한다. 첫 번째 단계는 도전행동을 유지시키는 후속결과(강화제)를 판별하는 것이다. 이는 강화 체크리스트를 사용하여 PTR-F 평가 절차 중에 실시한다. 둘째, 도전행동을 유지시키는 후속결과를 어떻게 제거 또는 중단시킬지 결정한다. 부모가 직접 통제할 수 있는 강화제라면 이는 비교적 간단할 수 있지만(예: 부모의 관심, TV에 대한 접근), 간단하지 않을 수도 있다(예: 형제의 관심, 형제가 장난감 포기하기). 이와 같이 복잡한 경우, 도전행동이 후속결과를 얻는 데 더 이상 '효과'가 없도록 어떻게 상황을 조정할지 결정해야 한다. 다른 사람들(예: 형제자매, 다른 가족 구성원)이 관련되어 있을 경우 부모가 개입하거나, 도전행동에 반응하지 않도록 다른 사람의 협조를 구해야 할 수도 있다. 마지막 단계는 아동이 바람직한 행동을 하여 후속결과(강화제)를 얻을 수 있도록 하는 것이다. 핵심은 도전행동을 하지 않고도 원하는 강화제를 얻을 수 있으면 도전행동을 하려는 아동의 동기가 감소한다는 점이다.

3) 실행 관련 유의점

- 이 전략을 사용할 때 일반적으로 고려할 점은 행동이 나아지기 전에 먼저 더 나빠질 수 있다는 점이다. 이는 예상된 결과였던 강화제를 얻기 위해 '더 열심히' 행동

하는 것으로 간주될 수 있다는 면에서 이치에 맞다. 그러므로 부모는 초기에 발생할 수 있는 더 높은 강도의 도전행동 폭발에 대비해야 한다. 그러나 효과적인 예방 전략과 동일한 강화제를 얻을 수 있는 바람직한 행동을 교수하는 전략이 행동지원계획에 포함되어 있다면, 이와 같은 일시적인 도전행동의 증가가 일어나지 않을 것이다. 이러한 추가 전략을 준비하면 도전행동의 일시적 폭발은 대개 발생하지 않는다.

- 이 전략은 이전의 강화제를 제거하는 것이므로, 아동이 바람직한 행동을 위한 충분한 강화를 받는 것이 특히 중요하다.
- 전략이 효과적이려면 어떤 사물이나 사건이 도전행동에 대한 강화제(보상)로 작용해 왔는지 정확히 파악해야 한다. 후속결과는 아동이 도전행동을 보였을 때 얻을 수 있었던 것(예: 관심, 신체적 접촉, 장난감)이거나, 아동이 회피하거나 제거할 수 있었던 것(예: 요구, 전이, 싫어하는 학급 친구)이다. 즉, 이 전략의 성패는 특히 PTR-F 평가를 얼마나 잘 하느냐에 달려 있다.

4) 이 전략을 지지하는 연구

Cooper, J. O., Heron, T. E., & Heward, W. L. (1987). *Applied behavior analysis*. Upper Saddle River, NJ: Merrill.

Kaiser, B., & Rasminsky, J. S. (2003). *Challenging behavior in young children: Understanding, preventing, and responding effectively*. Boston, MA: Allyn & Bacon.

Kern, L. (2005). Responding to problem behavior. In L. Bambara & L. Kern (Eds.), *Individualized supports for students with problem behaviors* (pp. 275-302). New York, NY: Guilford Press.

Landy, S. (2002). *Pathways to competence. Encouraging healthy social and emotional development in young children*. Baltimore, MD: Paul H. Brookes Publishing Co.

Nunnelley, J. C. (2002). *Powerful, positive, and practical practices: Behavior guidance strategies*. Little Rock, AR: Southern Early Childhood Association.

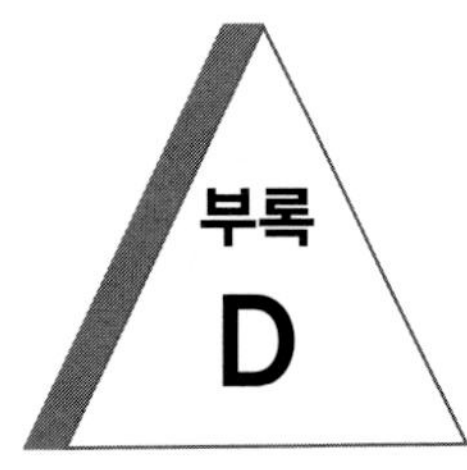

위기 중재계획

자신이나 다른 사람에게 위험하거나 해로울 수 있는 행동을 하는 아동을 위해 위기 중재계획 작성에 대한 지침이 있다. 위기 중재계획은 PTR-F 행동지원계획의 범위를 벗어나지만, 위기 상황을 다루기 위한 계획을 수립해야 할지를 고려하는 것은 중요하다.

전략에 대한 설명

이 전략은 폭력적인 행동으로 자신이나 타인을 위험에 처하게 했던 아동을 위해 매우 제한된 상황에서만 사용된다. 이 전략은 모든 사람의 안전을 보장하는 계획과 보통의 일과를 재개할 수 있을 정도로 상황을 진정시키는 명확한 계획으로 구성되어 있다.

위기 중재계획은 PTR-F 접근으로 다룰 수 있는 사안은 아니며, 행동 변화를 위한 노력의 일부로 간주되어서는 안 된다. 그러나 드물게 통제 불가능한 극적인 행동의 발생이 예상되는 상황에서 가족이 완벽하게 준비되어 있는 것은 중요하다. 여기서 준비란 안전을 확보하고 행동을 점차 진정시키기 위한 계획을 말한다.

폭발행동을 다루거나 신체적 제지 및 분리의 사용을 피할 수 있는 긍정적 전략에 대한 추가 정보를 얻으려면, 사회정서 중재에 대한 기술지원 센터(Technical Assistance Center on Social-Emotional Interventions)에서 펴낸『유아에 대한 신체적 제지와 분리의 적용 금지: 효과적이고 긍정적인 실제의 역할』(Dunlap, Ostryn, & Fox, 2011)의 간략한 개요를 참고하기 바란다. 개요는 온라인으로도 볼 수 있다(http://challengingbehavior.fmhi.usf.edu/do/resources/documents/brief_preventing.pdf).

참고문헌

Albin, R. W., Lucyshyn, J. M., Horner, R. H., & Flannery, K. B. (1996). Contextual fit for behavior support plans. In L. K. Koegel, R. L. Koegel, & G. Dunlap (Eds.), *Positive behavioral support: Including people with difficult behavior in the community* (pp. 81–98). Baltimore, MD: Paul H. Brookes Publishing Co.

Arndorfer, R. E., Miltenberger, R. G., Woster, S. H., Rortvedt, A. K., & Gaffaney, T. (1994). Home-based descriptive and experimental analysis of problem behaviors in children. *Topics in Early Childhood Special Education, 14*, 64–87.

Bailey, K. M. (2013). *An evaluation of the family-centered Prevent-Teach-Reinforce model with families of young children with developmental disabilities* (Unpublished master's thesis). University of South Florida, Tampa, FL.

Bambara, L., & Kern, L. (Eds.). (2005). *Individualized supports for students with problem behaviors: Designing positive behavior plans.* New York, NY: Guilford.

Banda, D. R., & Grimmett, E. (2008). Enhancing social and transition behaviors of persons with autism through activity schedules: A review. *Education and Training in Developmental Disabilities, 43*, 324-333.

Branson, D., & Demchak, M. (2011). Toddler teachers' use of teaching pyramid practices. *Topics in Early Childhood Special Education, 30*, 196-208.

Brown, F., Anderson, J. L., & DePry, R. L. (Eds.). (2015). *Individual positive behavior supports: A standards-based guide to practices in school and community settings.* Baltimore, MD: Paul H. Brookes Publishing Co.

Brown, W. H., McEvoy, M .A., & Bishop, J. N. (1991). Incidental teaching of social behavior: A naturalistic approach for promoting young children's peer interactions. *TEACHING*

Exceptional Children, 24, 35-38.

Brown, W. H., & Odom, S. L. (1995). Naturalistic peer interventions for promoting preschool children's social interactions. *Preventing School Failure, 39*, 38-43.

Carr, E. G., Dunlap, G., Horner, R. H., Koegel, R. L., Turnbull, A. P., Sailor, W., Anderson, J., Albin, R. W., Koegel, L. K., & Fox, L. (2002). Positive behavior support. Evolution of an applied science. *Journal of Positive Behavior Interventions, 4*, 4-16.

Carr, E. G., & Durand, V. M. (1985). Reducing behavior problems through functional communication training. *Journal of Applied Behavior Analysis, 18*, 111-126.

Carr, E. G., Levin, L., McConnachie, G., Carlson, J. I., Kemp, D. C., & Smith, C. E. (1994). *Communication-based intervention for problem behavior: A user's guide for producing positive change*. Baltimore, MD: Paul H. Brookes Publishing Co.

Clarke, S., Dunlap, G., Foster-Johnson, L., Childs, K. E., Wilson, D., White, R., & Vera, A. (1995). Improving the conduct of students with behavioral disorders by incorporating student interests into curricular activities. *Behavioral Disorders, 20*, 221-237.

Connell, M. C., Carta, J. J., Lutz, S., & Randall, C. (1993). Building independence during in-class transitions: Teaching in-class transition skills to preschoolers with developmental delays through choral-response-based self-assessment and contingent praise. *Education and Treatment of Children, 16*, 160-174.

Conroy, M. A., Sutherland, K. S., Vo, A. K., Carr, S., & Ogston, P. L. (2014). Early childhood teachers' use of effective instructional practices and the collateral effects on young children's behavior. *Journal of Positive Behavior Interventions, 16*, 81-92.

Cooper, J. O., Heron, T. E., & Heward, W. L. (1987). *Applied behavior analysis*. Upper Saddle River, NJ: Merrill.

Cooper, J. O., Heron, T. E., & Heward, W. L. (2007). *Applied behavior analysis* (2nd ed.). Upper Saddle River, NJ: Pearson.

Dettmer, S., Simpson, R. L., Myles, B. S., & Ganz, J. B. (2000). The use of visual supports to facilitate transitions of students with autism. *Focus on Autism and Other Developmental Disabilities, 15*, 163-169.

Division for Early Childhood. (2014). *DEC recommended practices*. Retrieved from http://www.dec-sped.org/recommendedpractices

Dooley, P., Wilczenski, F. L., & Torem, C. (2001). Using an activity schedule to smooth school transitions. *Journal of Positive Behavior Interventions, 3*, 57-61.

Duda, M. A., Clarke, S., Fox, L., & Dunlap, G. (2008). Implementation of positive behavior support with a sibling set in a home environment. *Journal of Early Intervention, 30*, 213-236.

Duda, M. A., Dunlap, G., Fox, L., Lentini, R., & Clarke, S. (2004). An experimental evaluation of positive behavior support in a community preschool program. *Topics in Early Childhood Special Education, 24*, 143-155.

Dunlap, G. (2006). The applied behavior analytic heritage of PBS: A dynamic model of action-oriented research. *Journal of Positive Behavior Interventions, 8*, 58-60.

Dunlap, G., Carr, E. G., Horner, R. H., Zarcone, J., & Schwartz, I. (2008). Positive behavior support and applied behavior analysis: A familial alliance. *Behavior Modification, 32*, 682-698.

Dunlap, G., dePerczel, M., Clarke, S., Wilson, D., Wright, S., White, R., & Gomez, A. (1994). Choice making to promote adaptive behavior for students with emotional and behavioral challenges. *Journal of Applied Behavior Analysis, 27*, 505-518.

Dunlap, G., Ester, T., Langhans, S., & Fox, L. (2006). Functional communication training with toddlers in home environments. *Journal of Early Intervention, 28*, 81-96.

Dunlap, G., & Fox, L. (1999). A demonstration of behavioral support for young children with autism. *Journal of Positive Behavior Interventions, 1*, 77-87.

Dunlap, G., & Fox, L. (2011). Function-based interventions for children with challenging behavior. *Journal of Early Intervention, 33*, 333-343.

Dunlap, G., Iovannone, R., Kincaid, D., Wilson, K., Christiansen, K., Strain, P., & English, C. (2010). *Prevent-Teach-Reinforce: The school-based model of individualized positive behavior support*. Baltimore, MD: Paul H. Brookes Publishing Co.

Dunlap, G., & Kern, L. (1996). Modifying instructional activities to promote desirable behavior: A conceptual and practical framework. *School Psychology Quarterly, 11*, 297-312.

Dunlap, G., Kern-Dunlap, L., Clarke, S., & Robbins, F. R. (1991). Functional assessment, curriculum revision, and severe behavior problems. *Journal of Applied Behavior Analysis, 24*, 387-397.

Dunlap, G., Kincaid, D., Horner, R. H., Knoster, T., & Bradshaw, C. (2014). A comment on the term "positive behavior support." *Journal of Positive Behavior Interventions, 16*, 133-136.

Dunlap, G., & Koegel, R. L. (1980). Motivating autistic children through stimulus variation. *Journal of Applied Behavior Analysis, 13*, 619-627.

Dunlap, G., Lee, J., Joseph, J. D., & Strain, P. (2015). A model for increasing the fidelity and effectiveness of interventions for challenging behaviors: Prevent-Teach-Reinforce for Young Children. *Infants and Young Children, 28*, 3-17.

Dunlap, G., Lee, J. K., Strain, P., & Joseph, J. (2016, March). *Prevent-Teach-Reinforce for Young Children: Results from a 4-year randomized controlled trial*. Paper presented at the 13th International Conference on Positive Behavior Support, San

Francisco, CA.

Dunlap, G., Newton, J. S., Fox, L., Benito, N., & Vaughn, B. (2001). Family involvement in functional assessment and positive behavior support. *Focus on Autism and Other Developmental Disabilities, 16*, 215–221.

Dunlap, G., Wilson, K., Strain, P., & Lee, J. K. (2013). *Prevent-Teach-Reinforce for Young Children: The early childhood model of individualized positive behavior support*. Baltimore, MD: Paul H. Brookes Publishing Co.

Dunlap, L. K., Dunlap, G., Koegel, L. K., & Koegel, R. L. (1991). Using self-monitoring to increase students' success and independence. *TEACHING Exceptional Children, 23*, 17–22.

Durand, V. M. (1990). *Severe behavior problems: A functional communication training approach*. New York, NY: Guilford Press.

Durand, V. M. (2001). Future directions for children and adolescents with mental retardation. *Behavior Therapy, 32*, 633–650.

Durand, V. M. (2011). *Optimistic parenting: Hope and help for you and your challenging child*. Baltimore, MD: Paul H. Brookes Publishing Co.

Durand, V. M., Hieneman, M., Clarke, S., Wang, M., & Rinaldi, M. L. (2012). Positive family intervention for severe challenging behavior. I: A multisite randomized clinical trial. *Journal of Positive Behavior Interventions, 15*, 133–143.

Durand, V. M., & Moskowitz, L. (2015). Functional communication training: Thirty years of treating challenging behavior. *Topics in Early Childhood Special Education, 35*, 116–126.

Epley, P., Summers, J. A., & Turnbull, A. (2010). Characteristics and trends in family-centered conceptualizations. *Journal of Family Social Work, 13*, 269–285.

Ervin, R. A., Kern, L., Clarke, S., DuPaul, G. J., Dunlap, G., & Friman, P. C. (2000). Evaluating assessment based intervention strategies for students with ADHD and comorbid disorders within the natural classroom context. *Behavioral Disorders, 25*, 344–358.

Fettig, A., & Barton, E. E. (2014). Parent implementation of function-based intervention to reduce children's challenging behavior: A literature review. *Topics in Early Childhood Special Education, 34*, 49–61.

Fettig, A., & Ostrosky, M. M. (2011). Collaborating with parents in reducing children's challenging behaviors: Linking functional assessment to intervention. *Child Development Research, 2011*, 1–10.

Fettig, A., Schultz, T. R., & Sreckovic, M. A. (2015). Effects of coaching on the implementation of functional assessment-based parent intervention in reducing challenging behaviors.

Journal of Positive Behavior Interventions, 17, 170–180.

Fisher, W. W., Piazza, C. C., Bowman, L. G., & Amari, A. (1996). Integrating caregiver report with systematic choice assessment to enhance reinforce identification. *American Journal of Mental Retardation, 101*, 15–25.

Fixsen, D. L., Blase, K. A., Naoom, S. F., & Wallace, F. (2009). Core implementation components. *Research on Social Work Practice, 19*, 531–540.

Fleisher, L. S., Ballard-Krishnan, S. A., & Benito, N. (2015). Positive behavior supports and quality of life. In F. Brown, J. L. Anderson, & R. L. DePry (Eds.), *Individual positive behavior supports: A standards-based guide to practices in school and community settings* (pp. 485–511). Baltimore, MD: Paul H. Brookes Publishing Co.

Forehand, R., & Long, N. (2011). *Parenting the strong-willed child: The clinically proven five-week program for parents of two-to six-year-olds, third edition*. New York, NY: McGraw-Hill.

Foster-Johnson, L., Ferro, J., & Dunlap, G. (1994). Preferred curricular activities and reduced problem behaviors in students with intellectual disabilities. *Journal of Applied Behavior Analysis, 27*, 493–504.

Fox, L., Dunlap, G., Hemmeter, M. L., Joseph, G. E., & Strain, P. S. (2003). The teaching pyramid: A model for supporting social competence and preventing challenging behavior in young children. *Young Children, 58*, 48–52.

Fox, L., & Hemmeter, M. L. (2014, November). *Implementing positive behavioral intervention and support: The evidence-base of the Pyramid Model for supporting social emotional competence in infants and young children*. Retrieved from http://challengingbehavior.fmhi.usf.edu

Fox, L., Hemmeter, M. L., Snyder, P., Binder, D. P., & Clarke, S. (2011). Coaching early childhood special educators to implement a comprehensive model for promoting young children's social competence. *Topics in Early Childhood Special Education, 31*, 178–192.

Fox, L., Vaughn, B. J., Dunlap, G., & Bucy, M. (1997). Parent-professional partnership in behavioral support: A qualitative analysis of one family's experience. *Journal of the Association for Persons with Severe Handicaps, 22*, 198–207.

Frea, W. D., & Hepburn, S. L. (1999). Teaching parents of children with autism to perform functional assessments to plan interventions for extremely disruptive behaviors. *Journal of Positive Behavior Interventions, 1*, 112–116.

Grey, I., Healy, O., Leader, G., & Hayes, D. (2009). Using a Time TimerTM to increase appropriate waiting behavior in a child with developmental disabilities. *Research in Developmental Disabilities, 30*, 359–366.

Halle, J., Bambara, L. M., & Reichle, J. (2005). Teaching alternative skills. In L. Bambara & L. Kern (Eds.), *Individualized supports for students with problem behaviors* (pp. 237-274). New York, NY: Guilford Press.

Harding, J. W., Wacker, D. P., Berg, W. K., Cooper, L., Asmus, J., Mlela, K., & Muller, J. (1999). An analysis of choice making in the assessment of young children with severe behavior problems. *Journal of Applied Behavior Analysis, 32*, 63-82.

Hastings, R. P., & Brown, T. (2002). Behavior problems of children with autism, parental self-efficacy, and mental health. *American Journal on Mental Retardation, 107*, 222-232.

Hieneman, M., Childs, K., & Sergay, J. (2006). *Parenting with positive behavior support: A practical guide to resolving your child's difficult behavior*. Baltimore, MD: Paul H. Brookes Publishing Co.

Iovannone, R., Greenbaum, P. E., Wang, W., Kincaid, D., Dunlap, G., & Strain, P. (2009). Randomized control trial of the Prevent-Teach-Reinforce (PTR) tertiary intervention for students with problem behavior. *Journal of Emotional and Behavioral Disorders, 17*, 213-225.

Iwata, B. A., DeLeon, I. G., & Roscoe, E. M. (2013). Reliability and validity of the functional analysis screening tool. *Journal of Applied Behavior Analysis, 46*, 271-284.

Iwata, B., Dorsey, M., Slifer, K., Bauman, K., & Richman, G. (1994). Toward a functional analysis of self-injury. *Journal of Applied Behavior Analysis, 27*, 197-209. (Reprinted from Analysis and Intervention in Developmental Disabilities, 2, 3-20, 1982.)

Johnson, L. A., & Monn, E. (2015). Bridging behavioral assessment and behavioral intervention: Finding your inner behavior analyst. *Young Exceptional Children, 18*, 19-35.

Johnston, S. S., & Reichle, J. (1993). Designing and implementing interventions to decrease challenging behavior. *Language, Speech, and Hearing Services in Schools, 24*, 225-235.

Jones, T. L., & Prinz, R. J. (2005). Potential roles of parental self-efficacy in parent and child adjustment: A review. *Clinical Psychology Review, 25*, 341-363.

Kaiser, B., & Rasminsky, J. S. (2003). *Challenging behavior in young children: Understanding, preventing, and responding effectively*. Boston, MA: Allyn and Bacon.

Kazdin, A. (2009). *The Kazdin method for parenting the defiant child*. New York, NY: Mariner Press.

Kazdin, A. E. (2012). *Behavior modification in applied settings*. Long Grove, IL: Waveland Press.

Keen, D. (2007). Parents, families, and partnerships: Issues and considerations. *International Journal of Disability, Development and Education, 54*, 339-349.

Kern, L. (2005). Responding to problem behavior. In L. Bambara & L. Kern (Eds.), *Individualized supports for students with problem behaviors* (pp. 275-302). New York, NY: Guilford Press.

Kern, L., & Clemens, N. H. (2007). Antecedent strategies to promote appropriate classroom behavior. *Psychology in Schools, 44,* 65-75.

Kern, L., & Dunlap, G. (1999). Assessment-based interventions for children with emotional and behavioral disorders. In A. C. Repp & R. H. Horner (Eds.), *Functional analysis of problem behavior: From effective assessment to effective support* (pp. 197-218). Belmont, CA: Wadsworth Publishing.

Kern, L., Sokol, N. G., & Dunlap, G. (2006). Assessment of antecedent influences on challenging behavior. In J. K. Luiselli (Ed.), *Antecedent assessment and intervention: Supporting children and adults with developmental disabilities in community settings* (pp. 53-71). Baltimore, MD: Paul H. Brookes Publishing Co.

Kern, L., Vorndran, C. M., Hilt, A., Ringdahl, J. E., Adelman, B. E., & Dunlap, G. (1998). Choice as an intervention to improve behavior: A review of the literature. *Journal of Behavioral Education, 8*, 151-169.

Kincaid, D., Dunlap, G., Kern, L., Lane, K. L., Bambara, L., Brown, F., . . . Knoster, T. (2016). Positive behavior support: A proposal for updating and refining the definition. *Journal of Positive Behavior Interventions, 18*, 69-73.

Kincaid, D., Knab, J., & Clark, H. (2005). Person-centered planning. In G. Sugai & R. Horner (Eds.), *Encyclopedia of behavior modification and cognitive behavior therapy: Educational applications* (pp. 1412-1415). Thousand Oaks, CA: Sage Publishing.

Koegel, L. K., Koegel, R. L., Boettcher, M. A., Harrower, J., & Openden, D. (2006). Combining functional assessment and self-management procedures to rapidly reduce disruptive behaviors. In R. L. Koegel & L. K. Koegel (Eds.), *Pivotal response treatments for autism: Communication, social, and academic development* (pp. 245-258). Baltimore, MD: Paul H. Brookes Publishing Co.

Koegel, R. L., & Koegel, L. K. (2012). *The PRT pocket guide: Pivotal response treatment for autism spectrum disorders*. Baltimore, MD: Paul H. Brookes Publishing Co.

Kohler, F. W., & Strain, P. S. (1999). Maximizing peer-mediated resources within integrated preschool classrooms. *Topics in Early Childhood Special Education, 19*, 92-102.

Kohlhoff, J., & Morgan, S. (2014). Parent-child interaction therapy for toddlers: A pilot study. *Child & Family Behavior Therapy, 36*, 121-139.

Kontos, S. (1999). Preschool teachers' talk, roles, and activity settings during free play. *Early*

Childhood Research Quarterly, 14, 363-382.

Kuoch, H., & Mirenda, P. (2003). Social story interventions for young children with autism spectrum disorders. *Focus on Autism and other Developmental Disabilities, 18*, 219-227.

Landy, S. (2002). *Pathways to competence: Encouraging healthy social and emotional development in young children*. Baltimore, MD: Paul H. Brookes Publishing Co.

Latham, G. I. (2000). *The power of positive parenting*. Salt Lake City, UT: Northwest Publishing.

Lequia, J., Machalicek, W., & Rispoli, M. J. (2012). Effects of activity schedules on challenging behavior exhibited in children with autism spectrum disorders: A systematic review. *Research in Autism Spectrum Disorders, 6*(1), 480-492.

Lorimer, P. A., Simpson, R. L., Myles, B. S., & Ganz, J. B. (2002). The use of social stories as a preventative behavioral intervention in a home setting with a child with autism. *Journal of Positive Behavior Interventions, 4*, 53-60.

Lucyshyn, J. M., Albin, R. W., Horner, R., Mann, J., Mann, J., & Wadsworth, G. (2007). Family implementation of positive behavior support with a child with autism: A longitudinal, single case experimental and descriptive replication and extension. *Journal of Positive Behavior Interventions, 9*, 131-150.

Lucyshyn, J., Dunlap, G., & Albin, R. W. (Eds.). (2002). *Families and positive behavior support: Addressing problem behaviors in family contexts*. Baltimore, MD: Paul H. Brookes Publishing Co.

Luiselli, J. K. (Ed.). (2006). *Antecedent assessment and intervention: Supporting children and adults with developmental disabilities in community settings*. Baltimore, MD: Paul H. Brookes Publishing Co.

McCormick, K. M., Jolivette, K., & Ridgley, R. (2003). Choice making as an intervention strategy for young children. *Young Exceptional Children, 6*, 3-10.

Miltenberger, R. G. (2008). *Behavior modification: Principles and procedures*. Belmont, CA: Thomson Wadsworth.

Nunnelley, J. C. (2002). *Powerful, positive, and practical practices: Behavior guidance strategies*. Little Rock, AR: Southern Early Childhood Association.

O'Brien, J., & O'Brien, C. L. (2002). *Implementing person-centered planning: Voices of experience*. Toronto, Ontario, Canada: Inclusion Press.

O'Neill, R. E., Horner, R. H., Albin, R. W., Storey, K., Sprague, J. R., & Newton, J. S. (1997). *Functional assessment of problem behavior: A practical assessment guide*. Pacific Grove, CA: Brooks/Cole.

Poston, D., Turnbull, A., Park, J., Mannan, H., Marquis, J., & Wang, M. (2003). Family quality of life: A qualitative inquiry. *Mental Retardation, 41*, 313–328.

Quill, K. (1997). Instructional considerations for young children with autism: The rationale for visually cued instruction. *Journal of Autism and Developmental Disorders, 27*, 697–714.

Reeve, C. E., & Carr, E. G. (2000). Prevention of severe behavior problems in children with developmental disorders. *Journal of Positive Behavior Interventions, 2*, 144–160.

Repp, A. C., & Horner, R. H. (Eds.). (1999). *Functional analysis of problem behavior: From effective assessment to effective support*. Belmont, CA: Wadsworth Publishing.

Rush, D. D., & Shelden, M. L. (2008). Coaching: Quick reference guide. *Briefcase, 1*, 1–2.

Sailor, W., Dunlap, G., Sugai, G., & Horner, R. (Eds.). (2009). *Handbook of positive behavior support*. New York, NY: Springer.

Sainato, D. M., Strain, P. S., Lefebvre, D., & Repp, N. (1990). Effects of self-evaluation on the independent work skills of preschool children with disabilities. *Exceptional Children, 56*, 540–549.

Sandall, S., Hemmeter, M. L., Smith, B., & McLean, M. (2005). *DEC recommended practices: A comprehensive guide for practical application in early intervention/early childhood special education*. Missoula, MT: CEC, DEC.

Sandall, S. R., & Schwartz, I. S. (2002). *Building blocks for teaching preschoolers with special needs*. Baltimore, MD: Paul H. Brookes Publishing Co.

Schmit, J., Alpers, S., Raschke, D., & Ryndak, D. (2000). Effects of using a photographic cueing package during routine school transitions with a child who has autism. *Mental Retardation, 38*, 131–137.

Schneider, N., & Goldstein, H. (2010). Using social stories and visual schedules to improve socially appropriate behaviors in children with autism. *Journal of Positive Behavior Interventions, 12*, 149–160.

Schreibman, L., Dawson, G., Stahmer, A. C., Landa, R., Rogers, S. J., McGee, G. G., . . . Iess, S. (2015). Naturalistic developmental behavioral interventions: Empirically validated treatments for autism spectrum disorder. *Journal of Autism and Developmental Disorders, 45*, 2411–2428.

Sears, K. M., Blair, K. S. C., Iovannone, R., & Crosland, K. (2013). Using the Prevent-Teach-Reinforce model with families of young children with ASD. *Journal of Autism and Developmental Disorders, 43*, 1005–1016.

Singer, G. H. S., & Wang, M. (2009). The intellectual roots of positive behavior support and their implications for its development. In W. Sailor, G. Dunlap, G. Sugai, & R. H. Horner (Eds.), *Handbook of positive behavior support* (pp. 17–46). New York, NY: Springer.

Smith, B., & Fox, L. (2003). *Systems of service delivery: A synthesis of evidence relevant to young children at risk or who have challenging behaviors.* Tampa, FL: University of South Florida, Center for Evidence-based Practice: Young Children with Challenging Behavior. Retrieved October 4, 2015, from http://challengingbehavior.fmhi.usf.edu/explore/publications_docs/systems_of_service.pdf

Snyder, P. A., Crowe, C. D., Miller, M. D., Hemmeter, M. L., & Fox, L. (2011, April). *Evaluating implementation of evidence-based practices in preschool: Psychometric evidence of the Teaching Pyramid Observation Tool.* Paper presented at the American Educational Research Association, New Orleans, LA.

Strain, P. S. (2001). Empirically-based social skill intervention. *Behavioral Disorders, 27,* 30-36.

Strain, P. S. (2002). *Positive parenting practices* (trainers manual). Tualatin, OR: Teacher's Toolbox.

Strain, P. S., & Danko, C. D. (1995). Caregivers' encouragement of positive interaction between preschoolers with autism and their siblings. *Journal of Emotional and Behavioral Disorders, 3,* 2-12.

Strain, P. S., & Kohler, F. W. (1998). Peer-mediated social intervention for young children with autism. *Seminars in Speech and Language, 19,* 391-405.

Strain, P. S., & Schwartz, I. (2001). Applied behavior analysis and social skills intervention for young children with autism. *Focus on Autism and Other Developmental Disorders, 8,* 12-24.

Strain, P. S., Wilson, K., & Dunlap, G. (2011). Prevent-Teach-Reinforce: Addressing problem behaviors of students with autism in general education classrooms. *Behavioral Disorders, 36,* 160-171.

Sugai, G., & Horner, R. H. (2006). A promising approach for expanding and sustaining school-wide positive behavior support. *School Psychology Review, 35,* 245-259.

Touchette, P. E., MacDonald, R. F., & Langer, S. N. (1985). A scatter plot for identifying stimulus control of problem behavior. *Journal of Applied Behavior Analysis, 18,* 343-351.

Turnbull, A. P., & Ruef, M. (1996). Family perspectives on problem behavior. *Mental Retardation, 34,* 280-293.

Turnbull, A. P., & Turnbull, H. R. (2001). *Families, professionals, and exceptionality: Collaborating for empowerment.* Upper Saddle River, NJ: Prentice Hall.

Umbreit, J., Ferro, J., Liaupsin, C., & Lane, K. L. (2007). *Functional behavioral assessment and function-based intervention: An effective, practical approach.* Upper Saddle River, NJ: Pearson.

Vaughn, B. J., & Fox, L. K. (2015). Cultural and contextual fit: Juan's family as active team members. In F. Brown, J. L. Anderson, & R. L. DePry (Eds.), *Individual Positive Behavior Supports: A standards-based guide to practices in school and community settings* (pp. 433-446). Baltimore, MD: Paul H. Brookes Publishing Co.

Volkert, V. M., Lerman, D. C., Trosclair, N., Addison, L., & Kodak, T. (2008). An exploratory analysis of task-interspersal procedures while teaching object labels to children with autism. *Journal of Applied Behavior Analysis, 41*, 335-350.

Waldron-Soler, K. M., Martella, R. C., Marchand-Martella, N. E., & Ebey, T. L. (2000). Effects of choice of stimuli as reinforcement for task responding in preschoolers with and without developmental disabilities. *Journal of Applied Behavior Analysis, 33*, 93-96.

Webster-Stratton, C. (1992). *The incredible years: A troubleshooting guide for parents.* London, United Kingdom: Umbrella Press.

Winterling, V., Dunlap, G., & O'Neill, R. E. (1987). The influence of task variation on the aberrant behavior of autistic students. *Education and Treatment of Children, 10*, 105-119.

Zanolli, K. M., Saudargas, R. A., & Twardosz, S. (1997). The development of toddlers' responses to affectionate teacher behavior. *Early Childhood Research Quarterly, 12*, 99-116.

찾아보기

• 인명 •

• 내용 •

ㅇ

ㅈ

ㅊ

◆ 저자 소개 ◆

Glen Dunlap, Ph.D.

미국 리노에 위치한 네바다대학교의 연구교수다. 그는 지난 40년간 긍정적 행동지원, 아동보호, 조기개입, 자폐성장애 및 기타 발달장애, 가족지원 분야의 연구, 훈련, 시범 프로젝트를 수행해 왔다. 45년이 넘는 기간 동안 장애인 분야에 몸담았으며, 교사, 행정가, 연구자, 대학 교원으로 일했다. Dunlap 박사는 수많은 연구와 훈련 프로젝트의 책임자였으며, 이를 위해 연방 정부와 주 정부로부터 많은 연구비를 받았다. 그는 250편 이상의 논문과 단행본 챕터를 집필하였고, 단행본 4권의 공동편집인이었으며, 15종의 전문 학술지 편집위원으로 봉사하였다. 그는『Journal of Positive Behavior Interventions』의 창간호 편집위원 중 한 명이며, 10년간『Topics in Early Childhood Special Education』의 편집위원장으로 활동하였다.

Phillip S. Strain, Ph.D.

미국 덴버대학교 도시교육과 James C. Kennedy 석좌교수다. 그는 300편 이상의 연구 논문을 집필하였고, 15종의 전문 학술지 편집위원으로 봉사하였다. 그는 1974년부터 조기개입 분야에서 일해 왔고 미국 의학원, 국립정신건강연구소, 교육부의 과학기술고문을 담당하고 있다. 그의 연구 관심 분야는 어린 나이에 품행장애가 시작된 아동을 위한 중재, 자폐성장애유아의 사회적 행동문제 개선, 자폐성장애아동을 위한 종합적인 지역사회기반 조기개입 체계의 설계와 전달, 심각한 행동문제를 가진 아동을 위한 증거기반 실제의 선택과 지속적 활용에 영향을 미치는 개인적·제도적 변인 분석이다.

Janice K. Lee, M.Ed., BCBA

미국 리노에 위치한 네바다대학교의 연구원이다. 그녀는『유아프로그램에서의 예방·교수·강화 모델』의 공동 저자로, 네바다 북부 지역에서 실행된 PTR-YC 무작위 통제 실험연구의 코디네이터였다. 그녀는 또한 사회정서적 능력 촉진과 유아교육 및 보육 환경에서의 피라미드 모델 적용을 위한 네바다주 유아교육 시범사업도 이끌고 있으며, 조기 보육 및 교육 환경 차원의 피라미드 모델 실행을 위한 네바다주의 조기 교육 시범사업 코디네이터였다. 그녀의 경험 분야와 관심 영역은 조기개입, 유아기, 도전행동, 긍정적 행동지원, 사회정서능력, 자폐성장애 및 발달장애, 통합교육, 가족지원이다. 그녀는 지역, 주, 전국 단위의 자문가, 코치, 훈련자, 기술지원 제공자로 일하면서 아동, 가족, 전문가들을 지원해 왔다. 그녀는 유아특수교육 석사 학위를 가진 행동분석 전문가(BCBA)다.

Jaclyn D. Joseph, Ph.D., BCBA

미국 덴버에 위치한 콜로라도대학교 긍정적인 조기학습 경험(Positive Early Learning Experiences: PELE) 센터에서 진행 중인 PTR-YC 무작위 통제 실험연구의 프로젝트 코디네이터다. 그녀는 PTR-YC에 대한 논문과 단행본 챕터의 공동 저자이고, PTR-YC를 다룬 수십 회의 연수와 워크숍을 진행하였다. PELE 센터에서 일하기 이전에는 장애유아의 가족을 지원하는 일을 주로 담당하였다. 그녀의 관심 분야는 가정환경 그리고 유아교육 및 보육 환경에서 유아의 도전행동은 줄이고 사회정서 능력은 향상시키는 증거기반의 중재다.

Christopher Vatland, Ph.D.

미국 플로리다주 탬파의 사우스플로리다대학교 아동 및 가족학과 연구 조교수로, 긍정적 행동지원과 가족 및 지역사회 참여를 다루는 여러 연구와 기술지원 프로젝트에 관여하고 있다. 그는 가정 및 지역사회 환경에서의 행동중재 개발 및 실행 그리고 가족지원 서비스 코디네이션에 대한 풍부한 경험을 가지고 있다.

Lise Fox, Ph.D.

미국 플로리다주 탬파의 사우스플로리다대학교 아동 및 가족학과 교수이자, Florida Center for Inclusive Communities: A University Center for Excellence in Developmental Disabilities의 공동 소장이다. 그녀는 영유아의 사회정서능력을 촉진하기 위한 피라미드 모델의 개발자 중 한 명이며, 유아교육 및 보육 교실에서의 증거기반 실제 사용, 유아교사를 위한 전문성 개발과 코칭, 가족지원, 긍정적 행동지원, 유아교육 및 보육교육 프로그램에서의 피라미드 모델 실행에 관련된 연구와 연수 및 기술지원에 참여하고 있다.

◆ 역자 소개 ◆

박지연(Park, Jiyeon)
미국 캔자스대학교 대학원 철학박사(특수교육 전공)
현 이화여자대학교 특수교육과 교수

〈관심 연구 분야〉
긍정적 행동지원, 정서행동장애, 장애인 가족지원

김나경(Kim, Nakyung)
이화여자대학교 일반대학원 특수교육학과 박사과정 수료(정서행동장애 전공)
현 한국선진학교 특수교사

〈관심 연구 분야〉
정서행동장애, 장애인 가족지원, 특수아상담

긍정적 행동지원 시리즈 ③

도전행동을 보이는 아동과 가족을 위한

가정에서의 예방 · 교수 · 강화 모델

Prevent–Teach–Reinforce for Families

A Model of Individualized Positive Behavior Support for Home and Community

2022년 10월 10일 1판 1쇄 인쇄
2022년 10월 15일 1판 1쇄 발행

지은이 • Glen Dunlap · Phillip S. Strain · Janice K. Lee
Jaclyn D. Joseph · Christopher Vatland · Lise Fox

옮긴이 • 박지연 · 김나경

펴낸이 • 김진환

펴낸곳 • (주) 학지사
04031 서울특별시 마포구 양화로 15길 20 마인드월드빌딩

대표전화 • 02)330-5114 팩스 02)324-2345

등록번호 • 제313-2006-000265호

홈페이지 • http://www.hakjisa.co.kr
페이스북 • https://www.facebook.com/hakjisabook

ISBN 978-89-997-2775-7 93370

정가 19,000원